영화
이해의
길잡이

영화 이해의 길잡이

2003년 2월 19일 초판 1쇄
2024년 2월 12일 개정증보판 4쇄

지은이 | 정재형

펴낸이 | 장의덕
펴낸곳 | 도서출판 개마고원
등 록 | 1989년 9월 4일 제2-877호
주 소 | 강원도 원주시 로아노크로15, 105-604호
전 화 | (033) 747-1012
팩 스 | (0303) 3445-1044
이메일 | webmaster@kaema.co.kr

ISBN 978-89-5769-244-8 03680

• 책값은 뒤표지에 표기되어 있습니다.
• 파본은 구입하신 서점에서 교환해 드립니다.

영화 이해의 길잡이

개정증보판 머리말

이 책의 목적은 단순한 길잡이만은 아니다. 시중의 영화개론서 대부분이 서구권 번역서이던 시절, 나는 한국인으로서 한국식으로 영화를 설명하고 싶다는 소망을 가졌고, 이를 실천했다. 충분히 만족스럽지는 않았지만, '한국 지형에 맞는 영화학 개론'이라는 시도는 그 자체로 신선한 접근이었다고 자평한다. 결국 이 책은 내 오랜 기획인 '한국적 영화학'을 정립하는 도정에서의 작은 과정이자, 첫 발걸음인 셈이다. 물론 지금 돌아보면 그것은 너무나 동떨어진 지경에 있기는 하다. 영화를 사랑하는 독자들이 이 책에 담긴 뜻은 그러했음을 혜량해주기 바란다.

미국 영화학자 데이비드 보드웰(David Bordwell)은 대표 저작인 『영화예술 Film Art』을 거의 2~3년에 한번씩 개정·증보한다. 영화는 날로 새로워지는데 영화를 탐구하면서 예로 드는 작품이 낡은 영화들뿐이라면 그만큼 신선함과 이해도가 떨어지기 때문이다. 『영화 이해의 길잡이』 역시 영화에 입문하는 독자들에게 길잡이 역할을 하는 책이기에, 저자로서 부지런히 업데이트

해야 할 의무가 있음에도 이에 충실하지 못했다. 그런 반성을 담아 이번 증보판에서는 지난 10여 년간 제작된 주요 작품들을 다수 추가해 설명의 폭을 넓혔다.

『영화 이해의 길잡이』는 대중과 함께 영화이론을 시작한 필자의 정체성을 알리는 신호탄이었다. 그만큼 큰 의의를 지니며 어떤 책보다 중요한 저작으로, 필자가 학자로서 거듭나는 길도 이 책의 성패와 밀접한 관련이 있음은 물론이다. 앞으로도 꾸준한 업데이트를 다짐하며, 영화 읽기의 첫걸음을 이 책과 함께해준 독자들께 감사의 인사를 전한다.

내용의 개략적 이해

1장 「영화란 무엇인가」에서는 영화예술의 정의와 영화분석에 대한 접근방식을 설명하였다.

2장 「시나리오: 영화의 대본」에서는 문학적 성격으로서의 영화대본에 대한 특성을 설명하였다.

3장 「영상표현의 기본과 스타일」에서는 촬영과 화면효과에 관한 내용을 설명하였다.

4장 「편집: 영화의 시간·공간적 배열」에서는 편집의 방식과 감독들의 양식을 설명하였다.

5장 「영화 속의 소리 기법」에서는 소리의 중요성과 분석 방법을 설명하였다.

6장 「영화의 장르 분석」에서는 장르영화를 생산해내는 영화적 관습에 대해 설명하였다.

7장 「영화 연기」에서는 연기의 양식과 중요성을 설명하였다.

8장 「영화 연출」에서는 주제를 형상화해내는 감독의 미학적 조건들을 설명하였다.

9장 「영화 제작」에서는 제작체제와 산업적 조건을 설명하였다.

10장 「영화 사조의 이해」에서는 서구, 아시아, 한국의 영화사를 개괄하였다.

바라는 말

이 책을 보는 데 꼭 필요한 팁을 드리고자 한다.

첫째, 이 책에 소개되는 영화들은 반드시 감상할 것을 당부한다. 부득이 다 보지 못한다면 최소한 '작품분석을 통한 이해'에 나오는 영화들이라도 꼭 보고 이해해야 한다. 영화개론서를 잘 활용하는 첫번째 지침은 영화를 같이 보면서 이해하는 것이다. 그처럼 쉬운 길이 없다. 그러다 보면 자연스럽게 영화 보는 안목이 생기는 걸 느낄 것이다.

둘째, 보다 더 깊이 있는 이해를 위해서는 매 장마다 뒤에 소개돼 있는 '더 읽어볼 만한 책'들도 구해서 해당 페이지를 들춰봐야 한다. 그 자료들은 필자 스스로 영화 연구에 참고하기 위해 나름대로 공들여 작성한 목록이기도 하다. 반드시 큰 도움이 되리라 생각한다. 구하기 힘든 일부 자료까지 포함해 이 책의 모든 참고문헌은 한국영상자료원 도서관에서 찾아볼 수 있을 것이다.

이 책의 증보를 위해 편집 및 조언 등 출판과정을 담당한 도서출판 개마고원에 감사를 표한다. 이번에는 특히 미안한 마음이 가득하다.

앞서 밝혔듯 이 책의 목적은 외국 영화이론을 가져다가 한국적 사유를 더함으로써 외국 영화를 극복하는 데 있다. 그리고 그 과정에서 한국적 사유, 한국적 영화학의 정립이 시작될 것이다. 이번 작업을 통해 다시 한번 한국 영화를 사랑하는 마음에 정열의 불을 지핀다. 한국 영화를 만드는 모든 예술가들과 한국 영화를 사랑하는 모든 관객들이여, 한국 영화는 영원할 것이다. 한국 영화 만세!

2014년 8월

정재형

차례

3장 영상표현의 기본과 스타일

4장 편집: 영화의 시간·공간적 배열

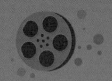

1장
영화란 무엇인가

영화라는 이름과 성격 규정

이름은 사물과 형상의 본질을 의미한다. 평소 친숙하게 부르는 가운데 그 의미를 잊고 있지만, 맨 처음 그 이름을 붙일 때에는 적어도 본질적인 의미를 염두에 두고 붙인 것이다. 영화라는 두 글자는 어떤 의미이며 그 본질은 어디서 기원한 것인지, 그것이 바람직한 이름인지를 살펴보자.

'영화'는 한자어 '映畵'에서 나온 말이며 비출 영(映), 그림 화(畵), 즉 '비춰진 그림'이란 뜻을 갖는다. 따라서 '영화'라는 단어는 '그림'이라는 종래의 예술 형태와의 유사성을 염두에 두고 그 이름이 붙여졌음을 알 수 있다. 정확히 영화의 전모를 밝히지는 않았지만, 영화가 시각적으로 그림 비슷한 무엇이라고 정의하고 있다.

사실 이것은 우리 민족의 사고방식이 아니다. '영화(映畵)'는 일본식 한자이며, 일제시대에 영화를 받아들이면서 일본식 단어를 그냥 차용한 것일 뿐이다. 따라서 영화를 '그림 비슷한 것'으로 보는 건 일본적 사고방식이라고 봐야 할 것이다.

각 나라마다 영화는 그 사고방식과 민족성에 따라 이름을 달리한다. 같은 동양이라도 중국은 '전영(電影)'이라는 한자어를 쓴다. 전기를 의미하는 전(電)과 그림자 영(影), 즉 '전기로 나타난 그림자'란 뜻이다. 한마디로 중국에선 영화를 그림자와 연관시켜 보았다. 중국의 전통 민간예술 가운데 '그림자놀이'인 '영희(影戲)' 혹은 '영회극(影繪劇)'이 서구적 매체인 영화와 흡사하다고 여긴 모양으로, 이질적인 매체를 자기네 것으로 동화시킨 주체적인 사고방식을 엿볼 수 있다.

영화가 시작된 서구에서 역시 영화는 비슷하면서도 다른 이름으로 불려져 왔다. 대표적으로 프랑스에선 시네마(cinema), 독일에선 키노(kino), 미국에선 필름(film)이라고 불렸으며, 그밖에도 키네마(kinema), 모션 픽쳐(motion picture), 무비(movie) 등 다양한 명칭이 있다. 그런데 이들 서구에서 영화를 뜻하는 단어는 모두 '움직인다'는 뜻을 공유하고 있다. 시네마 혹은 키네마는 '활동적인'이란 뜻의 'kinetic'이, 무비 혹은 모션 픽쳐의 모션(motion)은 '움직이다'라는 뜻의 'move'가 변형된 것이다. 그 어원이 의미하는 대로 서구에선 영화를 '활동적인 것'으로 파악한 것이다.

그러나 오늘날의 영화는 동양과 서양이라는 단순화된 이분 구도 아래 놓이지는 않는다. 우리는 갓 쓰고 고무신 신고 다니지 않으며, 이미 양복을 입고 서구식 생활양식에 젖어 산다. 그런 한편 비록 어쩔 수 없이 물질적인 습관은 서구식을 따르더라도 정신까지 서구 합리주의를 따르지는 않는다. 마찬가지로 현대 영화는 그 민족 고유의 정신과 서구적 외모가 혼용되어 있다.

현대 영화 가운데서도 간단한 비교를 할 수가 있다. 우리나라 배용균 감독이 만든 〈달마가 동쪽으로 간 까닭은〉(1989)을 보면, 영화가 서구로부터 들어왔다 하여 정신세계까지 서구적이지는 않다는 것을 알 수 있다. 불교의 '선' 사상을 표현한 이 영화는 제목부터 어지간한 불교 지식이 없는 서구인으로서는 이해하기조차 어렵다. 그러나 동양인들에게 있어 달마대사는 깊게는 몰라도 전설적인 수도승으로 이미 대중화되어 있는 인물이며, 달마대사에 얽힌 설화를 아는 사람들도 많다.

<달마가 동쪽으로 간 까닭은>, 배용균, 1989

달마대사의 이야기는 단순한 이야기로서가 아니라 우리 동양인의 정신세계를 사로잡는 교훈성의 원형이 되고 있다는 점에서 중요하다. 많은 그림 작품으로부터 우리의 머릿속에 각인된 달마대사의 10년 면벽 수도 장면은, 절대불멸의 진리를 향해 부단히 정진하는 인간 본연의 의지를 상징적·교훈적으로 전달한다.

〈달마가 동쪽으로 간 까닭은〉에서는 그러한 교훈성을 달마대사의 전기가 아닌 현대적 이야기를 통해 대중에게 철학적으로 전달하고 있다. 아무리 심오한 철학도 영화라는 대중적 매체를 통과하면 대중적인 이야기로 변한다. 우린 이 영화를 통해 어린 승려가 숲 속을 거닐면서 경험하는 자연과의 교감을 아름다운 영상으로 느끼게 된다. 배용균 감독은 자연친화적인 영상미와 느리고 절제된 우리의 리듬감을 영화적으로 표현함으로써 동양적 정신세계의 깊고 유현(幽玄)한 측면을 잘 보여주고 있다.

이밖에도 배창호 감독의 〈꿈〉〈황진이〉, 이장호 감독의 〈과부춤〉〈나그네는 길에서도 쉬지 않는다〉, 장선우 감독의 〈화엄경〉, 임권택 감독의 〈만다라〉〈개벽〉〈서편제〉〈취화선〉, 이광모 감독의 〈아름다운 시절〉, 허진호 감독의 〈8월의 크리스마스〉〈봄날은 간다〉, 박기용 감독의 〈낙타(들)〉

등 다수의 한국 영화들이 서구 영화감독들이 흔히 사용하지 않는 기법을 통해 정신적으로 우리 영화임을 증명하고 있다.

인도의 사트야지트 레이(Satyajit Ray), 이란의 압바스 키아로스타미(Abbas Kiarostami), 일본의 오즈 야스지로(小津安二郎)와 미조구치 겐지(溝口健二), 중국의 첸카이거(陳凱歌), 대만의 허우 샤오지엔(候孝賢), 홍콩의 차이 밍량(蔡明亮) 등의 스타일에서도 동양적 리듬과 분위기를 한껏 느낄 수 있다.

또 다른 예를 홍콩 영화에서도 찾을 수 있다. SFX 기법을 동원한 〈천녀유혼〉〈동방불패〉 등의 오락영화를 보면, 기법은 서구적이면서도 중국적인 소재와 내용을 취함으로써 정서적으로 중국 관객과 동양의 대중을 사로잡는다. 우리나라의 경우엔 강제규 감독의 〈은행나무 침대〉가 비슷한 예라고 할 수 있겠다.

우리나라는 근대 일제 강점기에 무비판적으로 서구 영화를 수용했던 탓에 아직도 고유한 우리의 이름을 갖고 있지 못하다. 사소한 문제처럼 보일지도 모르지만, 이것은 매우 중요한 문제다. 영화는 메커니즘의 측면에서는 과학을 기본으로 하는 서구적 산물이지만, 내용을 이루는 본질은 그 나라의 고

〈천녀유혼〉, 청샤오동, 1987

〈은행나무 침대〉, 강제규, 1996

유한 민족성을 바탕으로 하기 때문이다. 따라서 우리에게 아직도 우리식의 영화 이름이 없다는 것은 그만큼 영화 속에 우리의 정신이 깃들지 못했다는 것을 의미한다. 위에 열거한 몇몇의 영화를 제외하고는 우리 영화사에 극단적으로 서구를 모방한 영화가 횡행했던 데는 바로 그렇게 영화적 정의가 제대로 되어 있지 못한 데서도 그 원인을 찾을 수 있을 것이다.

영화란 우리에게 어떤 의미인가

영화 보기와 꿈꾸기

영화는 현실에서 일어나지 않는 일을 현실화시키는 것이라고 말한다.

그런 점에서 꿈을 꾸는 일과 비슷하다고 볼 수 있다. 일상에서 일어나지 않는 꿈속에서는 가능하다. 꿈을 꾸는 동안 행복하고 꿈에서 깨면 그 현실은 기억 속에서만 존재한다.

꿈이란 무엇인가. 꿈이란 일상에서 일어나지 않는 일의 염원이고 희망이다. 꿈을 꾼다는 것은 미래의 소망을 갖는다는 것을 의미한다. 꿈이 없으면 미래도 없다. 꿈을 꾼다는 것은 미래를 소망한다는 것이고 미래를 기대하면서 목표를 갖고 현재에 충실할 수 있다.

나는 평소 어떤 꿈을 꾸나? 어제 나는 무슨 꿈을 꾸었나? 반복적으로 꿈에서 나타나는 사람이나 사물이나 상황은 어떤 게 있나? 나의 꿈은 무슨 의미로 해석되나?

영화는 일어날 법하지만 현실에서 일어나지 않는 일을 다룬다. 영화는 꿈이고 영화 보기는 그런 점에서 꿈꾸기를 닮아 있다. 영화를 통해 우리는 현실에서 무엇이 불가능하고 영화 속에서 무엇이 가능한지를 바라본다. 영화 보기란 현실적으로 불가능한 일을 가능케 하는 염원을 즐기는 것이다. 인간은 현실의 어려운 점에 직면하여 영화를 통해 풀어나간다. 그 영화들은 사람들의 염원을 담고 있다. 언제가 그 염원은 현실로 이뤄질지 모른다.

나의 꿈은 무엇인가? 나의 염원은 무엇인가? 어떤 영화가 어떤 염원을 담고 있나? 나의 평소 염원이 담겨 있는 영화는 어떤 게 있나?

경험이 영화화되는 과정

스티븐 스필버그의 인생은 영화 속에서 나타나 있다. 〈이티E.T.〉의 주인공 엘리오트는 감독의 분신에 가깝다. 처음 이티를 만나는 장면을 보면 저녁에 집에서 친구들과 피자를 시켜 먹는다. 철이 없던 엘리오트는 아빠를 보고 싶다고 말하는 바람에 엄마의 마음을 상하게 한다. 아빠와 엄마는 별거 중이었던 것이다. 이어 이티를 만나게 되고 친구가 된다. 실제 스필버그의 부모는 이혼했다. 엄마 밑에서 컸던 스필버그는 가족이 화목하게 사는 것에 대한 꿈을 항상 꾸고 있었다. 〈이티〉는 분열된 가정에서 자란 외로운 아이 엘리오트와 지구에 남겨져 가정으로부터 떨어진 외로운 이티와의 우정을 그린다.

조지 루카스 역시 〈스타워즈〉의 주인공 루크 스카이워커를 통해 자신의 모습을 보여준다. 대학교 때 무협지와 오토바이 스피드광이었던 루카스는 〈스타워즈〉를 통해 무협의 세계와 빠른 스피드의 비행기 움직임을 재현했다. 그러한 이야기와 영화적 기법은 자신의 경험에서 나온 것이다. 주인공 루크는 아버지가 신비에 싸여 있다. 이 영화는 악과 손을 잡았다는 아버지의 신비를 벗겨내고 진정한 아버지를 찾아가는 아들의 이야기이다. 아버지는 자신의 정신적 지주를 상징한다. 루카스는 젊은 시절 인생의 의미를 찾아 방황하던 것을 아버지를 찾는 아들의 이야기로 변형하여 보여주었다. 역시 자전적 경험이 영화로 나왔다고 본다.

영화는 왜 보는가

영화를 보는 가장 중요한 이유는 즐거워지기 위해서, 즉 오락을 위해서이다. 영화는 많은 여가활동 중 하나로, 보면서 즐거워지는 활동이다. 그것은 음악이나 미술처럼 사람을 즐겁게 한다. 영화의 특성은 일상의 모습이 그대로 나타난다는 점이다. 사람들은 영화를 볼 때 푹 빠져버리는 특성이 있다. 영화를 볼 때 다음과 같은 두 개의 감정을 갖는다. 이건 현실과 같다. 혹은 이건 현실이 아니다.

〈스타워즈 에피소드 1〉, 조지 루카스, 1999

〈아홉살 인생〉이란 영화에는 누구나 경험했음직한 이야기가 그려져 있다. 시골 학교를 무대로 서울에서 전학 온 예쁜 여학생과의 추억을 그리고 있다. 전학을 가고 전학을 왔던 초등학교, 중학교 때의 경험을 떠올려보자. 본인이 혹은 누군가 전학을 가고 오면서 어떤 일들이 발생했는지 생각해보자.

〈8월의 크리스마스〉는 죽음을 앞둔 주인공의 심리를 담담하게 그리고 있다. 죽음이란 무엇이고 사는 것의 의미는 무엇일까?

〈시네마 천국〉에서 주인공 토토는 어려서부터 영화관의 영사기사 아저씨와 우정을 쌓고 지낸다. 마을에 있는 극장 시네마 파라디소의 역할은 무엇일까? 토토가 깨달은 인생의 진리는 무엇일까? 영사기사 아저씨는 토토에게 어떤 가르침을 주었을까? 우리 동네에는 어떤 극장이 있으며 그 극장은 어떤 기능을 하는지 생각해보자. 혹시 영화를 보면서 인생의 의미를 진지하게 생각해본 적이 있는가?

영화 보기의 관습과 변화

전통적·관습적으로 '영화 보기'는 두 가지 측면에서 정리할 수 있다. 창작자의 입장에서 보면 감독 개인이 일관된 주제를 일방적으로 전달하는 것을 말한다. 또한 수용자, 즉 관객의 입장에서 보면 그 견해를 수동적으로 받아들이는 자세를 말한다. 관습이란 오랜 기간 동안 형성된 것이므로 쉽게 무시할 수 있는 요소가 아니다. 영화가 1895년에 탄생했다는 가정 아래 본다면, 현재까지 100여 년의 역사 동안 그 관습이 형성돼온 것이라고 봐야 하기 때문이다.

하지만 관습에 따른다는 것이 안전하긴 해도 옳기는 쉽지 않다. 관습이란 하나의 고정된 관념을 형성한다는 점에서는 인간의 자유로운 사고를 제약하는 면이 있기 때문이다. 따라서 고정된 가치관에서의 이탈 역시 관습이 지배하는 이면에서 중시돼야 할 인간의 고유한 가치이다. 인간은 관습에 지배되면서, 동시에 관습을 거역하고자 한다. 관습은 인간의 삶 속에서 자연스레 형성되어 지배적인 보편관념으로 존중되는 반면에, 관습에서의 이탈은 기존의 가치관과 상충하거나 변화하면서 역사의 진보를 추동하는 속성을 갖고 있다. 순응과 거역, 보수와 진보, 지배와 저항이라는 두 상반된 개념은 인간을 둘러싼 불가분의 자연스런 상호작용이기도 한 것이다.

영화 보기를 둘러싼 방식 역시 두 가지 상반된 개념과 맞물려 있다. 영화가 탄생한 이래 대중을 순응적으로 만들고 창작자의 전제적인 입장을 일방적으로 강요한 방식이 그간 영화 보기의 관습으로 형성돼왔다면, 영화 보기의 입장을 다른 각도로 변화시키려는 일련의 흐름은 그 반대 힘이며 자연스런 분출이라고 볼 수 있다.

관습적인 영화 보기에서 관객은 주로 작품이 자신을 동화시키는가, 아니면 불쾌하게 만드는가 하는 이분법적 사고에 중점을 둔다. 여러 다양한 영화에 대한 개인적인 취향과 선택의 범위가 결정되는 것이다. 또한 감독이 무슨 이야기를 하는가, 주제가 무엇인가에 대해 문제풀기식 사고를 반복한다.

그러나 영화는 한 번 보고 쉽게 판단을 내릴 만큼 그렇게 단순하게 구성된 것이 아니다. 영화를 흔히 종합예술이라고 말한다. 종합예술이란 구성요소가 복합적이란 뜻이다. 문학·음악·철학·건축·미술·연극 등의 요소들이 모여 영화 한 편을 구성한다고 볼 때 찰나적으로 스쳐 지나가는 제한된 상영시간 동안 영화의 모든 부분을 완벽하게 이해했다고는 누구도 감히 장담할 수 없다.

그동안 영화는 단지 오락으로 소비되며 존재해왔다. 이 부분에 대해 우리는 문제를 제기할 수 있어야 한다. 영화란 것은 과연 두 번, 세 번 반복해서볼 만한 가치가 없는 것인가?

작품의 내적·구조적 측면

작품의 내적 구조란 흔히 '영화적이다'라고 말하는 부분이다. 영화가 영화다운 점, 영화가 다른 예술작품과 구별될 수 있는 특수성을 말할 때 주로 사용된다. 이는 그간 창작자 입장에서 가장 존중되어온 전통이며, 순수하고 객관적인 측면에서 전승되어온 유산이다. 물론 이때 영화란 전통적인 예술과 기술로 대표되는 과학적 성과물 두 가지가 합쳐진 것을 뜻한다.

작품의 내적 구조는 이야기 구조를 읽는 것을 말한다. 우리가 영화를 보고이야기할 때 그건 이야기(story)를 말하는 것이지, 서사 체계(narrative system),

즉 구성법을 말하는 것은 아니다. 이야기란 두 가지로 나뉜다. 일반적인 '이야기'와 그것을 영화적 시간·공간·사건으로 재배열한 '구성적 이야기'가 그것이다. 그 구성된 이야기를 '서사체(narrative)'라고 부른다.

그동안 관습적으로 영화를 보고 말하는 방식은 보편적인 이야기를 그대로 옮겨놓는 것이었다. 그러나 우리가 영화를 통해 어떤 이야기에 공감하고 그걸 느꼈다는 사실은 우리가 영화의 서사체 방식에 이끌려갔다는 것을 의미한다. 따라서 우리가 영화 감상을 좀더 깊이 있게 하기 위해서는 서사체 방식, 즉 서사 체계에 대한 분석을 해야만 한다.

서사 체계는 영화를 구성하는 내용 및 형식적 기법을 다 아우르는 것이지 분리해서 보는 것이 아니다. 먼저 서사 체계 분석을 하기 위해서는 영화적 기법에 대한 이해가 전제돼야 한다. 촬영·편집·조명·사운드·장치·특수효과·인물의 형상화 등 영화적 제반 요소에 대해서 알아야 한다.

작품의 역사적 배경

영화를 구성하는 것은 작품 내적인 완성도뿐만 아니라, 영화 생산을 둘러싼 당대의 시대적 배경과도 밀접한 관련이 있다. 한 영화가 어떤 정치체제 하에서 제작됐느냐, 사회 현실의 분위기는 어떠했느냐 등등의 조건에 따라 작품의 구성이 달라진다. 자본주의 경제체제에서도 자본의 지배를 절대적으로 받는 영화가 있는가 하면 거기에서 일탈한 영화도 있다. 할리우드 상업 오락영화와 우리나라의 흥행 오락영화는 자본의 투자와 이윤 추구 동기에 의해 거의 지배되고 있으나, 반면 다큐멘터리나 전위영화, 소수의 인디펜던트 작가 예술영화는 그와 구별된다.

사회주의 경제체제에서의 영화는 자본주의 경제체제에서의 영화와 또 다르다. 과거 동구권 영화나 소련 영화, 중국 영화는 상업적 측면에서 배급된 것이 아니라, 교육과 문화적인 매체로서 보급되었다.

영화산업적 측면에서 생산구조는 영화의 윤곽을 결정한다. 자본과 노동력의 관계, 즉 영화 자본가와 영화 예술가와의 관계는 갈등과 모순 속에서 대립한다. 그리고 그러한 갈등은 그대로 영화 속에 반영되어 작품을 구성한다.

사회와 인생을 알아가는 과정으로서의 영화 보기

영화 보기란 영화관 속에서 감각적으로 도피하기 혹은 상품성과 더불어 소비하기의 과정이 아니다. 영화 보기를 다시 정의하는 작업이 중요한데, 영화 보기란 어차피 도피할 수 없는 세상 속에서의 자아 찾기이며, 그런 의미에서 개인적 차원의 자아가 아닌 사회적 자아, 즉 사회적 주체를 찾아가는 과정이라고 보면 된다.

주체적으로 영화를 읽는다는 것은 영화가 반영하는 당대 사회의 관념을 지적하고, 제시된 현실의 모습 속에서 모순구조를 파악하며, 영화적 의미를 스스로 창조해나가는 것을 말한다. 주체는 크게 세 가지 측면에서 형성되고 고려되어야 한다.

첫째, 인종 혹은 민족성에 대한 측면이다. 이 부분에서는 지배와 피지배, 억압과 피억압의 인종과 민족 간 갈등을 읽어내는 것이 관건이다. 영화 속에서 인종적 헤게모니를 밝혀내고 그 이데올로기를 통해 영화가 어떻게 작용하는가를 또한 살펴야 한다. 예를 들어 스티븐 스필버그(Steven Spielberg)의 〈쉰들러 리스트Schindler's List〉를 유대인과 독일인, 현실에서의 아랍인과 유대인, 미국의 입장 등을 고려하며 보는 것이다. 에밀 쿠스트리차(Emir

Kustrica) 감독의 〈집시의 시간Dom Za Vesanje〉에서는 집시의 이미지와 유랑 민족의 현실적 입장 등을 살펴보면 영화가 심층적으로 해석된다. 〈마이리틀 히어로〉(2013)는 다민족국가로 발돋음하는 시점에서 한국 사회의 다문화현상의 갈등을 보여준다. 이 영화의 주인공은 한 아시아계 혼혈인 아이가 놀라운 재능을 갖고 있고, 그 아이가 한국을 대표한다는 점에 회의를 하던 중 한국인이 순수 단일 혈통을 고집할 필요는 없다는 결론에 도달한다. 한국 내에서 다민족문화의 갈등을 그린 다른 영화들로는 〈완득이〉〈로니를 찾아서〉 등이 있다.

둘째, 계급과 계층성에 의한 해석이다. 이는 영화 속에서 자본과 노동의 관계가 특정의 역사관을 통해 어떻게 제시되는가의 측면을 살피는 것이다. 영화가 현실 사회의 빈부격차나 계급갈등 등을 어떻게 표현해냈는가, 감독이 표현하고 있는 계급 관념에 왜곡된 점은 없는가 하는 점을 중점적으로 파악한다. 거의 모든 영화가 이러한 현실 인식을 드러내고 있으며 특정 지배 관념에 의해 왜곡되고 삭제되는 경향이 있다. 〈숨바꼭질〉(2014)은 집 없이 사는 사람이 다른 사람의 집에 들어가 주인을 몰아내고 집을 차지하는 사이코적인 이야기를 그린다. 표면적으로는 공포 사이코 영화이지만, 그 이면에 깔린 주제는 한국 사회의 빈부 격차이다. 집이 없는 서민들의 원한의식이 비극의 원인으로 자리하기 때문이다.

셋째는, 문화적 성(gender) 혹은 성의 정치성(sexual politics)에 의한 해석이다. 문화적 성으로서의 남성성과 여성성의 입장을 영화 보기에 적용함으로써, 우열의 관념 속에서 어느 한 성을 왜곡시키고 있는 것을 인식하는 것이다. 나아가서 현실과 사회의 부조리한 제도나 관습, 관념을 개혁할 수 있는 정치적 수단으로서의 성의 의미 찾기를 할 수도 있다. 〈도희야〉(2014)는 동성애를 억압하는 한국 사회의 모순을 고발하고 있다. 주인공 영남은 여성

〈쉰들러 리스트〉, 스티븐 스
필버그, 1993

〈집시의 시간〉, 에밀 쿠스트
리차, 1989

동성애자인 경찰이지만 다른 남성 경찰에 비해 차별받는 모습으로 그려진다. 영남은 경찰이기 이전에 남성보다 열등한 여성이라는 입장에서 무시당하는 존재이며, 동성애는 한국 사회에서 금지되어 있으므로 더욱 차별적인 대우를 받는다. 이 영화는 문화적인 성과 섹슈얼리티 두 개의 문제를 동시에 드러내는 문제작이다.

이러한 '주체 형성'은 영화를 다양한 시각으로 읽게 만들며, 이로 인해 영화 보기가 단순히 개인의 취향에 의한 선택의 차원이 아니라, 관객의 입장에서 사회적으로 새롭게 정의하는 과정이다. 그리고 그런 점에서 영화는 자신의 입장을 투사시키고 더욱 적극적으로 사회와 현실을 체감해나가는 문화적 활동으로 변화된다.

현실 재현으로서의 영화

영화는 현실을 관객에게 '재현(representation)'시켜 준다. 어떤 영화도 현실을 떠나서는 존재할 수 없으며, 현실을 반영하지 않은 영화란 없다. 그러나 현실을 보이는 그대로 재현하느냐, 아니면 내면적으로 주관적인 재현을 하느냐에 따라 크게 두 가지 방식으로 나뉘게 된다. 사실 그대로의 모습으로 객관적으로 재현하는 사실주의(Realism) 방식과, 현실 이면의 모습을 주관적인 방식으로 재현하는 표현주의(Expressionism) 방식이다.

영화는 탄생 초기부터 이 두 가지 방식이 극단적으로 대립되어 왔는데, 사실주의 양식인 기록영화(documentary: nonfiction)와 표현주의 양식인 극영화, 즉 허구적 드라마(drama: fiction), 극단적으론 실험영화(experimental film)로 분류되며, 다시 극영화 안에서도 사실주의적 극영화와 표현주의적 극영화 둘로 나뉘기도 한다.

이러한 분류의 차이는 영화예술가의 주관과 객관에 따른 '양식(style)'의 차이일 뿐, 현실의 본질과는 무관한 것이다. 현실 재현을 어떤 방식으로 할 것이냐는 다양할 수 있기 때문이다.

현실 재현으로서의 영화는 궁극적으로 관객에게 오락성과 교훈성이라는 두가지 목적을 동시에 전달하게끔 되어 있는데, 이것을 우리는 흔히 주제의식 혹은 작품의 메시지라고 말한다.

오락성과 교훈성은 영화에서 떼려야 뗄 수 없는 요소로, 작품의 완성도 혹은

〈카프카〉, 스티븐 소더버그, 1991

감동은 이 두 요소의 완벽한 조화로써 평가할 수 있다. 따라서 어느 한쪽에 극단적으로 치우쳤을 때 그 작품은 실패한 것으로 간주할 수 있다.

오락성은 영화의 형식 속에서 만들어지며, 교훈성은 내용 속에서 만들어진다. 따라서 영화적 형식이 탁월하지 않으면 오락성을 기대하기 어렵고, 반대로 내용이 충실하지 않으면 교훈성도 없어진다. 쉬운 예를 들자면, 아무리 뛰어난 문학작품을 영화로 만들어도 영화적 형식이 뛰어나지 않으면 똑같은 내용이라도 전혀 감동적이지 않고 교훈성도 없어진다는 말이다.

스티븐 소더버그(Steven Soderbergh) 감독의 〈카프카Kafka〉를 보면 이 영화가 카프카라는 소설가의 일생을 그린 단순한 전기물이 아니라는 것을 금방 알 수 있다. 여기에는 카프카의 생애에 관한 실제 이야기에다 카프카의 소설에 나오는 허구적인 내용을 첨가하여 복합시켜 놓았다. 그 결과 카프카의 일생과는 상당히 달라지긴 했지만, 카프카 소설의 초현실주의적이고 실

존주의적인 세계가 가미되어 특이하고 신선한 흥미를 주게 된다. 이 영화는 진부한 소재를 탁월한 형식미로써 감동적으로 변화시킨 예에 속한다.

　반면 형식적으로 뛰어나서 오락성을 높인 작품일지라도 현실 재현의 내용물이 빈약하다면 저차원의 영화로 전락하고 만다. 극단적인 오락성만을 추구하는 할리우드 영화나 1990년대 홍콩 영화들은 이런 시각에서 철저히 분석해볼 여지가 있다.

영화적 이야기 구성과 시점

　모든 예술을 통틀어, 혹은 영화 예술에 있어서 그 예술을 지배하는 자연의 원리는 크게 시간과 공간과 행동, 이 세 가지로 나눌 수 있다. 그런 점에

〈그린 파파야 향기〉, 트란 안
홍, 1993

서 영화적 이야기는 일반 이야기와 다르다. 영화적 이야기 안에서는 특별히 영화적 시간, 영화적 공간, 영화적 행동이 전개되기 때문이다. 영화적 시간은 실제 이야기가 갖고 있는 시간에 비해 생략되고 혹은 수정되고 선택된 시간이다. 필요에 따라 그 시간은 줄어들고 늘어나며, 처음과 끝의 순서가 뒤바뀔 수도 있다. 그런 의미에서 영화적 시간은 두 가지로 나눌 수 있는데, 과거에서 현재로 순서 있게 진행하는 연대기적 배열과 현재와 과거가 교차하는 비연대기적 배열이 그것이다.

　베트남 영화인 트란 안홍(Tran Ahn-Hong) 감독의 〈그린 파파야 향기The Scent of Green Papaya〉(1993)는, 주인공 여자가 어려서 부잣집의 여종으로 들어

〈조이 럭 클럽〉, 웨인 왕, 1993

간 후 점점 커가는 과정을 연대기 순으로 그리고 있다. 그녀가 어린 소녀에서 처녀로 성장하고 결혼에 이르기까지 영화 속 시간은 늘 현재진행형이다. 이러한 연대기적 영화의 특색은 과거 회상의 플래시 컷(flash cut)이나 과거 시퀀스(sequence)가 삽입되지 않는다는 것이다.

비연대기 영화의 대표적인 예로는 웨인 왕(Wayne Wang) 감독의 〈조이 럭 클럽Joy Luck Club〉(1993)을 들 수 있다. 이 영화를 보면 미국에 이민 온 네 명의 중국 여인이 각각 자신의 중국에서의 과거를 회상하며, 역시 현재 미국에 살고 있는 2세 중국계 미국 여인들이 자신의 미국에서의 과거를 회상한다. 아마 이처럼 철저하게 한 편의 영화 전체가 회상으로만 짜여진 영화도 드물 것이다.

영화적 공간 역시 실제의 공간과는 다르다. 어느 부분은 삭제되고 축소되거나 특별히 확대되기도 한다. 영화는 사각의 프레임이라는 공간과 카메라의 움직임에 의한 확대, 축소를 통해 특이한 공간을 보여준다. 이러한 공간은 친숙한 형태로 이미 관객들과 약속되어 있다. 공간이 어떻게 제시되느냐 하는 문제는 영화 속의 이야기가 흘러가는 데에 따라 전적으로 지배되고 선택된다.

리들리 스콧(Ridley Scott) 감독의 〈블레이드 러너Blade Runner〉(1982)를 보면 공간이 서기 2019년의 미래로 가상 설정되어 있다. 감독이 아직 도래하지 않은 미래의 도시를 어떻게 상상하고 구축했을까 하는 점은 관객의 흥미를 일으키기에 충분하다. 이 영화에서는 최첨단 영상과 컴퓨터를 이용하여 미래의 공간을 설정하는 한편, 수많은 인종이 복잡하게 몰려 사는 시장바닥과 다를 바 없는 현재의 혼란한 길거리를 보여준다. 감독은 현재의 샌프란시스코를 염두에 두고 묘사했다고 하는데, 미래의 모습을 왜 현재와 다름없이 설정했을까 하는 점은 생각해볼 문제다. 그건 일종의 감독의 메시지이면서 동시에 위트일 수도 있다. 동양인·서양인·인간·로봇·사이보그 등이 뒤섞인 상태는 혼란스런 미래의 제시랄 수 있지만, 동시에 미국의 대도시 현실에서도 비슷하게 느낄 수 있는 다인종 세계에 대한 문명비판적인 감정이라고도 할 수 있기 때문이다.

〈블레이드 러너〉나 〈이티〉와 같은 특이한 경우를 제외하곤 SF영화에서의 공간은 우리가 일상적으로 체험할 수 있는 공간이 아니다. 우주 공간, 우주선, 혹성, 혹은 미래의 가상도시 등이 주로 등장한다. 그러한 공간은 영화 스튜디오 혹은 컴퓨터의 특수효과를 통해 만들어지는 것이다. 반면 기록영화적 사실주의 영화의 공간은 우리가 흔히 낯익게 보아온 현실의 한 단면을 충실하게 드러내는 데 주력한다.

영화적 행동은 이야기를 끌어나가는 등장인물의 동기, 사건의 힘, 논리, 시점을 말한다. 그것은 시간 구성과 공간 구성을 이면에서 조종하는 가장

〈블레이드 러너〉, 리들리 스콧, 1982

중요한 요소이며, 영화의 처음부터 끝까지 일관성을 갖는다. 이야기가 성장하고 변화하는 일관성 속에서 뚜렷한 이야기, 즉 내용을 전달하며 주제의식으로 승화시켜나가는 것이다.

〈쉰들러 리스트〉를 보면 이 영화를 끌어가는 몇 가지 극적인 힘이 작용하는 것을 알 수 있다. 탄압을 가하는 독일군과 수난을 당하는 유대인. 유대인과 독일군 사이에서 오로지 장사에만 열중하는 쉰들러와 그에게 구원받는 소수의 유대인들. 이러한 극적인 힘들이 쉰들러의 의지에 의해 움직이고 있다. 독일군의 잔혹한 행동과 쉰들러가 움직이는 행동의 선이 겉으로는 연관이 없는 듯 흘러가지만 유대인의 수난과 쉰들러의 장사는 같은 선을 긋고 나아간다. 쉰들러는 장사를 하기 위해서 유대인들을 하나라도 더 끌어들이

려고 노력하고, 유대인들은 오로지 쉰들러에게 구원받기 위해 목을 매는 과정이 처절하게 그려진다. 처음엔 장사하려는 목적으로 유대인을 끌어들였던 쉰들러의 마음은 점점 인간적으로 바뀐다. 그리고 결국에는 장사 때문이 아니라 유대인을 인간적으로 동정한 나머지 그들을 구원하기로 마음먹는다. 이 영화의 시간·공간적 구조를 결정짓는 가장 중요한 요소는 쉰들러라는 인물의 목표와 성격에 의한 이야기의 변화인 것이다.

영화는 소설이 1인칭·2인칭·3인칭 전지적 작가 시점으로 나뉘는 것과는 달리, 1인칭에 해당하는 주관적 시점과 전지적 작가 시점인 객관적 시점 둘로 나뉜다. 그러나 영화적 관점에서 유일한 시점은 굳이 소설과 비교하자면 전지적 작가 시점 하나일 뿐이며, 그것이 주관적 혹은 객관적으로 해석되어 나가는 것이다.

1인칭 시점으로 영화 전편을 끌고 나가는 경우는 거의 없으며, 그럴 이유도 특별히 없다. 1인칭 시점이란 곧 주관적 카메라 앵글, 즉 시점 쇼트(point of view shot)를 말한다. 물론 시점 쇼트를 부분적으로 차용하기는 하지만 영화 전편을 시점 쇼트로만 구성할 수는 없다.

여기서 우리가 혼동하지 말아야 할 것은 주관적 내레이션의 경우이다. 가령 어떤 인물이 일기를 쓰는 장면이 있다고 하자. 그가 일기를 쓰는 모습이 화면에 나오면서(객관적 시점) 그 인물의 목소리가 주관적으로 보이스 오버(voice over)될 때, 우리는 이러한 주관적인 내레이션을 1인칭 시점으로 혼동할 수 있으나, 영상적으로는 3인칭의 객관적 시점인 것이다. 주관적 내레이션이 나왔다 하여 1인칭 시점 쇼트가 되는 것이 아니다. 영상과 주관적 내레이션을 혼동하면 안 된다.

올리버 스톤(Oliver Stone) 감독의 〈7월 4일생Born on the Fourth of July〉(1989)에 나오는 베트남에서의 한 장면을 보면 병사가 망원경으로 마을을 관측하는 장면이 주관적 1인칭 시점으로 잡혀 있다. 병사의 숨소리가 크게 들리면서 화면이 좌에서 우로, 우에서 좌로 빠르고 어지럽게 움직이는데, 그건 주인공 병사 시선의 움직임을 주관적 1인칭 시점으로 묘사했기 때문이다. 하지만 이 부분은 이 영화의 극히 일부분일 뿐이다.

종합예술/기계적 복제예술로서의 영화

시간, 공간, 행동의 원리로 구성된다는 점은 곧 영화가 다른 예술들의 속성을 총체적으로 모아놓은 종합예술임을 증명하는 것이다. 예술의 형태를 시간, 공간, 종합 세 가지로 분류해보자.

시간예술에는 전통적으로 음악과 문학이 해당한다. 음악과 문학은 시간이 흘러가면서 관객이 그 예술의 깊이를 발견할 수 있기 때문이다. 공간예술에는 회화·사진·조각·건축이 해당하고, 이 두 가지 시간·공간예술을 합한 종합예술에는 무용·연극·영화를 포함시킬 수 있다.

첸카이거 감독의 〈현 위의 인생 Life on a String〉(1991)을 예로 들어보자. 이 영화의 내용은 맨 처음 스승이 죽으면서 유언을 남기는 장면에서 시작하여 그 제자가 수련을 쌓다가 결국 의미를 캐지 못한 채 죽고, 그 다음 대의 어린 제자가 현에 담긴 의미를 캐내기까지의 긴 이야기를 담고 있다(문학적 내용과 구성). 영화 가운데 많은

〈현 위의 인생〉, 첸카이거, 1991

장면에서 노인의 노래를 담고 있다. 죽음의 강을 건너며 노인은 힘차게 강을 건너는 노래를 부른다(음악). 문학과 음악의 요소는 시간이 경과함에 따라 관객에게 다른 느낌을 전달한다.

산꼭대기 절벽 위에서 현을 연주하는 노인의 모습이나 그들이 거주하는 산사의 건물, 천진난만한 소녀들이 모래 위에서 장난하며 노는 모습들. 이러한 장면들은 그대로 한 장의 그림이며 사진이다. 이 밖에 그 영화의 세팅을 구성하는 집이나 자연구조물들은 모두 조각이며 건축인 것이다. 배우의 움직임은 무용과 같고, 연극처럼 상대방과 앙상블을 이루며 주고받는다.

이와 같이 한 영화를 구성하고 있는 요소에는 시간·공간예술에 속하는 다른 순수예술이 포함되며, 그에 따라 영화는 넓고도 깊은 표현 영역과 정신세계를 갖게 된다.

종합예술은 다시 공연예술과 복제예술 두 가지로 나뉘는데, 영화는 그중 후자에 속한다. 공연예술은 관객과 현장에서 호흡하는 일회성 형태의 예술로 무용·민속놀이·연극 등이 해당하고, 기계적 복제예술은 영화·TV·비디오·컴퓨터 그래픽 등 기록과 보관을 동시에 할 수 있는 예술 형태가 포함된다.

영화의 창작과 관객의 수용

영화가 창작되어 관객이 보기까지 대략 3단계의 과정이 진행되는데, 이것을 제작·배급·상영이라고 한다. 여기서 제작은 우리가 흔히 말하는 영화의 미학적 성격과 예산을 총 책임지는 부분을 말하고, 배급과 상영은 상업적 성격을 말한다. 따라서 영화는 예술과 상업이 동전의 양면, 자동차의 앞바퀴와 뒷바퀴처럼 불가분의 관계에 놓여 있다고 할 수 있다. 어느 한 부분도 소홀히 해서는 안 된다.

제작 과정을 책임지는 사람은 제작자와 감독으로 나눌 수 있다. 이 둘은 본래 분리되는 것이 원칙이나, 겸하는 경우도 종종 있다. 배급 과정을 책임지는 사람을 배급업자, 상영 과정을 책임지는 사람을 극장업자라고 부른다. 이들은 모두 작품에 관여하게 되는데, 그에 따라 영화의 모습이 구체화되어가는 것이다. 앞서 말한 대로 제작 과정에 있는 제작자와 감독은 영화의 미학적 부분을, 배급업자와 극장업자는 영화의 상업적 부분을 통해 작품에 참여하게 된다.

제작 과정은 그 안에서 다시 전반 제작 작업, 본 제작 작업(촬영), 후반 제작 작업, 이렇게 세 가지 과정으로 나뉜다. 전반 제작 작업은 시나리오 선정, 배우 선정, 장소 물색(헌팅 혹은 로케이션 스카우팅이라 부른다), 연기 리허설 등의 과정까지를 포함한다. 촬영 작업은 여러 스태프들과의 공동 작업이다. 촬영·조명·동시녹음·연출·배우·소품·분장·의상 등을 맡은 인력이 현장에서 같이 움직인다. 마지막 후반 제작 작업은 필름의 현상·녹음·편집·색 보정·보충 촬영 등을 일컫는다.

배급 과정은 제작 과정과 밀접하게 맞물려 있다. 특히 영화의 배급은 상업적 이윤 추구 동기가 작용하는 것이므로 상업적으로 승산이 있을 경우에만 배급을 한다. 만일 제작비조차 거둬들이지 못할 영화로 판단된다면 배급하지 않는다. 감독도, 제작자도, 관객도 구경할 수 없는 영화가 존재하는 것이다. 소위 '사장된 영화'이다. 우리나라 실정에서는 극장에서 개봉하지 못한 영화가 비디오 시장이나 케이블로만 나가는 경우가 그에 해당한다. 또한 배급은 자국 영화만 취급하는 것이 아니라 수입 외화도 중요하게 여긴다.

배급업자의 판단은 제작자의 생각보다 훨씬 더 상업적이다. 영화의 흥행 여부를 결정짓는 과정은 제작자나 감독의 판단보다도 배급업자의 판단에 달려 있다 해도 과언이 아니다.

수입 외화의 흥행은 국내 영화를 제작하는 제작비에 직접적인 영향을 주므로 배급업자가 가장 신경을 곤두세우는 부분이다. 배급은 크게 두 가지 형태로 나뉘는데, 큰 제작사가 직접 배급까지 겸하는 경우가 있고, 작은 제작사가 배급을 전문으로 하는 회사에 작품을 넘겨주는 형태가 있다. 배급 과정에서 흔히 독점이나 과당 경쟁이 일어날 수 있기 때문에 이를 방지하기 위해 정부가 일정 정도 관여를 하기도 하는데, 할리우드의 독점방지법이나 우리나라를 포함한 대부분의 나라에서 행하고 있는 스크린쿼터제(screen quota)가 그것이다. 스크린쿼터제는 수입 외화와 국산 영화 상영을 일정 비율로 정해놓고 배급을 한다는 원칙이다. 우리나라에서는 과거 국산 영화를 1년 중 3분의 1가량 의무 상영하도록 규정했었으나, 지금은 73일로 줄어들었다. 이것은 국가의 국산 영화 보호정책의 하나이다.

이처럼 제작과 배급은 밀접한 관련이 있으며, 미학적 부분을 책임지는 감독은 그 중간에서 제작자 혹은 배급업자로부터 상업적 이윤 추구에 관련된 간섭을 간접적으로 받으면서 작품을 만들게 되므로 갈등을 겪는 게 보통이다. 제작비가 클수록 대중 상업성을 고려하므로 그 간섭이 더 심해지고, 적은 제작비의 작품일수록 간섭이 줄어들어 감독의 재량이 더 발휘된다.

상영 과정은 극장에서 관객과 만나는 부분을 말한다. 배급 과정에서 이미 극장 선택이 이루어지지만, 극장 상영은 크게 상업극장 상영과 비상업극장 상영 두 가지로 나뉜다. 상업극장 상영은 입장권을 발매하여 그 수익으로 운영하는 제도를 말하며, 비상업극장 상영은 입장권을 발매하지 않는 대신 다른 지원기금으로 운영하는 운영체계를 말한다.

비상업극장 상영은 교육기관이나 사회·문화 단체에서 특별회원·특별관객을 설정하여 영화를 상영하게 되어 있다. 박물관·문화센터·도서관·공공기관이 이러한 상영제도를 널리 활용한다.

우리나라는 30여 년 동안의 군부통치 기간에 관객을 통제하기 위해 엄격한 기준을 적용하여 예술창작을 재단해왔다. 몇 년 전에야 시나리오 사전검열·필름검열 등 이중검열이 폐지되었고, 검열 대신 등급제라는 자율심의제도로 전환되었다. 우리나

〈구로 아리랑〉, 박종원, 1989

라에서 검열을 받아 가위질당한 작품은 수없이 많으나 군부독재 시절 검열에서 가장 엄했던 부분은 섹스도 폭력도 아닌, 안보와 사상에 관한 내용이었다. 일례로 박종원 감독의 〈구로 아리랑〉(1989)은 구로공단 노동자들에 관한 내용을 담고 있는데, 노동자들의 정당한 노동운동을 인정하지 않았던 당시 군부독재 정권에 의해 불순한 영화로 낙인찍혀 많은 컷들이 잘려나가는 고초를 겪었다.

이정국 감독의 〈부활의 노래〉(1991)는 국내 35밀리 극영화 사상 처음으로 광주학살 문제를 그린 영화다. 이미 진상을 다 알고 있는 역사적 사건임에도 불구하고, 정부에서는 공식적으로 광주의 진상을 덮어두고자 했으므로, 그런 상황에서 군이 진실을 들춰내려는 이러한 작업을 좋아할 리 없었다. 따라서 당연히 많은 장면이 삭제된 채 개봉될 수밖에 없었다. 문민정부 출범 이후 감독이 원본을 재편집하여 재개봉(1993)한 바 있다.

이처럼 우리나라의 검열 문제는 심각했다. 그것은 민간이 아닌 정부기관 (공연윤리위원회)에서 검열을 했기 때문이다. 서구에서는 그런 식의 검열이 이

미 오래전에 사라졌고, 대신 민간자율기구에 의한 등급제를 도입하여 필름의 삭제 내지는 수정이 자율적으로 이루어진다. 우리나라도 현재는 등급제를 운영하고 있다. 서구에서의 등급을 상술하면 아래와 같다.

- G등급(General Audience): 모든 연령층이 다 입장할 수 있는 영화
- PG 등급(Parental Guidance): 어린이들은 부모의 동반을 필요로 하는 영화
- PG-13 등급: 13세 이하는 입장 불가
- R 등급(Restrictes): 17세 이하는 부모 혹은 성인의 동반을 필요로 하는 영화
- NC-17등급(No Children under 17 admitted): 17세 이하는 무조건 입장 불가

이상의 등급을 보면 18세가 되면 어떤 영화든 자유로이 볼 수 있다는 이야기가 된다. 소위 에로영화니 성인영화니 하고 검열을 하여 18세 이상 성인들에게 가위질한 영화를 보여주는 일은 거의 없다. 17세 미만의 어린이와 청소년들에게는 대단히 까다로운 조항이 적용되는 반면, 18세 이상 성인들에겐 그런 자유가 있는 것이다. 우리나라의 경우 등급은 서구와 대동소이(大同小異)하나, 성인이라도 등급보류를 받은 영화는 등급외 극장에 가서 봐야 한다는 점이 다르다. 결국 일반 극장에서는 개봉이 안 되므로 등급외 극장이 없는 경우, 관객들은 아예 볼 기회를 박탈당하게 된다는 불합리한 점이 있다. 2002년 박진표 감독의 〈죽어도 좋아〉가 등급보류 논란을 빚다가 뒤늦게 개봉된 것이 대표적인 사례이다. 김기덕 감독의 〈뫼비우스〉(2013) 사건은 등급외 극장이 없는 현실에서 등급외 판정은 검열과 동일하다는 사실을 환기시킨다. 〈뫼비우스〉는 등급외 판정을 받아 개봉을 하지 못하는 상황이 되자, 제작진에서 10여 분을 자진 삭제한 후 성인 등급으로 개봉한 바 있다. 이 사건이 보여주는 우리 사회의 문제는 자율 등급이라 하여 심의 기구를 운영하긴 하지만, 그 기준 자체가 여전히 자의적

이라는 것이다. 등급외 극장이 없는 것도 문제다. 기존의 멀티 플렉스에 한 개 정도는 등급외 극장을 허용하여 일반 성인이면 어떤 영화든 볼 수 있는 권리를 부여해야 옳을 것이다.

감독의 본래 역할

감독의 예술가적 기질은 한 작품을 만드는 데 있어서, 다음 여러 가지의 조건들을 주관적·예술적으로 승화시키는 데 있다.

- **주제와 이야기**: 원작 혹은 시나리오를 영화적으로 옮기는 능력. 감독은 누구나 콘티뉴이티·스토리보드와 같은 영화적 노트를 머릿속에 갖고 있다.
- **영상과 움직임**: 쇼트의 선택과 각도, 인물 및 카메라의 움직임, 조명 등을 선택한다.
- **대사와 여타 소리들**: 영상이 영화의 반이라면, 소리는 나머지 반이다. 그만큼 감독은 배우의 대사, 음악, 음향효과의 안배에 탁월해야 한다.
- **배우의 연기 지도**: 배우를 다루는 방식은 두 가지이다. 엄격하게 통제하는 방법과 배우 즉흥성을 오히려 차용하는 방식.
- **모티프 및 상징성**: 모티프(motif)란 영화를 통해 일관되게 반복되는 내용 혹은 형식적 기법을 말한다. 감독은 의식적 혹은 무의식적으로 작품의 이야기를 이러한 모티프를 통해 암시하는 나름의 스타일을 갖고 있다.

올리버 스톤 감독의 〈하늘과 땅Heaven and Earth〉(1993)을 보면, 절에 모신 석가모니의 얼굴이 영화 전편을 통해 여러 번 반복해서 나타난다. 이 이미지를 그냥 무의미하게 넘겨버리면 자칫 이 영화가 주는 메시지를 놓칠 수 있다.

자세히 살펴보면 부처의 얼굴은 아무 장면 사이에 들어가 있는 게 아니다. 맨 처음 별다른 사건이 없는 평화로운 시절에 한 번 나타나고, 주인공이 많

〈하늘과 땅〉, 올리버 스톤, 1993

은 시련을 겪을 때 다시 나타나며, 마지막으로 모든 어려움이 끝나고 주인
공이 미국에서 고향 베트남 땅으로 돌아왔을 때 부처의 모습이 클로즈업된
다. 관객은 삶의 고비마다 나타나는 부처의 얼굴에서 감독이 얘기하려는 소
위 불교의 윤회사상을 간접적으로 암시받을 수 있다. 이러한 기법이 바로 영
화적 모티프이다.

작품분석을 통한 이해 1

또 하나의 약속 감독: 김태윤   **변호인** 감독: 양우석

영화란 선동이다?

〈또 하나의 약속〉은 희망의 시동을 건다. 운전석에 앉은 김태윤 감독은 이 영화를 정치적 의도로 만든 것은 아니라고 말하지만, 관객들은 정치적으로 올바른 시각을 주는 영화라고 판단한다. 그게 대중영화다. 영화는 만든 사람이 어떤 의도로 만들었든, 정치적으로 읽으려한다는 점을 중시하는 예술이다. 그만큼 선동성이 강한 매체이다. 공산주의영화만 선동적인 게 아니다. 대중영화 자체가 선동성을 갖는다. 예외가 있다면 예술성 자체를 추구한 예술영화만이 선동성을 배제시킨다. 〈또 하나의 약속〉은 할리우드 스타일의 대중영화다.

그래서 역사적으로 영화만큼 정치적으로 이용당한 예술도 없다. 비슷한 매체인 문학과 비교하면 영화의 선동성은 수백 배는 될 것이다. 대중소설 〈도가니〉와 대중영화 〈도가니〉의 반응을 비교해보면 금세 알 것이다. 소설이 나왔을 때는 조용하더니, 영화가 나오니까 온 관객들이 들끓고, 과거사가 들춰져서, 그때 했던 재판의 공정성을 다시 묻더니, 결국 국회의원까지 나서서 새로운 법안이 만들어지기까지 했다. 그게 영화의 힘이고, 매력이다. 영화는 그저 조용히 감상하고 끝

나는 그런 매체가 아니다. 사람을 흥분시키고, 결국 현실에 영향을 미치게 만드는 힘을 갖고 있다.

따라서 이 영화가 정치성이 있느냐, 없느냐의 성분 검사는 그리 유효하지 않다. 오로지 약발이 있느냐, 없느냐가 중요할 뿐이다. 〈또 하나의 약속〉의 약발은 성공적이다. 그동안 대기업의 횡포에 억울해하며 가슴앓이를 하던 관객들은 대부분 치유되어가고 있는 중이다. 얼마 전 대기업 사원 하나가 영화는 사실을 왜곡했다고 내용에 이의를 제기했지만, 아무도 거들떠보지 않았다. 이미 많은 사람들이 약을 먹고서 건강을 회복하고 있기 때문에, 설사 약성분이 잘못 되었다 할지라도 상황을 돌리기에는 역부족인 것이다. 거짓 약이라도 효과를 보는 플라시보 효과도 실제 있지 않은가. 단지 후유증이 나타나거나 약을 먹고 심각한 문제가 발생하는 경우, 상황이 반전될 수는 있겠다. 하지만 약은 판매 종료될 것이고, 성분의 진위여부는 사후 약방문이 될 공산이 크다.

고로, 영화에 진실은 없다. 앞으로 진실 따위를 논하는 일은 없기로 하자. 이런 극장-관객현상을 경험해 보고도 내용이 왜곡되었느니, 어쩌니 하는 시비는 더 이상 아무 의미가 없기 때문이다. 따라서 이 영화의 왜곡 여부를 묻지는 않겠다. 하지만 심각한 영향력에 대해 질문하지 않을 수 없다. 영화는 대기업이 직원의 산업재해를 끝까지 부인하다가 결국 인정하고만 공단 대 피해자 재판의 일부를 다루고 있다. 상구(박철민 분)는 말한다. "이건 시작일 뿐이다."

영화는 희망을 제시한다. 대기업의 피해자들은 앞으로 승리할 것이라는 낙관론을 믿게 한다. 지금 가슴앓이하고 있는 대기업의 피해자

들은 아마 이 영화를 보고 그 지
점에서 눈물을 흘리고 감동했을
것이다. 대다수 정상적인 관객들
이 이런 영화를 보고 눈물을 흘
리고 감동받지 않는다면 그건 이
상한 사람이다. 왜냐하면 이 영
화는 소수의 약자가 다수의 힘
있는 권력의 횡포와 싸워서 이기

는 정의로운 영화이기 때문이다. 아마 당사자가 아닌 권력자들, 사회
지도층 역시 이 영화를 보고 감동할 것이다. 그건 보편적인 인간의 착
한 감수성을 건드리기 때문이다.

상구는 건실한 운전기사다. 가난하지만 성실한 가장이다. 딸 윤미
(박희정 분)는 가난해서 대학을 못가고 대신 대기업에 취직해서 가난
을 이겨내려 하는 효녀다. 윤미는 백혈병에 걸리고 죽는다. 이 실장(김
영재 분)은 돈을 일부 떼어주면서 사건을 마무리한다. 이후 상구는 윤
미가 산업재해라는 사실을 알고 공단에 청구하지만 거부당한다. 그는
억울함을 호소하고 재판에 이기기 위해 노무사 난주(김규리 분)를 찾
아간다. 난주는 변호사와 같이 재판에 임해 결국 산업재해를 인정받
는다.

이제 시작일 뿐이라는 대사는 정말 많은 오해를 낳기에 충분하다.
관객들은 이 말과 영화의 메시지에 흥분하기 시작한다. 피해자들이
실제 대기업을 이기는 사례는 거의 없다. 그럼에도 영화는 약자들이
대기업을 계속 이길 것처럼 관객들에게 희망을 준다. 그 희망은 언제

까지 갈까? 실제 피해자들에게 희망적인 결과가 올까? 그 희망의 열매를 항상 따 먹는 사람들은 약자들의 정의를 팔아먹으며 현실을 비판하는 정치가들이다. 그들은 기득권 정치세력을 비판하기 위해 영화를 이용한다.

도대체 대기업을 어떻게 이길 수 있을까? 아무리 곰곰이 생각해봐도 영화대로라면 사회적 약자들이 대기업을 이기는 건 거의 불가능하다. 겨우 판결 하나 유리하게 난 걸 갖고 수십 건의 산업재해 재판에서 이길 거라고 낙관하는 것은 무리가 아닐 수 없다. 그러니 이 영화를 현실에 기반한 허구영화라고 말하는 게 솔직한 표현이다. 할리우드 미학처럼 현실에서 일어날 수 없는 일을 영화로나마 그려보는 것. 솔직한 대중영화인 셈이다. 영화는 꿈이고, 피곤한 삶을 위로한다.

이 영화가 관객들을 선동하여 갑자기 대기업에 데모라도 하게 만들지는 않을 것이다. 감독이 말했다시피 전혀 정치적 의도로 만든 영화가 아니다. 목적이 있다면 돈을 버는 것이다. 흥행이 많이 돼서 돈을 벌어야 제작비도 갚고 다음 영화도 만드는 거다. 그게 이 영화가 짊어진 운명이지, 정치운동이 목적은 아닌 것이다. 이처럼 투명한 영화를 왜 일부 언론에서는 정치적으로 볼까? 그게 다 정치적 활용도 때문이다. 이 상업오락영화를 선거에 활용하려는 정치 세력에 의해 영화가 정치선전물이 된다.

그러니, 정치는 영화의 적이다. 정치는 영화의 순수오락적, 상업적 의도를 여지없이 부서뜨린다. 이 실장은 말한다. "정치는 표면이고, 경제가 본질이죠." 맞는 말이다. 대기업이 주장하는 것이고, 주류언론이 주장하는 것이고, 국가가 주장하는 것이다. 경제가 모든 것의 본질

에 선행한다. 결국 대중영화는 예술이 되지 못하고, 오락이 되어 경제
에 기여할 것이고, 정치에 이용당해 역시 경제에 흡수되고 말 것이다.
영화는 그저 소비되고 만다.

　영화가 좀 더 정신영역으로 승화될 수는 없을까? 이런 소재는 좀 더
진지하고 객관적으로 드라마를 만들었으면 어땠을까 하는 생각이 든
다. 이 실장과 조폭들의 존재는 대기업을 서부영화에 나오는 악당에
해당하도록 각인시킨다. 너무 많은 사람들이 병에 걸리고, 팀장 교익
(이경영 분)마저 병에 걸리는 설정 역시 작위적이다. 그가 인간적으로
대기업을 배신하지 않는 설정은 잘 된 것 같다. 바로 그런 관점이다.
대기업 쪽에서도 좀더 인간적인 면을 많이 부각시켰어야 한다. 그들
나름대로의 고충을 털어놔서 드라마 속에 녹였어야 한다. 그렇지만
선악이분법의 고전영화의 틀에서 크게 벗어나지 않았다. 재판정에서
의 일방성도 여전하다. 이 실장이 증인을 매수한다든가, 대기업 측의
변호사들이 주장하는 것도 단순하다. 서로 팽팽해야 하는데 너무 일
방적으로 피해자들은 정의롭고 대기업은 악당이다.

주인공과 선한 사람들의 주장이 하나도 틀리지 않다고 생각한다. 하지만 상대방 악당에 대한 묘사가 너무 단순하다. 선은 무조건 악을 이긴다는 식이다. 대기업의 횡포문제가 단지 선악의 문제로 해결이 날 질문일까? 그렇지 않다고 생각한다. 대기업의 문제는 자본의 문제다. 피해자들이 생존의 문제였듯이 대기업도 생존으로 악을 자행하고 버틴다. 그런 점에서 자본의 문제를 좀더 진지하게 풀어내지 못하고, 단지 영웅주의와 선악의 서부극으로만 풀어낸 문제의식은 다른 방향의 진지한 모색을 요구한다.

영화는 감독이 아니라, 대중이 만들고, 시대가 만든다?

영화 〈변호인〉은 한 정의로운 인간을 그린 것처럼 보인다. 영화 속 주인공 송우석(송강호 분)은 평범한, 어찌 보면 속물적인 세금전문 변호사였다. 당시 그가 정치를 대하는 태도는 체념이 깔린 절망이었다. 계란으로 바위 친다는 것. 흔히 비유하는 그것은 현실을 어느 정도 인정하는 데서 나온 말이다. 그가 비겁하다고 해서 정의로운 마음조차 없는 것은 아니다. 그를 인식하게 하는 것은 계란으로 바위치기. 해봐야 소용없다는 것. 그건 이미 많은 경험을 통해 얻은 상식이며 처세술이다. 권력에 저항한다는 것은 있을 수 없는 일이라는 것.

그런 그가 어느 날 인생이 변해버린다. 그는 서민에서 투사로 태어난다. 계란으로 바위를 치는 행동을 하게 된다. 하지만 이면에는 순수하다 못해 순진한 마음이 있다. 우석은 권력을 논리로 이겨보려고 한 것이다. 법정과 헌법을 믿은 것이다. 그는 열심히 공부했고, 논리가 비논리를 이긴다고 생각했다. 법정에서 권력의 부당함을 고발하고,

피해자의 처지를 항변하였다.

하지만 그건 오판이었다. 권력은 그렇게 호락호락 그에게 항복하지 않았다. 결국 그는 자신을 굴복시키려는 거대한 권력의 힘 앞에 서야 했다. 법정이 아니라, 이 나라 전체를 움직이는 권력과의 힘겨운 싸움을 시작하게 되었다. 자신이 사는 세상이 거짓임을 깨닫고, 자신이 누구인가를 다시 바라보게 되었다. 금강경에 나오듯 세상은 이슬이요, 번개고, 그림자였던 것이다. 인간은 하나의 드라마 속에 살고, 결국 주인공임을 깨닫는다. 영화 속 주인공 우석은 자신이 살고 있는 세상이 허위의 세계임을 뒤늦게 깨닫는다.

이렇게 읽어나가다 보면 이 영화는 한 인간의 깨달음에 맞춰져 있다. 하지만 〈변호인〉은 한 인간을 그린 것이 아니다. 우리 사회의 법체계가 얼마나 정치권력에 밀착되어 민주주의에서 퇴행하고 있는가를 고발한 것이다. 우석이 주로 싸운 것은 법 해석에 관한 것이다. 국가보안법이 헌법의 우위에 서서 피고들을 부당하게 다루는 것을 시정하려고 노력하였다. 법을 자의로 해석하는 것이 바로 독재다. 이 영화는 독재가 법을 제멋대로 전횡한다는 점에서 민주주의의 가치란 무엇보다 먼저 법을 준수하는 것이라 주장한다. 법은 모든 사람에게 평등해야 한다. 법이 사람의 마음에 따라 왔다 갔다 하면 안 된다. 그런 법은 법도 아니다.

영화 〈변호인〉에는 국밥집 주인 최순애(김영애 분)가 나온다. 송우석은 소싯적에 국밥을 먹은 후 도망친 경험이 있다. 변호사가 된 후 우석은 빚을 갚으러 갔으나, 순애는 받지 않는다. 순애는 전형적인 서민이며, 마음씨 착한 사람이다. 순애의 보시는 상대를 보고 하지 않는

다. 어쩌면 순애는 불교에서 말하는 무주상보시를 실천하는 사람처럼 보인다. 자비로운 관세음보살의 화신처럼 느껴진다. 우석은 이후 국밥집을 단골로 드나든다. 순애는 그에게 어머니와 같은 존재로 자리한다. 순애의 아들이 고초를 당하자 우석은 어찌할 바를 모른다. 순애를 통하여 그 아들은 마치 자신의 동생인 것처럼 느껴진다. 동체대비(同體大悲)의 마음이 발동한다.

우석이 변호를 맡게 된 것은 순전히 자비심 때문이다. 순애와 같은 착한 사람들이 억울하게 당하는 것이 부당하다고 생각했기 때문일 것이다. 그에게 있어 순애의 슬픔은 순수한 자연이 훼손되는 것이며, 우주가 파괴되는 것이다. 인간을 길러내는 모태가 무너지고, 오염되는 일이다. 순애는 이 세상을 끌고 가는 어른들에게 어머니요, 젖줄이기 때문이다. 사람은 누구나 철모르던 어린 시절 이런 어머니들이 주는 밥을 먹으며 자라났다. 커서 당연히 어머니에게 효도하고 싶어 한다. 그 마음이 송우석을 움직인 것이다. 이 세상을 살리고자 하는 마음. 그것은 어머니에게 진 빚을 갚고, 사람답게 살아야겠다는 의지의 발로이다. 그 커다란 마음도 작은 동정의 마음에서 비롯된 것이다. 정치란 커다란 게 아니라, 결국 가장 가까운 이웃을 불쌍히 여기는 그 작은 마음이 아니고 무엇이랴.

작품분석을 통한 이해 2

서편제 감독: 임권택

비연대기적 영화서사 구조

(현재)동호의 회상 → (과거)어린 동호의 눈에 비친 아버지와 여자 → 스승에게 쫓겨난 아버지 → 송화를 받아들임. 송화와 소리 연습하는 동호(이때부터 동호의 주관적 시점은 객관화되어 동호·송화·아버지가 동일하게 묘사된다) → 송화를 앞세워 소리꾼으로 나선 일가족 → 양악대에 밀려 쫓겨나는 일가족 → 가난에 못 이겨 집을 뛰쳐나온 동호 → 첩첩산중으로 들어간 송화와 아버지 → 송화의 눈을 멀게 한 아버지 → 득음을 한 송화와 모든 걸 고백하는 아버지 → (현재)아버지와 누이를 찾아온 동호 → 누이를 만나 한을 풀게 되는 동호 → 길을 떠나는 동호와 송화.

이러한 영화적 구성은 영화적 이야기를 풀어내는데, 이 방식대로라면 이야기는 동호의 시점에서 본 아버지, 누이, 자신의 이야기가 된다. 물론 그가 직접 눈으로 보지 못한 부분은 아버지의 친구인 낙산거사가 전해주는 이야기를 듣고 영상화시킨 부분도 있다.

동호의 시점에서 풀어내 보면, 이야기는 가족의 변천사를 그리고 있음을 알 수 있다. 그 중에서도 특히 아버지와 송화가 어떻게 살아왔는가를 그리는 데 집중하고 있다. 자신이 집을 뛰쳐나오고 어떻게 살아왔는가는 잠깐 한마디만 언급할 뿐 중요시하지 않는다. 아버지와 송화에 집중함으로써 영화는 아버지·송화의 이야기로 몰아간다. 아버지·송화의 이야기는 구체적으로 아버지가 갖고 있는 명창의 '한'을 송화가 눈이 멀어가면서까지(물론 한을 풀기 위한 의도이긴 하지만) 명창이 됨으로써 풀어내는 이야기임을 알 수 있다. 바로 이 이야기가 강조되고 집중되기 위해서 이 영화는 이런 방식으로 구성되고, 또한 영화가 기초한 원래의 이야기 덩어리는 많은 부분 생략되고 수정될 수밖에 없었던 것이다.

이야기 속의 시간은 (과거)해방 이전부터 (현재)해방 이후까지의 일을 다루고 있지만, 영화적 시간은 비연대기적 시간으로 현재 → 과거 → 현재 순으로 영화 속에서 재배치되었다. 이 영화에서는 특히 공간이 시간의 흐름과 밀접한 연관을 갖는다. 아버지·송화·동호가 진도아리랑을 부르면서 길을 내려오는 장면은 한 공간 안에서 여러 시간대를 경험시키고 있다. 멀리서 걸어오며 맨 처음 선창을 한 유봉(아버지)의 가락 "사람이 살면 몇 백 년 사나……"는 느린 진양조다. 길의 중간쯤 왔을 때의 가락은 조금 빠른 중모리 정도 된다. 프레임의 맨 앞에 와서 길이 끝날 때쯤 돼선 아주 빠른 자진모리 가락으로 바뀐다.

이 장면은 종래의 영화적 공간 개념을 주관적으로 해석한 탁월한 장면에 속한다. 종래대로라면, 내용물이 바뀌면 그것이 지시하는 대로 공간이 바뀌어야 한다(즉, 컷이 바뀌어야 한다). 그러나 여기에서는 컷을 바꾸는 대신 인물을 이동시킴으로써 공간이 계속 바뀌었음을 암시하고, 노래의 가락이 점차 속도를 달리함으로써 내용물의 변화를

전달시키고 있는 것이다. 이 장
면에서 무엇보다도 감독이 노
린 가장 중요한 점은 노래를 통
해 한을 풀어내기 위해서는 그
흐름을 끊지 말고 길의 이미지
를 이어내야 한다는 것이었다.
그러한 연출 의도를 위해 안배
된 이러한 시간·공간적 구성

은 전형적인 것은 아니지만, 이 영화의 내용을 위해서 가장 탁월한 형
식이었다.

현실 재현으로서의 〈서편제〉

영화를 통해 현실을 재현하는 과정에서 현실의 모든 부분이 다 표
현된 것은 아니다. 영화 속에서 강조된 유봉 일가의 한 맺힌 사연은
해방 이전부터 이후 현재까지
우리 민족이 경험하는 일상적
현실의 극히 일부일 뿐이다.
그리고 그 부분조차도 정확히
재현되었는지 여부는 이 자리
에서 당장 가름할 수 있는 성
질이 아니다. 두고두고 관객이
생각해봐야 할 문제인 것이다.
한을 만들기 위해서 인위적으

로 눈을 멀게 하고, 그럼으로써 한의 소리를 얻게 되는 것이 과연 수긍할 만한가, 처음부터 끝까지 동호의 시점에서 풀어나간 영화 속에서 왜 동호 자신의 한은 배제될 수밖에 없었는가 등의 의문점들이 현실 재현상의 문제로 떠오를 수 있다.

이 영화는 현실의 모습을 사실적으로 그려냈다기보다 소리꾼의 한과 세계를 표현하는 아름다운 소리와 자연을 통해서 상징적이고 우화적으로 그려냈다고 볼 수 있다. 따라서 이 영화가 가장 주안점을 둔 것은 내용으로서의 이야기 구조가 아니라, 형식으로서의 소리이며 영상인 것이다.

이 이야기의 바탕이 되는 현실은 더럽고 혼탁하지만, 영화 속의 소리와 영상은 아름답고 우아하다. 우리 민족이 처한 현실이 아무리 추하고 미천해도, 한을 간직한 사람들의 마음은 꺾이지 않는 소나무나 대나무처럼 청청하고 올곧다는 '아름다운 한의 세계'가 이 영화의 역설적인 메시지로 작용하고 있는 것이다.

감독의 예술로서의 〈서편제〉

임권택 감독의 '한의 세계'는 비단 〈서편제〉 하나에서만 두드러지는 것이 아니다. 〈서편제〉에서 한의 맺고 푸는 상징성이 발휘된 부분은 반복적으로 나타나는 '길'의 모티프에서 정확히 알 수 있다. 이 영화에서 길은 의도적으로 안배되어 있는데, 막혀 있고 긴장된 현실 부분과 한이 쌓이는 과정 다음에 그 탈출구로서 길을 걷는 장면이 배치되어 있다. 예를 들어 앞에서 인용한 진도아리랑을 부르는 그 유명한 길 장면도 양반들 앞에서 수모를 당하고 쫓겨날 수밖에 없던 억울한 장면 바로 다음에 이어진다.

이 길 장면은 한을 풀어내는 장면이며, 이완된 장면으로서 의도적으로 사용된 상징적 모티프이다. 길은 영상적으로도 매우 아름다울 뿐만 아니라, 길고 유연하며 선의 움직임이 강조되는 '한풀이'의 공간적 구도를 갖고 있다. 이러한 '길'은 〈만다라〉(1980), 〈개벽〉(1991), 〈길소뜸〉(1985) 등의 작품에서도 반복되어 나타나는 임권택 감독의 특이한 구도이다. 〈서편제〉에서 소리와 더불어 이 길의 의미를 놓친다면, 곧 감독의 커다란 주제의식 하나를 잃는 것과 같다.

상품으로서의 〈서편제〉

〈서편제〉는 임권택 감독의 영화이면서 동시에 태흥영화사(제작·배급)의 작품이다. 따라서 제작·배급·상영에 이르기까지 전 과정에 걸쳐 태흥영화사의 상품가치적 측면이 고려되지 않으면 안 될 것이다. 기획 당시부터 시작한 칸영화제 출품에 대한 홍보, 대종상 주요 부문 6개 수상, 심지어는 김영삼 대통령의 청와대 관람까지, 관객에게 미친 이 영화의 느낌은 예술성의 측면뿐만 아니라 상품성의 측면까지 세밀히 고려된 작품이란 것을 알 수 있다.

이 영화가 상품성을 갖게 된 것은 영화의 예술적 완성도가 시대 조류의 변화와 민감하게 어울렸기 때문이라고 볼 수 있다. 〈서편제〉가 다루는 억눌린 한의 해소는 비단 소리꾼의 문제만이 아니라, 우리 민중의 보편적 정서인 것이다.

1990년대 문민정부의 출범은 30여 년간의 군사통치 동안 억울하게 살아왔던 민중의 한이 잠시나마 풀어지리라는 기대감에 충만했던 시기였다. 1970년대 10월 유신과 1980년 광주학살 등을 겪으며 억압되었던 우리의 한 맺힌 정서들이 판소리, 풍물, 마당극 같은 전통적인 가락을 타고 다시 되살아나기 시작한 것도 이 때였다. 그런 시대적 배경 속에서 그동안 소리 한번 질러보지 못했던 그 시원시원하고 풍자적인 한의 외침을 대중들 앞에서 자랑스레 펼쳐 보인 것이 바로 이 〈서편제〉다.

그런 의미에서 〈서편제〉는 퍽 이상적인 상업영화임에 분명하다. 우리의 숨통을 우리 영화에서 정서적으로 트이게 했다는 점만으로도 바람직한 상업적 활동으로 규정해도 무리는 없을 것이다. 또한 그 바람직한 방향이 이제 비로소 시작이란 점에서 중요한 의미를 갖는다.

작품분석을 통한 이해 3

성냥팔이 소녀의 재림 감독: 장선우   **오아시스** 감독: 이창동

한국 영화산업의 현실에서 작동하는 정치경제학적 원리

사이버 환경에서 극단적인 몰입의 심각한 정신병적 분열 징후를 모험의 형태로 재현해본 장선우 감독의 〈성냥팔이 소녀의 재림〉(이하 〈성소〉), 그리고 삭막하고 극도로 분열된 인간관계의 현대적 상황을 똑바로 직시한 가운데 사랑이라는 희망의 단서를 찾아보려는 이창동 감독의 각성적 작품 〈오아시스〉. 이들 두 작품이 공통적으로 품고 있는 것은 다름 아닌 현대적·도시적·한국적 상황에서의 가상과 본질, 환상과 현실의 이분법적 갈등과 그 환멸로부터의 탈주를 주제로 제시한다는 점이다. 환상의 방식으로 탈주하고자 하는 공통점을 보이면서도 그들의 작업은 상당히 다른 결과를 도출해낸다.

영화 미학적 공통점과 차이점

〈성소〉와 〈오아시스〉는 몇 가지의 공통점과 차이점을 갖고 있는데, 먼저 그것을 비교하는 일이 두 영화의 성패를 분석하는 지침이 될 것이다.

첫째, 이들은 공통적으로 가난을 문제삼고 있다. 한국의 봉건과 근

대, 탈근대의 틈새에서 삐져나오는 어두운 그늘을 소재로 삼고 있는 것이다. 빈부격차나 계급갈등과 같은 봉건적 잔재는 근대에서 탈근대로 탈주하는 과정에서도 여전히 그 틈새를 비집고 출몰한다. 현대인의 밝은 광명의 한구석에서 여전히 그들 어둠의 뿌리는 깊디깊게 땅에 박혀 자라나고 있는 것이다. 두 영화의 주인공 직업 역시 얄궂게도 가난한 자장면 배달부로 똑같다. 이들은 물질적, 사회적으로 가난하고 하층 계급에 방치되어 부글부글 끓는 욕망으로 넘쳐나고 있다. 그런데 〈성소〉에서는 오프닝 장면에서만 가난을 묘사할 뿐 전체 서사의 공간 속에서는 냉정하리만치 그 가난을 지워버린다. 반면 〈오아시스〉에서는 끊임없이 가난을 내보인다. 주인공의 모습과 행동과 관객에게 제시되는 그 모든 것은 현실과 영화가 같은 궤에서 움직인다는 것을 증명한다. 그래서 〈성소〉는 화려하고 〈오아시스〉는 누더기를 기운 듯하다. 하지만 한국적인 상황에서 관객은 가난을 가리려 한 〈성소〉가 아닌 누더기처럼 가난을 드러낸 〈오아시스〉를 선택했다.

둘째, 가난한 자장면 배달 청년이 각각 여자를 구원하기 위해 자신을 희생한다는 동일한 서사구조를 갖고 있다. 그런데 그 구원 방식은 상이하다. 〈성소〉의 남자는 자장면 배달부로서가 아니라 할리우드 영화의 주인공으로 착각 변신하여 여자를 위해 모험에 뛰어든다. 〈오아시스〉의 남자는 변신하지 않는다. 오히려 자장면 배달부라는 자부심이라도 있는 양 행동한다. 할리우드 영화의 기계적 추종은 이제 더 이상 〈오아시스〉에서 통하지 않는다.

셋째, 두 영화는 환상의 공식을 사용한다. 현실의 막힌 벽을 뚫고 나가는 수단으로서, 적극적 명상의 방식으로서 백일몽은 여전히 유효

한 것이다. 한편 두 영화엔 모두 '나비'가
등장한다. 〈성소〉에서 나비는 현실과
초현실의 경계를 가로지르는 신호이다.
나비가 지시하는 장자의 혼돈적 현실세
계, 그리고 그것을 반영하는 다른 분신
인 거울세계는 이윽고 깨져버린다. 거기
서 바다는 불교적 대승세계이며 사바세
계이다. 중생의 바다이다. 장선우는 컴
퓨터 게임 버전 '화엄경'을 영상화한 셈
이다. 그러나 그의 전작 〈화엄경〉에서처
럼 영화가 난해함의 경지로 빠져들면서
110억의 투자가치를 지닌 대중 영화적
기능을 상실해버린다.

반면 〈오아시스〉의 이창동은 극중인
물 '공주'의 내적 욕망의 실체로서 나비
의 환상을 선보인다. 그것은 공주만이
보는 나비이다. 남에게 보여주기 위한
나비가 아니라 남의 눈에는 보이지 않
는, 자기만 보고 믿고 싶어하는 자기 눈
에만 보이는 그런 환상의 나비이다. 그
래서 그 나비는 〈성소〉의 제시적인, 혹
은 과시적인, 현학적인 나비에 비해 현란
하지 않고 소박하지만 의미 있는 나비가

된다. 관객은 그 나비를 통해 배우 문소리가 아닌 장애자 '공주'의 내면으로 한없이 동일시되어 들어가는 경험을 한다.

한국 영화산업의 현실에서 정치경제학적 원리는 다시금 작동한다. 누가 얼마만큼의 자본으로 어떤 영화를 생산하느냐는 자본주의 사회에서 정말 중요하다. 결국 고객에게 맛있는 자장면을 배달하는 일을 해야 하는 두 자장면 배달부 장선우와 이창동의 게임은 맛과 질, 서비스, 무엇보다도 생산원가에서의 차이까지도 이창동의 승리로 마무리되었다.

〈성소〉의 실패

현실적 공감대의 결여

자장면 배달 청년 '주' (현성 분)가 불쌍하게 버려진 '성냥팔이 소녀' (임은경 분, 이하 '소녀')를 구원하기 위해 그녀에게 달려드는 온갖 악당들을 쳐부순다는 이야기인 장선우 감독의 〈성소〉는 이 시대의 고난을 건너는 하나의 방법일 것이다. 하지만 그것이 얼마나 현실적 공감대를 결여한 것인지는 영화적 발상이 애매한 박애주의적 구원 환상과 무정부주의 유사품에 기반을 두었다는 점에서 찾을 수 있을 것이다.

주가 자장면을 배달하다가 문전박대를 당한 순간 환상에 사로잡혀 대량학살하는 장면을 보면, 그 이유가 고작 "짬뽕 국물을 서비스로 달라고 해서 자기를 귀찮게 했다"는 식의 지극히 사소한 것이다. 소녀가 지하철에서 시민들을 기관총으로 살육하는 장면 역시 가난한 사람을 동정하지 않았다는 이유 때문이다. 가난한 인간 역시 살 권리가 있

다는 계급갈등적 주제를 전시하고 있는 이들이 분노하는 환상 장면
은 그러나 사적인 불만은 될지언정 사회적인 입장에서 설득력을 갖지
는 못한다. 주와 소녀가 결속하고 이 불만족스런 시스템이 붕괴되기
를 기대하는 감독의 욕망은 현실적으로 접합하지 못한 단계에서 자꾸
현실초월적 욕망으로 일탈한다. 화엄(華嚴)과 금강(金剛), 장자(莊子)
의 세계로의 질주는 그러한 일탈의 한 경지를 보여주는 것이다. 그것
은 비상(飛翔)의 세계처럼 보이지만 실은 오히려 추락하고 있는 자아
의 상태를 보여주는 것이다.

　이 영화는 정확히 말하면 1980년대적인 자세를 그대로 갖고 있는
영화지식인이 20년이나 지난 2000년대에 와서 2000년대식으로 겉포
장만 하다가 관객의 외면을 받고 어리둥절해 있는 형상과 다름이 없
다. 1980년대적인 자세란 무엇인가. 영화의 도입부에서 모노톤의 화
면으로 마치 무성영화를 연상시키는 일제시대적인 화면구성과 흘러
간 가수 이난영의 〈목포의 눈물〉이 흘러나오며, 안데르센의 동화『성
냥팔이 소녀』의 비극을 현대적으로 패러디한 비정한 도시에서의 성냥
팔이 한국 소녀의 불쌍한 최후를 형상화한 시퀀스에서 분명하게 드러
난다. 그것은 감독이 오래전 〈우묵배미의 사랑〉에서부터 깊이 천착
해왔던 1980년대식 민중적 정서의 구체적 소재이며 단편적 발현이다.

1980년대 정서와 2000년대 속도의 어긋난 접합

　즉, 주변부 소외된 민중, 가난과 고통과 절망으로 점철된 뿌리 뽑힌
기층 민중의 아픔과 절규를 온몸으로 받아내야 했던 1980년대 지식인
의 고민이 담겨 있는 것이다. 그 처절한 1980년대의 상처를 아직도 가

슴 한쪽에, 아니 가장 중요한 심장의 중심부에 위치시켜놓은 채 장선우 감독은 2000년대의 낯선 시간과 공간의 유희 속으로 빠져든다. 그에게 어쩌면 2000년대는 여전히 적응하기 어렵고 이해하기 어려운 미해결의 장인지도 모른다. 그는 가부장적이고 권위적인 태도로 2000년대를 마치 재단이라도 하듯이 작도해나가는데, 결국 2000년대를 주마간산(走馬看山) 식으로 모자이크 배열하는 것으로 마감하려는 성급함을 보임으로써 영화적 밀도는 더욱 허술해져버린다.

  게임을 모르는 1980년대 사람이 2000년대의 상징언어인 게임 기획을 도입하고 온갖 할리우드 블록버스터 영상들의 잔해까지 끌어들였지만, 어지럽게 난무할 뿐 애석하게도 공들인 영화적 장치들은 적절히 기능하지 못한다. 그런 식의 나열이 재미를 가져다줄 것이라는 믿음을 포기하지 않았던 것이 이 영화가 실패한 주요 원인이랄 수 있다.

  영화의 정치경제학이 영화의 미학적 판단에까지 영향을 미치는 것인지, 혹은 서로 관련을 가질 수도 있는 것인지가 이 영화를 통해 분명해진다. 영화는 산업이고 노동이고 이데올로기이고 그리고 예술이고 오락이다. 그런 요소들은 서로 긴밀히 연결되어 있고 복합구성물로서, 즉 텍스트로서 또 유기체로서 존재한다. 그런 점에서 영화의 정치경제학은 성립하며 〈성소〉의 실패는 필연적인 것이다. 앞서 지적한 대로 장선우가 현실의 패배의식을 노장철학으로, 불교적 대승사상으로 막아내려는 데서부터 실패의 불길함은 감지된다. 그것은 비참한 현실에 대한 투쟁이 아니라 실상 도피이기 때문이다. 자신만의 해결 방법을 모색해야 하며 그래야 작가도 살고 산업도 산다. 그게 바로 〈성소〉가 남겨주는 뼈아픈 한국형 블록버스터 영화의 허황된 시말서이며 솔직한 정치경제학적 보고서의 결말이고 교훈일 것이다.

〈오아시스〉의 성공

현실 표면에 관객의 시선을 가둬두는 감독의 연출력

전과 3범에 약간 저능아 끼를 갖고 있는 홍종두(설경구 분)와 뇌성마비 장애자 한공주(문소리 분)는 정상적인 규범사회에서 비정상으로 존재하며 냉대받는다. 이창동 감독은 〈오아시스〉에서 비정상이라 명명된 이들이 인간 취급을 받지 못하는 사회에 대하여 질문을 한다.

그들의 소외는 표면상 선천적인 것으로 간주된다. 자동차정비소를 운영하는 형은 아주 간곡하게 동생 종두에게 제발 인간이 되라고 타이른다. 어른의 말이 채 끝나기 전에 불쑥 말을 자르는 것은 예의가 아니라는 형의 꾸중은 정말 종두에게 사람이 되라고 가르치는 자상하면서도 지엄한 형의 모습을 그려낸다. 그런 훌륭한 형에 비하면 종두는 아무리 타일러도 나쁜 짓만 일삼는 골칫거리이며 구제불능 인간이다. 종두를 집에 데리고 있으면서 밥 먹여주고 재워주는 마음씨 착한 형수에 의하면, 종두는 집에 없을 때는 아무 문제가 없었는데 다시 나타남으로써 다른 가족들이 불행함을 느끼게 되어 차라리 없어졌으면 하고 바라는 존재이다. 그에 아랑곳하지 않고 종두는 형수의 지갑을 털어 돈을 훔치고 그걸 형의 짓이라고 둘러대는 파렴치를 보인다.

뇌성마비로 온통 얼굴이 일그러진 공주의 외모는 그 자체가 오빠

내외를 불편하게 한다. 그들은 한 달에 20만 원을 투자하여 옆집 아줌마에게 공주의 뒤치다꺼리를 하도록 하고 주말이면 꼬박꼬박 공주의 집을 방문한다.

이렇게 표면적으로 종두와 공주의 불행은 선천적인 요소에 의거한 것으로 파악된다. 종두는 구제불능이고 공주는 선천적 불구이기 때문에 주변사람들은 그들을 위해 희생을 강요당하는 입장이 된다는 것이다.

시선의 전복과 내적 진실의 자각

하지만 이창동은 이러한 논리를 전복시키는 작업을 진행시키는데, 그에 따르면 이들을 소외시킨 원인은 선천적 결함이 아니라 그들을 둘러싼 사회적 외압이다. 영화의 중반을 넘어서면 이들과 주변인들과의 관계가 분명하게 드러나면서 표면적으로 인식되었던 내용들이 정반대로 뒤집어져 나타나는 것을 알 수 있다. 종두의 경우, 형수의 따스한 보살핌을 받으며 형의 집에 기거하는 상황 이면에 형의 과실치사를 대신 뒤집어쓰고 형무소에 갔다 왔다는 사실이 드러나고, 공주의 오빠 내외는 불구자를 데리고 산다는 명분으로 아파트를 분양받았으면서도 실제로는 공주를 돌보지 않고 외딴방으로 빼돌려놓은 사실이 드러난다.

결국 종두와 공주가 사회 속에서 소외되고 냉대받게 된 데는 그들을 둘러싼 연고자들에 의해 철저히 이용당하고, 편견을 가진 외부인들이 잘못된 인식으로 이들을 더욱 옭아맴으로써 고립구조를 강화시킨 것에 원인이 있다는 것이다.

　이창동은 이렇게 형태의 외피를 벗겨내어 내부의 진실을 드러냄으로써 사회적 문제의식이 담긴 메시지를 전달하고, 더불어 종두와 공주 두 사람의 자아가 어떻게 형성되어가는가를 인간적인 관점으로 그려나간다. 영화 서사의 시간적 순서는 종두와 공주의 애정 서사를 근간으로 진행된다.

주제를 암시하는 은유의 적절한 활용

　외견상 기이해 보이는 커플의 연애담은 현실과 초현실(환상)의 경계를 교차하고 허물어가면서 '오아시스'라는 제목이 의미하는 지점으로 질주해간다. '도피' '환상' '구원'의 의미로 파악할 수 있는 제목 '오아시스'는 영화의 오프닝에서부터 공주의 방에 걸린 오아시스 그림으로 대치된다. 그러나 그 오아시스 그림에 어른거리는 나무의 음산한 그림자는 공주에게 공포심을 유발함으로써 오아시스로 근접할 수 없도록 한다. 서사의 상징적 의미에 근거한다면, 나뭇가지의 어른거림은 종두를 사랑한 공주의 모든 신체적 사회적 고통과 방해물을 말하는 것이다. 영화 서사의 마지막 부분에서 감독은 종두로 하여금 그 나뭇가지를 철거해버리게 함으로써 서사의 방향을 종결짓는다. 나무를 제거한 종두의 행동은 마침내 공주의 마음속에 들어가 방해물들을 제거함으로써 공주를 안심시키고 둘의 사랑을 안전하게 항해시키겠다는 의지의 표출로 해석할 수 있다.

두 기이한 소외계층의 행복한 결합을 통해 이창동은, 비정상으로 여겨졌던 두 사람의 인격이 지극히 정상적이고 인간다우며, 오히려 그들을 억압했던 사회구조와 시선과 구성원들 각자가 비정상이고 비인간적일 수 있다는 파격적 진실을 드러낸다. 이창동은 그러한 문제의식을 정교화하기 위해서, 사회적 외압에도 불구하고 전혀 굴복되지 않고 목적을 성취해나가는 진취적인 인간형을 제시해 논증의 실마리를 풀어나간다. 종두의 막무가내와 공주의 성적 과감성이 그것이다. 종두는 주변인들의 따가운 질시와 자신을 이용하고 길들이려는 의도에 맞서 끝내 자신의 성격을 바꾸지 않는 고집스런 자세를 보여준다.

형에게 매를 맞고 동생에게 비난당하고 형수가 그를 쫓아내려고 끊임없이 눈총을 줘도 종두는 끝내 자신의 성격을 고치려 하지 않는다. 모친의 생신날 가족사진을 거부하고 공주를 데리고 뛰쳐나온 그의 행동은 마치 사회적 불의에 맞선 지식인의 결단적 행동처럼 지혜롭기까지 하다. 사회적 불의에 대한 그런 비타협적 자세는 그를 단순무식한 전과자로 볼 수 없는 그 이상의 경지를 향해 열려져 있다.

종두가 공주를 강간하려다 실패하는 영화 초반부의 장면에서 관객들은 공주를 그저 나약한 불구자로만 생각하고 동정심이 발동한 나머지 충격에 휩싸인다. 그러나 마루에서 정사를 나누는 옆집 부부를 생각하는 공주의 모습에서 관객은 립스틱을 칠하며 자신도 사랑을 하고 싶다는 욕망으로 다가오는 공주의 성격을 이해하기가 쉽지 않다. 그녀의 성적 적극성은 마침내 영화의 후반부에 와서는 오히려 자발적으로 종두에게 몸을 허락하고 자신을 육체적으로 사랑해주기를 갈구하는 대목으로 급전환한다. 그건 단순히 신체불구자도 정상인들처럼 사랑을 나눌 수 있다는 류의 과시적인 사랑법을 소개한 것이 아니다. 관객들은 공주에게 있어서 정신과 육체는 하나였다는 사실을 깨닫게 됨으로써 공주의 주체적인 성적 과감성을 비로소 납득하게 된다.

처음 종두가 그녀를 강간하려 했을 때 공주는 그가 단순히 자신의 몸만을 탐하는 것으로 생각하여 정신적으로 상처를 받았지만, 마지막에 그녀가 순순히 허락한 몸은 바로 그녀의 정신을 의미하는 등가치의 것이고, 몸과 정신의 결합이라는 이상적인 성적 욕망의 달성을 취하게 된다.

이창동은 이들이 왜 사랑할 수밖에 없는가에 대한 이유를 지극히 정상적인 인간을 비인간으로 만드는 이기적인 사회의 억압에 대한 저항 내지는 대안으로 생각한다. 소외된 이들은 남들의 시선과 보호를 통해서가 아니라 스스로를 사랑함으로써 자신들의 이상주의를 달성하는 것이다. 즉, 이창동은 사랑이야말로 오아시스에 도착하는 유일한 구원법이라고 결론짓고 있는 것이다.

| 더 읽어볼 만한 책 |

마르셀 마르땅, 황왕수 역,『영상언어』, 다보문화, 1993, p.17~32(1장 영상의 일반적인 성격), 299~320(14장 공간).

토마스 소벅 · 비비안 C. 소벅, 주창규 외 역,『영화란 무엇인가』, 거름, 1998, p.192~307(제3부 서사 영화), 308~374(제4부 대안 영화).

랄프 스티븐슨 · 장 데브릭스, 송도익 역,『예술로서의 영화』, 열화당, 1982, p.7~29(1장 서론), 240~270(9장 현실과 예술적 창조).

버나드 딕, 김시무 역,『영화의 해부』, 시각과 언어, 1996, p.11~28(1장 영화의 본질).

루이스 자네티, 김진해 역,『영화의 이해』, 현암사, 1987, p.350~419(9장 기록 영화, 10장 전위 영화).

V. F. 퍼킨스, 윤보협 역,『영화는 영화다』, 현대미학사, 2000.

| 용어 해설 |

공연성
문학이나 영화와는 달리 기록성이 없고 현장성과 일회성, 즉흥성을 강조하는 성격.

기록 영화 documentary film
① 현실에 대한 허구적 시각이 아닌, 사실을 있는 그대로 담는 영화의 총칭.
② 원래의 의미는 기록, 증거로 현실을 소재로 하여 촬영하는 것이다. 그러나 단지 사실을 기록할 뿐만 아니라, 일련의 연속 중에서 현실이라든가 오늘의 의미를 정립하는 제작수법을 총칭하는 프로그램 제작기법이다.

기계적 복제성 mechanical reproduction
영화는 문학과 같이 기록성을 갖고 있으며 대량 복제할 수 있는 성격을 갖고 있는데 그 방식이 기계적이라는 데서 기계적 복제성이라 부름.

드라마 drama
원래는 '갈등(conflict)'이라는 의미를 갖고 있는데, 흔히 극(fiction), 이야기(narrative) 등과 혼용된다.

등급제 rating system
영화를 완성한 후 관객들에게 개봉하기 전에 연령별로 영화의 수위를 분류하는 것을 말한다. 등급제가 생긴 취지는 성인물로부터 청소년들을 분리해내고 보호하기 위해서였다.

모티프 motif
등장인물이나 행위와 상징적으로 동일시되도록 영화의 서사에서 의미 있게 연결되는 대상이나 음향. 여러 영화에서 기능하는 아이콘(icon)과는 다르게, 모티프는 단일한 영화 내에서 특정한 의미를 가진다.

배급 distribution
제작과 상영 사이에 위치한 영화의 경제적 단계. 즉 제작된 영화가 일반 상영관에 공급되는 유통과정.

배급과정 distribution process
일반적으로는 일명 중간상인(middle man)이라 불리는 배급업자나 배급회사가 영화 제작사로부터 판권을 인수함으로써 영화관에 상영용 필름을 판매하거나 대여, 나아가서는 광고까지를 책임지는데, 이러한 과정을 배급과정이라 한다.

비상업극장 상영 non-theatrical release
상업적인 극장이 아닌 비상업적인 극장에서 영화를 상영하는 것. 예를 들어 대학극장, 구민회관, 박물관, 미술관, 카페 등의 공간에서 영화를 상영하는 것을 말한다.

비연대기적 순서
시간 순서대로 이야기가 진행되는 것이 아니라, 시간의 역순으로 거슬러 올라가는 회상적인 이야기 전개.

사실주의 Realism
일반적인 의미에서 현실과의 유사성을 창조하는 영화 만들기의 한 스타일. 사실주의는 기록된 대상에 주관적이고 의도적인 태도를 부과하는 기교를 피한다. 기교적 조명과 표현적인 카메라 기법은 최소한으로 절제된다. 또 사실주의는 주의 깊게 편집된 시퀀스보다 롱테이크 신을 구사하는 경우가 많다.

사장된 영화

모든 영화가 제작된 후 다 개봉되는 것은 아니다. 제작은 되었으나 극장을 확보하지 못하면 비디오나 케이블 TV로 바로 출시되고 만다. 그러한 영화를 사장된 영화라 말한다.

3단계의 과정

제작의 3단계는 사전제작(preproduction), 제작(production), 사후제작(postproduction)을 말하며, 영화유통의 3단계는 제작(production), 배급(distribution), 상영(exhibition)을 말한다.

상업극장 상영 theatrical release

이윤 추구 동기를 위한 상업극장 상영을 말한다.

상영 exhibition

완성된 영화작품을 전문 상영관, 즉 영화관에서 유료관객에게 보여주는 것.

스카웃팅 scouting

영화 제작에 쓰일 적절한 장소를 물색하는 일. 혹은 해당 작품의 특정 역할에 맞는 인물을 물색하는 일.

스크린쿼터제 screen quota system

일종의 보호무역주의에 근거한 법적 제도. 국산 영화 의무상영일수를 말한다.

시점 쇼트 point of view shot

카메라가 등장인물의 시점으로 촬영한 장면. 따라서 관객은 등장인물의 시점에서 그 화면을 주시하게 된다. 주관적 시점의 별칭이기도 하면서 더 일반적으로 사용된다.

양식 style

주제나 이야기를 묘사하는 시각적이거나 청각적인 요소의 통일된 형식.

연대기적 순서 chronological order

이야기를 시간적 순서대로 전개하는 방식을 말한다. 시간이 거꾸로 가지 않으며 인과적으로 펼쳐진다.

영화적 시간과 공간 cinematic time and space

영화에서의 시간과 공간은 다른 예술과 마찬가지로 실제 세계의 그것과는 많은 차이를 드러낸다. 그것은 일면 실제보다 더욱 제한되어 있기도 하지만, 한편으로는 실제 세계를 포함하여 어떤 예술매체보다도 자유롭게 활용될 수 있는 융통성 또한 지니고 있다. 영화적 시간은 실제 세계의 정상적인 흐름과는 다른, 영화 속에서 존재하는 사건의 순서와 배열에 따라 창조되는 시간이다. 영화적 공간은 실재하는 공간과는 달리, 영화 속의 스크린에서 창조되는 공간이다.

영화적 행동 cinematic action

영화에서의 시간, 공간과 더불어 세 가지 축의 하나이다. 인간의 심리적 동기와 그 결과로서 나타나는 행동을 말하는데 연기자를 통해 운반된다.

이중 검열

1960년대부터 1980년대까지 한국에서 있었던 이중 검열은 1차 각본검열, 2차 필름검열의 두 단계로 검열 과정을 두었다.

재현 representation

영화에 나타난 현실은 실제 현실이 아닌 재현된 현실이다. 재현이란 주관적으로 재구성된 현실이란 뜻이다.

제작 production

영화를 제작하는 전 과정. 촬영과 편집이 이루어지는 기간, 담당자, 담당부서, 또는 회사.

제작과정 production process

사전제작(preproduction), 제작(production), 사후제작(postproduction)의 3단계로 세분된다.

종합예술 total arts

영화는 예로부터 '제7예술'이라 불렸다. 영화를 구성하는 예술은 대표적으로 일곱 개지만 사실은 더 많다. 최근에는 TV, 디지털 기술, 광고, 만화 등까지도 복합화되어 영화를 구성한다.

표현주의 Expressionism

영화, 연극, 회화, 소설, 그리고 시에서 일어난 양식 운동으로, 내면적 경험을 비현실적이고 반자연주의적인 방법론을 통해 표출했다. 표현주의 영화와 연극에서 배우, 소품, 그리고 배경의 디자인은 단순한 지시적 의미를 가지는 것이 아니라 분위기와 정서, 심리적 상황을 전달하는 기능적 요소이다.

헌팅 hunting

정식 이름은 '로케이션 스카우팅(location scouting)', 즉 장소 물색을 말한다. 속어로 헌팅이라고 한다.

2장
시나리오: 영화의 대본

시나리오: 영화의 대본

문학작품과 구별되는 시나리오

시나리오(scenario)는 글로 씌어지는 영화의 대본이며, 영화 창작의 가장 밑바탕에 해당한다. 시나리오가 없는 상태에서 영화가 나올 수 없으며, 기록영화와 같은 특수한 경우를 제외하고 모든 영화는 다 시나리오가 있다. 따라서 시나리오는 영화작품의 뼈대라고 할 수 있다. 그러나 영화화될 때 그 시나리오는 또 달라질 수 있다. 어디까지나 시나리오는 작품의 기초공사이지 완성품은 아닌 것이다.

또한 글로 쓰이기 때문에 문학작품처럼 보이기도 하지만 시나리오는 문학작품이 아니다. 시나리오를 문학작품과 구별해야 하는 주된 이유는 영화의 완성품이 아니고, 영화작품이라는 결과물을 향한 기초 과정이며 부분이기 때문이다. 다시 말해 시나리오는 그 자체만으로 다른 문학작품처럼 하나의 독자적인 완성품이 될 수 없기 때문에 여타의 문학작품과 구별되어야 한다. 물론 읽기 위해 시나리오를 책으로 내는 경우도 있는데, 그것을 레제드라마

(lesedrama)라고 하며, 일반적인 시나리오라고 보기는 어렵다.

시나리오는 그 이야기의 내용을 작가 자신이 창조했느냐, 아니면 원래 나와 있는 이야기를 근거로 하여 재창조했느냐에 따라 크게 둘로 나뉜다. 전자는 창작 시나리오(original scenario), 후자는 각색 시나리오(adapted scenario)라고 부른다.

- **창작 시나리오 영화**: 〈클리프 행어〉〈데이브〉〈하늘과 땅〉〈사선에서〉〈라스트 액션 히어로〉〈그 여자 그 남자〉〈결혼 이야기〉〈첫사랑〉〈나의 사랑 나의 신부〉 등
- **각색 시나리오 영화**: 〈얼라이브〉〈쥬라기 공원〉〈펠리컨 브리프〉〈길버트 그레이프〉〈서편제〉〈경마장 가는 길〉〈하양 전쟁〉〈우리들의 일그러진 영웅〉 등

둘 사이의 구별은 작품의 질적인 차이가 아니라, 오로지 창작방법상의 분류일 뿐이다. 흔히 창작 시나리오만이 창작이고, 각색 시나리오는 원작을 시나리오 형태로 그저 옮겨놓기만 한 것이므로 창작이 아니라는 오해를 하기도 하는데, 원작이 있든 없든 간에 일단 시나리오 작가의 손에 의해 창작됨으로써 다 새롭게 만들어진 것으로 봐야 한다.

원작을 각색하는 각색 시나리오의 경우도 충실한 각색과 느슨한 각색 둘로 나뉜다. 충실한 각색은 원작의 이야기를 거의 비슷하게 따라가는 경향을 말하고, 느슨한 각색은 원작의 이야기를 약간만 취할 뿐 완전히 다르게 전개하는 경우를 말한다.

시나리오는 영화의 결과물과는 크게 다르기가 십상이다. 시나리오는 이야기(story)가 구성(plot)으로 변한 형태를 말하는 것이다. 즉, 어떤 이야기가 어떤 방식으로 전달되는가 하는 과정이 시나리오의 골격인 것이다.

시나리오의 구성방식

시나리오의 구성방식은 크게 세 가지이다. 하나는 원인-결과식 구성이고, 다른 하나는 결과-원인식, 또 하나는 에피소드식 구성이다.

"왕이 죽었다. 왕비가 죽었다." 이 두 사건을 "왕이 죽었다. (그 슬픔으로) 왕비가 죽었다"라고 연결하면 원인-결과식 구성이 되고, "왕비가 죽었다. (왜 냐하면 사랑하는) 왕이 죽었기 (때문이다)"라고 순서를 거꾸로 하면 결과-원인 식의 구성이 된다. 또한 이러한 원인-결과, 혹은 결과-원인의 고리를 만들 지 않고 따로따로 연관성 없는 에피소드들을 나열하면 에피소드식 구성이 된다.

원인-결과식 구성은 시간 순서대로 진행되며, 결과-원인식 구성은 추리 기법이나 회상(flashback)을 이용하는 이야기 전개방식을 따른다. 에피소드 식 구성은 시간 순서와 회상 방식을 복합적으로 쓰면서 일상적인 이야기(에 피소드)에 집중하는 특성이 있다.

또 이야기의 복잡성에 따라 하나의 이야기로만 나가는 단순구성과 두 개 이상의 이야기가 교차되면서 나가는 복합구성 둘로 나뉜다. 복합구성에 선 가장 큰 이야기(main plot)가 진행되어나가면서 작은 보조 이야기들(sub-plots)이 교차되어 진행된다.

몇 가지 예를 들어보자. 프랭크 마셜(Frank Marshall) 감독의 〈얼라이브 Alive〉(1993)를 보면 비행기가 설산에서 추락함으로써 구조를 기다리는 사 람들의 생존 이야기가 감동적으로 그려진다. 이 영화는 단적으로 원인-결과 식 구성을 갖고 있다. 처음에 비행기 추락 사고를 당한 것이 원인이 되고, 그 이후 그 사건의 여파로 사람들의 심리나 행동이 변해가는 결과를 추적하는 방식을 취하고 있는 것이다. 엉뚱한 발상이긴 하지만 만약 처음에 비행기 사고가 나고, 그 다음에 생존자들이 왜 비행기 사고가 났는지 사건을 추리하고 추적하는 과정을 그리는 식으로 영화 각본이 구성되었다면, 똑같은 이야기가 다른 구성, 즉 결과-원인식의 구성을 갖게 됨으로써 전혀 다른 이야기가 되었을 것이다. 물론 이것은 하나의 가정이다. 그만큼 '원인-결과'와 '결과-원인'은 어떻게 뒤집어지느냐에 따라 그 이야기가 달라질 수 있다는 것이다.

〈쥬라기 공원〉, 스티븐 스필버그, 1993

〈쥬라기 공원Jurassic Park〉(1993)도 '원인-결과'식의 구성을 하고 있다. 이 영화도 맨 처음에 공룡이 제한구역을 뛰쳐나오고 사람들이 탈출구를 잃어버리는 데서부터 이야기를 시작하여 마침내 공룡을 물리치고 사람들이 구조되는 결과 구조를 갖는다. 그러나 처음에 사건이 제시되고, 그 다음에 왜 공룡이 제한구역을 뛰쳐나오게 되었는가를 추리하고 그 음모를 밝혀내는 이야기로 만들었다면, 거꾸로 '결과-원인'식의 구성이 되어 전혀 다른 이야기가 되었을 것이다.

한국 영화 〈집으로 가는 길〉(2013)은 원인-결과식의 구성을 하고 있다. 주인공(전도연 분)은 어려운 살림 때문에 프랑스에서 한국으로 오는 물건을 운반만 하면 큰돈을 준다는 유혹에 넘어간다(원인). 마약 반입이라는 죄목에 걸려 프랑스에 억류되고, 한국 정부의 무책임한 행정 때문에 계속 부당하게 감옥살이를 한 끝에 마침내 언론의 도움으로 한국에 오게 된다(결과).

폴 버호벤(Paul Verhoven) 감독의 〈원초적 본능Basic Instinct〉(1992)은 살인사건이 일어나고 한 여자가 용의자로 지목되는 데서부터 이야기가 시작된다. 담당 형사는 그 여자를 수상히 여기고 그녀의 뒤를 쫓으며 왜 그런 범행을 저질렀을까를 추리하고 탐문수사를 벌인다. 그러다가 그녀가 쳐놓은 망에 걸려

〈원초적 본능〉, 폴 버호벤, 1992

들어 사랑에 빠지게 된다. 여기까지 보면 결과-원인식으로 전개되다가 다시 원인-결과식으로 바뀐 구성 같지만, 결국은 그녀의 정체가 관객에게 밝혀지면서 이야기가 끝나므로 결과-원인식의 전형적인 구성임을 알 수 있다. 중간에 우리를 혼동시킨 것은 추리영화의 냉정함에서 잠시 일탈한 그와 그녀의 러브신, 멜로 드라마적 요소 때문이다. 하지만 궁극적으로 이 영화는 탐정수사극의 결과-원인식 구성으로 일관되어 있다.

울리 에델(Uli Edel) 감독의 〈육체의 증거Body of Evidence〉(1993)는 비슷한 이야기 구조인 것 같지만 정반대의 구성을 하고 있는 영화다. 치정에 의한 살인사건이 발생하고 여자 용의자가 재판에 회부되는데 그녀는 변호사에게 자신의 결백을 주장한다. 변호사는 그녀와 깊은 성적 관계에 빠져들면서 그녀의 결백을 믿게 되고 그의 도움으로 여자는 재판에서 승리한다. 그 이후 변호사는 그녀가 자신을 속였다는 것을 알게 되지만 이미 재판은 끝난 상태이다. 그는 그녀에게 성적으로 유혹되어 철저하게 이용당한 것이다. 이 영화는 겉으로는 사건-추리식의 구성을 하고 있지만, 내면적으로는 원인-결과

를 추구하는 구성이다. 그녀의 사건이 원인이 되고 변호사가 그녀로 인해 파멸되어나가는 과정이 바로 결과에 해당하기 때문이다.

〈엘 시크레토〉의 처음은 주인공이 소설을 쓰는 장면이다. 그는 보고 싶었던 애인을 만나러 가서 소설을 보여주면서 과거를 회상한다. 관객들은 과거 그에게 어떤 일이 일어났는지 궁금해하며 과거 사건속으로 들어간다(현재: 결과). 과거 강간 살인 사건의 용의자를 체포했지만, 정부의 부당한 처사로 풀려나고, 그에 의해 오히려 애인과 이별하게 된 아픈 사연이 펼쳐진다(과거: 원인).

웨인 왕 감독의 〈조이 럭 클럽〉은 전형적인 에피소드식 구성의 영화이다. 에피소드식 구성이라 하여 인과관계가 전혀 없다고 생각하면 안 된다. 그것이 원인-결과식이든 결과-원인식이든 간에 에피소드식이란 일단 그 구성의 짜임새가 느슨한 것을 말하는 것이다. 〈조이 럭 클럽〉은 네 명의 어머니

〈올란도〉, 샐리 포터, 1992

와 네 명의 딸이 이야기하는 자신들의 이야기이다. 이 영화는 각각의 에피소드들이 결과-원인식의 구성을 하고 있으면서, 또한 전체가 하나의 커다란 결과-원인을 만들어낸다. 하지만 종래의 전통적인 이야기 구조에서처럼 네 명의 어머니와 네 명의 딸이 서로 하나로 엮여져 이야기를 만들지 않고, 서로 독자적으로 떨어진 채 이야기를 하고 있다는 점에서 느슨하며 에피소드식이란 것이다.

또한 샐리 포터(Sally Potter) 감독의 〈올란도 Orlando〉(1992) 역시 에피소드식 구성이다. 올란도라는 사람이 남자로 지내다가 다시 여자

로 변하며, 400년을 경과하는 세월 동안에 많은 여자와 남자를 만나는 과정이 그려져 있다. 이 영화는 매 장면마다 표제를 갖고 있다. 1600년—죽음, 1610년—사랑, 1650년—시, 1700년—정치, 1750년—사회, 1850년—탄생. 이러한 표제는 긴밀한 유대를 갖고 있는 드라마가 아니라 느슨한 에피소드일 뿐이다. 그러면서 전체적으로 느슨한 원인-결과식의 구성을 갖는데, 올란도가 남자에서 여자로 변하는 원인과 그 이후의 결과를 관객에게 제시하는 그런 구성인 것이다.

정리하면 '원인-결과'식은 이야기가 어떻게 변해가느냐에 초점이 맞춰져 있고, '결과-원인'식은 그것이 대체 어떻게 된 것일까 하는 관심에서부터 출발하는 것이다.

또 이야기의 복잡성에 따라 하나의 이야기로만 나가는 단순구성과 두 개 이상의 이야기가 교차되며 나가는 복합구성 둘로 나뉜다. 복합구성에선 가장 큰 이야기가 진행되어 나가면서 작은 보조 이야기들이 교차되어 진행된다.

장선우 감독의 〈경마장 가는 길〉(1991)을 보면 R(문성근 분)과 J(강수연 분)의 이야기가 큰 이야기를 형성하면서, R과 아내(김보연 분)의 관계가 작은 이야기로 설정되어 동시에 진행된다. 정지영 감독의 〈하얀 전쟁〉(1992)도 큰 이야기는 한기주(안성기 분)와 변진수(이경영 분)에 얽힌 에피소드들이지만, 한기주의 내면의 갈등과 변진수, 사라(심혜진 분)의 관계가 작은 이야기로 자리하고 있다.

〈역린〉(2014)에서 주인공은 정조이다. 정조가 놓여 있는 큰 이야기는 정조와 이를 방해하는 정순황후 세력 간의 다툼을 그린 에피소드들이다. 극중 진행중인 정조 시해의 하룻밤 사건을 이룬다. 보조 이야기는 상책(정재영 분)과 살수(조정석 분)와의 어릴 적 우정, 정조와 상책의 의리, 살수와 나인 월혜

(정은채 분)와의 사랑의 에피소드 등, 현재와 과거를 오가며 전개된다. 이 둘은 서로 얽히면서 마침내 정조가 자신을 시해하려는 음모를 격퇴한다는 결말로 수습하면서 주인공의 위상을 분명히 세워준다.

어느 학자는 할리우드 영화 시나리오의 90%가 '일'과 '사랑'의 갈등이라고 분석한 적이 있다. 그렇게 일과 사랑에 얽힌 이야기가 많은 비중을 차지한다는 말이다. 그중 큰 이야기가 '일', 작은 이야기가 '사랑'에 관해서인데, 결국 일과 사랑 이야기는 교차하다가 사랑보다 일의 이야기로 마무리되는 경향이 많다.

레니 할린(Renny Harlin) 감독의 〈클리프행어Cliffhanger〉(1993)를 보면 주인공은 여자와의 사랑을 갈구하지만, 영화 전편을 통해 흥미를 지속시키는 것은 결국 그 '사랑'보다도 악당에게 쫓기는 그의 '일'에 관한 것이다. 그러므로 일이나 사랑 어느 한쪽만이 아닌 둘이 서로 얽혀져 있으면서 이야기를 어떻게 구성하고 있는가를 잘 살펴봐야 한다.

얀 드봉(Jan De Bont) 감독의 〈스피드Speed〉(1994)를 보면 폭탄을 실은 차가 도시를 질주하면서 이야기가 벌어진다. 남자 주인공은 특수경찰이다. 여자 주인공은 그 버스를 임시로 몰고 가는 풋내기 운전사이다. 버스의 속도가 정해진 것보다 떨어지면 차는 폭발하도록 되어 있다. 버스의 속도를 유지하기 위해서 안간힘을 쓰는 동안 둘 사이엔 애틋한 감정이 싹트게 된다. 마지막에 악당은 여자를 납치한다. 주인공은 악당을 처치하고 여자를 구출해냄으로써 사랑을 성취한다. 이는 일과 사랑을 동시에 추구한 전형적인 예라고 할 수 있다.

일과 사랑을 동시에 추구하면서도 결국 일로 결말을 내는 영화는 어딘가 인간적인 깊이감을 상실한다. 첩보물, 액션물, 모험물이 흔히 그렇다. 그 대표적인 예가 〈람보First Blood〉(1982)이다. 그 영화엔 아예 여자가 등장하지

조차 않는다. 〈람보2Rambo: First Blood Part II〉(1985)에선 람보가 베트남 여자에게 사랑을 느끼려는 순간, 감독은 여자를 죽임으로써 람보의 사랑을 저지한다.

그러나 그렇지 않은 영화도 있다. 〈러시아 하우스The Russia House〉(1990)를 보면 주인공인 영국인 작가는 첩보기관에 의해 소련에서 특별임무를 수행하게 된다. 그러는 과정에서 소련 여자를 사랑하게 되고 일(임무)과 사랑 사이에서 갈등을 겪게 된다. 결국 그는 사랑을 선택하고 일을 마무리 지음으로써 사랑을 얻는 행복한 결말을 보여준다. 이 영화는 그런 점에서 종래의 일과 사랑의 공식을 깨뜨린 것이라고 볼 수 있다. 〈007시리즈〉 이래로 대부분의 스파이 영화가 일로 결론이 난 반면, 이 영화는 일보다 사랑을 부각시킴으로써 이념적인 측면보다 인간적인 측면을 더 강조했다는 의미를 찾을 수 있다.

영화 이야기의 단계적 구조

영화는 한마디로 이야기들이 점점 단계적으로 쌓여가는 것이다. 그 단계적 구조는 보통 3단계로 나뉘는데 처음-중간-끝이라고 하거나, 발단-전개-결말이라고 하기도 한다. 대부분의 영화는 처음과 끝 혹은 발단과 결말 부분은 짧게 하고 중간 즉, 전개 부분에 중점을 둔다. 흔히 전개 부분을 더 세분하여 갈등-위기-절정으로 펼쳐나가기도 한다.

발단부의 특성을 살펴보자면 첫째, 극적인 사건의 원인을 제시한다. 돌발적으로 제시하는 방법이 있고, 성격적으로 서서히 암시하는 방법이 있다. 둘째는, 주요 등장인물을 소개한다. 이때 등장하지 않고 중간에 중요한 인물이 나타나는 영화는 실패한 것이다. 셋째는 이야기가 진행될 장소·환경·

〈데이브〉, 이반 라이트만, 1993

시기를 간략히 소개해준다. 발단부에 해당하는 영화의 첫 장면 처리는 대단히 중요하다. 왜냐하면 관객은 영화의 첫 장면에서부터 그 영화를 판단하고 그 기분으로 끝까지 영화를 보는 심리가 있기 때문이다.

영화 〈도망자The Fugitive〉(1993)의 경우, 아내가 살해당한 직후 킴블이 집에 도착하고, 그가 경찰서에서 아내의 살인용의자로 의심받는 장면까지가 발단이다. 발단부가 끝나면 이야기가 본격적으로 전개된다. 소위 갈등 국면이 시작되는 것이다. 갈등이란 주인공의 의지가 반대에 부딪칠 때의 상황을 말하는 것이다. 갈등은 크게 네 가지 방식으로 분류된다. 첫째는 개인 대 개인의 갈등으로서, 가장 보편적인 갈등이다. 여기서는 반대적 의지를 가진 인간들이 서로 첨예하게 대립한다. 대부분의 영화가 이 방식으로 진행된다고 볼 수 있는데, 〈클리프행어〉에서의 주인공과 은행털이 강도의 갈등, 〈데이브Dave〉(1993)에서의 대통령이 된 데이브와 처음에 그를 허수아비로 내세웠던 대통령 보좌관과의 갈등이 그 한 예이다. 〈노예 12년〉에서 주인공은 부당하게 12년간 노예생활을 하게 되는데, 그를 노예로 부리는 백인과의 적대적인 갈등이 펼쳐진다.

둘째는 자신 대 자신의 갈등으로서, 인간 내면의 선과 악의 갈등을 다루고 있는 〈지킬 박사와 하이드 씨〉, 순간적으로 다른 성격이 되는 사람의 심리를 다루고 있는 브라이언 드 팔마(Brian de Palma) 감독의 〈카인의 두 얼굴 Raising Cain〉(1992), 특별히 구체화된 적은 없는 대신 자신의 집안에 내린 저주 때문에 홀로 갈등하고 괴로워하는 브루스 리(Bruce Lee)의 일대기를 그린 영화 〈드래곤Dragon: The Bruce Lee Story〉(1993) 등이 이 예에 속한다.

셋째는 개인 대 사회와의 갈등으로, 여기서 말하는 사회란 법·관습·제도·부조리한 세상 등을 포괄한다. 제대 병사들의 사회 적응 과정을 그린 〈우리 생애 최고의 해The Best Years of Our Lives〉(1946), 흑백 인종

〈포세이돈 어드벤처〉, 로널드 님, 1972

갈등을 그린 〈미시시피 버닝Mississippi Burning〉(1988) 등이 이 예에 속한다. 올리버 스톤 감독의 〈JFK〉(1991)도 빼놓을 수 없는데, 한 개인이 사회 및 법 제도와 벌이는 싸움이 얼마나 치열한가를 단적으로 보여준다. 케네디 암살 사건의 배후를 들춰내기 위해 게리슨 검사는 한 개인으로서 정부에 대항하여 어려운 싸움을 시작한다. 그를 둘러싼 모든 것, 정부, 언론, 심지어는 아내까지도 그에 대항하여 사실을 밝히려는 그의 노력을 저지한다.

넷째는 인간과 자연의 갈등으로서, 인간이 자연의 재난을 헤쳐 나오는 이야기다. 침몰한 배를 소재로 한 〈포세이돈 어드벤처The Poseidon Adventure〉(1972), 같은 소재인 〈타이타닉〉, 불타는 빌딩을 소재로 한 〈타워링The Towering Inferno〉(1974), 한국판 〈타워링〉이라 할 수 있는 〈타워〉(2012), 폭풍과 인간의 싸움을 그리는 〈허리케인The Hurricane〉(1937) 등이 있다. 한국의 〈해운대〉에서는 쓰나미가 등장한다. 질병과의 싸움도 있다. 감기 바이러스와의 대격돌을 그린 〈감기〉(2013), 알 수 없는 특이한 기생생명체와의 싸움을 그린 〈연가시〉(2012) 등이 있다. 재난영화의 한 가지 특징은 재난으로

시작하지만, 천재(天災)가 아닌 인재(人災)로 드라마를 끌어간다는 점이다.

갈등과 위기는 같은 선상에 있다. 갈등이 심화되면 곧 위기상황에 직면한다. 갈등은 위기를 부르고, 위기는 아주 짧은 순간 펼쳐진 후, 다시 갈등이 전개되는 것이 아니라 그 위기의 해소가 이루어진다. 갈등-위기-갈등-위기식이면 계속 긴장만 쌓이므로 이야기가 전개되지 못한다. 따라서 갈등-위기 다음에는 반드시 이완부·휴식이 있어야 한다. 즉, 갈등-위기-휴식-갈등-위기-휴식이 반복되며 이야기가 전개된다.

갈등-위기의 가장 큰 부분은 절정부(climax)이다. 대위기라고도 하는데, 결코 돌발적·우연적이어선 안 되고 논리적·인과적이어야 한다. 외면적 사건으로서의 절정이 아니라, 내면적으로 가장 큰 위기가 바로 절정이다.

절정 다음엔 결말 부분이다. 결말은 크게 세 가지 방식을 따른다. 첫째는 긍정적 결말, 흔히 말하는 해피엔딩(happy ending)이다. 둘째는 부정적 결말, 언해피엔딩(unhappy ending)이다. 셋째는 애매모호한 결말이다. 이것은 긍정도 부정도 아닌 결론이어서 영화가 끝나지 않은 채 지속되는 듯한 느낌을 준다.

영국 영화 〈올란도〉를 보라. 마지막 장면에 그녀는 울고 있다. 울고 있지만 얼굴은 밝다. 그녀는 하늘을 쳐다본다.

딸: 엄마 왜 슬퍼하세요?
올란도: 아니란다. 난 행복하단다. 봐라. 저 위를 보렴.
(올란도의 딸은 하늘을 쳐다본다. 멀리 하늘 위로 400년 전에 엘리자베스 여왕을 위해 노래 부르던 광대가 날고 있다. 그는 금빛 옷을 입고 날개를 달았으며, 하늘을 날면서 여자의 하이톤으로 올란도에게 노래를 불러준다.)
천사: 나는 왔네. 나는 왔네. / 당신에게로 나는 왔네. / 이 화합의 순간 / 나는 환희에 싸여 있네. / 마침내 나는 자유롭네. / 과거로부터 미래로부터 자유롭기 위해서 / 나는

왔네. 나는 왔네. / 여자도 남자도 아니라네. / 우리는 하나라네 / 하나가 되었다네. 네, 인간의 얼굴을 하고서. / 땅에 있거나 땅을 떠나거나 / 살거나 혹은 죽거나 / 우리는 하나라네. / 하나가 되었다네, 인간의 얼굴을 하고서.
(올란도는 천천히 정면의 관객을 쳐다본다. 그녀의 표정은 밝게 우리를 응시한다.)

이 영화의 마지막 장면은 확실히 충격적이다. 종래 우리의 영화 보던 습관을 완전히 뒤집어버린다. 여자 주인공의 응시는 강렬하고 저항적이며 깨달음 상태의 밝고 행복한 눈길이다. 이렇게 설명적이지 않으면서 함축적이고 열린 결말은 지적인 성찰을 가능하도록 하고 관객을 능동적으로 참여시키는 기법의 하나로 간주된다.

영화 속에서 제기된 논의는 영화가 끝난 후에도 계속된다. 그런 의미에서 오픈 엔딩(open ending)이라고도 말한다. 이밖에 공포영화에서 흔히 쓰이는 놀래기 결말(surprise ending)이 있으나, 이것은 일종의 트릭으로 전형적인 것은 아니다.

인물의 성격과 심리 묘사

인물은 이야기를 끌어나가는 주요한 요소이다. 인물 설정이 곧 구성을 만들어내는 것이다. 인물의 성격은 크게 세 가지 유형으로 나뉜다.

첫째는, 도식적인 유형으로 제임스 본드·람보·인디아나 존스·터미네이터 등 판에 박힌 인간형이다. 2000년대를 기점으로 히어로물 등이 유행하는데 주인공들은 판에 박힌 영웅형이다. 아이언맨·스파이더맨·배트맨·엑스맨 등이다.

예를 들어 〈007〉의 제임스 본드는 그 많은 시리즈물에서 서로 다른 배우

가 맡아 연기하면서 다양성을 추구한 것 같지만 실상 본드의 인물형은 고정
되어 있다. 임무를 맡고 그것을 해결해나가는 천하무적의 해결사이면서 중
간에 본드걸과의 사랑을 나누는 인물, 두어 편만 봐도 본드의 인물형은 누
구나 예상할 수 있을 정도로 고정적이다. 이렇듯 도식적 인물형이란 관객들
이 쉽게 예상할 수 있으며 그 예상에 전혀 어긋나지 않는 인물형을 말한다.
인물의 선과 악이 확연하게 구별되는 특성 또한 갖고 있다.

둘째는 개성적 인물형인데, 인간 내면의 갈등을 새롭게 드러내는 유형이
다. 〈대부The Godfather〉(1972)의 돈 꼴레오네나 아들 마이클은 전형적인 갱
두목이 아니라 새로운 인간형으로 탈바꿈되어 있다. 이렇듯 개성적 인물형
이란 관객의 예상을 빗나가는 성격의 인물형을 말한다. 관객은 갱의 이미지
를 잔인하고 거친 인간으로 예상하지만 〈대부〉에서 정작 돈 꼴레오네는 자
상한 아버지, 불법거래를 청산하고 인간적인 거래를 하고자 노력하는 선량
한 두목의 이미지로 형상화되어 있다. 아들 마이클 역시 갱의 세계에서 벗
어나 아내와 자식을 사랑하는 소박한 서민으로 남고 싶어하면서도 어쩔 수
없이 갱의 전쟁에 연루되어 고민하는 인물로 그려져 있다. 〈우아한 세계〉
(2007)의 주인공 조폭은 험악하고 잔인한 세계 속의 인물이지만, 한편으로

〈007 어나더데이〉, 리 타마호리, 2002

〈대부〉, 프란시스 포드 코폴라, 1972

가장으로서 자식을 사랑하는 소심하고 평범한 아버지로 그려져 있다.

셋째는 상징적 인물형으로 어떤 특정집단을 대표한다. 〈후라이드 그린 토마토Fried Green Tomatoes at the Whistle Stop Cafe〉(1992)의 두 여주인공 잇지와 루스는 여성 전체를 대표하는 상징성을 띠고 있다. 잇지와 루스는 현대의 여성이

〈후라이드 그린 토마토〉, 존 애브넷, 1992

가부장적 질서 하에서 어떻게 조건화되어 있는가를 단적으로 드러낸다. 잇지의 성격은 적극적이며 저항적이고, 루스는 자신에게 주어지는 자극에 대해서 수동적이며 피해의식을 갖고 있다. 두 여성의 성격이 이렇게 이분화되는 것은 이들 특정한 여성에 국한되는 것이 아니라 여성의 보편적인 성격을 서술하려는 뜻에서 감독이 의도적으로 설정한 것이라고 볼 수 있다. 이 유형에 속하는 인물의 성격은 처음부터 정해져 있는 것이 아니고, 일어나는 사건에 영향을 받으면서 변화한다. 고민하고 갈등을 하다가 어떤 길을 선택해가는 것이다.

인물의 성격화는 심리 묘사의 기법에 의해 가능하다. 심리 묘사의 기법은 크게 세 가지로 나뉜다.

첫째, 주관적 혹은 객관적 내레이션(narration)에 의해 설명된다.

둘째, 인물 스스로의 행동·표정·대사로 설명된다.

셋째, 간접적인 방식으로, 인물의 꿈이나 환상·추억 장면 삽입, 풍경이나 물체나 소품에 의한 심리 묘사, 음악이나 음향 효과, 촬영에 의한 심리 묘사를 통해 성취될 수 있다.

대사의 기능과 조건

시나리오에서 대사(dialogue)는 구성과 인물 묘사와는 별도로 중요하게 간주하는 요소이다. 대사는 여러 기능을 갖고 있는데, 특정 사실을 알려주며, 인물의 심리·감정을 표현하고, 이야기를 의도적으로 발전시킨다. 이러한 기능을 수행하기 위해 대사는 또 몇 가지 까다로운 조건에 의해 간추려지게 된다.

첫째, 대사는 항상 이야기의 방향으로만 흘러가야 한다. 헛되이 낭비되거나 흐름을 거스르는 말은 없느니만 못하다. 가장 이상적인 것은 자연스러운 일상 대사인 것 같으면서도 이야기의 내용을 전개시키는 고도의 기술적인 대사 처리이다.

둘째, 대사는 말하는 인물과 동화되어야 한다. 그 인물의 나이·성별·직업·교양·지위 등에 따라서 말이 선택되어져야 한다. 〈플래툰Platoon〉(1986) 같은 영화 속에서는 인물들이 상당히 거친 욕을 많이 사용한다. 그들이 군인이기 때문에 군대식 어법과 말을 구사하도록 설정했기 때문이다. 군대 내에서 사병들의 언어가 비속어로 이루어지는 현상은 현장감과 사실감을 위해서 필수적이다. 그래야 그들의 생활을 더욱 실감나게 보여줄 수 있다. 우리나라 영화에서 많이 실수하는 것이 바로 이 부분이다. 학력이나 교양이 부족한 노동자 주인공이 어느 부분에서 갑자기 유식하게 교훈적인 말을 늘어놓는다든가 하는 것을 흔히 접할 수 있다. 노동자는 노동자의 언어가 있고, 상류층은 상류층만의 언어가 있으며, 예술가는 예술가만의 고유 언어가 있다. 각자 그들에게 맞는 언어를 통해 그들의 생활과 환경을 표출해 내야만 관객에게 설득력 있게 다가갈 수 있다.

여균동 감독의 〈세상 밖으로〉(1994)는 바로 그와 같은 한국 영화의 고질적인 문제를 상당 부분 해결하고 있다. 이 영화는 당시까지만 해도 꺼려했던 욕설을 거의 처음 본격적으로 영화 속에 도입했다. 주인공으로 전과자와 창녀 등 세 명의 주인공이 나오는데, 다들 소외된 계층이고 학력도 형편없이 낮다. 생의 목적의식마저 상실하고 사회에 대한 불만으로 가득 찬 그들의 일상 언어가 고급스럽고 현학적이어선 설득력이 없을 것이다. 당연히 영화 속에서 그들의 언어는 대부분 욕지거리다. 어떤 관객들은 그런 욕지거리를 들으며 이 영화가 질이 낮다고 생각할지도 모른다. 하지만 이 영화 속에서 욕을 구사한 것은 대사의 생동감, 인물의 생활, 감정의 묘사라는 측면에서 성공적인 기법이었다.

셋째로, 대사는 언어구사에 있어 매력을 갖고 있어야 한다. 영화에서 인물들은 대개 표준말을 쓰려고 노력한다. 그러나 사투리를 쓴다거나 당시 유행하는 속어를 사용한다거나, 유머감각을 최대한 살리는 것은 오히려 일관되게 표준어를 사용하는 것보다 훨씬 더 대사를 생기 있게 해줄 수 있다. 〈결혼 이야기〉(1992)에서는 당시 신세대 부부가 사용하던 감각적이며, 솔직한 언어습관을 그대로 영화 속에 드러내고 있다. 이정국 감독의 〈두 여자 이야

〈가문의 영광〉, 정흥순, 2002

기〉(1994)에서는 서울사람이 들으면 너무 심하다 싶을 정도로 모든 인물들이 철저하게 남도 사투리를 구사한다. 이 역시 표준말을 썼더라면 오히려 그 인물들의 생활감정을 보다 감동적으로 전달하는 데 실패할 수 있었던 부분이다. 정흥순 감독의〈가문의 영광〉(2002)에서는 고상한 척하는 여주인공이 표준말을 쓰다가 갑자기 전라도 사투리로 쌍욕을 해대는 장면이 나온다. 표준말과 사투리는 그녀에게 있어서 계급적 차이를 인식시켜주는 척도로 작용한다. 표준말은 그녀의 중산층 지위와 사회적인 관계를, 사투리는 그녀의 가정적 배경인 조폭 집안과의 친근함을 암시하는 요소로 구별되어 쓰임으로써 대사의 효율성을 잘 보여준다.

넷째로, 대사는 명확하고 간결해야 한다. 다른 어떤 점보다도 이 부분이 가장 어려운 조건이다. 영화 속의 대사는 그저 작가가 생각나는 대로 주절주절 늘어놓는다고 해서 좋은 대사가 되는 것이 아니다. 대사는 압축되어 분명하게 전달되고, 영화 특유의 표현으로 살아나야 한다.

사건 설정

영화의 이야기는 한편으론 사건의 연속물이다. 사건이란 갈등-위기 상황을 말하는데, 내면적인 사건과 외형적인 사건 둘로 나뉜다. 내면적인 사건이란 오해·질투·실수·비밀·계략 등등 인간과 인간의 관계를 변화시키는 여러 심리적 요소들에 의한 사건을 말한다. 반면 외형적 사건은 교통사고, 천재지변 등 어떤 물리적 힘에 의해 인간이 겪게 된 불행한 사건을 말한다.

그런데 이러한 사건들이 발생하는 방식은 결코 돌발적·우연적이어서는 안 된다. 사건은 반드시 동기를 갖고 있는데, 그 동기에 해당하는 것이 바로 복선이다. 복선이란 어떤 사건이 돌발하기 이전에 관객에게 어느 정도의 지

식과 정보를 줌으로써 사건을 미리 예
고하고 암시하는 수법이다. 쉽게 비유
하자면 폭탄이 터지는 일이 사건이라
면, 폭약을 미리 설치하는 일이 복선인
것이다. 복선은 암시하는 데 의미가 있
으므로, 은밀하면서도 자연스런 고도의
기술적 방법으로 깔려야 한다.

〈드래곤〉, 롭 코헨, 1993

〈드래곤〉에서 브루스 리의 죽음은 어
린 시절에 그가 자주 꾼 악몽에서부터
암시된다. 그 악몽을 통해 관객은 브루
스 리가 죽을 것이라는 사실을 염두에 두고 영화를 보게 된다. 이러한 복선
은 그 기법이 관객에게 노출되는 극히 초보적인 수준의 것이랄 수 있다.

리처드 아텐보로(Richard Attenborough) 감독의 영국 영화〈채플린Chaplin〉
(1992)을 보면 채플린이 어려서 겪게 되는 어머니의 인상이 있다. 자식을 잘 먹
이지 못했다는 죄책감 때문에 정신병자가 되어 정신병원에 수감되는 어머니.
이러한 비극적 인식은 어린 시절 채플린의 마음속에 깊은 상처로 각인되게
된다. 어머니에 대한 인상이 곧 이 영화 전체의 복선이 되는 셈이다. 채플린
이 왜 미국으로 건너갔으며, 왜 많은 여성 편력을 행했고, 왜 부와 명예에 대
한 욕망이 컸으며, 가난한 대중에게 꿈을 주는 일을 일생의 신조로 삼았는
가를 관객은 이 복선을 통해 짐작할 수 있다.

사건은 스토리를 진전시키는 극적 요소로서 필수적인 내용이지만, 역시
일정 원칙에 의해서 움직여야 한다. 그 원칙의 첫째는 속도조절이다. 사건이
시도 때도 없이 끊임없이 발생하는 것은 있을 수 없다. 사건이 발생하는 빈
도나 빠르기는 이야기에 맞게 잘 조절될 필요가 있다.

둘째는 원활한 전환이다. 사건은 발생하는 것도 중요하지만, 어떻게 수습되고 그 다음 이야기로 연결되는가의 뒤처리가 더 중요하다.

셋째는 사건의 일관성이다. 한 이야기 속에는 여러 개의 사건이 발생하는데, 서로 연관이 없는 사건의 연속적 발생이란 있을 수 없다. 대개 사건은 작은 단위에서 큰 규모로 발전하며, 서로의 사건이 작건 크건 간에 연속성을 갖고 있다.

〈채플린〉, 리처드 아텐보로, 1992

서스펜스의 작용

이야기를 흥미 있게 끌어나가는 최선의 방법은 사건과 서스펜스를 적절히 배합하는 것이다. 서스펜스는 여기서 서스펜스 영화 장르 속의 서스펜스만을 한정하여 말하는 것이 아니라, 모든 영화 이야기를 끌어나가는 일반적인 극적 요소, 흥미감의 요소를 말하는 것이다.

서스펜스(suspense)는 '매달려 있다'는 뜻의 'suspend'에서 나온 말이다. 따라서 서스펜스란 긴박감 · 기대감 · 흥미 · 긴장 등의 의미라는 걸 알 수 있다.

영화에서 서스펜스 기법은 흔히 혼동하는 '경악(surprise)'과 구별하여 사용한다. 경악은 전혀 예기치 않았는데 갑자기 사건이 발생함으로써 관객을 놀라게 하는 효과이지만, 서스펜스는 정반대이다. 무엇인가가 일어나기를 계속 기대하지만 결국 일어나지 않거나, 혹은 일어나더라도 그렇게 갑작스레 놀라지는 않으면서 긴장감을 갖게 하는 요소를 말한다. 또한 서스펜스 효과를 계속 유지하면서 결국 끝까지 사건을 풀지 않으면 특별히 '신비(mystery)'라고 말한다.

서스펜스는 흔히 호기심 유발에서 생긴다. 관객에게 무슨 일인가를 예측하게 함으로써 사건의 열쇠에 대한 호기심을 불러일으키는 것이다. 또, 공포감을 갖게 함으로써 서스펜스를 만들기도 한다. 예를 들어, 누가 범인인지 모르는 상태에서 계속 그 해답을 지연시키거나 헷갈리게 하거나 반전시킴으로써 두려움을 증폭시킨다. 또한 관객을 등장인물에게 동화시킴으로써 서스펜스 상황에 몰입하게 한다. 일반적으로 서스펜스는 모든 영화 속에서 다음의 여섯 가지 방식으로 만들어진다.

첫째, 심각한 갈등이다. 앞서 얘기한 여러 갈등 상황들이 심화되면 자연히 서스펜스, 즉 기대감·호기심·긴박감·긴장감도 발생한다.

둘째, 거대한 상대역의 창조. 주인공 역할보다 상대방이 더 큰 비중과 힘을 갖고 있을 때 서스펜스가 생긴다. 〈엑소시스트The Exorcist〉(1973)의 악령과 〈죠스Jaws〉(1975)의 백상어를 생각해보라. 〈터미네이터The Terminator〉(1984)의 터미네이터, 〈블레이드 러너〉의 리플리컨트, 〈에일리언Alien〉(1979)의 에일리언 역시 마찬가지다.

셋째, 서스펜스는 증가하는 구조 속에서 발생한다. 흔히 액션·모험물에서 많이 쓰는 위기-해결식의 연속적 구조 속에서 서스펜스는 발생한다. 위기가 해결되었다고 마음 놓는 관객은 아무도 없다. 곧이어 더 큰 위기가 닥쳐올 것을 누구나 예상하고 있기 때문이다.

넷째, 대단히 어려운 선택을 하면서부터 서스펜스가 생긴다. 흔히 선택을 해야만 하는 어려운 상황은 발단부에서 제시된다. 스티븐 스필버그의 〈죠스〉에서 주인공은 상어가 출몰하는 해수욕장을 시장이 계속 개방하는 바람에 상어에게 계속 당하고만 있을 것인지, 아니면 위험을 무릅쓰고 잡으러 나갈 것인지 정해야 하는 어려운 선택의 기로에 놓이게 된다. 얀 드봉의 〈스피드〉에서는 범인이 버스에 폭탄을 장치해 차를 멈추거나 속도를 늦추면 폭탄이 터지고, 계속 주행을 하다 보면 앞에 장애물이 나타나 부딪칠 수밖에 없는 피할 수 없는 상황을 만들어놓고 둘 중에 선택하게 만든다. 결국 어쩔 수 없이 주행을 선택하지만, 연속되는 장애물을 제거하면서 달려야 하는 어려운 상황이 바로 관객으로 하여금 서스펜스를 느끼게 하고 몰입하게 만든다.

다섯째, 등장인물은 모르고 관객만이 아는 이야기가 전개될 때 관객은 서스펜스를 느낀다. 알프레드 히치콕 감독의 〈프렌지Frenzy〉(1972)에서 연쇄살인범 러스크가 경찰에 쫓기고 있는 블레니의 정부 밥스 밀리건을 만나 살해하는 장면이 그러한 예다. 러스크는 밥스에게 "당신은 내가 좋아하는 타입의 여자야"라는 말을 하고 밥스는 그 말을 진심으로 받아들여 그의 방으로 들어간다. 관객은 이미 러스크가 살인범이라는 사실을 알기 때문에, 문이 닫히는 순간 밥스가 살해당할 것임을 안다. 극중의 밥스만 그 사실을 모른다. 이때 관객은 서스펜스를 느끼게 된다.

그와 반대의 방식도 있다. 로널드 님의 〈포세이돈 어드벤처〉를 보자. 이미 엄청난 사건이 벌어졌다. 뒤집어진 배 안에서 빠져나가기란 거의 불가능하고, 곳곳에 위험이 도사리고 있다. 관객은 그걸 예상하는데, 등장인물은 자신이 가고 있는 곳의 위험을 모른다. 그들이 새로운 통로를 찾아나갈 때마다 관객은 더욱 불안감을 느끼게 된다. 점점 더 큰 위험이 도사리고 있을 것이라고 예상하기 때문이다.

여섯째, 복잡하게 교차된 일의 불길함에서 서스펜스를 느낀다. 〈로미오와 줄리엣Romeo and Juliet〉(1968)을 보면, 줄리엣의 아버지는 줄리엣이 로미오를 열렬히 사랑하는 줄도 모르고 새 신랑감을 소개하며 그녀에게 결혼을 강요한다. 이처럼 일이 복잡해진다는 생각과 더불어 앞으로의 불길함이 예고되면 관객의 서스펜스가 증가한다.

작품분석을 통한 이해 1

괴물 감독: 봉준호

등장인물의 분석

20 합동 분향소. 시간경과

적막이 깔린 심야의 분향소… 울고 얻어맞고 한 덕분에 눈두덩이 잔뜩 부어오른 강두, 시합 직후 권투선수의 얼굴을 한 채, 꼴사나운 포즈로 바닥에 누워 잠들어있다.

> 남일: 잠이 오냐 ? 잠이 와? (발로 툭 차며) 이 상황에서 잠이 와?
> 희봉: 고만해라. 니 형이 원래 잠이 많잖냐.

(중략)

> 노랑1: 아 참! (큰소리로) 혹시 괴생물체랑 직접 접촉하신 분 있습니까?
> 희봉: 어…….
> 노랑1: (악 쓰듯) 괴물 직접 만지신 분!

잠시 망설이던 강두, 눈치 보며 뻘쭘하게 손을 들고는…

> 강두: 저기…… 꼬리 쪼끔……
> 노랑1: 으와! 그 자리에 가만히! 움직이지 말고!

강두에게 달려와 연막을 집중적으로 뿌려대는 노랑들.
당황하여 어쩔 줄 모르는 강두. 그런 강두를 짐짝처럼 거칠게 끌고 나가는 노랑들.

강두: 어…… 어…… 아부지!

희봉: 강두야!

당황하며 따라가는 식구들… 다른 유가족들도 우왕좌왕 수송버스로 끌려나가고, 켜놓았던 TV에서는 이제야 〈뉴스 속보〉가 나오기 시작한다.

불길한 음악과 함께 시작되는 뿌연 연기 속의 뉴스화면.

앵커: 많은 시민들을 죽음으로 몰고간 이번 한강 괴생물체가 예상보다 훨씬 더 치명적인 존재라는 것이 드러나고 있습니다. 해외의 전문가들은 '살아있는 세균병기'라는 극단적인 표현까지 동원하면서 이번 괴생물체의 위험성을 경고했습니다. 보도에 김원장 기잡니다.

이 영화는 한 가족이 괴물과 맞서 싸우는 이야기이다. 신 20을 보면 이 영화의 중심인물들인 가족은 잃어버린 딸을 회복하기 위한 목표를 수행하며 그들의 행동이 그들을 저지하는 정부와 갈등을 불러일으킨다는 것을 알 수 있다. 정부에서는 그들을 '세균병기'로 규정하여 사람들과의 접촉을 금지하는 행동을 하고 있는 것이다. 영화는 딸을 찾으려는 가족들의 노력과 이를 저지하려는 정부의 노력이 서로 행동상의 갈등을 빚으면서 전개된다.

7 한강둔치. 매점주변

자막: 현재

화면 가득, 침을 질질 흘리며 낮잠 자는 한 남자… 박강두(남, 36)의 얼굴이 보인다. 매점 판매대에 뺨을 대고 엎드린 채, 깊은 잠에 빠진 박강두. 그런 강두를 빤히 쳐다보고 있는 눈이 큰 꼬마애의 얼굴.

시선은 잠든 강두에게 고정한 채, 손을 슬며시 판매대의 외제과자 쪽으로 뻗는 꼬마. 살며시 과자에 손길이 닿는 순간… 휙- 화면 안으로 들어오는 더 큰 남자애, 꼬마의 등을 쿡 찌르며 눈치를 준다. 큰 아이의 시선을 따라 돌아보면… 언제부터 와 있었는지, 매점주인 박희봉(남, 59)이 이쪽을 빤히 쳐다보고 있다.

바싹 오그라들며, 슬그머니 뒷걸음질 시작하는 눈이 큰 꼬마. 비슷한 얼굴에 지저분한 옷차림… 영락없이 앵벌이 형제의 모습이다. 희봉이 얼굴로 '이놈-' 표정을 지어보이자 후다닥 도망가는 형제.

이 모든 상황과는 상관없이… 그저 침을 질질 흘리며 잠만 자는 강두. 한심한 듯 바라보는 희봉의 시선으로, 강두 뺨 위에 앉아 피를 빠는 모기 한 마리가 보인다. 무자비하게 퍽- 강두의 뺨을 내려치는 희봉. 놀랍게도… 피터진 모기의 시체를 뺨에 붙인 채, 계속 코를 고는 강두.

그런 아들의 모습조차 덤덤하게 바라보는 희봉, 뺨에 붙은 모기시체를 손으로 슥 떼어낸다. 엎드려 자는 강두의 얼굴을 붙잡아 슥- 들춰보는 희봉. 강두의 뺨 아래 서너 개의 동전들이 깔려 있다. 그중 백 원짜리 한 개는 끈적이는 강두 뺨에 그대로 달라붙어 있고… 가관이다. 뺨에 붙은 동전까지 띄어내 거스름돈을 치르는 희봉.

머리를 받쳐 들었던 손을 놓자 쿵- 하고 강두의 얼굴이 떨어진다. 그런데도 잠에서 안 깨어나는 강두… 조용히 한 숨을 내뱉는 희봉. 순간, 화면 밖에서 '아빠-'하고 부르는 여자애의 목소리가 들려온다.그러자 강두, 언제 잤냐는 듯 벌떡 머리를 일으키며,

        강두: (두리번) 현서? 벌써 왔니?

침을 '습-'들이키며 주위를 둘러보는 강두, 교복 입은 여중생 하나가 획 지나가지만,
자기 딸이 아닌 것을 깨닫고는, 다시 눈을 감으며 엎드리는데…

        희봉: (버럭) 깨라 쫌! 깬 김에!

아들의 얼굴에 과자통을 획- 집어 던지는 희봉, 정통으로 명중한다.

   이 장면을 보면 주인공 강두의 성격이 잘 나타나 있다. 여기서 알 수 있는 강두의 성격은 우직하고 느긋하고 미련하기까지 하다. 오직 딸에 대한 집착·열정·애정이 대단하다는걸 알 수 있다. 초반에 설정된 이러한 강두의 성격은 영화의 끝까지 일관된다. 결국 강두는 자신

의 딸이 괴물에게 납치되자 무모
할 정도로 집요하게 추적하여 딸
을 구출해내고자 괴물과 투쟁한
다. 이러한 강두의 집요함이 시나
리오의 초반부터 분명하게 그려
져 있다.

인물의 배경은 심리적, 사회적,
신체적으로 묘사되어야 한다. 이
장면은 강두의 심리적(게으름·우직함), 사회적(배움이 짧고 소외되어 있
음), 신체적(둔하고 강인하다) 배경이 잘 드러나 있다.

장소의 분석

81 거대 하수구

하수구 옆 진입로와 벽면 사이에 있는 비좁은 틈새로 깊숙이 떨어져 있는 남
주. 이마에서 피를 흘리며 정신을 잃은 채 활을 손에 쥐고 쓰러져 있다.
틈새 아래를 내려다보며 혓바닥 날름거리는 괴물, 머리를 들이밀어 보려고 하
지만, 워낙 좁은 틈새이다 보니 잘 되지 않는다.
화살 꽂힌 눈이 더욱 아파져 신경질 내는 괴물, 괴성을 내며 어둠 속으로 들어
가 버린다.

장소는 영화 속에서 두 가지 의미를 갖는다. 첫째는 물리적 사건 발
생 및 이야기 진행의 구체적 공간으로 기능한다. 〈괴물〉에서 등장인
물 남주가 어려운 상황에 빠지는 대목으로써 좁고 빠져나오기 힘든
곳으로 떨어지는 그런 장소로 설정되었다.

둘째, 장소는 인물의 심리적 상태나 상황을 은유적으로 대변하는 기능을 한다. 즉 실제 공간으로서의 의미가 아니라 상징적인 주제로서 기능한다는 것이다. 이 장면은 현실적인 동시에 상징적으로 심리적 기능을 한다. 남주의 궁지를 의미한다. 남주는 이 공간에 빠짐으로써 영화의 상황은 더욱 미궁에 빠져든다. 납치된 조카를 구출한다는 것이 거의 어려운 상황임을 암시하는 것이다.

구조의 분석

 # 16 매점 밖. 둔치

기뻐 날뛰는 현서, 매점 문을 박차고 밖으로 뛰쳐 나오는 순간… 미친 듯 달려 오는… 괴물로부터 도망치는 인파들 앞에 갑자기 서게 되는 현서
혼비백산 달려오는 강두와 희봉, 그리고 그 뒤를 따라오는 괴생물체!

　　희봉: 현- 서야!
　　강두: (마음만 급하여) 야! 으아!

갑작스러운 '초현실적' 상황에 넋이 나간 현서, 온몸이 그 자리에 얼어붙는데…
죽어라 달려오던 속도 그대로, 낚아채 듯 현서의 손목을 움켜잡고 같이 뛰는 강두. 사람들 틈바구니를 거칠게 앞질러 나가다가, 다른 사람과 발이 엉켜 우당탕 넘어진다. 연이어 뒤엉키며 엉망진창 넘어지는 현서, 희봉, 사람들…
아수라장 속에서 벌떡 일어나 다시 현서의 손을 잡고 뛰쳐나가는 강두. 가냘픈 손목을 움켜쥐고 정신없이 돌진하는데…
문득 옆을 돌아보니, 강두 손에 잡힌 아이는 비슷한 교복을 입은 엉뚱한 다른 소녀! 소녀는 한 손은 강두에게, 한 손은 자기 아빠에게 붙들린 채 정신없이 뛰는 중…
질겁하는 강두, 화들짝 손을 놓으며 뒤를 돌아보면, 조금 전, 사람들과 뒤엉켜 넘어졌던 자리에서 홀로 몸을 일으키고 있는 현서! 발목을 접질린 듯, 고통스러운 얼굴로 간신히 일어나면서

현서: 아빠!

강두: 으아-!

비명 지르며 현서에게 다시 달려가는 강두와 희봉. 이미 현서 바로 뒤까지 바싹 달려온 괴물, 차가 우회전하듯 강물 쪽으로 방향을 틀면서, 꼬리로는 현서를 낚아채버린다!

(중략)

새파란 하늘, 푸르른 강물, 반짝이는 햇살… 끔찍이도 아름다운 한강. 망연자실, 온몸에 힘이 빠지는 강두. 잔잔하게 출렁이는 물결을 멍하게 바라본다.

1막: 설정.

영화는 맨처음 가족의 구성원인 현서가 괴물에게 납치되는 것으로 시작한다. 이 장면으로부터 영화는 사건이 설정되는 것이다.

51 매점 밖. 둔치

희봉, 하늘로 향한 매점유리창을 열고 고개를 빼꼼 내민다. 빗줄기 속의 둔치를 둘러보면 둔치 안쪽으로 이십여 미터 전방… 총 맞은 입 속에서 피를 뚝뚝 떨어뜨리며 뒷걸음질 차고 있는 괴물!

희봉, 매점 창 위로 올라오며 방아쇠를 당긴다. 총성에 움츠리며 빠르게 뒷걸음질 치는 괴물. 따라나온 강두 또한 총을 쏴대자 괴물은 후다닥 교각들 쪽으로 몸을 피한다.

(중략)

순간, 감았던 눈을 번쩍 뜨는 남주- 괴물을 향해 번개 같은 한 발! 날렵한 곡선을 그리며 날아간 화살, 그러나 괴물의 등짝을 스치며 아깝게 튕겨나가고…

괴물은 거침없이 전진, 희봉을 향해 빠른 속도로 달려온다.

희봉: (중얼) 일루 와봐…… 더 와……

위태롭게 최전방에 선 희봉… 돌진해오는 괴물을 똑바로 바라보며, 가까운 거리에서 치명적 한방을 노리고 방아쇠를 당기는 순간! 철컥- 빈 총소리만 울려나오고… 총알이 없다!

희봉: 헉……!
강두: ……!

트럭 앞에서 총알 넣으며 숫자 세던 강두, 새하얗게 질린 얼굴… 돌진해온 거친 속도로 희봉을 덮쳐버리는 괴물!

강두: 안 돼-!

피 흘리며 바닥에 널브러진 희봉을 꼬리 끝으로 슥- 휘감는 괴물. 소리치며 달려오는 강두, 재장전된 총을 겨누지만 희봉 때문에 쏘지를 못하고
(중략)
찢어질 듯 비명 지르며 뒤로 한 발짝 물러나는 남주… 두 손으로 입을 가리고 싸늘한 죽음의 냉기로 뒤덮인 희봉의 얼굴에 잠시 손을 대보는 남일, 폭발 직전의 얼굴로 벌떡 일어나더니

남일: 이, 이런 씨바…… 뭐 이런 개 같은……

이글이글 불타는 두 눈으로 유유히 헤엄쳐 멀어져가는 괴물을 바라보는 남일, 총이 있는 트럭 쪽으로·가려하지만 그 너머로 특수부대 요원들이 다가오는 것이 보인다.
방향을 바꾼 남일, 미친 듯이 어디론가 달려가기 시작한다.
강두 향해 호들갑스럽게 총까지 겨누는 군인2. 놀라며 번쩍 두 손을 치켜드는 강두, 겁에 질린 얼굴로 벤치 쪽의 희봉을 바라본다.

군인1: (무전기에) 보, 보균가족! 도주 보균가족 발견!
군인2: 빨리 응급차 불러!
군인1: 네!

달려온 군인들에게 포위되는 강두, 병사들 틈새로 희봉의 얼굴을 보려고 애쓰지만… 차가운 빗속에 누워 있는 희봉의 얼굴은 벤치 아래 그늘 속에 파묻혀 좀처럼 보이지 않는다. 문득 바보처럼 울음 터뜨리는 강두, 두 손을 머리에 올린 채 눈물을 질질 쏟아낸다.

2막: 대립 .

이어 영화는 갈등을 보여줘야 한다. 갈등은 두 개의 힘이 서로 대등하게 버티는 상태를 말한다. 영화 〈괴물〉에서 그러한 갈등은 위의 내용처럼 나타난다. 가족들은 두 개의 적과 맞서게 되는데 하나는 현서를 납치한 괴물이고 다른 하나는 가족들을 격리시키기 위해 쫓아오는 정부 세력이다.

95 여의도 둔치
남일의 시점으로 허공을 가르며 괴물 위로 내리꽂히는 강두!
솟구치는 물보라… 부글부글 끓는 물속, 강두도 괴물도 잠시 보이지 않는다.
놀란 사람들, 멍하게 바라보는데… 곧장 물속에서 솟구쳐 오르는 괴물! 등에 꽂힌 '빠루'에서 피를 질질 흘리며 사람들 쪽으로 달려든다.
(중략)
괴물이 쇠사슬에 엉켜 주춤주춤 하는 순간, 괴물 정면에서 흉기로 일격을 가하는 강두! 마침내 괴물과 강두의 원초적인 육박전이 펼쳐지는 순간,
(중략)
솟구치는 화염에 휩싸이는 괴물의 몸뚱이! 일시에 터져 나오는 사람들의 환호성. 찢어질 듯한 비명을 토해내며 불덩이에 휩싸이는 괴물.
화염의 열기와 괴물의 찢어지는 비명에 번쩍 눈뜨며 정신차리는 강두. 바로 눈앞에는 불길에 휩싸인 괴물의 발광하는 몸부림…
순간… 사람들 거스르며 홀로 전진하는 강두, 떨어져있던 '흉기'를 다시 집어든다! 중세의 기사가 창을 겨누듯 화염을 뿜으며 달려오는 괴물에게 창 끝을 겨누는 강두.
화염에 휩싸인 아가리를 쩍 벌리고 돌진해오는 괴물, 그 아가리 한복판에 그대로 쇠창을 푸-욱 쑤셔 박는 강두!
불에 타면서 쇠창에 꽂힌 채 그래도 계속 한발 한발 강두 쪽으로 얼굴을 들이미는 괴물.
부릅뜬 강두의 눈동자 속, 불타는 괴물의 얼굴이 이글거린다.

가족의 사투가 시작된다

한강, 가족, 그리고…

괴물

3막: 폭로(반전), 절정과 해결.

마지막에 영화는 모든 이야기를 해결하기 위한 단계로 진입한다. 그동안의 비밀이 폭로되거나 반전이 일어나 이야기는 절정에 이른다. 절정이란 주인공의 위기가 최고조로 오르는 단계를 말한다. 이어 승부가 나고 해결이 일어나며 영화는 마무리된다.

영화 〈괴물〉에서 납치된 딸을 구출하려는 과정은 마지막에 괴물과의 한판 승부를 통해 괴물을 처치하는 것으로 해결에 이른다. 이 장면은 화염병 투척과 불화살로 가족들이 힘겹게 괴물을 처치하는 장면의 묘사에서 잘 드러난다.

주제의 분석

55 골목길. 밤

행인들의 눈길을 피하며 가게들이 늘어선 골목길을 걸어가는 남일. 창백한 얼굴에 식은땀을 흘리며 짙은 기침을 쿨럭인다. 골목 벽에 붙어 있는 비에 젖은 전단지들… 그중 수배 전단 하나를 발견하는 남일.

〈긴급수배: 도주 보균자 가족〉 전염병 예방법 위반 / 공무집행 방해 / 현상금 1000만원…

등등의 단어들이 보이고 그 아래로는 가족들의 얼굴사진이 인쇄되어 있다. 강두 사진에는 '검거' 도장이 희봉 사진에는 X자 표시와 '사망' 도장이 무심하게 찍혀 있다.

울컥하며 눈빛이 흔들리는 남일, 전단지를 고이 접어 품속에 넣고 다시 밤길을 서두른다.

골목의 끝… 차길 건너편으로 〈장씨 총포사〉 가게가 보인다. 엽총들이 전시된 유리창 안쪽으로 커피 마시는 장씨와 총포사 처녀의 모습이 보인다.

영화는 단순히 이야기만을 전개시키는 것으로 끝나는 것이 아니라 그 안에는 관객을 사로잡는 감동과 교훈이 들어가 있다. 그러한 교훈성을 주제라고 한다. 영화 〈괴물〉은 어떤 주제를 갖고 있을까. 이 영화의 줄거리는 괴물에 납치된 딸을 구출하기 위한 가족들의 사투이다. 결국 괴물을 죽이고 딸을 구출한다는 이야기다.

하지만 주제는 이와는 좀 다르게 표현된다. 관객들은 이러한 가족들의 사투를 통해 위기에 맞선 정부의 무능력과 오히려 순수한 일가족을 위기로 몰아넣는 정부의 부도덕에 대한 비판을 하게 된다.

한강에서 괴물이 출현하여 무고한 양민을 학살한 것은 국가적 대란이다. 국가는 괴물을 처치하고 가족을 보호해야 마땅함에도 오히려 가족을 억압하고 괴물의 실체를 방관하는 죄를 저지르게 된다. 영화는 그러한 정부의 무능함과 혼란을 지적하고 비판하는 것이다.

관객들은 이 영화를 통해서 무능한 국가에서 한 가족이 자신들의 생존을 위해 얼마나 피나는 노력을 벌이는가에 대한 서민적 영웅주의를 주제로 드러낸다.

또한 그 사건의 소재가 되는 잃어버린 혈육을 되찾기 위한 노력을 통해 전통적인 가족주의의 복귀를 주장하는 것이다.

작품분석을 통한 이해 2

말콤X 감독: 스파이크 리

시나리오의 구조

영화 〈말콤X Malcolm X〉(1992)는 『뿌리Roots』의 작가 알렉스 헤일리가 쓴 인터뷰 전기를 원작으로 한 각색 시나리오이다. 영화 속 대부분의 에피소드는 원작에 있는 것을 그대로 차용하였으나, 새로운 주제의식을 나타내기 위해 영화적으로 변형되었다.

영화의 맨 처음에는 백인을 저주하는 내용의 말콤X의 육성이 들린다. 이어 화면엔 LA흑인폭동의 원인이 되었던 로드니 킹 구타사건이 펼쳐진다. 화면은 현재이고 육성은 과거이지만, 마치 현재 말콤X가 말하는 것 같고 그의 말이 옳다는 걸 느끼게 한다. 인상적인 오프닝 장면이다.

발단부에서는 그의 어린 시절과 부모에 대한 기억, 백인을 동경하며 뒷골목을 전전하던 암흑가의 세월이 그려진다. 전개부는 그가 감옥에 들어가서 이슬람교의 한 지파의 교주인 무하마드를 알게 되면서 흑인 인권 문제에 눈뜬 것으로부터 새롭게 펼쳐진다. 그리고 출감 이후 백인들에 대한 거침없는 저항운동을 펼치면서 그는 회교 지도자로 새롭게 태어난다. 그러나 그의 저항운동은 지지를 받는 만큼 한편으로는 내부적, 외부적으로 갈등 세력을 만듦으로써 위기를 겪는다. 그 갈등 세력이란 바로 미국의 중앙정보국인 CIA와 흑인 내부의 갈등 세력이다. 말콤X가 희생됨으로써 이 영화의 모든 갈등은 사라지고 이야기는 일단락된다. 그러나 관객의 마음속에서 말콤X는 죽은 것이 아니다. 풀리지 않는 긴장감이 영화가 끝난 이후에도 계속 남아 있다.

인물의 성격과 심리 묘사

이 영화에서 가장 중요한 인물인 말콤X는 고정되어 있는 성격의 소유자가 아니라 끊임없이 변해가는 개성적 인물형이다. 동시에 개인이 아닌 억압받는 흑인의 대표성을 띠는 상징적 인물이기도 하다. 밑바닥 암흑가의 갱에서 출발하여 충실한 이슬람교도, 열렬한 흑인 인권운동가, 세계평화주의자로 성장해가는 그의 모습은 그가 인간의 내면적 고민과 갈등을 극복해가는 의지적인 인간임을 보여준다.

그의 아내 역시 말콤X 못지않은 개성적 인물로 형상화되어 있다. 물론 그녀는 말콤X의 의지를 약하게 하고 관심을 밖에서 안으로 향하게 하는 갈등의 제공자 역할을 하고 있긴 하지만, 한 평범한 인간으로서 많은 고통과 좌절을 극복해나가는 모습을 그려내고 있다. 그녀의 인간적 변신은 평소 말콤X에 반발하면서도 그를 이해하게 되고, 마침내 그녀 자신도 말콤X와 같은 투사적 인간으로 다시 태어나는 모습을 보여준다.

반면 정신적 스승인 무하마드, 암흑가 보스인 아처, 예전의 친구, 주변의 백인들은 하나의 성격으로 일관하는 도식적인 인물들이다. 말콤

X의 자기 변신과 의지적 성장 등에 비할 때 그들은 마치 정물화와도 같이 일관된 성격으로 묘사된다. 그리고 그들이 악을 행하는 인간들은 아니지만, 주변의 상황이 음모와 악의적 성향으로 바뀜에 따라 그들의 변하지 않는 성격은 오히려 나쁜 성향 쪽에 서 있게 된다.

이 영화가 원작과 달라진 부분이 있다면, 말콤X를 묘사하기 위해 종래의 인물과 비교하거나 수정하고, 혹은 새로운 인물을 창조해내기도 했다는 점이다. 말콤X의 회상으로 보이는 아버지, 어머니의 묘사나 마틴 루터 킹 목사와의 비교, 존 F. 케네디와의 비교, 당시 살아 있던 인물인 남아공의 흑인 지도자 넬슨 만델라의 장면 추가 등은 모두 다 말콤X라는 인물을 부각시키기 위해 수정·비교·첨가한 장면들이다.

특히 이 영화는 많은 부분을 할애하진 않았지만 마틴 루터 킹과의 비교를 강조하고 있다. 킹은 이 영화 속에서 여러 번 나오는데, 말콤X가 살해된 직후 인터뷰에서 말콤X의 죽음을 논평하는 장면은 킹의 태도를 단적으로 짐작 가능하게 한다. 관객은 그 장면에서 말콤X의 폭력옹호론과 킹의 평화적 시위론을 비교하게 되는데, 백인 입장에서 말콤X가 얼마나 왜곡되어 왔으며, 흑인 지도자로서 킹의 존재가 그에게 불리하게 작용할 수밖에 없는 사실을 깨닫게 된다.

이 영화의 방식은 특이하다. 종래 영화라면 말콤X도 킹도 드라마

속의 인물로 처리하여 대비시켰을 텐데, 여기선 말콤X만 드라마의 인물로 형상화했고, 킹은 다큐멘터리 장면을 그대로 활용했다. 존 F. 케네디 역시 마찬가지 방식이다. 이러한 인물 비교 수법은 말콤X를 더욱 주관적 · 주체적 시선으로 묘사하고자 하는 감독의 의도에서 비롯된 것임을 알 수 있다.

사건과 서스펜스의 작용

이 영화의 초기 발단부만을 보면 그 이후에 비해 긴장감이 덜해서 지루함을 느끼게도 한다. 사실 이 영화의 본론은 말콤X가 감옥에 들어간 이후부터 전개된다. 그러나 그의 변신 자체가 인간적으로 분리해낼 수 없는 부분이기 때문에, 그 동기가 된 부분을 길고 상세히 묘사함으로써 말콤X의 인간적 변신의 의지적 측면을 설명하고자 했던 것이다.

물론 그렇다고 해서 긴장감이 전혀 없는 것은 아니다. 이 영화 전편을 통해 죽음에 대한 공포감이 지배적으로 흐르고 있으며, 결국 말콤X는 암살당하고 만다. 그 사실을 알고 영화를 보건 모르고 보건 간에 영화의 시작부터 죽음에 대한 공포는 끊임없이 긴장감을 몰고 온다. 그것은 영화 초반부에서 말콤X의 부모가 겪는 공포스런 일들로부터 시작된다. 한밤중에 백인우월주의를 내세우는 극우비밀결사 KKK단이 흰 복면을 한 채 찾아와 일가족을 공포에 떨게 한다. 아버지는 총을 들고 나와 그들을 쫓아내지만 긴장은 해소되지 않는다. 그리고 "그들은 무서워 다신 오지 않을 것이다"라고 용감히 말한 아버지는 결국 그들에 의해 비참하게 죽음을 당하게 된다.

백인이 가하는 폭력과 살인에 대한 두려움은 이렇게 말콤X에게, 또한 관객에게 전달되어 영화 전편에 걸쳐 서스펜스로 작용한다. 말콤X가 흑인 인권운동가로서 백인들과 법제도와 맞서 싸울 때마다 관객은 그에게 곧 떨어질 것 같은 살인의 공포를 느끼게 된다. 그 예감은 이미 영화적으로 설정된 결과인 것이다. 다시 말해 그의 죽음은 이미 내정된(관객이 알고 있는) 것이고, 그 과정이 서스펜스의 작용이다. 〈링컨〉의 암살 장면 처리와 마찬가지로, 〈말콤X〉에서도 주인공만 모르지 나머지 관객은 모두 그 사실을 알고 있는 것이다.

이 영화에서 말콤X의 유년시절 아버지의 죽음을 의도적으로 삽입하고, 결국 말콤X가 아버지와 같은 운명을 밟도록 설정한 점은 뛰어난 수법이라 하겠다. 또한 그 서스펜스는 단순한 오락적 흥미유발 차원이 아니라, 이 영화의 주제의식을 드러내고 있다는 점에서 새겨둘 만하다. 영화 속의 공포감은 어디에서 오는가. 그건 백인들의 폭력과 맞서는 억압받는 외로운 흑인의 시각에서 자연스레 나오는 것이다.

| 더 읽어볼 만한 책 |

마르셀 마르땅, 황왕수 역, 『영상언어』, 다보문화, 1993, p.239~248(11장 대사)

민병록·이승구·정용탁, 『영화의 이해』, 집문당, 2000, p.119~142(3장 시나리오)

토마스 소벅·비비안 C. 소벅, 주창규 외 역, 『영화란 무엇인가』, 거름, 1998, p.287~298(6장 비장르 서사와 감독들 중 영화와 문학: 각색의 문제).

루이스 자네티, 김진해 역, 『영화의 이해』, 현암사, 1987, p.303~349.

저건 울프·케리 폭스, 윤보협 역, 『일급비밀 할리우드 시나리오』, 미래와 사람들, 1998.

로널드 토비아스, 김석만 역, 『인간의 마음을 사로잡는 스무 가지 플롯』, 풀빛, 1997.

사이드 필드, 유지나 역, 『시나리오란 무엇인가』, 민음사, 1998.

| 용어해설 |

각색 시나리오 adaptation(adapted screenplay)

희곡, 소설, 짧은 이야기, 또는 전기와 같은 다른 원본에서 각색해 새롭게 쓴 영화의 시나리오.

갈등 conflict

영화의 이야기 구조 속에서 두 가지의 대립된 요소들이 벌이는 상호작용으로부터 나오는 투쟁과 긴장을 가리키는 말.

개성적 인물형

정형화된 고정적인 인물형을 탈피하여 극중에서 처음 새롭게 해석된 인물.

경악 surprise

서스펜스(suspense)와 구별되는 긴장의 한 종류. 서스펜스는 끝내 결과가 일어나지 않지만, 경악은 결과가 발생하고 만다는 차이가 있다.

구성 composition

한 장의 그림 내에서 빛과 그림자, 선, 그리고 색의 덩어리와 정도가 보여주는 분포, 균형

그리고 일반적인 관계.

내면적인 사건

시나리오에서 표면적으로 눈에 보이는 사건이 있기도 하지만 가시적이지 않은 사건들도
있다. 심리드라마에서 흔히 볼 수 있는 음모, 계획, 모의, 질투, 결심 등의 마음속 움직임
은 눈에 보이지 않는 내면적인 사건이다.

느슨한 각색 loose adaptation

원작의 내용 전개와 사뭇 다르게 전개하는 각색 방식.

도식적인 유형 stereotype

표면적으로 혹은 관습적으로 묘사되고 있는 판에 박힌 인물 유형. 〈007〉의 제임스 본드
가 그 대표적인 인물형이다.

레제드라마 lesedrama

읽기 위한 목적으로 책으로 발간하는 시나리오. 보통 영화화를 위한 시나리오를 읽기 편
하게 약간 수정한다.

미스터리 mystery

스토리가 어떤 기괴하고 공포스러운 모험에서 비롯되는 긴장감 도는 이야기에 중심을 두
고 있는 영화 장르.

복선

나중에 발생하는 사건을 미리 예고하는 암시적 장치. 인과적 고리를 강하게 하는 동기를
부여한다.

상징적 인물형

특수하거나 기괴한 인물이 아니라 집단이나 이념을 대변하는 보편적인 인물형을 말한다.
많은 사람들을 공감시키는 요소를 갖고 있다.

서스펜스 suspense

주요 등장인물이나 집단의 운명에 대한 염려에서 비롯되는 고도의 불안과 긴장을 야기하는 플롯의 영화.

에피소드식 구성 episodic structure

일명 모자이크식 구성이라고도 한다. 에피소드들이 일련의 순서를 갖지 않고 파편적으로 조합되어 있는 구성 방식.

외형적인 사건

가시적으로 드러난 사건. 예를 들어 폭파사건, 교통사고, 이혼, 실직, 병, 죽음, 이별, 만남 등의 표면적 사건을 말한다.

원인-결과식 구성 cause and effect structure

앞의 에피소드는 뒤의 에피소드의 원인이 되고, 그것이 연쇄적으로 인과의 고리를 갖게 되는 구조.

이야기 story

이야기는 구성되기 전의 전체 내용을 말한다. 구성(plot)과 마찬가지로 처음, 중간, 마지막을 갖는다.

창작 시나리오 original screenplay

특별한 원작이 없이 처음부터 시나리오 형태로 쓰인 시나리오.

충실한 각색 faithful adaptation

원작을 바탕으로 한 각색으로서 원작의 내용이나 주제를 거의 충실하게 따라가는 각색을 말한다.

3장
영상표현의
기본과 스타일

시나리오의 시청각적 해석(재현)

보는 것은 눈으로 보는 것을 믿는 것이다. 하지만 상상은 보이지 않는 것을 마음속으로 보는 것이고 마음속에서만 믿는 것이다. 이 둘의 차이는 무엇인지 생각해보자.

보는 것은 과학을 토대로 하여 우리가 보는 모든 세상을 믿도록 증명해낸다. 대신 상상하는 것은 예술과 종교의 기원이 되었다. 우리는 보지 않는 것도 믿을 수 있는 능력을 갖고 있으며 그것은 믿음이라는 종교의 근거가 된다. 보이지 않는 믿음은 세상에서 부족한 것을 채울수 있는 희망의 근거가 된다. 그것이 바로 예술의 시작이고 영화가 예술로서 존재하는 이유는 인간의 희망, 그것이었다.

문자로 구성된 이야기 시나리오는 시각 그리고 청각적으로 다시 해석함으로써 영화가 된다. 영화란 영상과 소리를 통해 문학적 이야기를 재배열하고 번역한 이야기로 볼수 있다. 비주얼 스토리텔링(Visual Storytelling), 즉 '영상적 이야기하기'는 영화를 구성하는 시각 · 청각 · 이야기의 요소를 절충하는 방식을 말하는 것이다. 이야기는 영
화뿐 아니라 모든 예술에 공통적인 요
소라고 볼수 있다. 문학이 문학인 것은
문자를 통한 서술방식 때문이고 음악이
음악인 것은 음표를 통한 멜로디 기법
때문이다. 영화가 영화인 것은 이야기요
소 때문이 아니라 시각적·청각적 요소
의 배열 때문이다.

〈괴물〉에 보면 한강 둔치에 괴물이
나타나 사람들이 대피한다. 한 여자는
헤드폰을 꽂고 음악을 듣고 있다. 그녀
는 결국 괴물이 오는 걸 모르고 앉아 있
다가 괴물에 희생된다. 이 시나리오의
내용을 글자로 읽는 것과 영화로 보는
것은 현격한 차이가 있다. 영화는 시각
과 사운드를 다 활용하기 때문에 글자
보다 훨씬 더 사실적으로 느껴진다. 먼
저 사람들의 비명소리와 와자지껄한 모
습을 보여준다. 이어 감미로운 음악과
여자의 귀에 꽂힌 이어폰의 모습. 그녀

〈괴물〉, 봉준호, 2006

는 정신없이 음악에 몰두되어 있다. 두
장면의 교차와 이어서 괴물에 낚아채지는 여자의 모습. 이러한 기법은 영화
만이 구사할 수 있는 특별한 방식이다.

〈와니와 준하〉에서 와니가 집에 없는 사이 그녀의 동생방에서 준하는 만

화노트를 발견한다. 그 만화를 뒤적거리던 중
두 남녀가 서로 사랑하면서 입 맞추는 장면을
보게 된다. 이 장면은 영화 속에서 움직이는
만화의 영상으로 재현된다. 영화는 시나리오
단계까지 문자에 의존하지만 최종적으로는 살
아 움직이는 영상으로 재현됨으로써 영화만의
감동을 얻게 된다.

공간의 서술

영화 속의 공간은 물리적인 공간이 아니라
심리적인 공간이다. 등장인물의 심리나 내면
의 움직임을 표현하기 위해 특별히 창안되거
나 선택된 특별한 공간이다. 따라서 그 공간은
특별히 '이야기의 공간'이라 부른다.

영화 속에서 공간을 구축하는 기법은 대표
적으로 촬영과 미술이다. 미술은 현실 공간을
영화적 이야기공간으로 재구축하는 방식으로
활용되는 기술이고, 촬영은 렌즈를 통해 특별
한 영화적 공간으로 재구축하는 기능을 한다.
촬영의 가장 중요한 몇 가지 요소는 화면의 사
이즈·조명·앵글·렌즈·움직임이다.

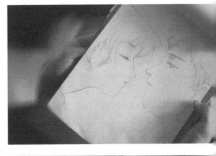

영화 속의 공간은 크게 롱 쇼트, 미디움 쇼
트, 클로즈 쇼트의 세 단계 사이즈로 구성된

〈와니와 준하〉, 김용균, 2001

〈와니와 준하〉

다. 조명은 컨트라스트(contrast)가 없는 하이 키(high key), 컨트라스트가 분명한 로우 키(low key)로 나뉜다. 앵글은 대상을 눈높이로 보게 하는 아이 레벨(eye level), 대상이 우러러 보이는 로우(low) 앵글, 왜소해 보이는 하이(high) 앵글, 왜곡되어 보이는 오블리크(oblique) 앵글로 나뉜다. 렌즈는 육안에 가깝게 보이는 스탠다드, 옆으로 넓어지고 깊이감이 늘어나는 광각(wide), 협소해지고 깊이감이 옅어지는 망원(wide)으로 나뉜다. 움직임은 공간을 인위적으로 빠르게 이동시키는 줌(zoom)과 현실적인 느낌으로 이동시키는 트래킹(tracking)이 있다.

〈와니와 준하〉에서 와니는 준하에게 그만 만나자는 뉘앙스의 말을 했다가 갑자기 준하의 분노를 본다. 준하는 차에 치인 고양이를 집어들고 왔던 길을 걸어간다. 그 모습을 물끄러미 와니가 쳐다본다. 이 장면에서 와니가 쳐다보는 그 길은 깊은 심도를 갖고 있으며 점점 멀어지는 만큼 깊어진다. 그것은 와니가 느끼는 마음의 상처를, 준하가 풀어헤치는 분노의 깊이를 표현하는 공간의 깊이감이다. 그 길은 처음 즐거운 마음으로 걸어왔다가 장면의 마지막에는 분노와 슬픔을 간직한 길로 의미가 변화한다. 공간은 인물의 심리적 내용을 대변하는 은유적이고 상징적인 요소인 것이다.

인물행동, 사건의 서술

인물은 세 가지 측면에서 서술된다. 외모적 모습, 내면 심리적 모습, 사회적 배경을 갖는 존재로 부각된다. 인물은 연기자의 모습·말·행동으로 표현되는데 촬영·편집 등으로 화면 속에서 표현된다. 사건은 인물의 심리를 통해서 내면적으로 구축되는 것과 천재지변, 사고처럼 외형적, 물리적으로 발생하는 경우가 있다. 영상적 기법은 이러한 두 가지 경우를 다 표현해낸다.

〈8월의 크리스마스〉에서 다림은 무거운 짐을 들고 걸어가고 있다. 스쿠터를 탄 정원이 지나친다. 다림은 샐쭉해져서 걷는다. 다시 정원의 스쿠터가 그녀 앞으로 다가온다. 정원은 다림의 짐을 앞에 싣고 다림을 뒤에 태워 달린다. 다림이 혼자 샐쭉해서 걸어가는 부분이 길게 묘사되어 있다. 스쿠터를 돌려 돌아올 때 점점 그녀의

〈8월의 크리스마스〉, 허진호, 1998

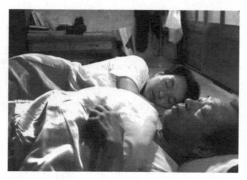

〈8월의 크리스마스〉

표정이 밝아진다. 이 긴 시간의 진행과 그녀 표정의 변화는 다림의 내적 심리가 변화함을 한눈에 알 수 있는 영상적 표현이다.

천둥 번개가 치는 밤 정원은 일어나 아버지가 주무시는 방으로 건너간다. 그는 아버지 곁에 눕는다. 이 행동은 정원의 죽음에 대한 공포를 표현한 시적인 연기이다. 단지 천둥소리를 무서워하는 게 아니라 죽음이 두렵다는 의미를 전해준다.

미장센

미장센(Mise-en-scène)이란 프랑스 말로 장면 내에 사물을 배치한다는 의미를 갖는다. 장면배치, 무대장치, 화면 구성 등으로 설명할 수 있다. 영화 속에서 미장센은 미술·촬영을 통해 화면을 구성하는 방식을 말한다. 공간을 이용하여 이야기를 전달하는 방식으로서 인물의 심리나 사건 등 이야기 전개의 모든 것을 다 이야기공간을 통해서 전달한다. 따라서 화면 속에 등장하는 대도구(세트), 소도구(소품), 색깔, 조명, 연기자의 의상, 제스처, 카메라의 렌즈, 움직임, 사이즈, 앵글 등의 모든 기술적 요소가 상징적으로 작용하여 이야기를 풀어나간다.

〈8월의 크리스마스〉에서 정원과 다림이 비 오는 날 우산을 같이 쓰고 걸어가는 장면이 있다. 처음에 롱 쇼트로 시작된 장면은 사이즈가 점점 미디움

〈8월의 크리스마스〉

〈해운대〉, 윤제균, 2009

쇼트로 가다가 마지막엔 클로즈 쇼트로 끝난다. 세 컷으로 해도 될 것을 하나의 쇼트로 표현한 것은 감정의 변화를 자연스럽게 보여주려는 의도 때문이다. 이 장면의 주인공은 다림이다. 둘은 이제 본격적으로 친해지기 시작했고 바로 직전 이날 저녁에 다림이 찾아와 술 한 잔 하기로 약속했다. 하지만 이 장면은 그녀의 착잡한 심리를 반영하는 장면이다. 과연 약속대로 정원을 찾아가 술을 한잔 할 것인지 아니면 조금 더 기다렸다 갈 것인지 그녀는 결정하지 못했다. 그녀의 이러한 복잡한 심리가 이 장면에서 드러나 있다. 멀리서 볼 때 그녀의 심리는 드러나지 않는다. 점점 가까이 다가오면서 그녀의 얼굴이 크게 클로즈업되고 그녀의 근심스런 마음의 움직임이 관객에게 전달된다.

〈해운대〉에서 보면 쓰나미가 몰려오는 모습을 관객들에게 알려주면서 연희는 해변가에서 노래를 하며 놀고 있다. 장면 후경으로 그녀가 가는 모습이 포커스 아웃된 상태로 보이면 화면 앞쪽으로 포커스 인되면서 바위 위에 새까맣게 작은 게들이 몰려가는 모습이 보인다. 이것은 재난을 암시하는 장면이다. 관객은 아는데 연희는 모르고 있다. 다가오는 재난의 조짐을 불안하게 경고하는 서스펜스 장면이다. 한 장면의 전경과 후경을 조절함으로써 긴장을 연출하고 있다.

영상표현의 기본 요소

영화예술에서 영상표현만큼 두드러지는 요소는 없다. 아무리 뛰어난 편집, 멋진 음악, 신기한 트릭을 사용해도 영상이 평범하다면 그 영화는 평가받기 어렵다.

영상을 책임지는 일은 흔히 감독과 촬영감독 둘이 맡는다. 둘의 역할 분담은 실상 분리해내기 어려울 정도로 미묘하게 연결되어 있다. 연극 연출과는 그런 점에서 다르다. 연극 연출은 고정된 무대 안에서 움직임을 지휘하면 되지만, 영화감독은 끊임없이 움직이는 영상의 연속선에서 작업을 해야 한다.

각각의 프레임은 그 앞이나 뒤에 나오는 프레임과는 조금씩 다르다. 정지된 카메라 앞에서 사람이나 물체가 움직일 때, 이 움직임은 장면의 구도를 변화시킨다. 또 카메라나 렌즈가 움직임으로써 장면의 새로운 시야를 얻게 된다.

같은 영상예술이라도 영화와 TV는 구별된다. TV의 영상은 작은 스크린(브라운관) 안에 갇혀 있다는 조건을 벗어날 수 없으며, 집에서 시청하게 되므로 밝은 조명 분위기와 여러 가지 소음 같은 방해를 고려하게 된다. TV 영상에서는 롱 쇼트, 미디엄 쇼트 및 구도상의 여러 다양함이 잘 구별되지 않는다. 클로즈업만이 강한 효과를 발휘할 뿐이다. 조명 역시 불분명하며, 색이나 빛과 어둠의 효과가 잘 살아나지 않는다. 반면 영화의 영상표현은 그 모든 자세한 부분까지 보여줌으로써 관객에게 강한 인상을 전달하는 이점을 갖고 있다. 영상을 연출하는 가장 중요한 포인트는 관객의 시선을 조종하는 능력을 감독이 갖고 있다는 것이다.

이와 같은 영상의 연출을 분석하기 위해서는 다음 몇 가지 요소를 개별적으로 파악하지 않으면 안 된다. 구도(composition), 각도(angle), 범위(size), 움직임(movement), 깊이감(depth), 빛과 색채(light and color) 등이다.

구도Composition

영상의 구도는 화면 내의 인물과 물체를 배열하는 방식을 말한다. 각 장면을 구도화하는 목적은 관객의 관심을 집중시키는 것이다. 어떤 감독도 장면이 구도화되어야 한다는 점을 무시하고 연출할 수는 없다. 영화의 성공은 흔히 구도를 잘 만들기 위해 감독의 '시선'이 얼마나 잘 정리되어 있는가에 달려 있는 것이다.

전통적으로 좋은 구도 혹은 미학적으로 잘 짜여진 구도의 법칙은 영화 이전에 회화나 사진에서 이미 정립되어 있다. 하지만 그 원칙이 그대로 영화에도 적용되는 것은 아니다. 왜냐하면 영화는 기본적으로 고정되어 있지 않고 움직임을 전제로 하기 때문이다. 따라서 회화나 사진의 구도 원칙은 단지 영화에 응용되는 기본적인 구도라 하겠다.

엄밀히 말하자면 영화의 구도는 움직이는 화면과 움직이지 않는 화면 둘로 구분될 수 있다. 그리고 영화의 구도는 어떤 방식으로든 '배열'되어야만 한다는 특수성을 갖고 있다. 감독과 촬영감독은 화면의 내부와 바깥을 동시에 고려하면서 구도를 생각해야만 한다.

영화 구도를 가리켜 이차원의 공간 안에 깊이감을 부여하는 삼차원 현실의 창조라고 말하기도 한다. 관객을 화면 속으로 끌어들이기 위해서는 관객의 시선이 이차원의 화면에서 삼차원의 현실로 몰입되도록 해야 한다.

예를 들어 〈스타워즈Star Wars〉(1977)의 맨 처음 자막은 화면 밑에서부터 올라와 위로(혹은 가운데로) 빨려들어 가듯이 나왔다간 사라져간다. 이러한 자막 처리는 단순히 자막이 나타났다 사라지는 이차원적 구도가 아니라, 깊이감을 부여함으로 얻어지는 삼차원적 구도의 발상이다. 따라서 관객은 영화가 시작되기 전부터 극적 현실감을 가지고 화면에 몰입하게 된다.

영화의 구도는 흔히 세 가지 방식으로 구성된다. 이들은 개별적으로 쓰이기도 하고 복합적으로 구성되기도 한다. 첫째는 화면 내의 인물과 물체의 정적인 배열, 둘째는 화면 내의 인물과 물체의 움직임, 셋째는 화면 자체의 움직임이다.

<8월의 크리스마스>에 보면 정원은 커피숍 안에서 유리창 너머로 바깥을 내다보고 있다. 이 화면의 구도는 갇혀져 있어 고립되고 소외되어 있는 모습이다. 바깥의 풍경이 유리창에 비춰서 그의 모습은 더욱 왜소해 보인다. 죽음을 앞둔 그의 상황은 그를 더욱 약하고 슬프게 만든다. 주차단속차가 들어온다. 그의 시선이 그 차에 가 있다. 그 안에는 다림이 타 있고 그는 다림을 만나러 온 것이다. 다림의 모습을 정면으로 바라보는 그의 시점 쇼트다. 그 앞에는 흐릿하게 그의 손가락이 움직인다. 이것은 그의 무력함을 나타낸 것이다. 정원은 다림을 만나러 왔지만 정작 다림을 보는 순간 그녀를 만나지 않겠다고 결심한다. 그는 다림

<8월의 크리스마스>

〈동감〉, 김정권, 2000

을 책임질 수 없기 때문이다. 그는 곧 죽을 것이고 그런 사람이 다림을 만나서 뭐하겠는가. 그는 다림을 만나선 안 된다고 생각한다. 하지만 인간적으로 그는 다림이 너무 보고 싶다. 그 안타까움이 이 공간구성에 잘 나타나 있다. 다가가고 싶지만 가지 못하는 거리감의 표현이다. 관객은 알지만 다림이 알지 못하는 상황은 더욱 안타까움을 증폭시킨다.

〈동감〉에서 소은은 미래의 예언이 맞는다는 것을 알고 놀라게 된다. 사랑하던 오빠가 자신을 떠나 친구를 좋아한다는 사실을 알게 된 그녀는 충격에 빠진다. 계단을 내려가서 중간에 멈춰선 그녀의 뒷모습은 계단의 콘크리트와 철제 난간에 사로잡혀 마치 포획된 짐승처럼 우리 속에 들어가 있다. 그녀의 고독과 소외, 슬픔을 묘사하는 이 구도는 전경의 철제 난간과 중경의 계단, 후경의 소은 모습을 통해 입체감을 준다. 정중앙에 소은이 위치하면서 이 구도는 균형감을 갖고 있다.

〈괴물〉의 한 장면을 보면 수색을 하다가 지친 가족들은 자신들이 살던 가게로 들어가 컵라면을 끓여 먹는다. 동그랗게 둘러앉아 먹기 시작할 무렵 가운데에서 현서가 쓱 일어나 같이 라면을 먹는다. 옆에 있던 아버지, 삼촌, 할아버지 등이 현서를 알아보고 그녀에게 면발을 건네준다. 이 장면은 환상으

〈괴물〉

로서 그들의 마음속에 혹은 관객의 마음속에 현서도 배가 고플 테니 같이 밥을 먹을 수 있겠거니 하는 바람을 환상적으로 구현한 것이다. 이 장면에서 역시 중앙부는 중요하다. 현서는 이 이야기의 중심이며 가족의 중심이다. 그 중심성을 강조하기 위해 가운데에서 나타나 행동하는 것으로 설정한 것은 균형감의 탁월한 예에 속한다.

움직임Movement

화면 내의 인물과 물체의 정적인 배열

화면 내의 장면 처리는 움직임이 없는 구도에 속한다. 가장 중시해야 할 점은 배열되어 있는 인물 혹은 물체 상호간의 관계성이다. 화면의 맨 앞부분에 놓인 인물이나 물체는 관객의 주목을 끌게 되어 있다. 카메라의 작용이 이를 도와주는데, 전경에 초점을 맞추면 후경의 흐린 사물보다 강하게 의미를 주게 된다. 역으로 전경의 흐린 초점이 후경의 정확한 초점으로 인해 관객의 시선을 분산시킬 수도 있다. 이처럼 구도의 일반적인 원칙은 전경과 후경의 관계성에 의해 적용되며, 좌우의 수평적인 배치보다 훨씬 역동적이고 영상적인 효과를 만들어낼 수 있다.

여기서 또 하나 알아둬야 할 점은, 화면 내의 배치를 통해 화면 바깥의 내용물을 아울러 예측하게 하는 수법이다. 이것은 '연결된 영상' 혹은 '확장된 영상'의 개념이다. 비록 화면 내의 내용물은 제한되어 있지만, 그것을 통해 화면 밖으로 더 많고, 넓고, 큰 내용물들이 연결되고 확장되어 있다는 느낌을 갖도록 배열하는 것이다. 이렇게 잘 배열된 구도는 영화가 계속 연속적으로 진행한다는 의미를 주는 데 중요한 구실을 한다.

화면 내에서의 인물과 물체의 움직임

대부분의 화면은 고정되어 있지 않고 움직이고 있다. 화면 내의 내용물이 움직이면 따라서 구도도 변해야 하고 관객의 마음도 움직이게 된다. 움직임의 원칙은 오로지 극적 동기를 갖고 있어야 한다.

움직임의 작용은 카메라가 전적으로 만들어낸다고 할 수 있다. 카메라의 이동은 '트랙(track)' 혹은 '달리(dolly)' 이동법이라고 한다. 물론 이외에도 손으로 카메라를 들고 촬영하고 이동하는 '핸드헬드(hand-held)', 손으로 들고 이동하되 전혀 흔들림이 없는 '스테디캠(steadicam)', 공중에서 자유자재로

〈번지 점프를 하다〉, 김대승, 2000

이동할 수 있는 '크레인(crane)' 이동법 등이 있다.

이러한 다양한 기재를 사용하여 화면 내의 공간 이동을 할 수 있는데, 화면의 전경과 후경을 가로지르는 삼차원 공간의 움직임이 그 기법의 한 가지이다. 카메라의 움직임은 관객의 시선을 끌어들이는 강한 효과를 유발한다. 따라서 이 방법은 가장 중요한 개념에 속한다.

〈번지 점프를 하다〉의 한 장면에서 무리한 사랑고백을 한 인우에게 화가 난 태희가 그를 계속 거부하자 결국 화가 난 인우는 우산을 부숴버리고 뒤돌아 간다. 멍해진 태희는 비가 억수로 쏟아지는데도 그 자리에 서서 자신을 추스린다. 그 심정을 인물은 주먹 쥔 손과 굳건하게 버티고 선 두 다리로 연기한다. 이때 카메라는 주먹 쥔 손과 두 다리의 클로즈 쇼트로 표현한다.

화면 자체의 움직임

역시 중요한 움직임 중의 하나는 화면 그 자체가 움직이는 것이다. 이것은 카메라의 공간 이동과 더불어서 특히 렌즈의 작용에 의해 달성된다. 카메라의 렌즈는 화면의 크기를 마음대로 조절할 수 있는데, 클로즈업(close up)에서부터 롱 쇼트(long shot)에 이르기까지 다양한 화면을 구사할 수 있다.

화면 자체의 움직임을 가장 잘 드러낸 예는 고전 작품으로 오손 웰스 (Orson Welles) 감독의 〈악마의 숨결Touch of Evil〉(1958)을 들 수 있다. 자동차 트렁크에 뭔가를 집어넣는 손의 클로즈업이 첫 장면인데, 10분 가까이 단일의 긴 시퀀스가 이어진다. 이어 카메라는 뒤로 이동하고 누군가가 차에 탄다. 카메라는 인물과 사물의 진행을 따라 계속 이동하며, 마침내 차가 폭발하는 데에서 끝이 난다. 아주 다양하게 화면의 크기가 변화하면서도 관객의 시선은 전혀 분산되지 않고 극에 몰입하게 된다. 이처럼 화면의 움직임을 잘 드러낸 영화로 로버트 알트먼(Robert Altman) 감독의 영화 〈플레이어The

〈플레이어〉, 로버트 알트만, 1992

Player〉(1992)의 첫 장면 및 브라이언 드 팔마 감독의 〈허영의 불꽃Bonfire of Vanities〉(1990)의 첫 장면을 참조할 만하다.

〈말아톤〉에서 초원을 실은 고속버스가 달려간다. 그 같은 방향으로 카메라가 이동하면서 초원의 방에 있는 빈 박스를 보여준다. 초원의 운동화가 있던 박스다. 비어 있는 박스는 초원이 운동화를 갖고 갔다는 정보를 추측케 한다. 이어 카메라는 탁자위에 놓여있는 일기장을 보여준다. 그 안에 있는 글귀: 내일 할 일 말아톤. 이 글씨를 통해 초원이 춘천 마라톤 대회에 출전했다는 것을 짐작케 한다. 이처럼 카메라 움직임은 두 가지 정보를 읽어낸다. 초원이 운동화를 갖고 마라톤 대회에 출전했다는 것이다. 이 장면은 그 다음에 나오는 엄마와 동생, 코치가 춘천에 도착하게 된 장면을 이어주는 원인이 된다. 인물들이 등장하지 않아도 카메라 움직임으로만 인물들이 초원의 행방을 알게 된 연유를 잘 설명하고 있는 기법이다.

화면의 범위Size

화면의 범위 혹은 크기는 카메라와 피사체(인물, 사물)와의 거리를 말한다. 카메라와 피사체의 가장 가까운 거리는 클로즈 쇼트(close shot) 혹은 클로즈업이다. 인물의 경우, 어깨 위를 포함하고 있다. 정반대로 카메라와 피사체

〈말아톤〉, 정윤철, 2005

의 가장 멀리 떨어진 경우를 롱 쇼트라고 말하며, 클로즈 쇼트와 롱 쇼트의 중간을 미디엄 쇼트(medium shot)로 분류한다.

이밖에 더 자세한 쇼트의 범위를 둘 수 있다. 사물의 모습을 온전히 담는 것까지를 한정하여 풀 쇼트(full shot), 가장 크게 잡는 빅 클로즈업(big close up), 가장 넓게 잡는 익스트림 롱 쇼트(extreme long shot) 등등 많지만 클로즈업, 미디엄 쇼트, 롱 쇼트 이 세 가지를 기본으로 하고 있다.

프랑스 감독 장 뤽 고다르(Jean Luc Godard)는 클로즈업은 비극에, 롱 쇼트는 희극에 적합하다는 말을 한 적이 있다. 왜냐하면 클로즈업은 인간의 내면적인 정서를 강렬하게 반영해내기 때문이고, 롱 쇼트는 내면 정서가 바깥으로 분산되어 잘 드러나지 않는 대신 주변 환경이 더 강조되기 때문에, 인간의 행동이 보잘것없고 희극적으로 묘사될 수 있다는 의미이다.

그러나 이러한 정서작용에 너무 집착할 필요는 없다. 기본적으로 그러한 의미를 내포한다는 정도이지, 극의 문맥에 따라 표현과 의미는 얼마든지 바뀔 수 있기 때문이다.

그러한 예외는 많다. 예컨대 알프레드 히치콕(Alfred Hitchcock) 감독의 〈사이코Psycho〉(1960)를 보면 한 여성이 샤워 도중 살해되는 장면이 있다. 히치콕은 괴한이 칼로 찌를 때마다 여성의 반응을 수십 개의 클로즈업으로 분절하여 표현한다. 크게 벌린 입, 놀란 눈, 움직이는 다리, 손 등등. 이 모든 클로

〈사이코〉, 알프레드 히치콕, 1960

즈업들이 다 인물의 내면 정서를 반영한 것이라고 볼 수는 없다. 그것은 살해 장면에서 관객의 공포감을 증가시키려는 목적으로 사용된 시각적 혹은 심리적 작용을 위한 쇼트의 분절인 것이다. 이처럼 서스펜스나 역동감을 만들기 위해 인물의 내면 정서와 무관하게 쇼트를 분절하는 예는 많다.

데이비드 린치(David Lynch) 감독의 〈블루 벨벳Blue Velvet〉(1986)의 첫 시퀀스를 보자. 한 남자가 정원에 물을 주고 있는데, 갑자기 물을 뿜어대는 호스가 꼬이더니 그가 심장마비로 쓰러진다. 호스가 춤추듯이 정원 위에서 이리저리 흔들리자 개는 좋아 어쩔 줄 몰라 하며 마구 뛰어다닌다. 카메라는 정원 잔디의 바닥으로 클로즈업해 들어간다. 관객은 마치 지하의 또 다른 세계로 안내되어 들어가는 것처럼 카메라에 이끌려 땅속으로 들어간다.

땅속에는 벌레들이 꿈틀거리는데 마치 거대한 괴물이 음험하게 움직이는 듯한 공포감을 심어준다. 너무 크게 확대되고 형체가 온전히 보이지 않으므로 그 공포감은 더하다. 이러한 클로즈업은 작은 미생물을 인간처럼 크게 확대하면서, 그 실체를 불분명하게 함으로써 오히려 더 큰 공포감을 느끼게 한 경우이다.

주인공 제프리가 발견한 잘려진 귀의 클로즈업 역시 마찬가지이다. 극단적으로 클로즈업된 귀는 처음에는 귀라는 형체조차 알아볼 수 없을 정도이다. 무슨 모습일까 궁리하다 보면 차츰 귀라는 사실이 밝혀진다. 그러나 우리의 눈에 보이는 거대한 귀의 모습은 공포스럽기까지 하며, 앞으로 다가올 두려움을 가중시키는 역할을 한다.

데이비드 린치 감독의 영상은 꿈과 무의식의 세계를 넘나드는 카메라 기법을 구사하고 있다. 역시 〈블루 벨벳〉의 첫 장면을 보자. 주제가가 흐르면서 푸른 하늘을 배경으로 울타리가 쳐 있고, 그 안에 노란 튤립이 화사하게 피어 바람에 흔들리는 모습이 보인다. 이어 길 위에 소방차가 서 있고 그 앞으로 어린이들이 손을 흔들며 길을 건너는 모습이 슬로우 모션으로 나타난다. 이러한 어린 시절의 향수는 마치 꿈속에서나 볼 수 있는 장면처럼 우리에게 다가온다.

〈광란의 사랑Wild at Heart〉(1989)에서는 거대한 불꽃이 여러 번 우리의 시야를 막는다. 주인공 세일러가 모텔방에서 담배에 불을 붙이기 위해 성냥을 그어대면 그 화염은 클로즈업으로 화면 전체를 가득 메우며 타오른다. 이러한 화면 가득한 불꽃의 이미지는 영화 전편을 걸쳐 계속 반복되는데, 영화 내용과 묘한 상징적 관계에 놓여 있다. 이들의 도피적이며 절망적인 사랑이 마치 성냥개비의 불꽃이 한순간에 타오르듯이 처절하고 정열적이라는 상징처럼 보이는 것이다.

이러한 불꽃의 이미지는 〈광란의 사랑〉 외에도 〈블루 벨벳〉〈엘리펀트 맨The Elephant Man〉(1980) 등의 린치의 초기 작품에서도 빈번하게 반복되고 있다. 그 외에도 꿈과 환각, 무의식의 세계를 드러내기 위해 린치는, 영상을 물 흐르듯이 출렁이게 한다든가 슬로우 모션의 클로즈업을 결합시켜 초현실적 이미지를 만들어낸다.

마틴 스코시즈(Martin Scorsese) 감독의 〈케이프 피어Cape Fear〉(1991)에서는 영화의 이미지로서 클로즈업 기법이 자주 반복된다. 특히 그중에서도 인물의 눈의 클로즈업은 영화의 내러티브를 단락화시키는 기능까지 하고 있다. 맨 먼저 이야기를 회상하는 딸 대니의 눈은 아름다운 미국에의 꿈이 악몽으로 변했음을 암시한다(영화의 끝에도 다시 눈은 반복된다).

영화 곳곳에서 포착되는 샘의 눈, 특히 케이프 피어의 배 안에서 몸이 묶인 채 갑판 안(갑판 안에서는 맥스가 아내와 딸을 유린하려 폭행을 휘두르고 있다)을 들여다보는 빗물에 젖은 샘의 눈은 목격자의 눈이며 각성의 눈이다. 부도덕과 비정의(非正義)의 억압 속에서 마침내 용솟음쳐 발호하는 엄청난 저항세력의 힘을 목격하는 것이다.

영화의 마지막 부분에서 샘과 맥스의 눈은 서로 교차하고 있다. 샘은 사이비종교의 찬송가를 부르며 끝까지 패배를 인정하지 않은 채 물 속으로 잠겨 들어가는 맥스의 모습을 지켜보며 경악을 금치 못한다. 그는 사실을 확인하려는 듯 몇 번이고 눈을 부비고 다시 보기도 한다. 허나 그건 분명한 사실이다. 샘의 눈으로 확인한 맥스라는 인간의 최후 모습은 강력한 저주와 저항의 모습이었던 것이다. 맥스의 눈은 바로 그 저항 세력의 눈으로서 세상의 부정과 악, 부조리를 감시하는 눈이다.

〈케이프 피어〉, 마틴 스코시즈, 1991

아내 리의 눈은 부도덕과 방종의 원천으로서의 눈이다. 남편과의 잠자리를 가진 후 밤중에 혼자 일어나 립스틱을 진하게 바르는 그녀. 빨갛게 칠해진 그녀의 입술이 클로즈업된다. 밖에선 독립기념일의 현란한 불꽃놀이가 한창이고 그녀의 가슴은 부풀어 오른다. 화면은 온통 붉게 물들여진다. 이러한 은밀한 성적 흥분을 느끼고 있을 때, 리는 문득 자신이 감시당하고 있음을 느낀다. 혹시나 하여 밖을 내다보니, 다름 아닌 맥스가 담장 위에 걸터앉아 마치 죽 지켜보기라도 한 듯이 이쪽을 보고 있는 게 아닌가. 자신의 치부를 드러내 보인 듯한 리의 황급함. 다음날 아침 리는 남편에게 이 사실을 말하고 출근하는 남편의 뒤에서 밤에 몰래 칠했던 욕망의 립스틱을 슬쩍 지운다.

이러한 모든 것들이 미국의 병(病)을 말해준다. 남편과 아내, 부모와 자식, 법과 불평등, 보수와 진보 사이에서 미국은 깊은 도덕적 병을 앓고 있는 것

〈번지 점프를 하다〉

이다. 여기서 사이코 범죄자는 바로 그러한 모순과 병을 짚어내는 상징물로 등장해, 관객들에게 미국인의 병든 부분을 낱낱이 보고해 나간다. 그리고 눈의 클로즈업이 영화의 이야기를 끌어간다는 사실은 이 영화의 토대가 외적인 물리적 쾌락보다는 인간 내면의 자의식적인 사유에 닿아 있다는 것을 나타낸다.

〈번지 점프를 하다〉를 보면 티격태격하던 남녀 주인공 태희(이은주 분)와 인우(이병헌 분)는 공중전화박스 안에 들어가 비를 피하고 화해한다. 이때 서서히 사랑의 감정이 피어오른다. 카메라는 점점 이들의 모습으로 밀착해 들어가고 사이즈가 변화되면서 이들의 감정을 잡아낸다. 공간을 변화시키는 렌즈의 작용, 카메라의 움직임을 엿볼수 있는 대목이다. 화면에는 인우가 태희를 바라보는 시선이 담겨있지만 이어 태희가 고개를 돌려 정면을 보면서 태희의 감정의 변화에 초점을 맞추게 된다.

촬영 각도Angle

삼차원 공간의 입체감 있는 영상을 만들어내기 위해서는 촬영 각도를 섬세하게 고려해야 한다. 말하자면 화면은 창문에 비유되기도 하는데, 관객은 여러 각도로 현실을 들여다보게 되는 셈이다. 이러한 창문은 눈높이가 정상적으로, 혹은 높게, 낮게 배치됨으로써 관객으로 하여금 여러 각도로 볼 수 있도록 유도한다.

보통은 세 가지 각도를 기본으로 하고 있다. 정상적인 인물의 눈높이인 시선 각도(eye level), 높은 데서 아래를 보는 부감(high angle), 낮은 데서 높게 바라보는 앙각(low angle). 이중에서 부감은 보이는 내용물을 보잘것없고 나약하게 만드는 심리적 효과를 관객에게 준다. 반면 앙각은 내용물을 위협적이며 힘을 지닌 존재처럼 만든다.

이러한 기본적인 심리적 효과는 역시 상황에 따라 다양하게 재해석될 수 있음을 주의해야 한다. 이밖에도 각도는 더 분류될 수 있다. 비스듬하게 경사진 각도(oblique angle)는 환각적인, 비현실적인 심리상태를 표출해준다. 리버스 앵글(reverse angle)은 앞의 쇼트와 180도 반대의 쇼트를 구성하는 각도인데, 두 사람이 대화를 하는 장면에서 대부분 이 리버스 앵글을 사용한다. 두 사람의 심리적 관계를 가장 자연스럽게 관객에게 전달하는 효과가 있기 때문이다.

이러한 각도 외에 더욱 극단적인 높이를 두는 각도의 변화를 예로 들 수도 있다. 극단적인 부감은 흔히 '버즈 아이뷰(bird's eye view)', 즉 새의 눈에서 바라본 경관이라고 말한다. 아주 높은 공중에서 아래를 내려다본 각도다. 비행기나 헬리콥터를 이용한 쇼트로서, 인물보다는 주로 환경을 더욱 강조하기 위해 사용한다. 극단적인 앙각은 극단적인 심리적 상태를 만들어내는데, 높이 올라간 건물이나 사물을 표현할 때 사용한다. 그때 그 물체는 흔히 위엄과 큰 힘을 나타내면서 초자연성과 비현실성을 더욱 강조하게 된다.

인물의 시점을 자연스럽게 반영하는 앵글을 특히 '틸트 앵글(tilt angle)'이라 부른다. 주로 인물의 시선이 위·아래로 혼란스럽게 흔들리는 것을 표현한다. 역시 극단적인 앵글에 속하는데, 술 취한 사람의 시선, 흔들리는 배 안의 내용물들을 묘사할 때 효과적으로 사용된다.

화면의 깊이감Depth

화면을 삼차원 공간으로 만들기 위해 카메라 렌즈는 깊이감을 표현해낸다. 깊이감은 흔히 두 가지 방법으로 가능한데, 첫째는 전경과 후경의 포커스를 이동함으로써 가능하고, 둘째는 앞과 뒤의 포커스를 다 맞춤으로써 가능하다.

첫번째 방식은 가장 보편적인 것인데, 앞이든 뒤든 포커스 이동을 자유자재로 구사하면서 공간과 인물 간의 관계를 표현해낸다. 포커스가 이동하는 것은 극의 진행과 밀접한 관련을 갖고 있다. 포커스가 있을 때 관객은 집중하며, 포커스가 없는 공간에 비해 그 공간은 중요한 의미를 지니게 된다.

반면 두번째 방식은 특별한 경우 사용된다. 흔히 깊은 초점(deep focus)이라고 부르며, 전경과 후경이 다 초점이 맞아 공간의 깊이감을 명확히 드러내준다. 이 방식은 앞공간과 뒷공간이 연속되어 있다는 의미에서 극을 진행시키는데, 인물과 인물, 혹은 사물과 사물의 관계성과 긴장감 등이 중요한 의미를 가진다.

예를 들어 오손 웰스 감독의 〈시민 케인Citizen Kane〉(1941)을 보면, 화면의 앞부분에 어머니와 은행 후견인이 있고, 뒤편 창문 밖으로 어린 케인이 눈싸움을 하는 장면이 나온다. 여기서 전경과 후경은 완벽히 초점이 맞춰져 있다. 전경에 나오는 어머니와 후견인의 대화는 후경의 케인과 밀접한 연관을 갖고 있다. 아이를 양도하고 있는 어머니와 후견인의 대화가 전경에서 전개되고, 그 사실을 모르고 놀이에만 열중하고 있는 후경의 소년의 모습이 일치되면서 소년의 고독과 불우함이 이 한 장면에서 아주 절실하게 표현되고 있는 것이다.

〈완득이〉를 보면 주인공 완득이가 생활에 지쳐 번민하고 가출을 결심하는 장면이 있다. 가난, 꼽추 아버지, 마지막 필리핀 어머니를 알게 된 완득이는 절망에 사로잡힌다. 그는 '가출합니다'라는 쪽지를 남기고 떠나려 하다가 망설이게 된다. 아무도 집에 없기 때문이다. 그때의 그 망설이는 심정이 카메라의 앵글에 잘 나타나있다. 밑에서 위로 올려다보는 앵글인 로우 앵글은 완득이의 불안한 심리를 반영한다.

완득은 공부 잘하고 예쁜 소녀를 만나 같이 지낸 후 그녀에게 푹 빠져버린다. 집에서까지 와서 완득은 그녀의 섹시한 몸매를 보면서 공상을 하게 된다. 이때 카메라는 그의 매몰된 정신상태를 하이 앵글로 보여준다. 완득은 그 소녀에게 완전히 사로잡혀 있다.

이 상황은 뒤에 권투경기에서 다운당했을 때 다시 반복된다. 이때 완득이는 자신의 절망적인 현실에서 안간힘을 다해 버티기 보다는 차라리 누워 있으니 편하다는 식의 자조적 상태에 빠지게 된다. 그는 허탈한 웃음을 짓는다. 이때 카메라는 정신줄을 놓은 것 같은 그의 모습을 하이 앵글로 묘사한다.

〈괴물〉에서 괴물이 처음 발견될 때의 상황은 특별하게 연출되었다. 강두(송강호)가 괴물을 처음 발견할 때 일상 속에서 우연히 발견됨으로 그 놀라움이 더욱 배가되었다. 강두는 구경꾼들 속에서 우연히 멀리 뭔가가 달려오는 것을 발견한다. 관객도 그것이 뭔지 정확히 모른다. 어느 정도 다가왔을 때 관객들은 그것이 괴물이란 사실을 비로소 인지한다. 이때 강두의 모습은 전경에 있고 후경과 중경이 괴물의 발걸음에 의해 만들어진다.

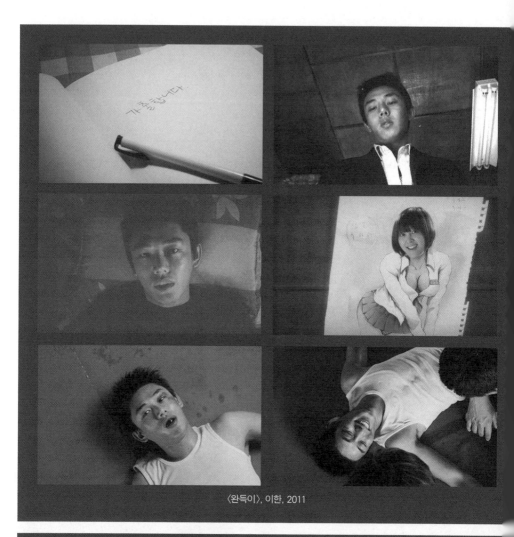

〈완득이〉, 이한, 2011

〈괴물〉

이러한 영화 연출 및 공간구성은 미장센 기법의 하나다. 미장센은 화면 내의 인물이나 사물의 배열과 촬영을 통해 이야기를 풀어나가는 연출법, 또는 그러한 공간구성을 통칭한다. 미장센은 커트와 커트의 분할에 의해 의미를 만들어나가는 편집 기법과는 다른 방식으로 이야기를 풀어나간다.

영화 연출법도 크게 미장센 기법과 편집 기법 둘로 나뉘는데, 공간의 깊이감을 통한 영상연출은 미장센 기법에 속하는 것이다. 물론 미장센 기법은 반드시 공간의 깊이감만을 허용하는 것은 아니다. 깊이감이 사물의 입체적 배열이라면 사물의 수평적·이차원적 배열 역시 미장센 기법에 포함된다. 극단적 미장센에 속하지만, 인물과 사물이 수평적·이차원적으로 배열될 때 관객은 이야기의 흐름을 더욱 획일적으로 이해하게 된다. 이 방식은 그런 의미에서 정치적인 수법으로 분류된다. 프랑스의 고다르 감독이 〈주말 Weekend〉(1967)을 비롯한 몇몇 작품에서 그 예를 보여주었다.

빛과 색채Light and Color

조명은 빛과 색채로 나뉜다. 영상을 구성하는 데 있어 빛이 얼마나 중요한지를 모르는 사람은 아무도 없을 것이다. 그래서 촬영을 '빛으로 그리는 그림'이라 하고, 일본식 한자어를 빌어 '영화'라고 하는지도 모른다.

빛을 분석하기 위해선 세 가지 기본조건을 이해해야 한다. 빛의 강도와 빛이 나오는 방향, 빛의 분위기이다. 먼저 빛의 강도는 크게 둘로 나뉘는데, 하이 키(high key)와 로우 키(low key)이다. 이 둘의 구분은 빛과 그림자의 비율에 따라서 결정된다. 빛과 그림자의 구분 없이 전체적으로 밝게 묘사되는 것은 하이 키, 빛과 그림자가 명확히 구분되는 조명법이 로우 키이다.

둘 사이에는 일정한 분위기가 내포되어 있는데, 하이 키는 전체적으로 밝은 탓에 쾌활함과 명랑한 느낌을 주므로 희극물에는 필수적이다. 반면 로우키는 반드시 어두운 그림자가 나타나므로, 그림자가 암시하는 어두움, 슬픔, 침울함, 무거움의 분위기를 띠게 된다.

빛의 방향은 빛이 어디에서 근원하느냐에 따라 결정된다. 방 안에 창문이 있다면 그곳에서 가장 강한 빛이 비쳐야 함은 물론이며, 전등이 달려 있다면 그 빛 역시 강해야 한다. 빛의 근원지가 반드시 하나인 것은 아니며, 여러 근원에서 나오는 빛이 서로 조화하면서 인물과 사물을 비추게 되고, 나름대로 의미를 부여하게 된다.

예를 들어 한 인물이 상대방을 응시하는 강한 표정을 짓고 있다면, 그 얼굴에 강렬한 빛이 쏘여지는 게 효과적이다. 그런 경우 빛이 반대편에 있다면 인물의 강한 인상을 효과적으로 연출하기 힘들다. 빛의 분위기는 이러한 빛의 강도나 방향을 종합하여 단순히 자연스러운 현실 재현뿐만 아니라, 장면의 심리적 분위기를 파악해 특별한 의미를 고려해서 사용해야 하는 것이다.

조명에서 색이 차지하는 비중은 천연색 촬영에서만 중요한 게 아니다. 흑백 시대에서부터 이미 흑색과 백색의 조화는 특별한 의미를 지녀왔다. 색은 해당 색이 갖고 있는 고유한 성격에 따라 의미를 나타낸다. 붉은색은 정열과 불길함, 검은색은 어두움, 백색은 청순함과 환희 등의 감정을 암시한다는 따위이다.

〈번지 점프를 하다〉에 실루엣으로 왈츠를 추는 장면이 나온다. 교실에서 태희의 얼굴을 그린 듯한 스케치를 보면서 인우는 태희와 춤추던 장면을 떠올린다. 석양이 져서 둘의 모습은 실루엣으로 보인다. 옆의 나무들에 묻혀서 사람과 나무가 다 실루엣으로 보인다. 영화는 선과 윤곽을 잘 묘사해야 한다. 이 장면은 단적으로 인물의 움직임이나 사물의 형상이 선의 움직임이고 영화가 그것을 재현하는 것임을 보여준다.

크쥐시토프 키에슬롭스키(Krzysztof Kieslowski)의 '세 가지 색' 시리즈 중 〈화이트White〉(1993)에 이어 두번째인 〈블루Blue〉(1993)는 그 제목이 암시하는바, 서구적인 시각에서 본 어둡고 무겁고 절망적인 여성의 이야기다(동양에서의 청색은 오히려 젊음, 활력, 순수에 가깝게 해석되므로 정반대의 성격을 갖는다). 이 영화 속에서 여주인공은 졸지에 남편과 자식을 교통사고로 잃은 여자이다. 그녀는 갑자기 인생의 모든 것을 잃어버리면서 삶에의 의욕을 한꺼번에 상실

〈번지 점프를 하다〉

한 채 허무와 고독 속으로 빠져든다. 소위 '살아남은 자의 슬픔'을 철저히 체험하는 셈이다. 그런 그녀에게 부딪치는 일상은 그저 단순한 일상이 아니라 삶에의 실존적 인식을 상기시키는 대상물로서, 그녀는 끊임없이 일상 속의 자기 자신을 관조한다. 일상 속에서 간간이 서사체의 시간과 공간이 단절되는 지점은 바로 그러한 그녀의 내면심리로의 회귀를 보여주는 것이다. 그녀의 내면심리는 남편이 작곡한 훌륭한 곡에 지배되어 있다(그러나 그것은 사실 그녀 자신이 작곡하고 남편의 이름으로 발표한 것이므로 그녀의 곡임에 분명하다). 그러한 심리를 상징적으로 반영하는 색깔이 청색이다.

예를 들어 여주인공 줄리가 거실에서 혼자 쓸쓸히 앉아 있는데 갑자기 외적인 음악 소리(영화 밖의 소리)가 크게 울려 퍼지면서 공간 전체가 푸른빛으로 변한다. 줄리의 아래층에는 창녀가 산다. 그녀는 밤이면 남자를 끌어들

이고 시시덕거린다. 어느 날 줄리는 위층에서 아래층을 내려다보게 되고 남자를 끌어들인 아래층 여자와 눈길이 마주친다. 이때 줄리에게 음악 소리와 푸른빛이 엄습한다. 또 그녀가 혼자 고독하게 수영을 하다가 물에서 지상으로 나올 때도 갑자기 소리와 푸른빛이 나타나 화면을 뒤덮는다.

이러한 그녀의 실존적 자각은 곳곳에서 표출된다. 가만히 앉아 있는 그녀 앞으로 허리가 구부러진 할머니가 쓰레기를 버리러 간다. 할머니의 키보다도 쓰레기통 입구가 더 높아 할머니는 쓰레기를 잘 집어넣지 못한다. 할머니가 애를 쓰는 모습을 보며 줄리는 조용히 앉아 있다. 이때 화면은 노랗게 변하면서 곧이어 백색으로 증발된다. 그녀의 '현기증'을 나타내는 것이다. 그녀의 친구인 스트립 댄서, 절망에 빠진 아버지를 술집에서 만난 후 삶의 회의를 느끼는 그녀. 이러한 모든 절망적인 일상들이 줄리의 주변에 놓인 인간의 삶이고 여성의 삶이라면 삶의 색깔은 분명 어둡고 무거운 '청색'이 아닐까. 감독은 바로 그 지점에서 영원하고 보편적인 '사랑'의 노래를 큰 소리로 외쳐 부른다. 모든 슬프고 소외된 자들의 삶을 긍정하라는.

작품분석을 통한 이해 1

넘버 3 _{감독: 송능한}

거울 쇼트를 활용한 자의식의 변화

이 영화는 주인공 태주의 각성을 목표로 태주(한석규 분)의 의식을 강화시킴으로써 서사를 진행시킨다. 그러한 강한 자의식의 변화는 처음 프롤로그 장면에서부터 나타난다.

태주는 도끼파를 치기 전 화장실에서 거울에 비친 자신을 들여다본다. 표정에 나타난 그의 결의는 강인하며 그의 이런 성취의욕은 일이 끝난 이후 그 다음 장면에서 현지(이미연 분)와의 정사에서도 이어진다. 태주의 일에 대한 욕망이 현지를 정복하고자하는 성적 욕망으로 이어지는 것이다.

정사하는 그의 등이 보이고 숫자를 세기 힘든 정사 간간이 라면물이 끓는 컷이 삽입된다. 일의 성취와는 반대로 그의 성적인 능력은 힘에 부친다. 라면물이 말라붙을 정도로 졸아들고 그의 정사는 무능력하게 끝이 난다. 그의 정사를 묘사하는 공간의 구도는 폐쇄적으로 구성되어 한계에 직면한 그의 일상의식을 드러낸다.

거울을 이용한 자의식의 변화는 넘버 2가 됐다는 장면에서 변화를 드러낸다. 현지는 거울 앞에서 화장을 하고 있고 그 옆에서 태주는 출

근하기 위해 넥타이를 매고 있다. 태주가 두번째로 보는 거울이다. 현지의 거울이긴 하지만 그곳에 놓인 화장품에는 친구들의 이름이 덕지덕지 붙어 있다. 룸싸롱 친구들과 같이 방을 쓰는 어려운 상황 속에서 태주는 곧 탈출을 선언한다. "형님이 아파트도 마련해 주신댄다"라는 대사에서 현지는 거의 황홀경에 빠져든다. 남루한 환경에서의 탈출은 그들의 신분적, 사회적 상승욕구의 모든 것을 대변한다. 삶의 가치가 오로지 물질적 상태로의 발전이라는 것을 나타낸다.

그러나 그들의 물질적 신분상승은 오히려 영혼의 침식을 가져온다. 인간은 물질적으로 풍요로워지면 질수록 점점 더 정신적으로는 곤궁해지고 황폐해지는 법이다.

1997년 봄, 5년 후로 시간은 이동해있고 잠꼬대하는 태주. 동침하려던 현지는 심하게 잠꼬대를 하면서 자신을 밀어제치는 태주의 동작 때문에 침대에서 쫓겨나고 만다. 이후의 현지와 태주의 장면들에서는 그나마 비좁은 방에서의 힘든 정사조차도 묘사되지 않는다. 그들은 넓은 아파트 거실에서 언쟁하기만 한다. 게다가 현지는 시인과 가까워지고 급기야 성의 담론으로 치닫게 된다. 결국 모든 물질적인 가치의 종착역은 성담론으로 가게 된다. 그것은 부부인 태주와의 성생활이 불균형하게 된 시점에서 자연수순의 연속이다.

태주는 집안의 경제를 유지하고 자신의 야망을 달성하기 위해 현지와의 성생활이 점점 고갈되어 갔고 현지의 공허함은 시인 랭보의 유혹(혹은 현지 자신의 내면의 욕망의 발현)을 적시에 조우함으로써 성적 일탈로 점화하게 된다.

프레임의 양분화를 통한 갈등의 표출

이제 현지와의 갈등은 극에 달한다. 현지의 소비적 행태 때문에 그녀와 벌이게 되는 언쟁은 그 심각성이 더해진다. 넘버 2에서 넘버 3로 전락하게 되는 순간(강도식이 태주에게 평화호텔 건에서 손을 떼라고 했을 때) 그는 밤늦게 귀가하면서 라디오에서 흘러나오는 안락한 가정적 분위기의 멘트에 자신을 반성하기도 하고 방황하는 내면을 잠재우게 된다. 하지만 그 상황을 이내 부정하기라도 하듯 상황은 거의 역설적으로 현지와의 심각한 갈등의 골이 더욱 깊어진다.

밤과 낮의 부정과 역설은 태주가 놓안 모순적 위치를 가늠하게 만든다. 둘은 신경이 서로 곤두설 대로 서게 되어 거의 파경직전이 된다. 그 심각한 언쟁을 벌이는 대낮의 아파트 내부는 폐쇄적이다. 둘은 프레임의 양쪽에 대립하게 되고 가운데에는 오래된 화석처럼 결혼사진이 크게 붙어 있고 전 태주가 던진 와인 병이 박살나 있으며, 마치 피 묻은 결혼생활의 잔해처럼 와인이 흉측하게 흘러내린다.

이 참담한 둘의 관계는 현지의 말대로 '미래도, 희망도 없는, 그래서 어린애가 나오지 않는 조폭영화의 한 장면처럼' 파국을 향한 전주곡이 되어 팽팽한 긴장을 나타낸다. 그 모든 것은 역설적인 부의 가치 때문인 것처럼 보인다. 좁고 어두운 가난한 공간에서는 밀착된 모습을 보이더니 넓고 화려한 아파트의 거실은 공포의 공간으로 변해버렸다. 부유해질수록 텅 비어버린 공간은 더욱 신경질적으로 분열되어 긴장되고 예리하게 각을 세운 첨예한 공간으로 변해버린다.

영화는 물질을 넘어선 정신의 여유를 욕망하는 인물들의 서사로 발전해나간다. 태주와 현지는 질식할 것 같은 정신적 공간의 산소결핍을 인식하면서 서서히 숨 쉴 수 있는 대안적 공간의 여유를 향해 동요하는 욕망의 노예들이 된다.

아파트 공간과 물질적 욕망의 전시

마 검사(최민식 분)와 태주가 조우하는 아파트 공간은 또 다른 물질적 욕망의 전시장으로 재현된다. 새벽을 가르며 운동을 하던 마 검사 앞으로 태주가 이웃주민처럼 나타난다. 마 검사는 검사 생활 10년 만에 어렵게 구한 아파트에서 깡패와 같이 노닌다는 것이 기분 나쁘다는 발언을 한다. 태주와 마 검사 간의 팽팽한 긴장감은 한국 사회에서 물질적 위치를 넘어선 또 다른 계급적 갈등이 존재함을 은연중 전제하고 있는 것이다.

오히려 태주 입장에서 검사와 같은 아파트에 사는 것은 인생의 목표를 다 달성한 것 같은 심리적 성취감을 만끽하게 해준다. 태주에게 자신의 계급적 지위를 초월하여 중산층에 도달할 수 있는 방법 중 하나는 상대방의 물질적 기반을 자신도 합법적으로 획득하는 길뿐이다. 아파트라는 공간은 그런 맥락에서 계급적 불평등을 표면상 형평하게 만들어버리는 외적 구조물일 수 있다. 하지만 그 공간은 내면적으로 그것을 부정하고자 하는 각 계급 간의 절박한 갈등과 울분 또한 내재하고 있는 모순의 공간이기도 하다.

강도식이 새벽에 태주를 불러내 마 검사 살해 지시를 내리는 장면에서도 아파트 공간의 모순이 나타난다. 아파트의 조깅로를 뛰면서 강도식은 태주에게 아무렇지도 않게 우회적으로 마 검사 살해지령을 내린다. 그는 마 검사를 얘기하면서 엉뚱하게도 형수(지나)가 마련했다는 영지버섯을 내밀며 건강을 걱정하고 사라진다.

물론 그것이 그들의 거래방식이란 것을 곧 알게 된다. 영지버섯통의 내부에는 권총 한 자루가 놓여 있었고 태주는 그 의미를 바로 알아차린다. 그건 마 검사 청부살인이었던 것이다. 강도식의 우아하고 신사적인 제스처의 밑바닥은 잔인하고 처절한 게임의 법칙이 놓여 있었다. 그건 그들 세계의 의식(儀式)이며 관습이다. 태주에게 건네진 영지버섯통, 그건 역설의 기호이며 그것을 주고받는 의식을 거행하는 강도식과 태주의 공간은 또 다른 허위적 공간이다.

마치 재벌기업가들, 중산층들의 새벽 건강 조깅을 지탱해주는 여유로운 아파트의 이면에는 약육강식의 도리를 집행하기 위해 처절한 생존의 밑바닥 혈투와 음모가 붉은 헛바닥을 날름거리며 도사리고 있었던 것이다. 그래서 그 안락한 아파트 공간은 (살벌한) 역설의 공간으로 변해버린다.

햇살의 묘사와 역설적 의미

수풀에서 마 검사를 살해하는 장면 역시 역설이다. 태주는 자동차를 타고 숲속을 가면서 무성한 나무들 사이로 아름다운 햇살이 부채살처럼 찬란하게 펼쳐지는 것을 목도한다. 세상은 아름다운 것이다. 하지만 그 아름다운 숲속에서 끔직한 살인이 벌어진다. 아름다운 햇살은 태주의 마음속 그림일 수도 있다. 그의 욕망의 도피처일 수도 있다. '세상은 이다지도 눈물 나도록 아름다운데 나는 내 손에 피를 묻히는 더러운 짓을 해야 하다니.'

차창으로 언뜻언뜻 내비치는 찬연한 햇살은 오염되지 않은 그의 순수한 내면적 욕망의 한 조각일 수도 있다. 그러한 갈등과 모순의 공간에서 그는 마침내 새로운 자각의 현실에 당도한다. 그는 자신의 갈등을 키워온 두 가지 개념, 넘버 원과 넘버 쓰리의 두 가지 가치가 하나로 통합되는 자각을 경험한다. 마 검사의 입에서 튀어나온 깃털론. '키워줄 놈에겐 피 묻히지 않는다. 고로 넌 이용당하는 놈이다. 나도 역시 삼류인생, 그동안 열심히 살았다.' 태주는 자신의 내면에서 자라나고 있던 두 개의 자아가 하나로 합쳐짐을 순간적으로 자각한다.

이로써 그의 모순과 역설의 개인사는 마감의 날을 맞는다. 강도식을 배신하기로 결심한 것이다. 그러나 그의 배신은 이 작품을 더 큰 차원에서 지켜보고 있는 감독의 목소리로서 역설이다. 조폭들은 의리를 가장 소중히 하고 그것을 생명보다도 더 소중하게 여기는 법이지만, 태주는 바로 그 의리를 헌신짝처럼 버리기로 작정한 것이다. 왜냐하면 마 검사 말대로라면 자신을 이미 강도식이 배신한 것이 되기 때문이다. 이처럼 감독에 따르면 조폭이란 것은 의리로 철석같이 뭉쳐진 집단이 아니라 배신을 밥 먹듯 하는 뒤통수의 뒤통수를 때리는 야비한 집단이라는 해석이다. 태주는 결국 검사를 거짓으로 죽인다. 표면적인 마 검사의 죽음은 또 하나의 부정이며 역설이다.

그런 점에서 태주는 찬연한 햇살처럼 그나마 순수한 인간이란 것을 느낄 수 있다. 그럼에도 불구하고 그 순진한 태주에게조차 감독은 일말의 희망을 주지 않는다. 형무소
에서 곧 출소할 날만을 기다리던
태주는 현지와 아들을 면회한 후
미국으로 이민 가서 행복하게 사
는 꿈을 꾸다가 문득 기둥에 부딪
혀 쓰러진다.

　이 장면에는 두 가지 해석이 존
재한다. 하나는 표면적으로 깡패
는 결코 행복한 결말을 맞을 수 없다는 것이고, 두번째는 비록 그가
비극에 도달한다 해도 마음속으로는 이미 행복을 선취했으므로 그는
진정 행복한 인간이라는 해석이다. 피를 흘리며 바닥에 누운 태주의
표정은 세상 모든 것을 얻은 사람처럼 마냥 행복한 웃음을 띠고 있다.
둘 중 어느 해석이어도 그것은 매한가지 역설의 미학인 것이다.

포장마차라는 한 공간과 의미의 다양성

　부정과 역설의 논리대로라면 태주가 조폭이 아니듯이 마 검사 역시
검사가 아니기는 마찬가지다. 포장마차에서 태주와 검사는 만난다.
이 포장마차의 공간은 마 검사와 태주가 검사나 조폭이라는 신분을
떠나서 일개 서민이라는 정서를 전달해주는 공간으로 기능한다. 영화
전편에 걸쳐 포장마차는 세 번 등장한다.

　그중 첫번째는 검사와 태주가 만나 싸움을 하러 떠나는 장소가 되
기도 하고 두번째 포장마차는 태주가 불사파 쌈마이들에게 몰매를
맞는(영화표현상 '다구리를 당하는') 장소로 등장한다. 그 장면에서도

태주는 조폭의 넘버 2 혹은 3의 신분에 어울리지 않게 포장마차에서 술을 마시다가 정말 '서민답게' 혹은 '쌈마이들답게' 다구리당한다.

이러한 설정 역시 태주의 서민적인 풍모를 나타냄과 동시에 마음속에 있는 허전함과 구멍을 메우려는 그의 욕망을 표현하는 것으로 보이기도 한다. 그는 갈등의 길목에서 항상 마음의 고향과도 같은 포장마차에서 쉬고 싶었고 그런 서민들의 안식처로서 포장마차는 존재해왔던 것이다. 세번째 등장은 태주와 도강과 일당이 모두 검거된 이후 현지와 검사가 만나 술을 마시는 공간이다. 현지는 오빠(태주)를 잘 부탁한다면서 듣기 싫어하는 검사 앞에서 술이 만취된 채 하소연을 늘어놓는다. 이로써 검사는 현지에게 '오라버니'가 되는 계기도 된다.

그런데 이중 검사와 태주가 만나는 첫번째 포장마차 신은 검사와 태주가 서민으로서 아주 동등해지는 계기를 만들어주는 장면으로 이 영화에서 중요성이 있다. 둘은 프레임의 양쪽으로 대립하여 서면서 태주의 '한판 뜹시다'라는 대사와 함께 동시에 술잔을 든다. 인간적 유대감의 시작은 이처럼 원수로 시작하기 십상이다.

놀이터 공간과 신분적 의미

뒤이어 놀이터 공간에서의 싸움이 벌어진다. 놀이터 공간 역시 이들의 신분을 망각하도록 만드는 장치의 하나이다. 유희의 공간을 휘저으면서 두 남자는 마치 어린애 닭싸움 같은 허술한 싸움에 몰입하며 결국 승패도 구분되지 않는 묘한 절정에 이르러 둘은 화해에 도달한다. 그때 마침 비가 내리고 이 비를 맞으며 둘은 그네의 한 자리씩을 차지하고서 마음속 허전함을 허물없이 털어놓기 시작한다.

여기엔 두 개의 상징물이 존재하는데 화해를 의미하는 빗물과 동심을 의미하는 그네가 그것이다. 그들은 동심으로 돌아가 진심으로 화해를 하면서 인간적 결속을 다진다. 검사는 이 세상에 존재하는 모든 '땀 흘려 일하지 않는 놈들'이 진짜 깡패라면서 태주 같은 깡패는 진정한 깡패가 아니라는 역설적인 말을 한다. 그것은 표면적으로 깡패짓하는 조폭들보다 더 악한 깡패들이 바로 뇌물, 비자금으로 얼룩진 부패한 정치인, 사회지도층, 유한계층이라는 의미이며 그들에 대한 분노를 간접적으로 표현한 것이다.

이러한 역설로 말미암아 검사, 조폭의 존재는 표면 그 이상의 역설이 된다. 그건 또한 자신의 자아를 세상으로 확장한 감독의 목소리이기도 하다. 놀이터에서의 일은 이후 태주가 검사의 마지막 말을 진심으로 믿어서 강도식을 배신하는 행위를 하게 되는 결정적인 복선이되고 서사의 방향을 결정짓는 계기가 된다.

전반적인 역설적 문맥

마 검사의 일거수일투족은 그야말로 역설의 연속이다. 불사과 조무래기들을 조직으로 엮어주는 마 검사의 해프닝 장면에서도 그는 술값안 내는 양아치로 경범 처리하라는 역설을 동원해 희극적 장면을 연출하기도 한다. 그뿐이 아니다. 선배 검사와 전화를 하다가 선배가 먼저 전화를 끊어버리자 분에 못 이겨 제 머리로 전화기를 때리는 거칠고 막무가내인 모습을 통해 마 검사는 검사란 신분을 잊게 만든다.

'죄는 미워하되 인간은 미워하지 말라'는 만고의 진리를 뒤집어 '죄가 무슨 죄가 있나. 그 죄를 저지른 인간이 나쁘지'라는 그의 궤변은 그가 법관이라는 것을 잊게 하는 부조화의 극치를 보여준다.

그러한 말장난은 포장마차에서 태주와 얘기하는 가운데 '건달'이란 단어가 원래는 좋은 향기만 맡는 신 이름이라는 인도 신화에서의 전고(典故)를 설명하는 너스레에서도 나타난다. 그러한 역설적 말장난은 비단 마 검사만이 구사하는 것은 아니다. 태주 역시 현지에게 항상 51%만 믿는다는 역설을 통해 진심을 드러내왔다. 마지막에 면회 왔을 때 태주는 그 말이 사실 전부 믿는다는 말의 역설적 표현이었음을 새삼스레 설명해준다.

작품분석을 통한 이해 2

시티 오브 조이 감독: 롤랑 조페

인도의 가난과 구원의 서사

롤랑 조페(Roland Joffe) 감독의 〈시티 오브 조이City of Joy〉(1992)는 주제의식과 줄거리 구성에 있어서 많은 감동을 주는 영화이다. 하지만 그 영상표현과 연출 스타일을 제대로 분석하지 않고는 작품의 품격을 반밖에 이해하지 못했다는 것을 알아야 한다. 앞서 전개한 영상의 여러 요소들을 적용할 때 이 작품은 하나의 스타일을 가지고 있다. 줄곧 관객을 감동시키는 인간애, 사실적인 박진감 등이 모두 치밀하게 계산된 영상 속에서 가능했다는 말이다.

미국인 청년 의사 맥스는 어린 소녀를 살려내지 못했다는 죄책감에 생의 의미를 잃고 깨달음과 구원을 찾아 인도의 캘커타로 떠나온다. 한편, 인도의 시골에 살던 하자리는 가난에 못 이겨 돈을 벌기 위해 가족을 데리고 도시 캘커타로 나온다. 맥스는 정신적 망명을, 하자리는 물질적 망명을 한 셈이다. 어느 날 하자리가 사기꾼에게 당할 뻔한 맥스를 구해준 게 인연이 되어 둘은 친구가 된다.

처음에 맥스는 인도에 남아 봉사활동을 해달라는 주위의 권유도 뿌

리치고 현실을 방관하
며 도망만 치고 싶어
했지만 점차 뼈가 닳
도록 일하면서도 가족
에의 애정을 잃지 않는
인력거꾼과 결코 명랑
함을 잃지 않는 아이
들, 간호에 몸을 바치
는 여인들을 보면서 의
식이 바뀌게 된다. 그
는 나병환자와 가난한 마을 사람들을 위해 진료소를 운영하려 하지
만, 인도의 빈민촌을 주름잡던 마피아 가탁이 임대료 인상과 함께 보
호료까지 요구함으로써 문제가 발생한다.

이에 맥스와 하자리는 마을 회의를 소집하여 가탁에게서 독립할 수
있는 방법이 무엇일까를 모색한다. 하자리는 잠시 마피아의 협박에
굴복할 뻔하기도 하지만, 그들이 자신의 딸을 희롱하자 마침내 분노
를 터뜨리고 저항적이고 독립적인 인간이 된다. 이로써 마을 사람들
은 독재적인 권력의 횡포에 저항하게 되고 자립적이 되어간다.

구도

이 영화의 구도는 아주 낯익은 몇 가지가 시종일관 반복되고 있다.
그중 다른 요소로 설명할 것은 제외하고 한 가지만 예를 들어보자.

맨 첫 장면을 보면, 간호원이 어둠 속에서 문을 열고 병실 안으로

들어온다. 이 암시적인 장면의 구도는 주인공 맥스가 나병에 걸린 아이를 받는 방안의 구도와 같은 것이다. 왜 이 두 장면의 구도가 같은가. 우연의 일치인가? 그렇지 않다. 이것은 의도된 것이다. 이 두 장면은 시간적으로, 상황적으로 다를 뿐 내용은 같은 것이기 때문이다. 두 장면 모두 맥스의 심리적 상태, 즉 위기감을 내용으로 하고 있다. 처음 것은 맥스가 어린 소녀를 살리지 못함으로써 느끼게 되는 심리적 좌절감이다. 두번째 것은 바로 그와 똑같은 위기가 그에게 다시 닥쳐올 것을 표현한 장면이다. 이번에도 어린애가 죽을 수 있는 것이다. 물론 어린애는 죽지 않아 열등감은 극복되지만, 이 장면의 연출을 같은 구도로 반복함으로써 관객을 극에 몰입시킨다.

앵글의 반복

이 영화에서 빈번하게 사용한 앵글이 있다면 부감과 앙각이다. 영화의 초반부에 소가 끄는 인력거를 타고 가는 인도인의 모습이 눈에 띈다. 카메라는 지면 지점에서 소의 야윈 몸을 화면에 가득 채운다. 뒤에는 인도인이 보인다. 왜 이렇게 잡았을까. 야윈 소의 엉덩이와 다리는 인도의 가난함과 헐벗음을 나타내는 것이다.

인력거를 타고 고속으로 질주하는 맥스의 모습. 여기서도 앙각은 근엄함이나 위협감과는 거리가 멀다. 빛과도 결부되지만 그의 머리 위로는 밝은 햇살이 눈부시게 빛나고 그는 즐겁게 웃고 있다. 인도에 와서 처음으로 느끼는 그의 환희를 잘 표현하고 있다.

높은 곳에서 아래를 내려다보는 부감 앵글은 아주 빈번히 사용된다. 인물들이 마을로 들어가거나 나올 때 그들은 마을의 환경에 압도되어 아주 작고 나약해 보인다. 왜 그렇게 인물을 초라하게 잡은 것일까. 이 영화가 바로 인물과 환경의 그러한 갈등을 묘사하고 있기 때문이다. 마을 사람들을 둘러싸고 있는 주변 환경은 그들의 삶을 억압하고 지배하는 거대하고 무서운 기제로 군림하고 있는 것이다.

범위

롤랑 조폐 감독이 잡는 쇼트의 범위는 하나의 스타일을 이루고 있다. 그는 이 영화에서 롱 쇼트를 특히 고집한다. 클로즈 쇼트를 전혀 사용하지 않았다는 것이 아니라, 그가 사용한 롱 쇼트가 이 작품을 끌어나가는 가장 중요한 언어로 작용했다는 뜻이다.

여기서의 롱 쇼트는 앵글의 부감과 떼려야 뗄 수가 없다. 롱 쇼트는 두 가지 의미로 나뉘어 사용된다. 첫째로, 아기를 받으러 나환자촌으로 갈 때 호숫가에 일렬로 늘어선 사람들을 보여주는 롱 쇼트는 서정적인 분위기를 준다. 이런 경우 부감은 사용되지 않고 수평 구도를 사용한다.

둘째, 부감으로 롱 쇼트를 사용하면서 갈등과 대치되는 인물관계를 묘사한다. 인력거 주인 가탁의 집에서 맥스와 가탁이 서로 대치하고 있다는 걸 표현하기 위해 롱 쇼트에다 부감을 쓰고 있다. 이 대치 효과는 다른 어떤 쇼트나 앵글보다도 객관적이며 강렬하다.

반면 아주 경제적으로 사용되는 클로즈업의 표현은 주관적인 의미로 강렬하다. 도시로 올라온 후 집을 구하지 못한 하자리 가족의 모습과 언뜻 비치는 그의 딸의 얼굴 클로즈업. 그녀의 슬픈 표정과 눈물이 어떤 대사보다도 강렬함을 준다. 이러한 장면은 아버지 하자리가

가탁의 아들을 죽이려 들 때 그의 시선으로 보이는 아이들의 우는 모습에서 반복된다. 이런 내면감정의 묘사는 클로즈업의 경제적인 표현으로 압축된다.

깊이감과 움직임

여기에서 가장 중요한 영상표현 기법 중 하나가 바로 이 깊이감과 움직임이다. 이 영화에서는 일일이 예를 들 수 없을 정도로 대부분의 장면이 다 깊이감 있는 공간구성을 하고 있다. 깊이감에 있어서 전경과 후경의 설정은 기본적이다. 따라서 조페 감독은 거의 의도적으로 전경과 후경의 배치 및 공간이동을 사용한다.

먼저 그는 포커스 이동을 빈번히 사용한다. 가탁이 하자리를 인력거꾼으로 고용할 때 화면의 앞에는 그의 손에 쥔 방울이, 뒤에는 하자리의 갈구하는 모습이 놓인다. 가탁의 아들이 패배하여 땅에 뒹구는 장면은 뒷배경으로, 그 앞에는 승자를 상징하는 하자리의 인력거가 지나간다.

깊은 심도를 이용하여 관계성 과 긴장감을 유발하기도 한다. 도시에 올라온 하자리 가족들의 뒤로 도피적인 로맨스 영화 간판이 보인다. 삶의 처절함과 도피주의가 한 화면 속에서 갈등하고 있는 것이다.

공간의 깊이감을 강조하기 위해 인물들은 수평이동보다 화면의 앞·뒤로 이동하며, 카메라의 움직임 역시 마찬가지다. 인력거가 뛰어가는 모습도 의도적으로 화면의 앞에서 출발하여 뒤로 뛰어나가는 식으로 구성했다. 이러한 공간적 깊이감은 미장센의 의미를 부여하는데, 생동하는 환경의 의미로서 사실주의적 입체감을 주고 있다.

이러한 환경 배치와 인물의 왜소함의 표현은 이 작품뿐만 아니라, 롤랑 조페의 다른 작품 〈킬링 필드The Killing Fields〉(1984)나 〈미션 The Mission〉(1986)에서도 똑같이 즐겨 사용하는 수법이다. 즉, 환경에 지배된 인간을 묘사하기 위한 롱 쇼트, 부감, 갈등관계를 한 장면 내에서 묘사하는 전경과 후경의 배치 등은 조페의 주요한 영상 스타일인 것이다.

빛과 색채

이 영화의 실내조명은 로우 키, 실외 조명은 하이 키 분위기에서 진행된다. 하이 키, 로우 키를 떠나서 전체적인 조명은 사실적이며 자연스럽다. 특히 실내의 로우 키 조명은 인위적으로 그림자를 만들어낸 것이 아니고, 빛의 원천이 미약한 상태 그대로 사실적인 영상을 얻고 자 했기 때문에 자연스레 형성된 것이다. 따라서 이 영화 속에서 관객 은 밝은 대낮의 빛을 찾아 어둡고 음침한 실내 속에서 꿈틀거리는 듯 한 인간의 움직임을 명확히 대조적으로 관찰할 수 있게 된다. 특히 나 환자촌을 묘사할 때 쓰인 로우 키 조명은 어둠 속에서 빛을 찾는 나환 자들의 비참함과 희망을 간절히 묘사하고 있다.

캘커타와 빛의 색깔—프로덕션 노트 중에서

누구도 캘커타를 무심하게 지나칠 수는 없을 것이다. 좋아하든 싫 어하든 캘커타는 우리의 시선을 사로잡고 감정을 끌어내는 도시이다. 〈미시시피 버닝〉으로 아카데미상을 수상한 바 있고, 이 영화 〈시티 오브 조이〉를 촬영한 촬영감독 피터 비쥬(Peter Biziou)는 한때 황금의 도시였다가 지금은 몰락한 도시 캘커타를 스크린에 옮기는 숙제를 안 게 되었다. 비쥬는 다음과 같이 말한다.

"내 눈에 캘커타는 대단히 매력적이고 흥미롭다. 이 도시는 촬영감 독이라면 누구나 한 번쯤 꿈꿔볼 만하다. 밝은 빛과 어둠의 대비는 촬 영하기에 매우 흥미로운 요소다. 사방에는 물이 스며들고 금이 간 빌 딩의 벽들이 배경으로 서 있다. 주된 색깔은 사람들의 옷 색깔이다. 강한 광물 혹은 식물성 염료로 염색한 그 옷들은 놀랍게도 여러 번 세 탁해도 고유의 강한 색깔을 유지한다. 사람들은 한낮의 작열하는 태 양빛이 동양인의 피부색과 맞지 않으면 어쩔까 걱정했다. 하지만 실 제론 잘 어울렸다. 왜냐하면 그들의 피부색은 파스텔 색상이 지배적이었기 때문이다. 나는 노출을 조금 개방시키고 노출과다가 되지 않는 범위 안에서 얼굴을 잡아나갔다."

비쥬는 조명 '기법'에 크게 의존하지 않고, 광량이 조금 작더라도 사실적인 빛의 근원을 살려 촬영했다.

"일반적으로 일광에서 사람의 얼굴에 비추는 조명을 하지 않으려고 했다. 그건 자연스럽지 않다는 느낌을 준다. 사람의 눈에 조명으로 인한 점 같은 것이 어른거리는 게 느껴질 것이다. 나는 태양빛을 반사시키기 위해서 12평방피트짜리 반사판을 서너 개 사용했다. 그건 대단히 부드러운 효과를 주며 자연스럽다. 나는 태양빛과 별도로 사람들의 얼굴에다 조명을 하는 것을 좋아하지 않는다."

이 영화를 위해 동원된 카메라 장비의 양은 서구 영화인들이 통상적으로 쓰는 것에 훨씬 못 미치는 것이었다. 열악한 뱅갈 영화산업에선 최대한도의 조달을 한 것이었는데 말이다. 비쥬는 스테디캠, 크레인 위에 장착되는 원격조종 카메라, 인력거 밑에 설치한 가볍고 정확도가 높은 카메라 등 꼭 필요한 몇 대의 카메라만을 사용했다. 비쥬가 캘커타의 자연환경을 이해했다면, 인간의 요소라는 것은 노력으로 충분하다는 것을 알았을 것이다. 영화제작 과정상의 여러 어려움으로 인해, 이 영화는 완벽성보다는 많은 노력과 정성이 들어간 영화로 우리의 기억에 남게 되었다.

작품분석을 통한 이해 3

꽃섬 감독: 송일곤

현실과 초현실을 넘나드는 서사구조

절망적 인간 군상들의 희망 탐구 혹은 도피처 추구의 서사구조를 갖고 있는 송일곤 감독의 〈꽃섬〉(2001)은, 현실과 초현실의 경계를 초월하는 장면들의 배열과 시공간의 제약을 무시하는 특이한 연출기법을 구사하면서 새로운 감각의 신세대 영화임을 선언하듯 한국 영화에 등장했다.

이 로드무비 서사는 세 명의 주인공 유진, 혜나, 옥남의 공통분모적인 삶의 궤적을 추적하는 이면담론들의 다성화음을 하나의 조화음으로 연주해내는 솜씨를 구사한다. 이들은 여자, 절망적 상황, 일말의 희망을 찾아간다는 점에서 공통점을 가지고 있다.

유진은 가수이며 설기저암이라는 불치병에 걸려 일주일의 시한부 인생을 남겨두고 있다. 그녀에게 있어서 희망이란 곧 죽음에 이르는 길이며, 그 죽음의 완성 이전에 자신의 내면을 참회하며 정화해내는 작업을 하는 것이며, 남에게 피해를 주지 않고 지상에서 조용히 사라져주는 일이다. 그녀 생의 마지막 작업은 세 개의 화분에 물을 준 일이다. 영화의 마지막 장면에 그녀의 아파트에 간 헤나와 옥남은 다시 화초에 물을 주며 희망을 확인한다. 이 장면이나 개념은 안드레이 타르코프스키(Andrei Tarkovsky)의 〈희생The Sacrifice〉(1986)에서 아버지가 죽고 어린 아들이 희망의 나무에 물을 주는 것과 기본적으로 발상을 같이한다. 그런 점에서 이 영화의 주제는 '희생'처럼 보인다. 지상에 고단한 물질적 육신을 누이고 그들은 영적인 각성의 초월적 의미를 부여하는 희생의 메시지를 천상 높이 띄운다.

주관적 카메라의 정면 응시와 성찰적 시선

감독은 자신의 집으로 돌아간 옥남이 자기희생의 대상이었던 어린 딸을 상봉하고, 그 딸이 화분의 새싹에 물을 주는 모습을 관객에게 보여준다. 옥남은 카메라를 정면으로 응시하면서 "난 몹시 눈물이 난다"고 마지막으로 고백한다. 이것은 종래의 상업영화에서 볼 수 없었던 대목이다. 이 장면은 내성적이며 관조적인 부분을 성찰케 한다. 화분에 물을 주는 딸의 모습과 옥남의 눈물나는 감정은 표면적으로 일치하는 내용이 아니다. 하지만 내면적으로 이 장면의 연결은 영적인 각성의 의미를 발화시킨다.

영화 속의 세 인물은 다르면서도 동일하게 연결되는 지점을 가지며 영화가 진행되는 과정 동안 결국 같은 입장으로 화하기 때문이다. 옥남의 딸의 화분은 원천적으로 죽은 유진의 것이며, 유진의 삶의 고통은 그대로 옥남에게 전이되었고, 그 유언과도 같은 희망의 전언은 그대로 옥남의 딸에게 전달되었던 것이다. 그들의 상동적 관계는 모녀적 관계의 틀 속에서 또한 동일시적 연관을 갖는다. 옥남과 딸의 관계는 혜나와 죽은 어머니의 탐구적 의미와 병진(竝進)된다. 증발적 죽음의 신비는 혜나의 죽은 어머니에 대한 비밀 추구와 유사하며, 유진의 죽음은 화분이라는 상징적 자손을 생산하고, 그 동일시적 의미로 옥남의 딸이 물을 줌으로써 자손적 삶의 의미로 다시 부활하는 관계가 된다.

이 영화의 중요한 특징 중 하나는 관객에게 내면적 반성을 유도하는 성찰적 시선(reflexive POV)을 담지한다는 것이다. 영화는 정면을 보면서 누군가의 카메라에 대고 눈물을 흘리며 고백하는 유진의 모습으로 시작한다. 주관적으로 기록된 이 고백 영상은 유진의 전(全) 생애를 참회하고 통찰하는 반성적 일기장이다. 그러나 그 카메라의 주체는 화면에 존재하지 않는다. 그러한 은닉적 카메라 주체의 주관적 시선은 종래 상업영화가 취했던 시점서술법을 탈피하여 영화 속 인물의 내면정서의 소고(溯考) 대상이 그대로 관객이 되도록 유도한다. 그것은 결과적으로 허구적 서사의 인물설정을 무화시키고 허구적 인물과 현실 관객을 대면하고 대화하게 함으로써 허구적 서사 속으로 관객을 틈입시키고 의미를 획득케 한다. 감독은 영화적 의미생산이 허구적 상황의 현실화에 기여하도록 장치를 설정하고, 관객으로 하여금 그 과정에 참여하도록 유도하고 있는 것이다.

영화 속에서 주관적 카메라는 특히 혜나의 시선에 의한 카메라 시점 쇼트로 자주 등장한다. 친구의 죽은 시신을 태우고 가던 트럭 운전사의 모습을 잡은 영상은 대부분 혜나의 시선에 의해 기록된 주관적 카메라인데, 관객은 그것이 혜나의 시선인지 아니면 관객 자신의 시선인지 혼동되어버린다. 그쯤 되면 그것은 혜나의 것이어도 좋고 관객 자신의 것이어도 무방한 그런 시선의 카메라 시점이 된다. 감독이 원했던 것은 바로 그런 것이다. 이 영화에서 객관적 상황은 극중인물의 주관과 관객의 객관이 혼용된 경지로 서술되어져서 결국 관객이 이들 세 명의 인물과 동화된 시선을 갖도록 하는 데 목적을 두었기 때문이다.

환상의 현실 혹은 현실의 환상 만들기

이 영화의 서사는 현시된 것과 부재하는 것 사이의 긴장감을 내내 유지하면서 상당 부분 관객의 판단력과 이성을 혼미하게 하는 서사적 장치를 통해 관객의 관심 초점을 이동시킨다. 꽃섬이라는 서사공간의 상징성은 부재적 환상의 유토피아적 공간으로 기능한다. 동반여행을 해야 할 필요가 없는 유진에게 옥남은 꽃섬에 가면 모든 슬픔과 고통이 치유된다는 말을 함으로써 허구 속에서 또 하나의 겹허구적 장치를 배치하게 된다. 허구 속의 인물들은 그럴듯한 허구적 현실(verisimilitude), 즉 핍진적 허구의 틀에다가 다른 하나의 허구적 장치인 부재적, 불가시적 유토피아 공간을 신뢰하도록 요구하고 그 거짓믿음 속에 자신들의 희망적 행로의 끝을 맡긴다. 여기서의 환상이란 극단의 절망 속에서 기인한 일단의 희망적 도정을 말한다.

감독은 도처에서 많은 환상적 장면들을 관객들이 접하도록 의도하는데, 혜나의 옆구리에서 날개가 돋는 것은 그 대표적인 장면이다. 그러나 서사의 진행 자체가 환상의 현실 혹은 현실의 환상인 것처럼 혼효시켜놓은 착각과 혼동의 상황연출은 관객으로 하여금 영화 전체를 혼돈스럽게 인식하게 하는 작용을 한다. 남으로 가야 하는 버스가 북

으로 진행하거나 겨우 얻어 타게 된 차에서 알게 된 밤무대 가수들의 모호한 성적 정체성과의 조우, 그 혼돈의 클라이맥스는 옥남의 친구에 의해 유진이 탑승한 배가 하늘로 상승하고 마침내 눈앞에서 그녀의 신체가 잠적해버리는 마술적 상황으로까지 나아간다.

그리고 불현듯 불쑥 튀어나오는 과거와 미래의 플래시 영상들, 사물의 모습이 초점을 잃어 점차 흐릿하게 포착되는 장면 등을 통해 전체 서사의 진행 자체가 그대로 하나의 환상적 구조 속에서 작동하게 된다. 그러한 환상적 진행의 종착역이자 서사의 목표이기도 한 상징적 서사공간이 바로 꽃섬이다. 꽃섬에서 행해진 마술적 행위는 관객에게 현존과 부재의 불확실성을 인식시켜주며 믿음과 불신, 진실과 사기의 이중적 경계를 착종케 한다. 이 부분에서 관객은 깊은 사고의 경지로 유도되어 영화적 성찰을 획득하게 되는데, 환영·사기·마술이 곧 하나의 영화적 본질이라는 각성과 더불어 영화 밖의 현실적 가치를 전도(顚倒)적 의미로 영화 속에서 재질문하게 된다.

영혼을 잡아내는 영상

그렇다면 이들이 환상 속에서 추구한 대상, 감독이 궁극적으로 표출하려 했던 희망의 모습은 어떤 것이었나. 유리창에 기어가는 작은 미물을 손가락으로 뒤쫓으며 환희의 표정을 짓던 옥남의 표정과 그녀의 꿈속에서 곤하게 자는 어린 딸의 평온한 모습, 얼음 밑을 흘러가는 물소리와 무심결에 스쳐가는 대기 속 바람 소리로의 집중 등은 그들이 처한 절망적 상황의 복잡함을 단순화시키고 무위자연화시키는 유토피아적 풍경들이다. 세 명의 인물들은 유토피아적 추구의 여정에서 자신의 내면적 반성과 영혼의 정화를 통하여 정신적 충전의 계기를 마련하며 새로운 각오로 다시 현실에 복무하게 된다.

　감독은 피곤한 삶의 밑바닥에서 도피하고 일탈한 인물들이 영적 각성의 여행을 경유한 후 결국 다시 현실의 추악함과 복잡함의 세계로 귀환하는 것을 거부하지 않는다. 결국 변해야 할 것은 세속적 물질성이 아니라 내면적 영혼의 정신성이며 그 각성이다. 영화의 메시지는 그런 맥락에서 난해한 경지로 진입해 있다. 정신적 각성이란 것이 물질적 변화 속에서 동시에 획득되어져야 함에도, 이렇듯 초월된 정신의 영역 안에서만 인간 구원의 장막이 드리워진 느낌이 드는 것은 환상이 추구하는 애매모호함의 장점이자 단점인 것처럼 보이기도 하기 때문이다.

| 더 읽어볼 만한 책 |

마르셀 마르땅, 황왕수 역, 『영상언어』, 다보문화, 1993, p.17~89(1장 영상의 일반적인 성격, 2장 카메라의 창조적 역할, 3장 조명, 4장 의상과 장치), 227~238(10장 공간적 깊이), 299~320(14장 공간).

민병록·이승구·정용탁, 『영화의 이해』, 집문당, 2000, p.182~214(4장 영화의 연출 중 '영상은 어떻게 만들어지는가'), 219~228(4장 영화의 연출 중 '장면화를 위한 세팅과 조명'), 231~305(5장 영상과 기술).

토마스 소벅·비비안 C. 소벅, 주창규 외 역, 『영화란 무엇인가』, 거름, 1998, p.52~109(2장 영화의 공간).

랄프 스티븐슨·장 데브릭스, 송도익 역, 『예술로서의 영화』, 열화당, 1982, p.30~100(2장, 3장 영화에 있어서의 공간), 152~202(6장 현실의 표면).

데이비드 보드웰·크리스틴 톰슨, 이용관·주진숙 역, 『필름 아트』, 이론과 실천, 1993, p.187~302(5장 쇼트: 장면화, 6장 쇼트: 촬영기법의 특성들).

버나드 딕, 김시무 역, 『영화의 해부』, 시각과 언어, 1996, p.29~54(2장 영화언어(1): 쇼트, 신, 시퀀스).

찰스 애프론, 김갑의 역, 『영화와 정서』, 집문당, 1993, p.101~134(4장 감정의 깊이), 168~199(6장 감정의 무대).

루이스 자네티, 김진해 역, 『영화의 이해』, 현암사, 1987, p.11~134(1장 사진, 2장 화면 구성, 3장 동작), 262~302(7장 연극).

데니스 쉐이퍼·래리 살바토, 이민주 역, 『세계의 영화촬영감독』, 책과 길, 2000.

로버트 올손, 최병근 역, 『영화와 비디오를 위한 아트 디렉션』, 책과 길, 2000.

레옹 발쟈크, 이승구 역, 『영화미술의 역사와 기술』, 집문당, 1987.

박진배, 『영화 디자인으로 보기1, 2』, 디자인하우스, 2001.

민병록, 『세계 영화영상기술 발달사』, 문지사, 2001.

블라디미르 닐센, 홍기선 역, 『영화촬영술』, 민음사, 1997.

피터 와드, 김창유 역, 『영화, TV의 화면구성』, 책과 길, 2000.

제럴드 밀러슨, 이형표 역, 『영화조명기술』, 집문당, 1985.

스티븐 바클레이, 최두영 역, 『전문가를 위한 영화촬영 노트북』, 책과 길, 2001.

F. R. 달론느, 지명혁 역, 『영화와 빛』, 민음사, 1998.

구도 composition

① 한 장면 내에서의 질량, 색채, 노출 간의 상호관계. 조명, 촬영 각도, 움직임, 또는 프레임 내의 사물이나 등장인물들 간의 블로킹 등을 적절히 안배시킴에 따라 촬영 스타일이나 극적 효과가 도출되는 함수관계를 가리킨다.

② 사진적·극적 표현을 위해 영화의 프레임 내에서 색채를 포함한 빛, 카메라 각도, 움직임, 사물과 인물의 블로킹 등을 이용하는 것.

깊은 초점 deep focus

클로즈업에서 무한대에 이르기까지 모든 곳을 초점에 분명하게 맞출 수 있는 촬영기법.

깊이감 depth

공간의 깊이감은 조리개에 의한 빛의 조절, 광각렌즈의 선택 등으로 고려된다. 깊이감은 3차원의 공간감을 재현하기 위한 목적으로 실현된다.

동적인 구도 dynamic composition

원형이나 지그재그, 삼각형 등과 같이 구도 자체가 동적인 느낌을 주는 구도로서 인물이나 상황의 심리적인 불안정감을 표현한다.

로우 키 low key

그림자의 분산 및 분위기성 광원을 중시하는 조명방법. 미스터리물, 스릴러물, 암울한 영화에서 가끔 사용된다.

미장센 Mise-en-Scène

일반적으로 한 신 내의 요소들, 즉 극적인 액션을 둘러싼 물리적 환경을 일컫는 용어. 프랑스에서 이 말은 영화의 '연출'을 의미하는 말로 쓰이기도 한다.

빛과 색채 light and color

일반적으로 조명이란 빛과 색을 조절하는 것을 말한다.

움직임 movement

영화와 관련하여 운동, 또는 움직임은 크게 네 범주로 나누어 검토할 수 있다. 그것은 영상의 움직임이라는 착각, 또는 환영을 만들어내는 카메라와 영사기의 작동이라는 움직임, 이것이 결과하는 영상 내 요소들의 움직임, 영상 내의 움직임에 따른 카메라의 움직임, 그리고 편집에 의해 창출되는 움직임 등이다.

촬영 각도 angle

주어진 장면을 포착하기 위한 카메라의 위치 잡기. 한 쇼트의 촬영 각도는 구성과 심리학적인 면의 가치를 동시에 가지고 있는 것으로 여겨진다. 또 장면 속의 요소들을 상호간의 간접적인 관계 속에 배치함으로써 한 장면의 '평면성'이나 2차원성을 탈피하는 데 도움이 되기도 한다. 그렇게 함으로써, 촬영 각도는 장면의 다양한 관점을 제공한다.

하이 키 high-key

그림자가 거의 눈에 띄지 않도록 조명을 밝게 해주는 스타일. 코미디, 뮤지컬, 오락물 등에서 주로 사용함.

화면의 범위 size

카메라와 피사체의 거리로 인해 화면에 보이는 피사체의 범위를 말한다. 일반적으로 LS, MS, CS의 셋으로 나뉜다.

확장된 영상 expanded image

프레임 자체를 넘어서서 관객의 시선과 의식을 끌어내는 영화 프레임 내의 구성. 촬영 범위 밖의 이미지의 완성을 제공하는데, 예를 들어 프레임 내에서 얼굴 반쪽의 이미지는 관객으로 하여금 실제 이미지에서 보이는 얼굴을 확장하고 정신적으로 이미지를 완전하게 만들도록 유발한다.

4장
편집: 영화의
시간·공간적 배열

영화편집의 기술

영화편집은 편집기사(editor)가 대본을 읽고 분석하는 일부터 시작한다. 촬영에 들어간 후 감독은 장면을 연출해나가는데, 촬영이 완료된 후 그 장면들을 감독과 편집기사가 같이 앉아 완결된 영화를 위해 선택하고 재배열하게 된다. 촬영된 후 바로 현상된 필름을 '러시(rush)'라고 하는데, 편집기사는 이 러시를 한 번 본 후 몇 가지 사항을 지적해내야 한다.

① 감독이 장면을 연출하기 위해 가장 많이 사용한 앵글과 시점들.
② 어떤 촬영기법이 가장 효과적으로 사용되었는가의 지적.
③ 극의 전개를 위해 반드시 있어야 하는 촬영임에도 불구하고 빠져 있는 부분에 대한 지적(이 부분은 바로 보충 촬영을 실시해 수정하거나 삽입해야 원만한 편집에 임할 수 있다).

맨 처음에 편집기사가 촬영된 필름을 본다는 것은 이와 같은 작품분석의 차원에서 이뤄지는 것이다. 부적절한 장면, 불필요한 앵글 등은 과감하게 배제해야 한다. 편집기사의 판단에 의해 가장 우수한 장면들만 영상편집에 사용된다. 감독에 따라 작업방식은 다르다. 같이 앉아서 대화를 하며 편집하는 경우도 있고(이 경우 감독의 지시가 더 압도하는 상황이 되기 쉽다), 편집기사 혼자 전권을 쥐고 편집하는 경우도 있다. 이러한 과정을 생략하면 편집기사는 감독의 하수인일 뿐이며, 독립적 예술가의 입장을 갖기 어려워진다.

편집기사의 기능은 그런 점에서 감독이나 촬영기사와는 완전히 다르다. 감독은 작품에 대한 완벽한 이해를 갖고서 내적인 분석을 하고 촬영현장을 지도한다. 촬영기사는 영상에 관련된 모든 것, 조명·구도·카메라 움직임 등을 완벽히 책임진다.

반면에 편집기사는 촬영이 완료된 필름을 갖고 작품의 최종 마무리를 결정짓는 일을 하게 된다. 편집기사가 중시하는 미학적인 요소는 흔히 세 가지로 나눌 수 있다. 첫째 시간적 배열, 둘째 정서적 리듬, 셋째 영상과 소리와의 관계이다.

시간의 서술

이야기는 시간적 서술관계를 갖고 있다. 이야기는 과거, 현재, 미래의 3시제를 갖고 있다. 이야기속의 시간은 반복되거나 압축, 확장 되는 성격을 갖고 있다. 이러한 이야기가 갖고 있는 시간적 성격을 영상적, 음향적으로 표현하는 방식에는 어떤 것이 있는지 알아둘 필요가 있다.

영상적으로 시간을 표현하는 기법 중 대표적인 것은 편집기법이다. 편집기법 가운데 시제를 표현하는 방식으로 대표적인 것은 플래시백과 플래시포워드가 있다. 반복되는 시간은 동일한 장면을 반복시킬 수도 있고 비슷한 장면이 반복되는 경우가 있다. 시간을 압축하는 방식은 한 행동의 핵심만을 보여주고 나머지 앞뒤의 영상을 삭제하는 방식이 있다. 시간을 연장하는 방식은 같은 행동을 여러 번 반복해서 보여주거나 슬로우 모션을 통해 움직임의 시간을 연장하는 방식이 있다. 움직임을 조절하면 물리적 시간을 벗어나 심리적 시간을 연출할 수 있다. 움직임을 아예 정지시켜 버리면 시간을 초월하여 불멸의 시간을 경험하게 할 수 있다.

〈와니와 준하〉에 보면 현재에서 과거로 시간이 전환되는 것을 단순 컷으로 서술한다. 밥먹고 나서 준하는 회상에 잠긴다. 카메라는 준하의 뒤로 서서히 이동하면 뒤의 계단에서 동생이 내려온다. 그는 시계를 고친다. 이 장면은 과거의 동생이란 것을 관객들은 알게 된다. 문맥상 동생이 미국에 있는 걸 알기 때문에 준하의 뒤에서 동생이 나타날 수는 없다. 현재의 장면 속에서 현재와 과거를 중첩시키는 방식을 쓰고 있고 영상으로서만 가능한 기법이다.

와니의 동생이 입양되는 과거를 회상하는 장면 역시 현재와 과거를 중첩시키는 기법에 의해 구현한다. 와니는 비가 오는 날 창문 바깥을 쳐다본다. 밖에는 과거의 엄마와 어린 와니가 서 있다. 비가 오는데 엄마는 우산을 쓰고 노래를 부르고 있다. 곧이어 아빠가 오고 입양된 동생을 소개한다. 이 장면을 현재의 와니가 창가에서 지켜보고 있다.

〈완득이〉에서 보면 완득이 어머니가 완득이 방으로 찾아온다. 완득이는 어머니에게 라면 드시겠냐고 말한다. 이어 장면은 라면 물이 끓는 컷으로 이동한다. 그사이의 불필요한 동작의 시간들을 과감하게 생략하고 바로 이어진 것이다. 이처럼 영화에서의 시간은 필요한 부분과 부분으로 생략적으로 컷된다.

어두컴컴한 극장 안에서 관객은 영화가 제시하는 시간 속으로 완전히 몰

〈와니와 준하〉

입하게 된다. 보통 두 시간가량 앉아 있지만, 영화적으로는 일생을 보내기도 하고, 단 10분으로 축약된 경험을 하기도 한다. 영화적 시간은 우리가 보는 매 영화마다 달라서 일일이 예를 들 수조차 없이 다양하다. 시간의 배열은 영화의 가장 중요한 요소이다. 따라서 편집기사는 시간을 조절하는 기능을 가진다. 단 1분이면 끝나는 장면도 한 시간처럼 느끼게 할 수 있고, 반대로 축약할 수도 있다. 흔히 컷은 '플래시 컷'이라는 짧은 컷으로 분절되며 그 배열을 달리하여 시간적 관계를 형성한다.

편집기사는 두 가지 방식에 의해 시간을 조절한다. 첫째는 '인터컷 (intercut)'으로 흔히 '인서트 컷(insert cut)'이라고 하는데, 중간에 삽입되는 컷의 사용을 통해 정상적인 시간을 더욱 늘리거나 줄이는 기법이며, 둘째는 신과 시퀀스를 잇는 장면전환용 광학적 기법(optical effects)을 사용하는 방식이다.

인터컷의 사용법

하나의 인터컷을 사용함으로써 편집기사는 시간을 생략할 수 있다. 예를 들어 빠르게 전개되는 대화 장면이 있다고 치자. 주인공이 일어나서 물컵을 가지러 방에서 나간다. 이때 편집기사는 방을 나가는 주인공을 바라보는 상대방의 얼굴 클로즈업을 한 컷 첨가함으로써 시간을 생략할 수 있다.

여기서 상대방의 얼굴 클로즈업이 바로 인터컷에 해당한다. 이 인터컷은 극히 짧은 시간에 걸쳐 있으며, 바로 이어서 주인공이 다른 방에서 물을 먹고 있는 장면으로 이어질 수 있다. 이 짧은 인터컷으로 인하여 주인공이 걸어가는 긴 동작이 생략될 수 있다.

이러한 인위적인 시간의 생략에도 불구하고 관객은 시간이 연속된다고 느끼는 이유는 이미 사건에 깊이 동화되어 있기 때문이다. 인터컷에 의해서 잠시 시선이 분산되기는 한다. 하지만 다시 원래의 사건에 집중됨으로써 중간의 불필요한 시간을 생략한 채 사건 진행을 지켜보게 된다. 이처럼 편집기사는 장면의 시간 조절을 자유롭게 조절함으로써 관객을 좌지우지할 수 있다.

하나의 예를 더 들어보자. 한 사람이 계단을 올라가는 데 얼마만큼의 시간이 소요될지는 상식적으로 판단할 수 있다. 우리의 일상적 경험이 그 시간을 계산해낸다. 그러나 편집기사는 이러한 한 장면을 분절함으로써 인위적인 시간 개념을 얻어낼 수 있다. 즉 계단을 올라가는 주요한 사건 사이에 짧은 인터컷을 사용함으로써 계단 올라가는 사건 자체를 더 긴 시간으로 만들 수도 있다. 다음의 두 장면은 똑같은 사건을 다른 사건으로 느끼게 만드는 편집의 예가 된다.

A
- 롱 쇼트: 계단을 오르는 남자
- 클로즈업: 계단을 오르는 발
- 클로즈업: 시계
- 클로즈업: 불타는 촛불
- 미디엄 쇼트: 얼굴
- 롱 쇼트: 계단을 오르는 남자
- 반대 앵글: 부감으로 잡은 남자
- 클로즈업: 발
- 미디엄 쇼트: 얼굴
- 클로즈업: 시계
- 클로즈업: 흔들리는 촛불
- 남자를 따라서 서서히 다가가는 이동 쇼트

B
- 클로즈업: 계단을 오르는 발
- 클로즈업: 난간을 붙잡은 손
- 클로즈업: 얼굴
- 롱 쇼트: 반쯤 올라온 남자

이 두 장면은 각각 다른 시간의 배열을 보여준다. A에서는 정상적인 시간이 연장되어 있다. 사건은 인터컷에 의해 계속 방해된다. 인터컷이 삽입될 때마다 사건에서 멀어지지만 다시 주요 사건으로 되돌아오며, 주인공의 행동은 완결되지 않는다. 시간이 상당히 연장된 것이다.

B에서는 인터컷이 많이 사용되지 않는다. 그나마 사용된 인터컷은 주요한 사건을 메워주는 역할만을 할 뿐이다. 관객은 곧바로 주요 사건으로 되돌아가고, 몇 개의 인터컷이 제시된 후 결론에 도달한다. 게다가 날카로운 인터컷 앵글은 주요 행동의 속도를 더 가중시킨다. 여기서 영화적 시간은 축약된 것이다.

시간을 조절하는 방법은 이 두 가지 외에 거의 없다. 편집이란 상당히 순발력을 요구하는 기술이다. 편집기사는 옳다고 생각될 때까지 장면의 시간 배열을 고려해야 한다. 그러한 기준은 대단히 실용적인 것이다.

편집기사는 모든 영상이 시간에 대해서 각각 어떤 '느낌'을 갖고 있다고 보는데, 바라는 효과를 위해서는 세심하게 고려하면서 인터컷을 선택해야만 한다. 위의 예에서 보듯, 편집기사가 선택한 시계나 촛불의 쇼트들은 관객에게 미치는 영향을 고려하여 직감적으로 선택한 것들이다. 어떤 선입관 없이 시계를 본다면 그건 시간이 멈춘 듯한 느낌을 주게 된다. 흔들리는 촛불 역시 정지된 그 무엇을 느끼게 한다. 계단을 오르는 장면에서 그러한 정지된 느낌의 쇼트들을 삽입함으로써 편집기사는 시간을 연장하고 있으며, 삽입된 쇼트들의 '느낌'은 큰 주요 행동을 이해하는 데까지 영향을 미치게 된다.

〈콰이강의 다리〉, 데이비드 린, 1967

　편집기사가 시간을 다루는 방식은 영화 전편에 걸쳐 중요한 영향을 미친다. 데이비드 린(David Lean) 감독의 〈콰이강의 다리The Bridge on the River Kwai〉(1957)를 보면 길고 어려운 여행이 중요한 이야깃거리로 등장하는데, 이 영화의 편집기사는 그 길고 어려운 여행의 느낌을 어떻게 표현해냈을까?

　그 느낌을 대사로 처리하여 여행이 얼마나 긴가를 얘기해봐야 소용없는 일이다. 관객이 영화를 보면서 직접 그 여행의 길이를 느껴야만 한다. 편집기사는 영화를 통한 시간의 감각을 가장 잘 알고 있는 사람이어야 한다. 영화 속의 여행이 너무 짧다거나, 혹은 너무 길어서 지루함을 느낄 정도라면 이 영화의 중심은 흔들리고 말 것이다. 편집기사는 얼마만큼의 시간이 소요되는 여행이 가장 적합할지를 잘 선택해야 한다.

　〈콰이강의 다리〉에선 정글로 향하는 길고 힘든 임무가 일련의 롱 쇼트 및 클로즈업이 교차되면서 그려진다. 어떤 날은 둘 혹은 세 개의 쇼트로 구성되고 어떤 날은 50개도 된다. 관객들은 매 장면이 서로 다른 시간 배분을 하고 있다는 걸 알아차린다. 인도자의 발에 상처가 난 날은 붕대와 피 흐르는 발, 대원의 얼굴, 숲 사이의 태양빛 등을 반복적으로 보여주어 시간 연장 효과를 준다. 여행이 거의 끝나가면서 시간은 완전히 늘어져서 여행 참여자 전원에게 그 영향이 미친 것을 보여준다.

그 정반대의 효과를 내기 위해서 편집기사는 '플래시 커팅'을 사용하는데, 장면과 장면 사이의 직접적인 컷 사이에 장면 중의 분열된 짧은 조각을 삽입하는 것이다. 그럼으로써 긴 시간을 오히려 짧게 느껴지게 만드는 작용을 한다.

또한 인터컷의 효과는 역설과 풍자의 기능을 하는 경우도 있다. 지아장케(賈樟柯) 감독의 〈소무小武〉(1997)는 사회에 적응하지 못하는 한 소매치기 이야기를 통해 자본주의의 시장 논리가 도입된 중국의 도시화 문제를 다룬 사회적 영화이다. 주인공 소무는 오늘도 버스를 탄다. 버스가 그의 직장인 만큼 차비를 내고 탈 리는 만무하다. 그런데 카메라는 무임승차한 소무를 그대로 따라가지 않고 운전석 옆에 걸린 흔들리는 모택동의 초상화에 초점을 맞춘다. 그러한 대치는 소무 개인의 반사회성을 부각시키기보다는 중국 현 정권의 모순된 행태를 빈정거리고 비아냥거림으로써 현실을 고발하는 데 기여한다. 말하자면 모택동 사진에 중국사회주의 인민의 아버지라는 근엄함과 존경심을 부여하는 대신에 그 사회 이면에서 분출되고 있는 부정적이고 불온한 욕망을 겹쳐지게 함으로써 현 중국 사회의 병폐를 간접 증명해 보이는 것이다.

주인공 소무는 영화 속에서 반체제적인 인물은 아니지만 반정부적인 인물로 기능한다. 물론 정치적인 의미의 반정부가 아니라, 외면적으로 그에게 주어진 폭력배 혹은 범죄의 과거를 갖고 있는 불온, 불손한 반동적 인간형으로서 사회주의 진행의 방해꾼으로 작용한다. 하지만 영화 속에서 그의 행동은 반사회적으로 투영되기보다는 오히려 그와 현실의 비접합을 통해 그를 포위한 가혹하고 가증스러운 현실을 부각시키는 형태로 나타난다.

광학기법의 사용

광학기법은 장면과 장면을 서로 잇는 방식으로 사용한다. 이러한 기법으로는, 새로운 장면을 드러내기 위한 프레임의 '넘기기', 지나가는 화면과 새로 나온 화면이 수평 수직으로 교차하도록 하는 '와이프(wipe)', 한 장면이 다른 것에 겹쳐지는 '수퍼(super)', 한 장면에서 다른 장면으로 서서히 전환시키는 '디졸브(dissolve)', 한 화면 안에 여러 작은 화면을 분열해서 보여주는 '다중화면' 등 여러 방식이 사용되고 있다. 광학기법은 짧은 순간 장면과 장면의 변화를 가져오고, 관객을 순식간에 다른 장소로 이동시키는 효과를 준다. 광학기법을 선택하고 구상하는 것과 어떤 장면이 서로 광학적 기법에 의해 연결될 수 있는가를 결정해야 하는 일은 감독이 아니라, 편집기사가 하는 것이다.

모든 기법은 영화의 속도에도 영향을 미치며, 그 영향은 시간에 대한 관객의 의식을 직접적으로 변하게 한다. 길고 느린 디졸브는 대개 시간을 지연시키는 효과를 줄 때 주로 사용한다. 두 영상이 서서히 전환되므로 시간이 자연스럽게 경과했다는 느낌을 주기 때문이다. 와이프는 시간을 급히 앞당길 때 주로 사용된다. 지나간 장면이 여전히 화면에 있는 동안 새로운 화면이 앞에 가로놓이게 되므로 관객은 시간 간격을 잘 느끼지 못한다. 그럼으로써 영화는 몇 주 혹은 몇 달의 공백을 효과적으로 메운다.

몽타주

몽타주(Montage)란 프랑스말로 '이어 붙인다'라는 뜻이다. 몽타주는 촬영된 영상의 조각, 조각을 이어붙이는 작업을 통해 이야기를 서술하는 방식이다. 몽타주는 두 개를 이어붙이는 일과 둘 사이에 인서트(insert)를 삽입하는 일로 나뉜다. 영화속의 시간적 관계를 서술하는 가장 보편적인 방식이다. 뿐만 아니라 어떤 상황을 강조하기 위해 사용된다.

〈과속스캔들〉에서 딸 황정남(박보영 분)은 아빠 남연수(차태현 분)를 찾아온다. 극구 부인하는 남연수는 "남연수씨의 첫 경험"이라는 말을 듣는 순간 과거를 상기하게 된다. 이때 충격을 받은 남연수의 입장에서 여인의 모습이 떨리는 영상으로 나타나고 빠른 컷의 흐름으로 과거의 모습들이 머릿속에 나타난다. 이 짧지만 간결한 영상컷들의 조합을 통해 과거 남연수가 누나뻘 되는 여인과 관계를 갖고 아기를 갖게 되었다는 사실을 함축적으로 요약해준다.

식사를 하는 장면에서 연수는 딸에게 따지기 시작한다. 그에 질세라 딸은 한 마디 한 마디 반박하며 대립한다. 이 둘의 대립 끝에 재채기를 한 손자 기동의 입에서 밥풀이 터져 나와 연수의 얼굴에 뿌려지고 그 장면은 마무리된다. 둘의 대립을 묘사하는 컷들은 각각 쪼개져서 연결되고 급기야는 한 장면이 반으로 갈라진 스플리트 스크린으로까지 묘사된다. 왼쪽에 딸, 오른쪽에 아빠의 얼굴이 위치하면서 둘의 대립을 극단적으로 보여준다.

〈해운대〉에서 축포가 터지면서 영화 속 에피소드의 주인공들을 하나씩 보여준다. 축포가 터지면 주인공의 행복한 모습, 축포가 터지면 흡족해하는 마을의 유지 얼굴, 축포가 터지면 아들을 생각하는 따뜻한 어머니의 모습 등등 모든 인물들이 자신의 입장에서 흐뭇하게 생각하는 계획들과 그것

〈과속스캔들〉, 강형철, 2008

을 축복하는 축포로 해석하도록 편집되어
있다. 이것은 대단히 아이러니한 느낌을 준
다. 사실 축포는 객관적인 현상이지만 그
것을 각자 입장에서 다르게 해석하도록 유
도한 것이다. 편집은 이처럼 다른 의미의
영상을 하나의 일관된 의미로 재해석하도
록 도와준다.

장면전환

영화는 여러 개의 장면, 여러 개의 쇼트
들로 구성되어 있다. 이 장면과 쇼트들이
연결되는 방식에는 몇 가지가 있다. 쇼트
와 쇼트를 그냥 이어붙이는 방식을 스트레
이트 컷(straight cut)이라고 한다. 쇼트와 쇼
트 사이의 시간 경과를 짧게 두면 디졸브
(dissolve)라고 한다. 시간 경과를 길게 두면
오버랩(overlap)이라고 한다. 디졸브나 오
버랩은 두 개의 화면을 서로 겹치는 방식을
말한다. 이밖에 와이프(wipe)는 앞 장면을
밀어내고 새로 화면을 대입시키는 방식이
다. 이 모든 방식은 편집기계에 의해 자동
으로 이뤄진다.

〈해운대〉

장면과 장면을 연결하는 방식에는 서로 유사한 형상의 것을 맞춰서 연결

하는 방식이 있는데 그것을 매치 컷(match cut)이라고 한다. 매치 컷은 사운드에 의한 매치 컷도 존재한다.

〈해운대〉에서 해양경찰 민기는 조용한 곳으로 가라는 상관의 명령이 떨어지자 그곳이 어딘지 궁금해한다. 다음 컷은 어린애 울음소리로 아주 시끄러운 유치원이다. '조용한 곳'이라는 상관의 대사와 시끄러운 유치원, 이 두 컷의 조합은 대사를 통해 호기심을 불러일으키면서 역설적 의미로 이동한 장면전환의 한 예이다. 이 전환은 충돌의 방식으로 의미를 만들어냈다.

〈시네마 천국〉에서 신부는 키스하는 장면이 나오자 벨을 들어 울린다. 영사실의 알프레도에게 컷하라는 표시다. 신부의 손에 들린 작은 벨과 그 다음 컷은 광장에서 크게 울리는 종의 모습과 소리다. 종과 소리를 통해 성당에서 광장으로 공간이 이동되었고 장면이 전환되었다. 이것은 유사한 형상과 소리를 통해 장면을 전환하는 기법을 보여준다.

〈와니와 준하〉에서도 사운드에 의한 영상전환을 하는 장면이 나온다. 와니는 부엌에서 밥을 준비하고 있다. 이때 꽝하고 문 닫는 소리가 이층에서 들리고 와니는 이층을 바라본다. 이어 철봉에 매달린 와니 후배 소영의 모습이 보인다. 체력시험 준비를 하는 소영과 그 몸을 밑에서 받치고 있는 와니 동생 영민 그리고 그걸 지켜보는 와니의 모습이 보인다. 그건 수년 전 대학입시를 준비하던 때의 과거이다. 이층에서 나는 소리를 통해 동생방을 의식했고 동생과 같이 있던 소영의 과거로 이동한 것이다. 과거에 있던 사람의 이미지를 연상하고 그것을 소리에 의해 접속시킨 영화적 기법이다.

정서적 리듬의 창조

모든 영화는 그 나름대로의 내적·외적 운율을 갖고 있다. 이러한 운율 혹

〈시네마 천국〉, 쥬세페 토나토레, 1988

〈와니와 준하〉

은 리듬은 영화에 내면적 정서와 성격을 불어넣어 준다. 이 내적·외적 운율의 조종 또한 대개 편집기사의 고유 권한에 속한다.

내적인 리듬

극의 분위기나 정서적 효과를 내기 위해서 모든 장면은 내적인 리듬, 고유의 움직임이란 속성을 갖고 있다. 영화를 볼 때 우리는 개별 장면이 특별히 느리거나 빠르다는 느낌을 받게 된다. 예를 들어 고속도로의 움직이는 차에서 촬영한 장면은 빠른 움직임을, 천천히 가는 배 위에서 촬영한 화면은 여유롭고 한가한 느낌을 받게 만든다.

거의 직감에 의해 움직이는 편집기사는 각 장면의 특별한 리듬을 감지해 내야 한다. 이러한 리듬감은 장면 내에서 발생하는 여러 요소들에 의해 조성된다. 카메라 움직임, 연기의 속도, 대사의 빠르기 등 동시에 일어나는 여러 가지 사건들이 모두 연관을 갖는다. 편집기사가 일단 장면 내의 리듬감을 감지한 후에라야 그밖에 여러 가지 일들 즉, 장면을 어떻게 배치할 것이며, 어느 정도 길이로 자를 것이며, 어떤 순서대로 이을 것인지를 결정할 수 있게 된다.

제인 캠피온(Jane Campion) 감독의 〈피아노Piano〉(1993)를 보면, 딸 플로라가 엄마 아다의 편지를 베인스에게 전달하는 대신 아빠 스튜어트에게 가져다줬을 때, 그 이후 영화의 리듬이 급격히 변하게 되는 것을 느낄 수 있다. 편지를 읽고 난 스튜어트는 분노에 몸서리를 친다. 이때 하늘에선 비가 내리고 천둥 번개가 때리기 시작한다. 그는 도끼를 손에 들고 씩씩거리면서 산언덕을 뛰어 내려간다. 카메라는 그의 뛰어 내려가는 모습을 역시 빠르게 따라간다. 집에 도착한 스튜어트가 아다의 팔을 거칠게 끌어당기며 순식간에 마당으로 끌고 나온다. 그가 아다의 손가락 하나를 도끼로 내려치는 찰나 플로라의 비명소리와 천둥소리, 번갯불의 번쩍임이 하나가 되어 효과를 증폭시킨다.

그 다음 그 격렬한 리듬은 한 단계 하강곡선을 탄다. 아다는 손을 그러모은 채 아픔도 모르는 바보처럼 멍하니 서 있다. 그러모은 손으로부터 피가 주르르 흘러내려 억수로 퍼붓는 빗물과 하나가 되어 주름진 치마를 타고 흐른다. 그녀는 천천히 걸음을 옮겨 마당을 가로질러간다. 물이 흥건히 괴어 있는 물구덩이에 빠

〈피아노〉, 제인 캠피온, 1993

져 허우적거린다. 그녀의 몸은 점점 깊이 빠져들어 간다. 여기까지 모든 사운드는 사라지고 침묵만이 흐른다. 홀리 헌터(Holly Hunter)의 연기는 느리고, 그걸 잡아내는 카메라의 속도는 슬로우 모션이다. 즉, 이 부분의 리듬은 앞서의 격렬함에 비하면 정반대로 매우 느리고 정적인 내면의 리듬을 갖는다. 이 리듬은 곧 아다의 내면을 그대로 설명해주는 내면정서의 리듬인 것이다. 관객은 마치 환각의 상태에 빠진 듯 그녀의 행동을 숨죽이며 지켜보게 된다.

외적인 리듬

영화의 외적인 리듬은 각 장면의 시간적 길이에 따라 결정된다. 길고 단일한 시간대로 구성된 장면이 많은 영화는 관객에게 느리고 사유하는 듯한 외적인 리듬감을 불어넣어 준다. 유럽 영화에는 이러한 전통이 많이 남아 있다.

반면 짧고 분절되어 있으며, 동기도 불분명한 컷들이 많은 장면 구성은 빠르고 격렬한 외적 리듬을 느끼게 한다. 할리우드 영화의 전통에는 이와 유사한 편집 양식이 잘 발달되어 있다.

영화의 외적인 리듬은 또한 어떻게 움직임을 차단할 것이냐를 결정하는 중요한 요소로 작용한다. 다른 말로 바꿔 말하면, '무엇을 어디에다 연결할 것이냐'의 문제이다. 전통적인 영화의 편집은 줄거리를 따라가되 장면 내의 요소나 대사에 의해 다음으로 넘어가게 되어 있다. 그러나 현대 영화에서는 외적으론 상관성이 없이 보이는 두 장면을 연결함으로써 속도감을 가중시키고 충격을 강화시키는 효과를 주기도 한다.

알랭 레네(Alain Resnais) 감독의 〈히로시마 내 사랑Hiroshima, Mon Amour〉(1959)을 보면, 카메라는 공원을 지나가는 유모차를 보여주다가 문득 동경에서 벌어지는 평화시위 장면으로 전환된다. 관객은 그 장면이 너무 갑작스러워 잠시 혼돈을 일으킨다. 이러한 혼돈감은 영화를 보면서 진정되지만 순간적으로는 빠른 속도감을 갖게 만든다.

크쥐시토프 키에슬롭스키 감독의 〈블루〉를 보면, 주인공 여자의 일상 속에서 문득문득 시간과 공간의 연속성을 단절시키는 영상과 사운드 기법이 두드러지게 나타난다. 아무런 이유도 없이 갑작스레 끼어드는 이러한 느닷없는 영상과 그림은 이야기의 진행을 돕기는커녕 이야기의 방향을 더욱 혼란스럽게 한다. 하지만 이 모두는 주인공의 내면정서를 표현하기 위해 감독이 의도한 고도의 수법이다. 여주인공 줄리의 내면세계에서는 블루라는 색깔과 자신이 작곡한 음울한 교향악 등이 그대로 일상의 색깔이자 소리라는 것을 감독은 영상의 단절을 통해 관객들에게 상기시키고 있는 것이다.

모든 영상에는 특유의 예술적 기질을 갖고 있어서 리듬의 조절에는 세심한 배려가 요구된다. 그러므로 '빠른 움직임' '시적인 영상' '아름다운 영상'

등의 감정이 어디에서 기인하는가를 잘 살펴보아야 한다. 결론적으로 말하자면, 이러한 영화 속의 분위기나 느낌이 다 편집기사의 편집 리듬감에서 나온다는 것이다.

<히로시마 내 사랑>, 알랭 레네, 1959

영상과 소리의 관계

영화편집의 유형에는 크게 세 가지 연결 방식이 존재한다. 첫째는 영상과 영상의 연결, 둘째 소리와 소리의 연결, 셋째 영상과 소리의 연결이다.

영상과 영상의 연결

영상과 영상의 연결은 편집에 있어서 가장 중요한 요소에 속한다. 그것은 각 시퀀스가 설정하는 줄거리의 흐름을 위해 존재하는 것이다. 모든 쇼트들은 앞과 뒤에 연결되는 쇼트들의 연속선에서 위치가 결정된다. 이러한 효과를 위해 쉬운 예를 들어보면 아래와 같다.

- 쇼트 1: 웃는 남자 A의 클로즈업
- 쇼트 2: 발사되는 총의 클로즈업
- 쇼트 3: 쓰러지는 남자 B의 몸체
- 쇼트 4: 슬픈 표정을 짓는 남자 C의 클로즈업

이 일련의 쇼트들은 1-2-3-4의 순서대로 편집되고, 행복한 한 남자가 누군가를 총으로 쏘고 제3자가 그걸 슬퍼한다는 이야기로 전달된다. 만일 순서를 바꾸어 4-3-2-1의 순서로 편집하면, 한 사람이 잘못하여 누군가를 쏴 죽이고 제3자가 그걸 보고 즐거워하는 전혀 다른 이야기가 된다. 이처럼 쇼트의 순서는 이야기 전개를 전혀 다른 방식으로 이끌어갈 수도 있다.

잘 편집된 영화들을 보면 오히려 이러한 편집방식이 잘 눈에 띄지 않는다. 소위 '무기교의 기교'라는 말을 흔히 쓴다. 어떻게 편집되었는지는 알 수 없고 이야기 줄거리만을 정확히 전달받게 되는 것이다. 앞장면과 뒷장면이 톱니처럼 맞물려 있어서 어느 한 부분이 어긋나도 관객은 잘못된 느낌을 받게 된다. 관객은 장면 장면을 볼 때 정서적 느낌뿐 아니라 지적인 정보(이야기 흐름)를 동시에 받아들이기 때문이다.

편집기사는 장면의 성격 및 목적을 자유로이 변화시킬 전권을 갖는다. 그 선택을 결정하는 불변의 원칙이란 없고 줄거리와 주제의식, 정서적 효과에 따라 시간과 공간의 벽까지도 얼마든지 뛰어넘을 수 있다.

소리와 소리의 연결

편집에서 두번째로 중요한 관계는 소리와 소리가 어떻게 연결되느냐의 문제이다. 소리와 소리 간의 연결은 흔히 간과하기 쉬운데, 영상과 마찬가지로 연속적이며 동시적인 관계를 이해해야 한다. 연속적인 개념으로 파악한다면, 각각의 소리는 앞서는 것과 뒤따라오는 것이 서로 긴밀한 연락을 주고받는 입장이라고 보면 된다. 동시적인 개념으로 보면, 여러 소리가 하나의 장면에서 혼합되어 동시에 들린다.

편집기사는 동시녹음에서 얻어낸 대사 소리 외에 얼마나 더 많은 사운드 트랙이 필요한지를 결정해야 한다. 먼저 동시녹음된 대사 소리에는 환경음(ambient sound)이라고 할 만한 대사 이외의 소음까지도 다 녹음되어 있으므로, 장면에서 적절히 필요로 하는 소리가 어떤 것인지를 가려내는 작업이 선행된다. 그 다음 그 외에 더 필요한 소리를 창조해서 첨가해야 한다. 그리고 음향효과가 따로 추가될 수 있다. 특히 기록영화 같은 경우는 음악과 내레이션 등이 필수적으로 후시녹음된다.

후시녹음을 '믹싱(mixing)'이라고 하는데, 이 과정을 거치면서 편집기사는 아주 세심하게 사운드 트랙들의 관계를 살펴야 한다. 언제 음악이 삽입되고, 얼마큼의 강도로 소리가 들려야 하며, 소리와 소리의 순서는 어떻게 편집할지 등 고려해야 할 사항이 많다.

영상과 소리의 연결

세번째로 중요한 사항은 영상과 소리를 어떻게 조화롭게 연결시킬 것인가이다. 모든 소리는 관객으로 하여금 화면에 대한 기대감을 갖게 하고, 영상역시 관객으로 하여금 소리에 대한 기대감을 갖게 한다. 도시의 길거리를 한 사람이 걸어가고 있는 평범한 영상이 있다고 치자. 거기에서 관객은 혼란스러운 교통 소음을 기대하게 되며, 그렇게 되었을 때 고통스런 현대 도시인의 심리를 경험하게 한다. 그런데 만일 그러한 소음이 배제되고 황량한 바람 소리만 들린다면, 관객은 사실적인 분위기가 아닌 전위적인 고독감이나 소외감 등을 경험하게 될 것이다.

북경 뒷골목 로커들의 사실적 삶을 그리고 있는 장위엔(張元) 감독의 〈북경 녀석들北京雜種〉(1993)을 보면, 힘겨운 삶 속에서 주인공은 어머니가 또 한 명의 아이를 출산했다는 소식을 전해 듣는다. 그 말을 들은 주인공의 시선은 정면을 응시하고 아이의 울음소리가 화면 전체를 지배하게 된다. 거의 동시에 군중 속에 섞여 길을 떠나는 청년의 비장한 모습이 화면 속으로 끼어든다. 그리고 서서히 록밴드의 저항적인 음악이 흘러나오면서 주인공이 바

〈북경 녀석들〉, 장위엔, 1993

라보고 있는 대상이 바로 자기 자신의 모습이라는 사실이 드러나며 관객들에게 놀라움을 선사한다. 희망적 노래 가사와 더불어 영화는 의지를 통한 일신(日新)이라는 강렬한 혁명적 메시지로 대미(大尾)를 장식한다.

"고통을 노래하네. 이 황량한 도시에서. 고통이 지나가면 내일의 행복이 날 기다리네. 난 미소를 머금고 다른 사람들처럼 살아가네. 난 준비됐어. 쓸데없는 거짓말은 필요 없네. 내 앞엔 돌연한 움직임이, 혁명이 이네. 혁명이 내 생활을 변화시키네. 한 아가씨, 나에게 사랑을 얘기하네. 바람이 불듯 강하게 다가오네."

이러한 가사는 고통스런 과거, 현재, 미래를 아우르며 자신만의 변화된 길을 가려는 중국 청년들의 의지와 희망의 긍정부호로 읽힌다. 영화는 개인사와 공적인 역사의 시공간을 넘나들며 아물지 않는 과거의 상처와 현실의 굳은살을 관조하면서 현실 극복의 지난한 세월을 보여주고 있다.

현대 영화에서 가장 많이 쓰이는 기법으로 '오버랩 사운드 컷(overlap sound cut)'이 있다. 한 장면에서 다음 장면으로 넘어가기 전에 미리 다음 장면의 사운드효과나 대사가 현재 화면에 나오게 하는 기법이다. 이러한 기법은 서로 연관이 없는 듯한 두 장면을 자연스레 전환시키면서 동시에 편집의 리듬을 유연하게 하는 기능을 수행한다.

편집의 두 가지 스타일

영화의 탄생 이래로 완성된 필름을 이어붙이는 편집법은 크게 두 가지 경향으로 분리되어 발달해왔다. 하나는 연속편집(continuity editing)이고, 다른 하나는 비연속편집(discontinuity editing)이다.

고전 영화적 방식인 연속편집

연속편집이란, 하나의 일관된 이야기 흐름을 유지하기 위해 촬영에 들어가지 전부터 편집의 모양새를 완벽하게 정해놓고, 그 원칙에 맞게 이야기 쇼트들을 배열하는 방식을 말한다. 이 편집방식의 목적은 극중인물들의 행위의 연쇄가 일관된 행동을 따르도록 주도면밀하게 설계함으로써 스토리가 통일성을 지니면서 분명하게 제시되도록 하는 것이다.

이 연속체계 편집법의 기본적 영상은 두 쇼트가 화면 내에서 대립되는 것이 아니라 평행적으로 연속되며, 조명의 색조 또한 일관되고, 인물의 사건과 행위는 화면의 중심부에 위치하는 것을 원칙으로 한다. 이렇게 되면 편집은 촬영과 떼려야 뗄 수 없는 상호보완적인 관계에 놓이게 되며, 이야기의 연속성을 그 생명으로 하게 된다. 따라서 연속체계 편집법은 곧 연속체계 촬영법을 의미하기도 한다.

연속체계 촬영법의 가장 근간이 되는 법칙은 '180도선 법칙' 혹은 '가상선 법칙' '중심선 법칙'이라 불리는 것이다. 한 화면의 사건(예를 들어, 대화 중인 두 사람, 길 위를 달리는 자동차)은 360도 공간 가운데서 180도의 한쪽 공간에서만 고정되어 촬영된다는 원칙이다. 그리고 만일 180도 공간의 반대편에서 촬영된 쇼트가 삽입될 때 그 사건 행위의 연속성은 파괴된다는 것이 그 요지이다. 180도 법칙은 화면의 방향, 인물의 시선과 각도 등을 일관되게 지켜줌으로써, 사건의 인과적 고리를 유지하고 연속성 파괴로 인한 관객의 혼란 야기를 방지한다.

180도 법칙을 지키는 구체적인 편집방식은 세 가지가 있는데, 하나는 '쇼트와 상대 쇼트(shot/reverse shot)' 방식으로, 하나의 쇼트가 나오면 그 다음에는 반드시 반대 방향에서 잡은 상대의 모습이 나타나야만 화면의 연속성이 지켜진다는 것이다. 그 둘은 '시선의 일치' 방식으로, 쇼트와 상대 쇼트의 대상이 인물일 경우 서로의 시선이 마주보는 식으로 연결되어야만 이야기가 연속된다는 방식이다. 이러한 법칙을 준수하기 위해 하나의 신이 시작될 때 롱 쇼트로 대상을 잡아 인물·물체·상황·공간 사이의 관계를 보여주기도 하는데, 이러한 것을 상황설정 쇼트(establishing shot)라 한다. 이 쇼트로 상황을 분명하게 인지시킨 후, 그 다음 세부적인 쇼트의 연결로 이어간다. 이러한 설정→분절→재설정의 공식은 고전적인 연속편집의 가장 기본적인 편집방식으로 정착되었다.

180도 법칙을 지키는 세번째 편집방식으로는 '행위의 일치'가 있다. 앞 쇼트에서의 행위는 그 다음 쇼트에서도 반드시 연결되어야지, 행동이 생략되거나 다른 장면으로 비약하면 연속성이 파괴된다고 보는 방식이다.

이러한 완벽한 법칙성에서 약간의 변형을 주면서 연속성을 유지하는 기법들도 있다. 우선 '시점편집(point of view editing)'을 들 수 있다. 알프레드 히치콕 감독에 의해 가장 대중화된 이 기법은 '쇼트와 상대 쇼트'에 의한 시선의 일치가 아닌 '쇼트와 반응 쇼트(shot/reaction shot)'의 연결을 말한다. 한 사람이 화면 밖을 쳐다보는 쇼트 다음에는 반드시 그 사람이 본 대상이 화면에 나타나되, 반드시 시선이 일치되지 않아도 된다. 여기서 대상 쇼트는 맨 처음 쇼트에 대한 반응 쇼트로 작용함으로써 일관성을 유지시킨 것이다.

두번째로, '교차편집(cross cutting)' 역시 변형된 연속편집의 한 형태로 꼽을 수 있다. 교차편집은 한 장소에서 일어난 하나의 사건에서 다른 장소의 다른 사건으로 반복 교차됨으로써, 일종의 공간적 비연속성을 보이지만, 스토리의 일관성과 시간적 동시성의 느낌을 주면서 사건을 결합시켜 나간다.

〈와니와 준하〉에 보면 영민과 와니가 첫 키스를 하는 장면이 있다. 첫 키스의 당황함을 드러내기 위해 컷은 와니의 놀라는 표정을 잡고 둘의 어색함을 표현하고 있다. 레코드판이 공전하는 사운드를 통해 낯선 공간의 의미를 전해준다. 처음엔 영민이 누나 와니의 눈썹을 그린다. 감미로운 음악이 레코드에서 나오고 있다. 욕망을 담은 영민의 시선과 모른 채 눈을 감고 있는 와니의 모습. 레코드의 음악이 끝나 공전하며 어색한 침묵이 지속된다. 영민이 와니의 입을 맞춘다. 놀라 눈을 뜨는 와니. 이어 화면은 롱 쇼트로 빠지며 키스하는 모습이 객관적으로 담겨진다. 입술을 떼고 수습하려는 와니. 어색해진 두 남매. 레코드판이 공전하는 소음의 공간. 객관적으로 카메라가 빠지면 도망가는 와니. 공전하는 레코드판. 방에 들어와 레코드판을 정지시키는 준하. 현재의 모습이다. 레코드판의 클로즈업으로 과거에서 현재로 시간의 경과를 표현했다. 클로즈 쇼트들의 연속에서 문득 집안 전체를 밖에서 잡은 쇼트로 연속된다.

비연속편집의 현대적 기법

영화의 이야기를 연속편집에 의하여 그럴듯하고 합리적으로 전달하는 체계가 구축되었지만, 한편으론 꼭 그런 연결법이 아니더라도 영화의 줄거리가 관객에게 제시될 수 있다는 대안적 편집법이 발달하였다.

영화사적으로는 1920년대의 소비에트 영화들과 유럽 전위영화, 프랑스 누벨바그 및 개별 감독의 특수한 예에서 이러한 비연속편집법이 확립되었다.

소련 영화인 가운데서 세르게이 에이젠슈테인(Sergei Eisenstein) 감독은 쇼트와 쇼트의 연결을 단순한 연속이 아닌 상호 충돌 및 통합이라는 원칙으로 정의하였다. 그는 한 쇼트와 다음 쇼트를 의도적으로 상호 충돌하는 것들로 병치시킴으로써, 관객을 제3의 변증법적인 통합 과정에 참여시킬 수 있다고

〈와니와 준하〉

믿었다. 따라서 그는 할리우드가 추구했던 연속편집을 거부했으며, 쇼트와 쇼트, 시퀀스와 시퀀스 사이에 최대한의 상충이 발생하도록 촬영하고 편집했다. 더 나아가 그는 그러한 상충이 지적으로 인식될 수 있을 뿐만 아니라 동시에 정서적일 수도 있다고 믿었다. 그럼으로써 그의 영화는 항상 단순한 이야기의 전달뿐이 아니라 관객의 의식을 한 단계 승화된 상태로 유도하려는 목적을 가지고 있었다.

그밖에도 장 뤽 고다르, 알랭 레네, 자크 타티(Jaques Tati), 오즈 야스지로 등의 영화에서 의도적으로 사용된 비연속편집법은 영화의 스토리가 반드시 연속편집법에 의해서만 유지될 수 있는 것은 아니라는 것을 입증했다.

그들은 의도적으로 공간적 비연속성을 갖기 위해, 180도 법칙을 무시한 채 360도 공간을 다 활용해 촬영을 하고, 쇼트와 상대 쇼트의 원칙을 따르지 않을뿐더러, 행동의 일치 대신 '점프 컷(jump cut)'을 사용하기도 했다. 점프 컷이란 동일 피사체에 대한 두 쇼트가 연결될 때, 서로 다른 각도나 거리, 행동의 불일치 등으로 두 쇼트가 연결되지 않는 현상을 말한다. 이들 점프 컷들은 전통적인 스토리라인을 구축하려던 기대를 깨뜨림으로써 관객을 혼란에 빠뜨린다. 하지만 관객들은 다시 혼란을 수습하고 애써 스토리를 조합하려는 노력을 하게 된다. 현대 감독들이 노리는 의도는 바로 그것이다. 관객은 감독이 숨겨놓은 이면의 이야기를 찾아내기 위해 노력하며, 그것을 알아낼 때 새로운 영화를 보았다는 색다른 느낌을 받게 된다는 것이다.

이처럼 영화를 구성하는 편집의 두 양식은 독자적으로 발전해왔다. 할리우드를 중심으로 한 연속편집 체계는 이야기를 쉽게 이해시키지만, 영화 보는 방식을 획일화시킨다. 반면 비연속편집 체계의 영화들은 고정된 가치관의 관객에겐 혼란을 주지만, 미학적으로 다양한 양식의 볼거리와 생각할 거리를 제공한다는 이점이 있다.

작품분석을 통한 이해 1

강원도의 힘 감독: 홍상수

비연속편집의 영화사적 의의

영화의 이야기를 연속편집으로 그럴듯하고 합리적으로 전달하는 체계가 구축되었지만, 한편으론 꼭 그런 연결법이 아니더라도 영화의 줄거리가 관객에게 제시될 수 있다는 대안적 편집법이 발달했다.

영화사적으로는 1920년대의 소비에트 영화들과 유럽 전위영화, 프랑스 누벨바그 및 개별 감독의 특수한 예에서 이러한 비연속편집법이 확립되었다.

소련 영화인 가운데서 세르게이 에이젠슈테인(Sergei Eisenstein) 감독은 쇼트와 쇼트의 연결을 단순한 연속이 아닌 상호 충돌 및 통합이라는 원칙으로 정의했다. 그는 한 쇼트와 다음 쇼트를 의도적으로 상호 충돌하는 것들로 병치시킴으로써, 관객을 제3의 변증법적인 통합 과정에 참여시킬 수 있다고 믿었다. 〈전함 포템킨〉에서 오데사 학살 시퀀스는 유명하다. 그 장면에서 학살하는 짜르 병사와 수난당하는 시민들, 그 사이에서 계단을 굴러 내려가는 유모차는 서로 연속되어 있는 것이 아니라 계속 충돌하는 이미지로 되어 있다. 이렇게 충돌시킨 목적은 학살을 그냥 서술하는 것보다는 학살의 효과인 참혹과 경악을 강조하기 위함이었다.

따라서 그는 할리우드가 추구했던 연속편집을 거부했으며, 쇼트와 쇼트, 시퀀스와 시퀀스 사이에 최대한의 상충이 발생하도록 촬영하고 편집했다. 더 나아가 그는 그러한 상충이 지적으로 인식될 수 있을 뿐만 아니라 동시에 정서적일 수도 있다고 믿었다. 그럼으로써 그의 영화는 항상 단순한 이야기의 전달뿐이 아니라 관객의 의식을 한 단계 승화된 상태로 유도하려는 목적을 가지고 있었다.

그밖에도 장 뤽 고다르, 알랭 레네, 자크 타티(Jaques Tati), 오즈 야스지로 등의 영화에서 의도적으로 사용된 비연속편집법은 영화의 스토리가 반드시 연속편집법으로만 서술될 수 있는 것은 아니라는 사실을 입증했다.

장 뤽 고다르의 〈네 멋대로 해라〉에서 가장 대표적인 비연속편집 장면은 영화초반부의 경찰 추적 신이다. 주인공은 사람을 살해하고 이어 경찰의 추격을 받는다. 이때 앞서 나온 경찰차와 주인공인 범인의 차의 방향이 뒤바뀌어 있다. 이대로라면 경찰차가 주인공 차를 좇는 것이 아니라 서로 부딪힌다는 의미가 된다. 하지만 두 차가 부딪히는 설정이 아니라 분명히 경찰차가 범인을 좇는 장면이다. 이 장면은 의도적으로 연속성을 파괴함으로써 고전적 편집법을 조롱한다. 감독은 이 장면에서와 같이 설령 연속성을 파괴한다 해도 그 의미를 해치지 않기 때문에 반드시 연속성의 법칙을 준수할 필요가 없다고 주장하고 있는 것이다.

그들은 의도적으로 공간적 비연속성을 갖기 위해, 180도 법칙을 무시하고 360도 공간을 다 활용해 촬영을 하며, 쇼트와 상대 쇼트의 원칙을 따르지 않을뿐더러, 행동을 일치시키는 대신 '점프 컷(jump cut)'을 사용하기도 했다. 점프 컷이란 동일 피사체에 대한 두 쇼트가 연결될 때, 서로 다른 각도나 거리, 행동의 불일치 등으로 두 쇼트가 연결되지 않는 현상을 말한다. 장 뤽 고다르 감독의 〈네 멋대로 해라〉에서 두 남녀가 차를 타고 가는 장면이 있다. 카메라는 그들의 뒷모습을 잡고 있는데 그들은 서로 대화를 하고 있다. 일련의 같은 동작인데도 쇼트는 자주 분절된다. 이러한 점프 컷 효과는 이들에게 동화되려는 관객의 심리를 차단하는 효과를 준다.

〈동경이야기〉에 사용된 180도 법칙의 위반

오즈 야스지로 감독의 〈동경이야기〉에서 미용실 장면은 대표적으로 180도 시선의 법칙을 파괴한 예이다. 한 인물이 머리를 하고 있고 서로 대화를 한다. 이들이 대화하는 장면에서 시선은 연속되지 않고 상충한다. 한 인물이 같은 방향을 봄으로써 연속성의 논리로 보면 말이 되지 않는다. 하지만 관객들은 그 인물이 서로 대화한다고 생각하지 말이 안 된다고 생각하지 않는다. 오즈는 이미 문맥에 의해 관객은 영화를 이해하고 있기 때문에 이러한 180도 시선의 법칙을 어기는 것이 큰 문제가 되지 않는다고 본다. 그가 이렇게 한 이유는 360도 공간을 다 활용하고자 한 그의 의도에서 비롯된 것이라고 생각한다. 그는 공간설정에 있어서 새로운 대안을 제시하고 있는 것이다.

오즈는 이 영화뿐 아니라 거의 모든 영화에서 인물이 정면의 시선을 봄으로 인해 종래 고전 할리우드가 지향하던 시선의 법칙을 무시한다. 하지만 그런 방식이 낯설긴 해도 영화를 이해하는 데 전혀 문제가 되지 않으므로 하나의 대안적 서술방식으로 자리잡게 된 것이다.

이들 점프 컷들은 전통적인 스토리라인을 구축하려던 기대를 깨뜨림으로써 관객을 혼란에 빠뜨린다. 하지만 관객들은 다시 혼란을 수습하고 애써 스토리를 조합하려는 노력을 하게 된다. 현대 감독들이 노리는 의도는 바로 그것이다. 관객은 감독이 숨겨놓은 이면의 이야기를 찾아내기 위해 노력하며, 그것을 알아낼 때 새로운 영화를 보았다는 색다른 느낌을 받게 된다는 것이다.

〈강원도의 힘〉과 봉합 없는 편집

홍상수는 관객을 스크린 속 현실의 비판적인 관찰자로 남게 한다. 관객은 냉정하게 인물들과 상황들을 지켜보고 비판적으로 수용하게 된다.

다음에 분석하고자 하는 시퀀스는 홍상수의 봉합 없는 편집의 전형적인 예를 보여준다. 상권이 김 교수를 찾아간 장면, 이어 교수 공채 응모에 임하는 장면, 두 개가 끝나면 강릉으로 여행을 간다. 이 장면의 처음은 영화의 처음과 일치한다. 영화의 처음에는 지숙의 모습을 정면으로 보이는 반면, 이 장면에서는 지숙의 모습을 뒷모습으로 하여 보여준다. 영화는 같은 시간을 다른 각도에서 보여주고 있다. 영화는 이 장면에서 다시 시작한다. 이러한 수법은 이미 현대 영화의 한 조류를 형성한다. 타란티노의 〈펄프 픽션〉이나 왕자웨이의 〈중경삼림〉에서 이러한 수법을 경험한 바 있다. 홍상수는 시간의 중첩을 구사하고 있다.

쇼트 1에서 김 교수는 벨소리에 반응한다. 그는 시선을 돌려 프레임의 우측을 바라본다.

쇼트 2에서 김 교수는 문을 열고 상권을 맞이한다. 이것은 쇼트 1에 대한 반응쇼트가 아니라 독립적인 쇼트이다. 메츠에 의하면 이 쇼트들은 하나의 일반적인 (ordinary) 쇼트들이다.

쇼트 2와 쇼트 3은 연결되지 않는다. 약간의 시간의 경과가 포함되어 있다.

쇼트 3에서 상권과 김 교수는 한동안 서로를 쳐다보지 않는다. 서로의 시선은 TV에 고정되어 있다. 그들의 의사소통의 부재에는 번역되지 않는 외국어의 사운드가 간섭하여 그 소외된 상황을 더욱 고조시킨다. 스모 중계를 하는 아나운서의 일본어가 바로 그것이다. 이러한 장면이 산출하는 개념은 부자연스러움이며 그것은 바로 상권이 김 교수를 방문한 목적이 부자연스럽다는 이야기의 개념을 의미한다.

상권은 이 어색한 공기를 전환시키기 위하여 일부러 엉뚱한 화제를 꺼낸다. 그것은 이 아파트의 강인함에 관한 것이다. 김 교수도 이 말을 받아 계속 말을 이어나간다. 이때 이들은 서로에게 시선을 주지만 여전히 그 어색함은 살아있다. 김 교수는 정확히 상권을 바라본 것이 아니라 비스듬히 정면을 바라보고 있다. 여전히 그들은 텔레비전 쪽에다 시선을 주면서 간간히 상대방을 바라보는 시늉을 한다.

김 교수는 아파트의 강인함에 대해 길게 열변을 토한다. 하지만 이 내용은 상권과 김 교수가 나눠야 할 진정한 대화가 아니다. 그들이 나눠야 할 진정한 대화는 교수채용에 관한 부탁이다. 상권은 김 교수가 있는 대학에 교수로 들어가야 하고 그것을 도와달라고 김 교수에게 부탁해야 하는 것이다. 그런데 상권은 그 말을 하지 못한다. 왜 그런가? 그러한 부탁 자체가 부자연스러운 일이다. 그건 엄연히 법적으로도 불법적인 청탁에 해당한다. 또한 부도덕한 일이다.

쇼트 4는 시간의 경과를 나타낸다. 동시에 이들의 무료하고 고착되어 있는 상황을 암시한다.

쇼트 5는 김 교수의 분리된 모습을 나타낸다. 상권은 프레임 밖에서 술병을 건넨다. 김교수와 상권의 분리된 모습을 통해 이들의 교류가 불건전하고 비화합적인 내용임을 암시한다. 또한 자연스럽지 않음을 나타낸다.

쇼트 6 역시 분리된 모습이다. 김 교수는 상권에게 콜라를 권한다. 그의 시선은 상권을 향한다. 하지만 그 다음 쇼트는 그것의 반응 쇼트가 아니다. 이들은 철저히 화합하지 못한다는 것을 암시한다.

쇼트 7은 이미 시간의 경과가 있다. 상권은 받은 콜라를 쳐다보다가 무언가를 발견한다. 이 쇼트와 그 다음 쇼트는 이 영화를 통해 거의 드물게 나타나는 주관적인 시점쇼트(POV shot)를 이용한 쇼트와 반응쇼트의 연결이다.

쇼트 8은 그 이전 쇼트를 받은 반응쇼트이다. 상권이 무언가를 발견했고 그 대응물인 콜라와 콜라안에 들어간 무언가를 보여준다.

다시 쇼트 9는 그 반응 쇼트이다. 상권은 김 교수 쪽을 슬쩍 쳐다보다가 그냥 콜라를 마신다. 그는 김 교수에게 콜라 안의 이물질에 대해 말하려고 했으나 그만두었다. 그는 김 교수에게 부탁을 하러온 처지이고 그런 상황에서 시비를 거는 듯한 그의 행동은 자제해야만 했기 때문이었을 것이다.

쇼트 10은 다시 시간 경과가 된 장면이다. 상권은 밖으로 나와 서성거린다. 그는 불만에 가득찬 표정이다. 그는 아마 김 교수에게 아무 얘기도 못하고 나온 듯싶다. 부탁하러 갔는데 아무 말도 못하고 나온 상권의 심정은 불만투성이이다.

쇼트 11은 김교수가 상권이 두고 간 우산을 펴보고 있는 장면이다. 이것은 앞의 상권의 심정과는 대조적인 장면이다. 아이러니를 더욱 배가시킨다.

쇼트 12는 한참 시간 경과가 지난 장면이다. 그는 김 교수에게 부탁을 하지 못했기 때문에 그 대학은 포기했다. 그는 지방대학인 춘천대는 별로 원하지 않는다. 그래서 그는 마감날인데도 게으름을 피우고 있다. 그는 지원서를 낼까 말까 망설이고 있다.

쇼트 13은 사진관에서의 불안한 심리의 상권을 보여준다. 사진사가 전화 받으러 가는 행위는 상권의 마음을 불안하게 만든다.

쇼트 14는 상권의 불안한 심리를 반영한다. 그는 사진이 잘못 나온 것 같은 불안감을 갖는다. 하지만 그것은 사실이 아니다. 만약 사진이 잘못 나왔다면 그건 사진관에서 이미 발견했을 것이다. 그는 사진을 찾지 않았을 것이고 다시 찍었을 것이다. 사진은 별 이상이 없다. 결국 사진이 잘못되었다는 그의 판단은 그의 불안한 심리에서 기인한 잘못된 판단일 뿐이다.

쇼트 14와 쇼트 15는 쇼트와 반응쇼트의 편집이다.

쇼트 15가 보여주는 것은 바로 그러한 잘못된 판단에 대한 성찰이다. 아무리 봐도 잘못된 사진이 아니다. 하지만 상권은 그 사진이 잘못되었다고 생각한다. 관객은 그 사진을 잘되었다고 생각한다. 이러한 극중인물의 생각과 관객의 생각의 불일치는 이 객관적인 이미지를 통해 아이러니의 작용을 한다.

쇼트 16은 상권의 급한 심리를 드러낸다.

쇼트 17은 쇼트 16의 심리에 대한 답이다. 이러한 화합장면은 상권의 안도의 순간을 의미한다. 그는 다시 사진을 찍음으로써 불안한 심리를 보상받는다.

쇼트 18은 화합의 장면이지만 내면적으로 상권의 심리는 공허하다. 관객은 이 객관적인 쇼트를 통해 남직원이 전혀 상권에 대해 불안하게 해준 것이 없다고 생각한다. 하지만 상권은 그렇게 생각하지 않는다. 그는 자신이 무언가 할 일이 더 있다고 생각한다. 그러나 현실적으로 그에겐 할 일이 없다. 그가 결핍을 느끼는 이유는 그의 마음이 불안하기 때문이다.

이러한 불안감은 가정과 지숙 사이에 놓인 그의 아슬아슬한 심리와도 평행적으로 진행한다.

쇼트 19는 이상한 장면이다. 이 장면 역시 관객이 보기에 전혀 이상한 장면이 아니다. 상권이 있고 그의 앞으로 떠돌이 개 한 마리가 다가오는 그런 평범한 일상이다. 하지만 상권에게 그 개는 불안감을 조성하는 개로서 작용한다. 그런 점에서 이 프레임의 닫힌 구조는 상권의 구조받을 수 없는 억압된 심리를 반영한다. 구로사와 아키라의 〈꿈〉에 나오는 한 에피소드에 이와 흡사한 장면이 있다. 터널에 들어간 일본군 장교는 그를 향해 다가오는 개 한 마리를 발견한다. 그 개는 그에게 공포의 순간으로 다가온다.

쇼트 20은 그의 나른한 존재상태를 암시한다. 사실 그는 무능력과 무기력에 직면해 있다. 그의 낮잠은 그 의미를 잘 반영한다. 재환의 전화벨 소리가 그를 깨운다. 그에겐 다시 활력이 생긴다. 강원도로의 여행은 그의 지숙과의 기억을 떠올리기 때문이다. 그에겐 다시 한번 지숙으로의 도피를 꿈꿀 수 있는 기회가 찾아온 것이다.

쇼트 21은 그러한 상권의 활력에 차고 기대에 찬 심리에 응답하는 쇼트이다. 외로운 금붕어는 지숙이 된다. 그는 마음속으로 지숙을 가두고 보호하고 길러왔다.

쇼트 22는 영화의 처음 장면의 반복이다. 하지만 각도가 달라져 있다. 여기서 지숙은 뒷모습을 보인다. 이 장면은 표면적으로 지숙과 재환이 화합되어있지만 내면적으로 그들은 분리되어 있다. 서로를 전혀 모르기 때문이다.

화합과 분리의 주제를 드러내는 편집

이들 쇼트를 지배하는 원칙은 화합과 분리라는 개념이다. 주인공이 처한 상황을 묘사하기 위해 홍상수는 주인공과 주변 인물을 화합적으로 혹은 분리적으로 다룸으로써 서사를 진행시킨다.

쇼트 1: 분리

쇼트 2: 화합

쇼트 3: 화합(표면), 분리(내면)

쇼트 4: 인서트

쇼트 5~7: 분리

쇼트 8: 인서트

쇼트 9~11: 분리

쇼트 12: 화합

쇼트 13~14: 분리

쇼트 15: 인서트

쇼트 16: 분리

쇼트 17: 화합

쇼트 18: 화합(표면), 분리(내면)

쇼트 19: 분리

쇼트 20: 분리

쇼트 21: 인서트

쇼트 22: 화합(표면), 분리(내면)

여기서 흥미로운 것은 쇼트 3과 쇼트 22이다. 이들 쇼트들은 표면은 화합이지만 내면은 분리라는 공통점을 갖는다. 그것은 홍상수 영화의 에둘러 말하기의 양식이다. 홍상수는 본질 혹은 내용에 대해 직접적으로 말하지 않는다. 그 이유는 등장인물이 처한 상황 때문이다. 그래서 그들은 자신의 내용은 숨기고 대신 다른 내용을 말한다.

인서트로 사용한 장면들은 대부분 불완전이라는 공통점을 갖고 있다. 쇼트 8의 콜라 속의 한 점 불순물, 쇼트 15의 만족스럽지 못한 자신의 얼굴사진, 쇼트 21의 외로운 듯 보이는 한 마리 금붕어. 그것들은 상권의 심정을 대변한다. 그 장면들은 상권 내면의 불완전을 의미하며 완전과 비교하여 어떤 결핍이다. 상권은 표면적으로 지숙을 잊었지만 내면적으로는 지숙을 잊지 못한다. 따라서 그의 심정은 불안정하며 애매한 상태가 된다. 영화는 그러한 심정을 이미지로 표현한다.

이처럼 비연속편집 체계의 영화들은 고정된 가치관의 관객에겐 혼란을 주지만, 미학적으로 다양한 양식의 볼거리와 생각할 거리를 제공한다는 이점이 있다.

작품분석을 통한 이해 2

JFK 감독: 올리버 스톤

극영화와 기록영화적 수법의 혼합

올리버 스톤 감독의 영화 〈JFK〉는 케네디 암살 사건의 미스터리를 풀어나가는 수사 드라마로서 영화적 구성과 편집 기법을 연구하는 데 중요한 교재다. 이 영화는 영화 역사의 계보에 있어서도 1940년에 만들어진 오손 웰스 감독의 〈시민 케인〉의 기법을 그대로 이어받고 있어서 영화 연구의 흥미를 더한다. 오손 웰스 감독은 당시로선 획기적으로 케인이라는 한 인간의 죽음과 신비를 캐는 수사 드라마를 극영화와 기록영화적 수법을 혼합하여 구성했다. 이러한 극영화와 기록영화적 수법의 혼합은 영화사적으로 〈시민 케인〉(오손 웰스) → 〈젤리그Zelig〉(우디 알렌, 1983) → 〈JFK〉(올리버 스톤)로 이어져 내려온다.

영화의 내용 구성은, 사건의 발생(케네디의 죽음) → 수사 착수, 탐문 시작 → 사건의 배후로 지방 경제계의 거물, CIA, FBI, 육군, 공군에 이르기까지 광범위한 권력기관과 경제인들을 고발 → 총알이 휘어서 나갈 수도 있다는 소위 '마법의 탄환'이라는 설득력 약한 얘기로 오스왈드 단독범행으로 재판이 종결된다. 사건 배후 인물에 대한 탐문수사가 영화 속 이야기의 골조를 이루며, 그 외 비중이 작은 인물들이 등장하고 짐 게리슨 검사의 사무실과 그의 가정에서 아내와의 갈등 등이 추가된다.

이 영화에서 가장 중요한 기록영화 자료는 제프 루더라는 시민이 찍은 8밀리 필름으로서, 케네디가 암살당하는 순간을 거짓 없이 보여주고 있다. 그 필름은 영화의 클라이맥스인 클레이 쇼 재판 장면에서 보이며 사건을 완벽하게 재구성하는 데 쓰인다. 결국 〈JFK〉는 '영화에 대한 영화'라는 시각으로 보면, 최초에 잠깐 소개된 제프 루더의 8밀리 기록영화의 진실을 증명하는 과정을 담고 있는 영화라고 볼 수 있다.

이 영화의 구성 방식은 마치 기록영화를 구성하듯이 짜여져 있다. 영화의 맨 처음에는 아이젠하워의 대통령 퇴임연설이 그대로 나오는데, 이 기록은 당시 텔레비전에서 방영되었던 것을 있는 그대로 빌려 쓴 것이다. 내용은 미 군수산업이 팽창함으로써 민주정치 발달에 장애를 가져올 거라는 경고로서, 이 영화의 주제인 파시즘의 대두를 뒷받침하는 중요한 자료이다.

맨 마지막 장면은 패소한 게리슨 가족이 재판부를 빠져나오는 장면인데, 그 뒤에 자막으로 끝맺음을 하고 있다. 말하자면 기록영화의 한 관습인 자막에 의한 해설인 것이다. 그밖에도 감독은 영화 속에서 의도적으로 최대한 기록영화 수법을 차용함으로써 관객으로 하여금 영화 속 내용을 '객관적 사실'로 인식하도록 유도하고 있다.

영상과 영상의 연결

이러한 연출 의도는 결국 세부적인 쇼트의 연결에 있어서도 기록영화적 수법을 차용하도록 하고 있다. 그 수법이란 첫째, 기록영화가 궁극적으로 보여주고자 하는 사건의 폭로성, 즉 진실의 포착이다. 둘째, 진실을 증명해 보이는 논리적 과정이다. 진실을 폭로하고 증명해 보이기 위해서 이 영화는 플래시 컷에 의한 편집을 상당수 활용하였다.

케네디의 암살 현장을 보여주기 위해서 감독은 세 가지의 서로 다른 필름을 하나로 연결시킨다. 케네디가 당선되기 전후의 미국 역사를 기록영화로 구성하여 보여준 후, 극영화가 본격적으로 시작된다. 도로에서 차가 질주하고 한 여인이 차에서 밖으로 내팽개쳐진다. 병원으로 옮겨진 그녀는 케네디가 암살될 것이라는 알쏭달쏭한 말을 되뇌는데, 주변의 의사들은 그녀가 제정신이 아니라고 말한다. 다음 부분은 케네디가 달라스 시내로 들어오는 장면이다. 거리에 늘어선 많은 사람들과 케네디의 모습을 번갈아가며 보여준다. 이 장면은 케네디를 기록한 실제 기록영화 장면과 감독이 당시를 재현한 허구적 장면 두 개가 완벽히 혼합된 영상물이다.

처음의 여인 장면은 거의 허구에 가깝다. 두번째 케네디의 모습은 실제 기록물이다. 세번째의 상황묘사는 기록영화적으로 묘사된 허구

이다. 이 세 가지의 영상물이 마치 하나의 기록물처럼 보이게 하기 위해 조금의 오차도 없이 동등하게 연결되었다. 그러기 위해서 일부러 흑백 화면을 사용했으며, 거친 카메라 움직임 등을 고려했다.

다큐멘터리적 인터컷의 사용

게리슨 검사는 수사의 첫 용의자로 데이비드 페리를 불러다 탐문수사를 벌인다. 케네디 암살 용의자인 오스왈드와의 관계를 캐묻자 페리는 그를 모른다고 부인한다. 그때 카메라는 페리가 담배를 피우는 모습을 잡으며 그 손이 미세하게 떨리고 있음을 보여준다. 그의 입으로는 모른다고 말하지만, 그 다음 인서트 컷에는 오스왈드와 만나고 있는 페리의 모습이 보인다. 장면이 커트되고 게리슨 검사의 다음 질문이 이어진다. 사건이 있던 전날 텍사스에 갔었는가 하는 질문에 페리는 그곳에 가지 않았고 낚시여행을 갔었다고 답한다. 그 다음 인서트 컷은 천둥 번개가 치는 그 전날의 상황을 보여주며, 그가 낚시하러 갔었다는 말이 거짓이었음을 증명한다. 이러한 기법은 이 영화를 지배적으로 이끌어가는 편집방식이다. 검사가 만난 클레이 쇼, 그의 변호사 동창 등이 모두 거짓말을 하고 있다는 것이 이와 동일한 방식에 의해 관객에게 밝혀진다.

결국 이러한 인서트는 진실을 드러내주고 숨겨진 사실을 폭로하는 기능을 하는 기록영화적 수법이다. 그건 종래의 전형적인 극영화 이야기의 서술방식이 아니라, 기록영화 수법을 차용한 올리버 스톤 특유의 컷 연결법으로서 인간의 자의식을 강조하는 편집법이라고 할 수 있다.

　이 영화 속에서 가장 압권인 장면은 재판 장면이다. 영화 속에서 제프 루더가 촬영한 8밀리 기록 필름이 최초로 전면 공개되는데, 검사는 그 필름이야말로 진실이라는 것을 증명해 보인다. 이때 관객은 영화의 초반부에 제시된 케네디의 모습이 제프 루더 필름에서 나온 것이었음을 비로소 알게 되며, 정확히 어떻게 케네디가 살해되었는가를 게리슨 검사의 설명을 통해 알게 된다. 검사의 말은 역시 인서트 방식으로 관객에게 제시되며, 관객은 기록영화의 화면을 진실이라고 믿듯이 올리버 스톤이 설치한 인서트 장면을 모두 사실이라고 믿게 된다.

　말하자면 이 영화에서 쓰인 인서트는 두 가지의 진실을 전달해준다. 거짓 자백을 하는 사람의 말 사이에 끼어들 때는 숨겨진 사실을 폭로하고, 사실을 증명하려는 사람의 말 사이에서는 진실을 새롭게 조합하는 역할을 하게 되는 것이다. 이 재판 과정을 통해 제프 루더의 기록영화는 두세 번 반복되는데, 관객은 그 짧은 필름을 처음 볼 때 느꼈던 애매모호한 느낌이 마지막에 가서는 완전히 해소되고 결말에 도달한다는 것을 느낀다. 여기서 편집은 완벽한 사건 재구성의 역할을 해내고 있는 것이다.

고전적 연속편집의 주관적 변형

전체적으로 이 영화는 고전적 서사체 구성을 하고 있다. 처음에 주인공에게 어려운 수수께끼가 주어지고, 끝날 때쯤 되면 그 미스터리를 해결하는 방식인 것이다. 게리슨 검사의 탐문수사는 철저히 원인-결과식의 구성을 갖고 있다. 이러한 전형적인 각본이지만 감독의 편집방식은 고전적 연속성의 법칙대로만 하고 있지 않다. 중간에 삽입되는 인서트는 오히려 연속성을 단절시키는 기능을 하며, 사건의 표면적 연결이라기보다는 내면을 추리하게 만든다. 소위 관객이 비판적 시각을 통해 객관적 판단을 할 수 있도록 의도하는 것이다.

이러한 형태는 개성적이며 또한 주관적인 형태이다. 표면적으로는 고전적 형식을 취하면서도 실제적으론 고전적 법칙을 그대로 따르지 않고, 감독 개인의 주관적 문법을 살리면서 절충된 형태를 취하고 있다. 즉, 올리버 스톤 감독은 고전적 연속편집을 주로 사용하면서 관객이 지적인 비판력을 갖게끔 적절히 비연속편집을 삽입하는 지적인 편집기법을 구사하고 있는 것이다.

작품분석을 통한 이해 3

봄날은 간다 감독: 허진호

통과의례 서사와 정적이고 느린 내적인 리듬

〈봄날은 간다〉가 보여주는 특이성은 우선 단순 경제성의 서사원칙에 기댄 영화란 점이다. 상우와 은수 단 두 명의 인물만을 가지고 시종일관 드라마를 견지해나가는 힘도 놀랍거니와 극적이지 않은 일상적 소재를 물고 늘어지는 것도 특징으로 꼽을 만하다. 미장센 효과 등 영상의 배려에 있어서도 정적인 동양화의 느낌 속에서 침묵의 정서를 수묵의 경치처럼 묘사해나간다. 이 영화가 관객에게 주는 의미는 감각적 오락이나 영화적 장르의 관습이 주는 기대감보다는 묵언과 일상의 의미를 재음미하는 지루한 정경의 풍경화적 만보(漫步)의 느낌일 것이다. 이 영화는 성장 서사, 통과제의 서사의 전형으로서, 특히 상우의 입장에서 그렇다.

발단부에 자전거를 타고 프레임의 좌측 전면에서 등장한 상우의 익명성은, 영화가 종언을 고하는 마지막 장면에서는 갈대숲의 소리를 녹음하고 있는 그의 미소 띤 얼굴이 가득히 클로즈업되는 것으로 바뀌는데, 이는 점차 그의 내면적 성찰의 깊이가 가늠되어지고 무르익어간다는 것임을 확실히 암시하고 있다. 상우는 은수와의 만남과 이별을 통해 성인의 세계로 진입하는 통과의례를 거친 것이며, 아픈 이별만큼이나 그의 내면에선 각성의 희열 또한 인지할 수 있게 된다.

시간의 경과에 의미를 부여하는 영상과 소리의 연결

영화는 노인과 청년을 교차시키며 등가치적 의미를 생성해나간다. 영화 속에서 노인은 인생의 지혜와 잃어버린 시간의 대변자로 현시되어 나타난다. 갈대 소리를 녹음하기 위한 장소에서 민박집 할머니와의 대화는 그 자체가 선문답에 가깝게 느껴진다. "배고파요, 할머니"에 대해 "배고프면 밥 먹어"로, "여쭤볼게요"에 대해 "여쭤봐"로 화답하는 할머니의 응수는 불교의 선사들의 직설적이며 엉뚱한 화두를 그대로 연상시킨다. 노인들에게 있어서 사물은 그만큼 투명해 보이고 단순명료해지는 것이며 그런 점에서 복잡하고 교란적인 청년들의 사고와는 대비된다. 아리랑 민요를 채집하기 위해 만난 노인 부부의 경우도 둘의 살아온 시간의 침전물이 그대로 아리랑 가사에 응결되어 나오며 시간의 경과와 무상함을 각성시켜준다. "나를 버리고 가시는 님은……"의 가사를 품고 있는 민요 '아리랑'은 그대로 상우, 은수가 막 가슴앓이를 하는 그 시점에서 그들의 내면적 풍경을 반영해준다.

이와 같은 수법은 상우의 할머니가 소싯적 한복을 곱게 차려입고 양산을 쓴 채 연분홍 치마를 날리며 길을 나서는 장면에서 대중가요 〈봄날은 간다〉가 배음으로 혼효될 때 더욱 분명하게 차용된다. 영화에서 주제적 의미를 강하게 부각시키는 대상은 노인으로 대표되는 할머니와 청년으로 대표되는 상우이다. 할머니와 상우는 자주 상봉하면서 노소에 대한 시간적 경과를 철학적으로 설명해내려 하고 있다. 상우와 할머니는 심정적 동거를 하고 있는데 청년시절의 남편의 얼굴 외엔 기억해내지 못하는 할머니는 현실시간적 정지의 의미를 갖고 있고, 그 정서는 그대로 상우에게 전달되어 빠르게 움직이는 은수를 만나는 상우의 몸가짐은 어딘지 모르게 항상 느리게 느껴진다. 그렇게 상우와 은수의 동정(動靜)의 감각이 대비되지만 이 영화는 아주 섬세한 대비적 효과 외에 물리적 사건이랄 만한 굉장한 사건 없이 조용히 정체성 발전의 서사체를 지향한다.

감독은 영화의 초반에서 집을 나간 할머니를 모셔오는 상우의 장면으로부터 시작하여, 할머니와 상우를 번번이 의도적으로 대면시킨다. 할머니의 가출과 상우의 상봉은 영화적 주제를 상승시키는 중요한 동력으로 작용하는데, 그것이 승화된 장면이 은수와 이별하고 쓰린 상처를 입은 상우를 할머니가 위로해주는 툇마루 장면이다. "버스와 여자는 떠나면 잡는 게 아니"라는 말을 하는 할머니는 그야말로 남자로 인해 상처 입은 대표적인 인물인 것이다. 이 장면은 남성에게 상처 입은 여성이 상처 입은 남성을 위로해주는 역설적인 장면으로, 여성적 상처와 남성적 상처가 등가치적 의미로 교류되는 지점이다. 감독은 할머니와 상우의 이러한 관계 설정을 통해서 젠더 정치학의 형평 관계를 선언하고 있는 셈이다. 남성적 시선의 의식화라는 폐단을 교정하려는 듯한 이러한 남녀의 균등한 시점 할애는 단지 부분으로서가 아니라 영화 전체적으로 주제의 한 지점을 확보하고 있다고 보인다.

소리를 통한 시간 교차적 편집의 의미

감독은 이 영화에서 인생의 각성을 시간경과적 의미로 통어하고 있음을 분명히 나타낸다. 팔을 심장 위로 들고 흔들라는 교훈을 가르쳐준 상우와 이별하고 한참의 시간이 경과한 후, 혼자 있던 은수는 무의식적으로 손을 흔들다가 상우를 떠올린다. 이 장면의 반복은 인생의 교훈이 시간적 경과 속에서 그 씨앗을 뿌리고 있다는 것을 의미한다. 감독은 그 의미를 관객에게 되뿌리면서 우리 주변에서 마냥 통과하고 있는 시간적 섬광의 산종(散種)들이 어떻게 수확되어야 마땅한 것인지를 조심스럽게 질문하고 있다.

상우와 은수가 헤어지는 결말부의 장면에서 관객은 그 내용과는 역설적인 제목인 〈사랑의 기쁨〉이라는 음악을 듣게 된다. 그 곡은 언젠가 은수가 혼자 읊조리던 노래를 상우가 몰래 녹음해두었던 바로 그 음악이다. 은수와 헤어진 후 상우는 혼자 집에서 그때 녹음해둔 은수의 목소리를 몰래 틀어본다. 헤어지던 길거리의 그 장면에서 나온 소리는 화면 밖 소리로서 현실 밖의 소리이며 어쩌면 상우의 마음속에서나 감지되는 소리로만 기능하는 것이다. 다시 반복되어 화면 내에서 청취될 때 관객은 현실과 현실 밖의 두 소리가 일치되는 동일시를 경험하게 된다. 그 소리는 마지막 장면인 갈대밭의 상우의 녹음 장면

으로 이어지며 각성의 희열감이 번지는 상우의 얼굴로 집중되는 효과
를 낳고 있다.

　시간의 경과와 인생의 각성이란 주제는 정지된 시간에 대한 인식을
통해 전달된다. 할아버지 사진 옆에 할머니의 사진이 나란히 걸리는
것으로 감독은 간단하게 할머니의 죽음, 즉 정지된 시간의 의미를 전
달한다. 이는 그의 전작 〈8월의 크리스마스〉에서 주인공의 영정 사진
을 통해 그의 죽음, 즉 시간 정지를 표현한 것과 동일한 수법으로서,
감독은 모든 인간의 활동이 결국은 사각의 사진 한 장으로 종결된다
는 것에 각별한 의미를 두고 있는 듯하다. 어쩌면 허진호 감독은 영화
적 기원의 한 해석을 우리에게 제시하는 것일 수도 있다. 모든 사진(이
미지)은 결국 과거의 것이며, 따라서 현재의 의미는 항상 시간 차원에

서 과거, 현재, 미래의 복합적 삼중구조를 지향한다는, 시간의 순수성에 대한 통찰을 내놓은 것이라고 해석할 수 있는 것이다.

정중동 철학을 표현하는 한 화면 내 내적인 리듬

〈봄날은 간다〉에 나타나는 영화 미학의 핵심은 정중동(靜中動)의 동양철학적 심오함이 감지된다는 것인데, 미장센의 정지된 설정과 인물 내면의 격정이 충돌함으로써 생기는 위상에서 비롯된다. 첫번째 이별을 한 후 술이 취해 은수의 집을 찾은 상우와 그 다음날 아침 침대에서 노골적으로 짜증을 내는 은수를 통해 둘의 관계가 본격적으로 균열되기 시작했음을 보여주는 장면에서, 인물들의 격렬한 감정에는 아랑곳없이 미장센은 냉정할 정도로 침착성을 유지한다. 이러한 정적인 미장센 스타일을 쓰는 감독으로는 가까이에는 호우 샤오지엔이, 멀리에는 미켈란젤로 안토니오니(Michelangelo Antonioni)가 있다.

하지만 허진호의 미장센의 원류는 그렇게 멀리서 찾을 것도 없이 그가 한국인이라는 특성에서 기인한 게 아닌가 한다. 즉, 동양적 사유방식인 정중동 철학이 몸에 배어 있어 자연스레 흘러나온 것이라는 얘기다. 시종일관 부동의 자세로 손가락의 미세한 움직임으로만 정서를 표출해낸 최승희 보살춤에서부터 세부묘사를 삭제한 채 극도의 원경으로만 내러티브를 진행시켜나간 이광모의 〈아름다운 시절〉(1998)에 이르기까지 한국의 정중동은 이미 예술적 묘사의 한 차원으로 자리하고 있으며, 그 전통이 허진호의 작풍(作風)에까지 용해되어 있는 것으로 보인다.

| 더 읽어볼 만한 책 |

마르셀 마르땅, 황왕수 역,『영상언어』, 다보문화, 1993, p.90~120(5장 생략법, 6장 장면 전환), 182~226(9장 몽타주), 249~268(12장 덧붙여 설명하는 수법), 269~298(13장 시간).

민병록·이승구·정용탁,『영화의 이해』, 집문당, 2000, p.214~218(4장 영화의 연출, 5장 시각적 연속성).

토마스 소벅·비비안 C. 소벅, 주창규 외 역,『영화란 무엇인가』, 거름, 1998, p.104~154(3장 영화의 시간).

랄프 스티븐슨·장 데브릭스, 송도익 역,『예술로서의 영화』, 열화당, 1982, p.57~134(3장 영화에 있어서의 공간, 4장 영화에 있어서의 시간). 135~151(영화에 있어서의 시간과 공간).

데이비드 보드웰·크리스틴 톰슨, 이용관·주진숙 역,『필름 아트』, 이론과 실천, 1993, p.303~354(7. 편집: 쇼트와 쇼트의 관계).

버나드 딕, 김시무 역,『영화의 해부』, 시각과 언어, 1996, p.55~96(3. 영화언어(2): 커트와 장면 전환, 4. 영화 편집), 129~150(6. 문학적 장치들: 극화된 프롤로그, 플래시 백, 플래시 포워드, 시점).

찰스 애프론, 김갑의 역,『영화와 정서』, 집문당, 1993, p.200~217(7장 꿰뚫어보기).

루이스 자네티, 김진해 역,『영화의 이해』, 현암사, 1987, p.135~175(4장 편집).

김용수,『영화에서의 몽타주 이론』, 열화당, 1996.

민병록,『세계 영화영상기술 발달사』, 문지사, 2001.

| 용어해설 |

가상선 법칙 imaginary line
연기축(action axis), 또는 180도 법칙이라고도 한다. 다수의 등장인물이 복잡하게 움직이는 장면을 촬영할 때 연속전환의 규칙이 깨지지 않도록 하기 위해 적용하는 상상의 선.

광학적 기법 optical effects
광학 프린터를 통해 일어나는 한 신 내에서의 체계적이고 점진적인 교체, 또는 한 신에서 다른 신으로의 이행. 페이드, 디졸브, 와이프를 포함하여 더 많은 특수효과 기법이 있다.

교차편집 cross cutting

① 각기 다른 장소에서 동시에 발생하는 평행 행위를 시간상 전후관계로 병치시키는 편집 기법. 주로 추적 장면에 많이 쓰이며 극적 긴장감을 높이는 데 효과적이다.

② 영화에서 전개되고 있는 둘 이상의 사건이 교차하며 보이는 편집. 교차 편집은 동시에 발생하는 사건을 제시하거나 특정한 주제를 구성하려는 목적으로 사용될 수 있다.

내적인 리듬 internal rhythm

① 화면 내의 연기자나 여타의 피사체의 움직임을 통해 산출되는 리듬. 내적인 리듬에 의한 영화를 시네 로망이라 한다.

② 프레임 내에서 일어나는 배우나 사물의 움직임에 의한 리듬으로 편집이나 쇼트의 길이가 결정하는 외적 리듬과 구분된다.

믹싱 mixing

대사, 음악, 음향효과 등의 개별 음대(sound track)를 단일한 합성음대로 결합시키는 과정. 스튜디오나 영화관에서 영상을 스크린에 투사하는 동시에 계수기로 척수를 계산하면서 행해진다. 특수효과도 이때 만들어진다.

반응 쇼트 reaction shot

신 속에서 극적인 상황에 대한 인물의 반응을 보여주는 쇼트를 일컫는 말. 반응 쇼트는 대개 인물의 클로즈업이나 미디엄 쇼트를 통해 달성된다.

180도선 법칙 180 degree rule

가상선을 침범하지 않고 카메라 위치의 범위를 이 선의 한쪽에만 유지시키는 원칙.

비연속편집 discontinuity editing

연속편집의 반대적 개념으로서 컷과 컷의 비연속성을 강조하는 편집법. 예를 들어 지적인 몽타주, 점프 커팅 등이 이에 해당한다.

소리 선행기법 sound advance

오버랩 사운드와 같은 개념이다.

상황 설정 쇼트 establishing shot
관객으로 하여금 영화의 스토리나 장면상의 주변 공간을 쉽게 인식할 수 있도록 설정해주는 쇼트. 보통 한 지역을 멀리서 넓은 각도로 촬영한 화면을 제공하여 그 공간을 보편적으로 혹은 특정하게 인지하도록 한다.

쇼트와 상대쇼트 shot/reverse shot
쇼트 다음에 상대방의 시선을 담아내는 쇼트를 일치시키는 연속편집 기법. 흔히 시선의 봉합 쇼트라고 부른다.

시점 편집 point of view shot editing
한 인물의 시선을 보여주고 그 다음 컷에서는 그 인물의 시점 쇼트(반응 쇼트)를 보여줌으로써 두 컷을 시점으로 연결시키는 편집.

연속체계 continuity system
연속편집과 같은 개념.

연속체계 촬영법
연속편집이 되기 위한 촬영방식. 예를 들어 180도 공간촬영법이 그에 해당한다.

연속편집 cutting to continuity
전부를 보여주지 않고도 연기의 유연함을 유지할 수 있도록 쇼트를 배열하는 편집 형태. 연속동작의 자연스러운 축약.

오버랩 사운드 overlapping sound
한 쇼트에서 다음 쇼트로 짤막하게 이어지는 음향. 주로 음향효과나 대사이다. 극적 액션의 분리된 두 부분을 동적으로 연결하거나 스토리 전개의 페이스를 가속화하는 데 이용된다.

점프 컷 jump-cut
연속성의 측면에서 보면 서로 일치하지 않는 두 개의 쇼트를 한 신 내에서 이어 편집하는 것. 마치 액션이 시간적으로 앞으로, 혹은 뒤로 비약하는 것처럼 보인다. 점프 컷은 액션을 연속적으로 보여주는 매치 컷(match cut)의 반대 기법이다.

플래시 커팅 flash cutting

긴박감을 증폭시키기 위해 짧은 쇼트들을 연속시키는 커팅 방식. 패스트 커팅(fast cutting), 또는 가속 몽타주라고도 한다.

<u>5장</u>

영화 속의 소리 기법

영화 속의 소리 기법

영상과 동일한 가치, 소리

영화가 처음부터 소리를 갖고 있었던 것은 아니다. 1895년 영화가 탄생한 이래 1920년대 후반까지는 약 30여 년간 영화엔 소리가 담겨져 있지 않았다. 이러한 영향 때문인지 우리들의 선입관에는 영화를 영상으로만 생각하고자 하는 경향이 있다.

무성영화 시대는 영화사(史)의 초기에만 해당하고 100년의 영화사 가운데 일부분에 불과하다. 더구나 1960년대 이래로 영화는 현대적 양식으로 발전했고, 소리는 영상과 더불어 떼려야 뗄 수 없는 중요한 요소로 자리하고 있다. 단정적으로 말하는 입장에서 본다면 영화의 반은 영상이고, 반은 소리이다. 영상과 소리는 동등한 입장이라는 것이다.

무성영화에서 유성영화로 전환되는 1920년대 말에서 1930년대 초반까지 영화 속에 소리를 삽입하는 것에 대한 우려는 대단했다. 영화의 영상적 가치를 주장했던 많은 무성영화 감독들은 소리가 영화에 도입됨으로 인해서 영화의 예술적 가치가 손상된다고 믿었다. 실제로 무성영화에서 활약했던 많

〈도청〉, 프란시스 포드 코폴라, 1974

은 희극 배우들은 유성영화 시대에 적응하지 못하고 사장될 수밖에 없었다. 오직 채플린만이 무성영화와 유성영화 양쪽에서 성공했다.

하지만 유성영화 시대가 본격적으로 개막되면서 소리는 단지 영상을 보조하는 역할밖에 하지 못할 거라던 예측은 기우에 불과했음이 밝혀졌다. 소리는 영상을 보조하는 수단뿐만 아니라, 소리 특유의 예술적 창조를 가능하게 했던 것이다. 결론적으로 현대 영화에 와서는 소리의 사용을 무시하고는 작품이 성립하지 않게 되었다.

실례로 칸영화제에서 그랑프리를 수상한 프란시스 포드 코폴라(Francis Ford Coppola) 감독의 〈도청The Conversation〉(1974) 같은 작품은 영상보다도 오히려 소리에 의해 영화가 전개되어 나간다. 도청 전문가인 주인공이 살인 사건의 음모를 도청하면서 이야기는 시작하는데, 그는 도청하는 일에 도덕적 회의를 느끼면서 누군가 자신마저도 도청하고 있다는 위협을 느끼게 된다.

도청 전문가의 일을 묘사하기 위하여 이 영화는 전문가의 특수한 소리재생 기법을 선보인다. 여기서 소리는 일상적인 소리가 아니라 과거의 기억과 현장의 영상을 끄집어내는 특수한 음향이다. 소리가 영상을 보조하는 것이 아니라 오히려 소리로 인해 영상을 불러낸다. 소리가 영상을 지배하고 조종하는 것이다.

마이클 래드포드(Michael Radford) 감독의 〈일 포스티노Il Postino〉(1994)도 소리의 역할을 잘 보여주고 있다. 순박한 청년 마리오에게 자신의 소지품을 보내달라는 네루다의 무미건조한 편지한 통이 도착한다. 네루다를 통해 자신의 인생 전체를 변화시켰던 마리오는 그에 대한 소중한 추억의 편지를 글자가 아니라 소리로 전달하고자 마음먹는다. 그러나 그 소리편지는 결국 부쳐지지 못하고, 나중에 우연히 들른 네루다에게 과거의 시간으로 설정된 채 한꺼번에 전달된다. 그 과거의 시간 속엔 정신적 스승 네루다의 가르침을 충실히 실천하고자 했던 공산주의자로서의 마리오의 활동과 그의 작은 불꽃 같은 죽음까지도 포함되어 있다.

〈일 포스티노〉, 마이클 래드포드, 1994

네루다의 소지품을 가지러 집으로 찾아갔던 마리오는 네루다가 과거에 듣던 레코드음반을 들으면서 네루다의 모습을 현실화시킨다. 빈 공간에는 과거 네루다가 활동하던 모습이 현실로 되살아난다. 네루다를 그리워하던 마리오는 소리를 통해 과거와 현재가 이어지고 마음을 통해 실존의 이미지가 영원히 고정될 수 있다는 사실을 깨닫게 된다. 이미지란 현재의 시간과 공간에 고착된 것이 아니라 마음속에서 초월된 시간으로 존재할 수 있는 것이다.

네루다 역시 죽은 마리오가 남긴 소리를 통해 그의 마음속에 간직된 마리오의 영상을 재생하여 보게 된다. 인간의 부정확한 두 눈은 가시적인 시공간의 이미지만을 보지만, 볼 수 없는 것을 보는 마음의 눈은 시공을 초월한 진실까지도 포착하는 법이다.

소리의 편집 개념

소리가 영상을 단지 대체하는 것이 아니고 독자적인 창조력을 가지고 있다면, 스토리를 운반하기 위해 영상이 편집되듯이 소리 역시 편집될 수 있

〈시민 케인〉, 오손 웰스, 1941

다. 소리는 장면 단위, 혹은 특정한 효과를 위한 소리가 서로 긴밀하게 맞물려서 영상의 편집과 흡사한 배열법을 갖는다.

가장 고전적인 예를 보이는 작품은 오손 웰스의 〈시민 케인〉이다. 이 영화에서 소리는 완벽한 영상편집처럼 조직적으로 짜여 있다. 케인의 성장과 시간의 흐름을 간단한 대사로 처리한다. 어린 케인에게 하인이 "메리 크리스마스" 하고 인사를 하고, 컷이 바뀐 뒤 케인의 후견인인 대처가 "해피 뉴 이어"를 스물한 살의 케인에게 말

한다.

신문사를 인수한 케인이 돈을 투자하면서 폭로 지향적이고 사행적인 신문제작 방향을 띠게 되자 대처는 신문에 발표되는 헤드라인 기사를 대하면서 놀란 표정을 짓는다. 사무실에서, 열차 안에서, 길거리에서, 신문을 펼쳐들면서 놀라는 대처, 이러한 시간의 흐름과 사건의 전개는 우스꽝스럽고 빠른 표현음악에 의해 강조되고 있다. 이러한 장면처리에 소리가 빠졌다면 영상은 별 효력을 갖지 못했을 것이다.

케인과 첫번째 아내 에밀리 노튼의 사이가 점점 멀어지는 장면 처리도 소리를 통해 표현된다. 둘이 식탁에 앉아 사랑의 말을 속삭이는 장면에서는 빠르고 경쾌한 음악이었다가 사이가 벌어지면서부터는 대화도 간략해지고 음악도 처진다. 그리고 갈등이 최고조로 도달했을 때는 아예 대화가 전혀 없고 음악은 무겁게 가라앉아 그들의 심리상태를 대변한다.

케인이 한창 정치에 뜻을 두고 상승일로에 있을 때 음악은 밝고 경쾌한 선거캠페인 음악이다. 그러나 스캔들로 인하여 그의 정치생명이 좌절되고 인생이 내리막길을 걸을 때는, 두번째 부인 수잔 알렉산더가 부르는 오페라의 불안정한 고음처리로 대치된다.

인생의 마지막 황혼기를 보낸 제나두 성에서는 케인 부부의 말소리마다 공허하게 울려 퍼지는 반향음을 사용함으로써 그들의 고독함과 소외된 심리를 잘 드러내고 있다.

이러한 장면마다의 소리들은 서로 긴밀하게 배열됨으로써 마치 영상편집과 같은 효과를 내고 있다. 특히 오손 웰스 감독은 한 장소에서 여러 인물이 이야기하는 장면에서 서로의 대사가 충돌하는 기법을 구사함으로써 소리의 충돌을 효과적으로 사용한다.

유현목 감독의 〈오발탄〉은 영상과 주제의식 면에서 뛰어나다는 평가를 받았지만, 소리 면에서도 완벽한 편집 기교를 구사하고 있다. 한 예로, 주인 공의 동생 영화가 은행을 터는 장면을 보자. 그는 혼자 은행으로 들어가고 곽 하사만 밖의 지프에서 기다린다. 곽 하사가 어린아이가 들고 있는 풍선을 터뜨림과 동시에 은행 안에서 총소리가 들리고 전구가 깨진다. 이 소리의 3단계 배열은 아주 자연스럽게 범행 과정을 설명하고 있는 인상적인 소리편집 기법이다. 소위 '사운드 몽타주(sound montage)'라고 말하는 이러한 소리 편집 기법은 영상편집 못지않게 중요한 이야기 전달수단이다.

소리의 종류

소리는 그 소리의 진원지가 어디냐에 따라서 내재음(diegetic sound)과 외재음(non-diegetic sound)의 둘로 나뉜다. 내재음은 소리의 진원지가 영화가 진행되는 현재의 영상 안에 존재하는 것이고, 외재음은 영상 밖에 소리의 진원지가 존재하는 것을 말한다.

이러한 소리의 진원지에 대한 분류는, 소리가 갖고 있는 기능에 대해 세밀한 분석을 하기 위해 의도적으로 나눈 것이다. 내재음은 화면 안에 보이는 인물이나 사물에서 소리가 나고 있다는 것을 그 순간에 확인할 수 있다. 예를 들어 인물이 말을 하는 소리나 걸어갈 때 나는 발자국 소리, 전축을 틀었을 때의 음악 소리, 자동차 소리, 길거리의 온갖 소음 등 헤아릴 수 없는 많은 소리들이 화면 속에서 기능한다. 말하자면 내재음은 사실주의적인 기법으로 기능하며 이야기의 운반을 위한 외면적인 영상을 설명해주는 역할만을 한다.

반면에 외재음은 화면 안의 인물이나 물체에서 나오는 소리가 아님에도 불구하고 그 화면 속에 존재하는 소리를 말한다. 우리가 흔히 테마음악이라

고 말하는 소리가 대표적인 외재음에 속한
다. 물론 외재음은 음악뿐만 아니라, 음향
효과, 인물의 대사까지도 다 해당될 수 있
다. 내재음이 화면 안의 영상을 그대로 나
타내주는 사실주의적 방식인 데 반해, 외재
음은 표현주의적 방식으로 기능하며, 외면
보다는 내면의 심리나 정서, 상징적 의미들
에 더욱 주력한다.

〈Z〉, 코스타 가브라스, 1969

　예컨대, 우리가 현실적으로 들을 수 없는 많은 소리인 심장의 박동 소리,
피가 혈관 속을 도는 소리, 멀리 떨어진 다른 장소에서 나는 소리, 내면에서
들리는 말소리 등을 외재음은 자유롭게 구사할 수 있다. 외재음은 현실에서
감지할 수 있는 소리가 아닌 초월적인 소리들을 표현해내기 때문에, 주관적
이고 상징적이다. 그리고 그것은 관객으로 하여금 객관적으로 현실을 보게
하지 않고, 주관적으로 세상을 이해하게 만든다. 외재음을 잘 듣다보면 감
독의 작품 의도와 메시지를 짐작할 수 있게 된다. 말하자면 외재음은 작품
해석의 중요한 단서가 된다는 말이다.

　코스타 가브라스(Costa Gavras)의 〈Z〉(1969)라는 정치영화의 첫 장면은 소
리의 외재적 사용을 잘 보여준다. 경찰들이 모여 있는 가운데, 핵심 간부 한
사람이 나와 곧 벌어질 야당 지도자의 연설집회 경비를 지시하면서 자신의
국가관을 피력한다. 공산주의자든 자유주의자든 반체제적인 운동을 해서
는 안 된다는 것이다. 그의 흥분한 억양 뒤로 이 영화의 테마음악인 경쾌하
고 빠른 음악이 선보인다. 그 경쾌한 음률은 경찰들의 무자비함과 무지함,
독재정권의 폭력성을 조롱하는 듯하며, 빠른 템포는 엄습하는 공포에의 예
감을 느끼게 한다. 이 테마음악은 영화 곳곳에 삽입되어 영화의 내용을 보다

잘 설명해주고 있다.

홍콩 영화인 왕자웨이(王家衛) 감독의 〈열혈남아熱血男兒〉(1988) 또한 외재음을 아주 잘 사용한 영화다. 이 영화에서 주인공의 친구가 총으로 악당을 쏘기까지의 모든 행동에 사실적인 소리는 배제되어 있다. 차 소리도 길거리의 소음도 들리지 않는다. 휘장을 걷고 안으로 들어갈 때는 휘장이 걷히는 소리만, 칼로 내리칠 때는 칼이 공기에 맞부딪칠 때의 예리한 금속성 소리만이 들린다. 총을 꺼내 겨누어 쏘면 주변의 소리는 들리지 않고 총소리만 크게 들린다. 그는 실패하고 총알이 떨어져 오히려 총에 맞아 사살된다. 그가 쓰러질 때 그 쓰러지는 소리만이 실제보다도 더 크게 들린다. 주인공이 대신 달려들어 총을 쏘고 역시 그도 총을 맞아 쓰러진다. 척추에 총을 맞은 주인공은 죽지 못해 버둥거리며 괴로워하고 있는데, 이때 심장의 박동 소리만이 크게 울린다. 마치 그 심장 박동 소리에 맞춰 몸이 움찔거리는 것처럼 보인다. 실제 소리를 다 배제하고 외재음의 기법을 살려 일부의 소리만을 극단적으로 부각시킨 이 영화 속 장면들은 내면적으로 강렬하게 이야기를 전달하고 있다.

내재음과 외재음은 극적 맥락에 맞게 얼마든지 다양하게 구사될 수 있다. 그런 의미에서 소리는 단순히 영상을 대치하는 것이 아니고 영상과 대등한 위치에서 조화를 이루게 만드는 불가분의 관계에 있다.

현대 영화에 와서는 내재음과 외재음을 혼동하게 하는 특이한 방식도 있다. 모든 소리의 근원이 이야기 안에, 화면 내에 보이는 내재음과 달리 소리의 근원지를 보여주지 않는 경우가 있다. 가령, 말하는 사람은 보이지 않고 그 소리를 듣는 인물만을 보여준다거나, 한 인물이 복도를 달리고 있는 동안 보이지 않는 곳에서 문이 닫히는 소리가 들린다거나, 바이올린 연주자는 안 보이고 그 연주를 듣고 있는 관객만을 보여준다거나 하는 쇼트가 그러한 에이다. 세 개의 쇼트 모두 소리는 이야기 안에서 왔는데, 그 소리가 어디서 연원하는지는 화면 내에 보이지 않는다.

또 다른 예로 관객의 몰입 심리를 이용해 내재음과 외재음을 혼동해서 사용하는 경우도 있다. 어떤 인물이 시무룩하게 앉아 있고 그의 심리를 대변해주는 듯한 음악이 흐른다. 화면 안에서 그 음악의 진원지를 알 수는 없다. 그러나 곧 그 인물이 자리에서 일어나고 줌 아웃(zoom out)되면서, 그가 전축으로 걸어가 스위치를 끄자 음악이 사라지는 걸 알게 된다. 그제야 관객은 외재음인 줄 알았던 음악이 내재음이었음을 알아챈다. 이러한 기법은 분위기에 한껏 몰입되어 있던 관객심리를 깨는 효과가 있으므로 다소 경박해 보인다. 주로 희극의 기법으로 쓰인다.

소리의 구성 요소

영화 속에서 구사할 수 있는 소리의 요소는 대사(dialogue), 음향효과(sound effects), 음악(music) 세 가지이다.

인물의 대사는 영화 속 이야기를 진행시키며, 단순히 그 차원을 떠나 주제의식을 강조하는 모티프로도 작용할 수 있다. 우리는 흔히 대사 위주로 이야기가 전개되는 영화에 대해 영상적이지 못한 영화(영화답지 못한 영화)라는 선입관을 갖고 있다. 하지만 앞서도 말했듯이 영화가 반드시 영상적이어야만 영화로서 가치 있는 것은 아니다. 영상과 소리는 적절히 조화를 이루어야 한다. 영상이 반드시 있어야 하듯이 소리도 반드시 있어야 한다. 무성영화가 아닌 다음에야 인물의 대화가 없을 수 없는 것이다. 영화 속의 대사는 그저 주절주절 늘어놓기만 하는 것이 아니라 간결하며 일상적이고 상징적이기까지 하다. 대사의 기교적인 묘미야말로 영화를 보는 하나의 재미이다.

〈4개월 3주 2일〉, 크리스티안 문주, 2007

인물의 대사를 충돌시키면서 사회적 의미를 대변하는 기법으로 차용한 예가 있다. 크리스티안 문주 감독의 〈4개월 3주 2일〉(2007)에서 주인공 오틸리아가 친구 아다의 집에 갔을 때의 장면이다. 오틸리아는 어른들 사이의 대화에 끼여 긴 시간 동안 한마디 말도 않고 그들의 대사를 들으며 소외된 모습을 보인다. 이 긴 장면은 오틸리아가 처한 상황을 함축적으로 보여준다. 그녀는 사회계층적으로 중산층과 서민의 갈등 속에 위치하며, 역사적으로 루마니아 집권층과 지배대상인 국민의 갈등, 그리고 노년 기성세대와 젊은 신세대와의 갈등을 함축적으로 담고 있다. 하나의 장면 속에서 사운드를 통해 이 모든 사회적 갈등을 담아 보여주는 훌륭한 장치이다.

두번째 요소인 음향효과는 자칫 가장 소홀히 다루기 쉬운 소리일지 모른다. 그러나 음향효과의 특징을 잘 살린 영화를 보게 되면, 소홀히 대했던 그 생각이 말끔히 사라진다.

알프레드 히치콕 감독의 〈사이코〉를 보면 이야기를 이끌어가는 내재음인 음향효과가 이 작품의 주제의식과 밀접한 연관이 있음을 알 수 있다. 이 영화 속에 나오는 빗소리, 차창에 빗방울이 떨어지자 그걸 닦아내는 와이퍼 소리, 샤워하는 물소리, 배수구로 빠져나가는 물소리, 현악기의 찢어지는 소리(새의 비명 소리를 흉내 냄) 등의 음향은 이 영화의 주인공인 노먼 베이츠가 정신분열 환자이며, 그가 불안과 공포와 서스펜스, 앞일에 대한 불길함 등을 느끼고 있다는 것을 아주 효과적으로 연상시킨다.

피터 웨어(Piter Weir) 감독의 〈그린카드Green Card〉(1990)에는 영화의 도입부에 강렬한 리듬의 아프리카 북소리가 들린다. 화면에는 길거리에서 연주하는 흑인들의 모습이 보이는데 그 인상적인 강한 리듬과 더불어 두 주인공이 '카페 아프리카'에서 만나게 되는 장

〈보리밭을 흔드는 바람〉, 켄 로치, 2006

면이 이어진다. 이 북소리는 중간에도 반복되는데 어떤 때는 음악으로 변형되어 들리기도 한다. 이 내재음의 음향효과 역시 영화 속에서 주제로 나타나는 야성적이고 원시적이고 자유로운 사랑의 감정을 적절히 묘사하고 있다. 영화를 다 보고 나면 그 북소리가 단순한 객관적 묘사가 아니라, 내면적이고 주관적인 의미까지도 아울러 전달하는 탁월한 기법이었음을 감지하게 된다.

감정을 절제하기 위해 음악을 사용하지 않는 경우도 있다. 켄 로치 감독의 〈보리밭을 흔드는 바람〉(2006)이 그 경우이다. 배신자 크리스를 처형하는 장면. 크리스는 동료였고, 그를 사형시킨다는 것은 가슴 아픈 일이다. 데미안은 그 일을 하면서 양심의 가책을 느낀다. 카메라는 데미안의 폭발할 것 같은 심정을 의도적으로 숨긴다. 기본적으로는 클로즈업과 슬프고 격정적인 음악을 통해 감정을 고조시킬 만한데, 로치는 오히려 롱 쇼트로 멀리 객관화 시켰다. 사운드 역시 현장음밖에 없다. 음악을 사용하지 않는 현장음 효과는 오히려 슬픔을 배가 시킨다. 내면적으로 깊은 울림을 전달해주는 데 탁월하게 작용한다.

세번째 요소로서 음악은 주제음악(theme music)과 상황묘사 배경음악으로 나뉜다. 우리가 영화음악이라고 말할 때 흔히 주제음악을 떠올리는데, 주제

〈2001년 스페이스 오디세이〉, 스탠리
큐브릭, 1968

음악은 말 그대로 작품 전체의 주제를 축약하는 것이다. 주제음악은 동일한 음악이 반복되거나 변주되어 나타난다. 그냥 듣기 좋으라고 있는 것이 아니고, 주제의식을 음악으로 표현하고 있는 것이다.

〈닥터 지바고Doctor Zhivago〉(1965)에서 〈라라의 테마〉는 잔잔하고 감미로운 선율로써 사랑의 감정을 묘사하다가도, 장중하고 빠르고 불길한 음악으로 변하는데, 지바고와 라라의 소용돌이 같은 운명의 격변과 비극을 이 음악이 담고 있기 때문인 것이다.

데이비드 린치의 〈블루 벨벳〉에는 흘러간 노래 〈블루 벨벳〉이 계속 반복되어 나타난다. 이 영화 속에서 이 노래는 내재음이기도 하며 동시에 외재음이며, 주제음악이고 또한 상황묘사의 배경음악이기도 하다. 가수가 홀에서 부르는 〈블루 벨벳〉은 내재음, 상황묘사의 배경음악이지만, 영화의 처음에 나타나는 음악은 주제음악으로서의 외재음이다. 이 음악 역시 영화 속에 나오는 여자의 운명과 가련한 처지, 미스터리 분위기 등을 단적으로 드러내고 있다.

음악을 대위법으로 사용함으로써 새로운 의미를 만들어낼 수도 있다. 스탠리 큐브릭(Stanley Kubrick)의 〈2001년 스페이스 오디세이2001: Space Odyssey〉(1968)에서는 우주 정거장이 있는 광대한 우주와 우주선, 우주인의 유영(遊泳)이 부드럽게 묘사되는 화면에다 요한 슈트라우스의 〈비엔나 숲 속의 왈츠〉라는 춤곡을 대위법으로 병치시켰다. 그 효과는 상당히 큰 것이다. 극도의 현대 물질문명이 편안하고 안락하고 사치스런 고전음악의 세계

로 이해된다. 하지만 영화를 다
보고 나면, 그것이 편안한 우주
여행이 아니라 고통스럽고 위기
에 가득 찬 진지한 모험이었다
는 것을 알게 된다. 다시 말해
음악은 여기서 대비적 기법으로
서 상황을 두드러지게 하는 의
미로 기능했던 것이다.

〈미치고 싶을 때〉, 파티 아킨, 2004

파티 아킨 감독의 독일-터키
영화 〈미치고 싶을 때Gegen Die Wand〉(2004)는 영화음악의 독특한 기법을
보여준다. 영화는 중간마다 터키 민속음악단의 노래와 연주가 등장한다. 그
노래의 가사는 이 영화의 줄거리를 논평해주고 있다. 연극의 막전환처럼 극
의 전환점 마다 등장하여 이야기의 전개를 정리해주는 역할을 한다. 전통적
인 방식을 집어넣어 현대 영화에 신선한 느낌을 주고, 터키의 민족성을 드러
내기 위한 장치로 사용되었다. 터키 민족성은 이 영화의 주제와 관련 있다.
주인공이 외로운 것은 독일에서 소수민족으로서 살아가는 터키인이기 때문
이다. 음악은 이방인으로서의 주인공의 심리와 고향에 대한 뿌리의식을 일
깨워주는 주제로 작용한다. 동시에 줄거리를 전달하고 논평하고 거리두기
를 통해 영화를 객관적으로 성찰하게 하는 현대영화의 기법으로 차용하고
있다.

사운드 모티프 효과

한 영화 속에서 대사, 음향효과, 음악의 세 요소는 다르게 반복하는 모티

프로서 작용하여 작품을 정확히 이해하게 만든다.

유현목 감독의 〈오발탄〉(1961)에는 미친 어머니 입에서 "가자!"라는 대사가 무려 30여 번이나 반복되어 나온다. 이 영화는 6·25 이후 이북에서 월남한 한 가족이 이남에서 고통스러운 삶을 영위해나가는 모습을 고발하듯이 그려낸 작품이다. 그들의 고통은 물질적·경제적인 데에서도 오지만, 정신적으로 이북의 고향을 잃은 상실감에서 기인한 것이 크다. 그 상실감이 주인공을 통해서는 그저 맥없이 걸어가는 것으로 표현되지만 실성한 노모를 통해 "가자!"라는 적극적인 말로 표현되고 있는 것이다. 이 영화에서 "가자!"라는 대사는 거의 음향효과와 같은 기능을 한다.

정지영 감독의 〈하얀 전쟁〉에서는 헬리콥터 소리가 극중인물에 의해 계속 환기되어지며 결국 전쟁의 악몽을 되살리는 특수한 장치로 사용된다. 베트남전의 후유증으로 정신질환 증세를 갖고 있는 변진수는 헬리콥터 소리만 들으면 과거 베트남전을 떠올린다. 거리에서 그는 우연히 학생시위대를 만나게 되는데, 최루탄 쏘는 소리를 듣고 문득 베트남전의 전투 상황으로 되돌아간다. 여기서 소리는 인간의 의식을 변화시키는 하나의 촉매 역할을 하고 있다. 따라서 이 영화 속에서의 소리의 역할은 결코 과소평가할 수 없다.

감독의 스타일과 소리의 사용

이처럼 영화의 소리는 그것을 구사하는 감독의 의도에 따라 적절히 사용되며, 하나의 독특한 양식으로까지 승화되기도 한다.

프랑스의 장 뤽 고다르는 아주 시끄러운 거리의 소음을 영화 속에서 적절히 사용하는 대표적인 감독이다. 고다르 감독 영화에서 의도적으로 사용되는 도시의 소음은 현대인이 일상적으로 경험하는 세계의 한 부분으로 존재한다. 시네마 베리떼 다큐멘터리 기법과 흡사한 극영화 제작 방식을 고수하는 고다르의 영화는 현실의 객관적인 모습과 꾸미지 않은 세계, 감춰진 진실이 드러나는 세계를 묘사하기 위해 흔히 소음을 사용한다. 보통 일상의 대화 장면에서는 소음은 제거되고 대사만 강조되는 것이 일반적인데, 고다르 영화에서는 의도적으로 소음이 대화를 가로막도록 한다. 이와 같은 기법을 극단적으로 인물이나 장면에 동화되는 것을 막기 위한 의도적인 방식이라 하여 '동화를 막는 효과'라고 보기도 한다(특히 '이화효과異化效果'라는 용어를 사용함).

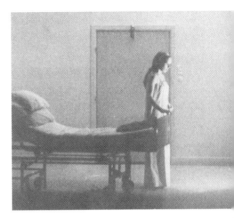

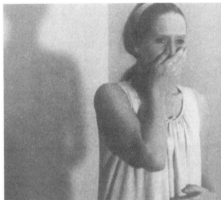

반면 스웨덴의 잉마르 베르히만(Ingmar Bergman)이나 이탈리아의 미켈란젤로 안토니오니의 경우는 극단적으로 침묵을 활용하는 감독들이다. 베르히만의 〈침묵〉〈페르소나〉〈외침과 속삭임〉〈산딸기〉 등의 작품에서 침묵의 표현은 그가 제시하는 인간 존재의 심연, 죽음에 대한 공포, 무의식, 환상, 고독, 환멸 등을 설명하는 적절한 소리 방식이다. 그는 지나친 수다를 피함으로

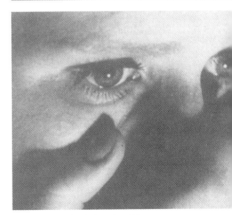

〈페르소나〉, 잉마르 베르히만, 1966

써 진지하고 관조하는 자세를 이끌어내고 있다.

크리스티안 문주의 〈4개월 3주 2일〉에서 오틸리아가 애를 버리러 가는 장면은 긴박감을 잘 표현하였다. 이 장면은 할리우드 영화처럼 등장인물에 동화시키는 음악을 사용하지 않고, 호흡소리와 환경음만으로 그녀가 처한 위험한 상황을 묘사하였다. 이 장면은 어둠속에서 애를 함부로 버리지 못하는 삼엄한 상황 속에서 사람들의 눈을 피해 애를 죽이는 주인공의 심리를 드러낸다. 그것은 당시 차우셰스쿠 독재정권의 엄중한 체제와 그것을 피해 자유를 찾아 헤매는 민중들의 갇힌 상황을 비유한 것으로 읽힌다. 이러한 장면이 문주 감독의 역량이 드러난 대표적인 부분일 것이다.

안토니오니 감독의 〈태양은 외로워〉 〈붉은 사막〉 〈정사〉 등의 작품은 길고 느린 카메라의 움직임과 더불어 침묵의 시간이 지루할 정도로 지속된다. 안토니오니 감독은 자신의 영화 속에서 주된 주제의식으로 삼고 있는 현대 산업사회의 중산층 부류 인간들이 느끼는 일상적 권태, 목적 상실, 방황, 고독 등을 묘사하기 위해 침묵을 사용한다. 침묵은 대화의 단절과 의사소통의 불가능성을 처절하게 느끼게 하면서, 많은 말로 설명하는 것보다 더 강렬하게 주제의식을 잡아내게 된다.

임권택 감독은 침묵이나 소음이 아닌 내레이션의 일관성을 보이는 경향이 있다. 내레이션은 이야기를 서술해가는 한 기법으로서 주관적, 혹은 객관적으로 설명된다. 흔히 내레이션은 영상적이지 않은 요소의 가장 대표적인 것으로 문학적이며, 관념적이고, 설명적이라는 단점을 갖고 있다. 따라서 사극 같은 데에서 배경설명 정도로 그치는 것이 일반적이고, 현대물에선 대부분 내레이션을 피하는 게 보통이다. 그러나 임권택 감독은 〈불의 딸〉 〈안개마을〉 〈연산일기〉 등의 작품에서 내레이션과 그것의 변형인 자막을 빈번히 사용하고 있다. 그에게 있어 내레이션은 동양적인 서사성의 의미와 연결된다. 우리의 전통유산인 판소리나 마당극을 보면 그러한 서사성이 동어반복적인 원형구조나 강조형의 서술기법을 통해 나타나는데, 임권택 감독의 경우 내레이션을 통해 그러한 동양적(한국적) 서사성의 양식이 영화에 배어나오는 것처럼 보인다.

윤삼육 감독의 〈살어리랏다〉(1993)는 한국 영화 가운데서 소리가 가지고 있는 감독의 주관적 세계를 엿보기에 적합한 작품이다. 천한 상놈 망나니와 몰락한 양반집 규수와의 사랑과 결합, 자식에게만은 천민의 굴레를 씌우고 싶지 않아 신분 상승을 꿈꾸다가 야비한 양반들에게 농락당하는 망나니 주인공, 결국 삶을 향한 처절한 사투 끝에 어린 갓난애만 남긴 채 일가족은 모두 죽고 만다. 갓난애는 홀로 강보에 싸인 채 황포돛배에 실려 알 수 없는 곳으로 떠내려간다. 이때 감독은 갯벌에 죽어 넘어진 망나니의 시선으로 카메라를 갖다댄다. 망나니는 눈을 뜬 채 마치 살아 있는 듯 멀리 떠나가는 배를 응시하고 있다. 그와 함께 감독은 아이의 울음만을 크게 부각시켜 들려준다. 그 울음소리는 영화가 끝나고 엔딩 크레딧 타이틀이 스크린을 꽉 채울 때까지 계속된다. 흔히 평화롭고 안락한 엔딩 음악 혹은 비장한 어떤 음악이 나오기를 기대하지만, 이 영화에선 아이의 울음소리만으로 끝을 맺는다. 종래의 영화들과는 달리 비타협적이며 비규범적인 이 엔딩 장면은 감독의 주관적인 주제의식을 잘 전달하고 있다. 어린애의 울음소리는 전(前) 세대의 투쟁과 더불어 삶의 의지의 연속과 희망을 암시하는 것으로, 인간의 평등함과 보편성과 원초성에 대한 감독의 견해인 것이다. 고집스러울 정도의 이 소리의 주관성은 이 영화로 하여금 예술적 차원의 효과를 얻도록 한다.

홍기선 감독의 〈가슴에 돋는 칼로 슬픔을 자르고〉(1992)는 소리를 통해 아이러니한 상황을 잘 표출하고 있다. 동력원이 없는 멍텅구리배에 탄 채 끊임없이 착취당하는 소외된 사람들. 여기서 영화적 소리는 그들이 배 안에서

〈가슴에 돋는 칼로 슬픔을 자르고〉, 홍기선, 1992

유일하게 듣는 라디오 소리로 대치된다. 라디오는 전두환의 퇴장, 노태우의 등장, 박종철 고문치사 사건, 노동자들의 민주화 요구 등의 역사의 흐름을 들려준다. 그럼으로써 배 안에서 전개되는 사적인 이야기와 공적인 역사 간에 긴장을 야기해 현실의 역설(irony) 감을 관객에게 전달한다. 이러한 아이러니 효과는 특히 라디오에서 흘러나오는 여객기 광고, 대중가요의 달콤함과 배 안에서의 고된 노동의 영상이 겹쳐질 때 더욱 분명해진다. 그 장면을 통해서 우리는 이들이 확실히 소외되고 있음을 느끼며, 이들의 노동이 자신들의 이익을 위한 것이 아니고, 이들을 지배하는 권력층을 위해 바쳐지고 있을 뿐이라는 자각을 얻게 된다.

이와 같은 알레고리(allegory) 구조를 통해 결국 감독은 이 이야기를 하나의 우화로 승화시킨다. 이처럼 이 영화 속에서 소리는 영화의 주제의식을 파헤치는 데 가장 중요한 요소로 작용하며, 내재음으로 일상성을 강조하지만, 더 나아가 그것들은 외재음으로서의 비유적·상징적 기능을 아울러 수행하는 탁월한 예술성을 보이고 있다.

박종원 감독의 〈우리들의 일그러진 영웅〉(1991)은 시간의 경과를 묘사하기 위해서, 소리에서 소리로의 전환을 구사한다. 기차를 타고 시골로 가면서 병태는 차창을 내다본다. 차창 밖으로 시골의 풍경이 보이면서, 이어 어둡고 암담했던 과거 시절로 되돌아간다. 이때 기차는 터널을 지나며 터널을 통과

한 다음은, 어린 시절 시골 학교로 전학 오는 기차 안에서의 병태의 모습이다. 이때 현재의 기차 소리와 과거의 기차 소리를 일치시키면서, 현재와 과거를 전환시키고 있다.

또한 이 영화에서는 폐쇄적인 공간과 화면 밖 소리(off sound) 혹은 엿듣는 소리 등을 활용한 공간과 소리와의 관계도 특기할 만하다. 교무실에서 어머니가 병태에 대한 얘기를 할 때, 카메라는 교무실 바깥에서 어머니를 잡으며, 교무실의 창문이 이중의 프레임 작용을 하게끔 한다. 상당히 객관적인 시점이면서 동시에, 그 공간에서의 소리는 마치 화면 밖 소리처럼 들린다. 어머니가 담임선생에게 몰래 촌지를 줄 때 역시 병태의 뒤로 어머니와 담임선생을 카메라로 잡고 있으며, 둘의 말소리를 병태가 마치 엿듣는 것처럼 처리하고 있는데, 역시 화면 밖 소리처럼 들리게 한다. 병태가 집에서 잠을 청할 때, 방문 바깥에서 늦게 들어온 아버지와 어머니의 말소리가 들리는 것도 역시 마찬가지다. 이러한 화면 밖 소리 혹은 엿듣는 소리는 병태의 주변에서 어떤 일이 벌어지는가를 객관화시키는 기능을 한다.

작품 분석을 통한 이해 1

도희야 감독: 정주리

성과 젠더의 주제를 설득하는 영화

이 영화가 제기하는 것은 성(Sexuality)과 젠더(Gender)에 관한 주제라고 본다. 인간은 누구나 사랑할 권리, 즉 욕망의 선택적 자유를 갖고 있다. 선택의 자유가 주어져 있음에도 불구하고 남자를 여자를, 여자는 남자만을 사랑하도록 우리 사회는 허용하고 있다. 성 주제, 즉 섹슈얼리티 주제는 바로 그러한 현대사회의 폐쇄성을 비판하는 것이다. 흔히 동성애 주제는 이러한 성 주제에 해당된다. 남자도 남자를, 여자도 여자를 자유롭게 사랑할 수 있는 성적 욕망의 권리를 주장하는 주제이다.

젠더 주제는 젠더, 즉 사회적으로 분리된 성적 차별을 다룬다. 남자와 여자가 서로 다른 역할을 담당하고 있으며, 지금 사회는 남자가 여자보다 우월하고, 남성이 지배해야 한다는 논리를 갖고 있다면, 그건 분명히 남성과 여성의 분리를 주장하고, 차별을 주장하는 이론이다. 젠더 주제는 그러한 부당한 차별에 대해 성역할의 평등성을 주장한다.

이 영화 〈도희야〉에서는 바로 그런 성 주제와 젠더 주제가 결합되

는 부분을 건드린다. 영화는 동시에 두
주제를 다 말하고 있다. 주인공 영남
(배두나 분)은 레즈비언이고, 그것을 제
복으로 상징하는 사회에서는 인정하지
않는다. 이 영화를 제복과 동성애의 관
계로 해석한다면, 제복이 법과 정의를
의미하고, 한국의 법과 정의에서는 동
성애가 용인될 여지가 없다는 뜻으로
해석된다.

　즉, 이 영화에서 제복 뒤에 숨겨진 영남의 억압된 것은 무엇인가. 그
것은 동성애적 성욕이다. 그것이 억압되었다는 증거는 그녀가 불면증
때문에 항상 술을 마시는 모습으로 나타난다. 불면증은 표피적인 이
유고, 음주는 영남의 억압된 성욕을 애써 잠재우려는 장치라고 봐야
한다. 영화는 영남의 억압이 도희(김새론 분)를 통해서 환기되고 살아
나는 관계를 보여준다. 하지만 도희와 연루된 사건으로 인해 영남은
자신이 더 이상 관습 속에서 자유로워지지 않는다는 생각을 하게 된
다.

　영남은 도희로부터 벗어나고 싶어 한다. 하지만 결국 그녀는 도희
에게 돌아오고, 자신이 도희를 보호함으로써 또 자신의 자유를 얻는
다는 깨달음을 보여준다. '비록 자신의 문제는 해결하지 못하지만, 도
희를 도와줌으로써 자신의 문제를 해결할 실마리를 찾는다'라는 이야
기로 보인다. 말하자면 문제를 풀려고 하는 사람들끼리 서로 이해하
고 도와줌으로써 해결책을 마련한다는 개념이다. 기존 사회적 관습의

용서를 구하지 않고서. 조금 급진적인 측면도 있다고 본다.

바로 여성동성애주의가 갖고 있는 급진성이다. 〈안토니아스 라인 Antonias's line〉에서는 남성 사회에 살면서 남자에게 구걸하지 않고, 자신들의 공동체를 통해 모녀관계로 대를 이어 가면서 인류가 생존해 나갈 수 있다는 것을 보여주었다. 여기서도 영남이 도희에게 건네는 '나하고 갈까'라는 대사에서 여성동성애 코드가 작용한다.

영남을 취조하는 동료 형사들이 그녀가 동성애자라고 인격적으로 모욕하는 장면이 나온다. 그것은 한국 사회에서 그녀가 기댈 곳이 없다는 절망감을 잘 보여주고 있는 장면이다. 영남이 경찰서에서 주위를 둘러보는 장면 역시 그렇다. 여자 경찰은 한 명도 없다. 모두 남성이고 그들의 시선은 경찰의 시선이 아니라, 사실 남성의 시선이다. 영남은 강압적인 남성 이성애자에게 둘러싸여 있고, 그녀의 편을 들어줄 자유로운 인간은 한 명도 없다. 영남은 도희가 자신과 같은 처지라는 것을 알고 그녀를 보호하기로 결심을 한다.

화면 밖 소리 공간의 주제적 의미

이 영화 속의 화면 밖 소리 공간에 대한 분석은 그러한 주제를 읽는 중요한 장치이다. 대표적으로 화장실 장면이 있다. 영남이 도희와 화장실에서 같이 있는 장면은 여러 차례 나온다. 한 장면에서는 도희가 방뇨하고, 영남이 그 소리를 듣는다. 영남의 얼굴이 클로즈업 되어 있는 화면에서 영남은 도희의 방뇨소리를 화면 밖 소리를 통해 듣는 장면이다. 대단히 에로틱한 장면이다. 동성애의 문맥이 아니라면 아무렇지 않을 장면이지만, 영남이 레즈비언이라는 사실을 알게 되면 이

장면들이 영남의 억압된 성적인
욕망을 드러내는 장면임을 알 수
있다. 섹슈얼리티를 표현하는 대
표적인 상징이다.

　또 벗은 도희 몸의 상처를 어
루만지는 장면이 있다. 카메라
는 단지 한 성인 여자가 어린애
의 몸에 난 상처를 보는 일상적인 장면이 아니라, 만질까 말까 망설여
대는 묘한 분위기를 감지케 하는 클로즈업 영상으로 관객에게 제시된
다. 그것 역시 한국 사회에서 강제로 억압되어 있는 영남의 성적 욕망
을 드러내는 내면적인 장면이다. 도희의 벗은 몸은 영남에게는 일반
적인 여성의 몸으로 전환되어 동일시된다고도 볼 수 있다. 영남이 도
희를 사랑한다는 해석은 표피적이고 문맥도 없고 멀리 간 해석이다.
그보다는 영남 자신의 억압된 욕망이 도희 몸을 통해 발현된다고 봐
야 한다.

　욕조에 같이 들어왔을 때 영남은 도희 등의 상처를 바라보면서 만
질까 말까 머뭇거리는 시선을 던진다. 이런 머뭇거림의 시선은 섹슈
얼리티 시선으로 해석된다. 동성애적 성욕이 현실적인 섹슈얼리티의
장면이 아니라, 도희의 몸을 향한 영남의 시선을 통해 상징적이고 간
접적으로 발산되고 있다.

　후반부에 가면 영남이 마을 사람들의 핀잔을 듣는 장면이 나온다.
그것 역시 화면 밖 소리기법으로 처리하는데, 약간 변형되어 있다. 영
남의 모습이 전경에 나오고, 후경에 주민들의 모습을 잡음으로써, 같

은 공간에 있는 것으로 묘사한다는 것이다. 같은 공간이긴 하지만 분명 전경의 영남은 시선을 정면으로 하고 있으므로, 보이지 않는 후경의 주민들 소리만을 들을 뿐이다. 화면 밖 소리의 변형된 장면구도라고 볼 수 있다. 그 소리의 내용은 영남이 서장일지라도 아무 소용이 없다는 비판이다. 계급장보다 높은 것은 남녀의 서열이라는 점을 각인시킨다. 영화에서 도희의 의붓아버지 용하가 그간 영남을 무시하는 장면이 많이 등장한다. 상대가 영남이 아니고 남자서장이었다면 감히 할 수 없었던 그런 행동을 영남에게 해댔던 것이다. 마지막엔 주민들마저 그런 분위기에 동참하는 상황을 드러낸다.

섹슈얼리티와 젠더의 관계성을 드러내는 화면 밖 소리들

이처럼 화면 밖 소리는 이 영화에서 중요하게 작용한다. 섹슈얼리티적 억압을 환기한다든가 한국 사회를 상징하는 가부장적 억압을 소리로 들려준 것이다. 바깥 세상은 젠더적으로 가부장적이고 억압적이어서, 도저히 살아갈 수 없는 것으로 그려진다. 섹슈얼리티와 젠더의 관계성이 어떻게 작용하는가.

이 영화는 남성가부장제의 폭력을 보여준다. 그 폭력은 또한 섹슈얼리티적 배경을 가지고 있다. 왜냐하면 동성애질서는 이성애를 거부하기 때문이다. 동성애질서에서 남성의 권위가 없는 부드러운 남성, 온순함을 벗어난 강한 여성이 갖고 있는 동성애적 코드가 남성가부장의 권위를 해치기 때문에 결국 섹슈얼리티에 대한 문제는 젠더와 떼려야 뗄 수가 없게 된다. 바로 이 영화가 잘 보여주고 있는 주제이다. 용하는 대한민국 가부장의 폭력을 가장 단적으로 보여주며, 그 폭력은 이성애적 질서를 흩뜨려놓은 것에 대한 반작용으로 나온 것이다. 다른 어떤 이유에서의 폭력이 아니다. 그것을 확장해본다면, 바로 한국 사회가 그렇다는 것이다.

결국은 감독은 섹슈얼리티와 젠더 코드로만 한국 사회를 지탱하는 질서를 보여준 것이다. 다른 사회적 폭력을 개입시킬 여지는 없다. 용하가 도희를 때린 것은 이성애질서와 가부장제도의 권위를 보호하고 위해서다. 그래서 그에 도전하는 도희를 때리고, 영남을 가둔 것이다. 도희는 마지막에 영남의 편에 선다. 이 사회에서 유일하게 자기를 이해해줄 수 있는 파트너가 영남이라고 생각하고 그녀를 잡은 것이고, 거기에서 거짓말 서사의 아이러니가 발생한다. 이것을 어떻게 판단할 것인가는 관객의 몫이다. 이들이 어떻게 될 것이냐에 대한 판단도 관객의 몫이다. 사실 영화는 거기서 끝난다. 희망으로 해석하고 싶진 않지만, 암시 정도라고 생각한다. 그건 대단히 받아들이기 어려운 결말이다. 왜냐하면 아직 우리 사회가 동성애 질서를 받아들일 만큼 준비가 되어 있지 않은 사회이기 때문이다. 그래서 영화를 보는 내내 관객들이 어렵고 혼란도 생길 수 있지 않을까 생각이 든다.

거짓말 서사와 아이러니를 불러오는 사운드기법

이 영화의 아이러니한 부분은 도희가 거짓말을 하고, 그 거짓말 덕분에 영남이 구출이 된다는 것이다. 그것은 진실이란 과연 무엇인가라는 생각을 하게 한다. 용하는 레즈비언이라는 영남의 약점을 이용해서 영남이 도희를 성추행했다고 몰고, 자신이 받아야 할 벌을 벗어난다. 그런데 도희가 용하를 구속하기 위해서 거짓을 꾸미고, 그 덕에 영남이 구원된다.

이를 형식적인 문제로 비약시켜본다면, 영화에서의 사운드와 화면의 진실은 어디까지가 진실이고 어디까지가 거짓인가라는 의문을 제기해볼 수 있다.

그런 측면에서 도희의 모습이 나오지 않고, 그녀의 진술만이 사운드로 나오고 이를 경찰이 믿었다는 사실을 주목해야 한다. 그 진술은 영화의 정체성을 보여주는 기제라고 봐야 한다. 우리가 영화를 본다는 것은 사운드를 듣고 영상을 본다는 것을 의미한다. 확대 해석한다면, 우리의 현실과 영화적 진실이 등치라고 봤을 때 분명히 영화 속에서 사운드만으로 나온 거짓말이 통한 것이다. 진술은 거짓이지만, 관객은 진실로 믿는 것이다. 우리 사회의 진실이 어떻게 조작되고 성립되는가의 과정을 아주 함축적으로 담아낸다고 본다. 아이러니한 사운드기법인 것이다.

작품 분석을 통한 이해 2

하얀 전쟁 감독: 정지영

영상과 동일한 가치, 소리

정지영 감독의 〈하얀 전쟁〉(1992)은 베트남전의 실상을 한국군의 입장에서 그린 영화이다. 종래는 베트남전 영화가 미국과 월맹과의 이데올로기 대립적인 측면에서 일방적으로 그려왔다면, 〈하얀 전쟁〉은 대리전쟁을 치른 한국의 또 다른 시각에서 그린 점이 특이하다.

이 영화에서는 한기주(안성기 분)라는 소설가와 변진수(이경영 분)라는 사회부적응자와의 이상한 관계를 통해서, 베트남전의 아픔을 진하게 대변해낸다. 베트남전에 대한 자신의 체험을 소설로 연재하던 한기주는 어느 날 변진수로부터 권총을 받게 된다. 그 이유를 캐내기 위해 한기주는 변진수를 쫓게 되고, 그와 있었던 베트남전의 과거 속으로 들어간다. 변진수가 정신병을 앓게 된 원인을 알게 된 한기주는 마침내 그를 권총으로 쏴 죽임으로써, 그를 고통에서 영원히 자유롭게 한다. 동료를 쏠 수밖에 없는 역설적 상황을 통해 베트남전의 생존자들이 얼마나 심한 정신적 고통 속에서 방황하는지를 이 영화는 고발하고 있다.

　이 영화에서는 현재와 과거를 넘나드는 영상의 교차편집과 더불어, 다음의 여러 소리 기법들이 사용되었다. 첫째, 동일한 소리의 반복(주제음악과 음향효과). 둘째, 유사한 소리의 오버랩 및 소리 선행기법. 셋째, 주관적인 내레이션. 넷째, 서로 다른 두 상황의 소리가 동시에 겹쳐지기. 다섯째, 영상의 심리 대체 효과.

　이 영화 속에서 소리는 역설과 모순, 부조리가 존재하는 현대의 상황을 대변하면서 아주 적절히 우리의 의식을 조절하고 있다. 특히 관객의 정서를 움직여가는 가장 대표적인 소리는 헬기 소리와 우울하고 슬픈 주제음악이다. 이 두 소리는 자주 반복되면서 이 영화의 주제를 이해하는 데 중요한 요소로서 기능한다. 헬기 소리는 베트남전의 현장에 우리를 끊임없이 가두며, 주제음악의 슬픈 비애감은 베트남전의 후유증을 앓는 약소민족의 비극을 효과적으로 드러내 보여준다.

동일한 소리의 반복

베트남 마을의 수색 장면. 처음으로 극적인(dramatic) 음악이 사용된다. 슬프고 비장감 어린 음악이다. 이 주제음악은 두고두고 이 영화 안에서 반복되는데, 결국은 이 영화가 표현하는 분위기와 성격을 결정짓는 단서가 된다. 땅굴에서 수색을 마치고 나온 한 병장. 그는 너무 놀란 나머지 혼비백산해 있다. 이때 효과음으로 어린애 울음소리가 겹쳐진다. 분개한 한국군들이 마을을 완전히 쑥밭으로 만드는 장면. 이때 다시 비장감 어린 극적인 음악이 사용된다. 또한 대한뉴스에서 영화를 찍는다고 모의전투를 하는 장면에도 슬픈 주제음악이 반복된다. 장면은 활기차지만, 그 내용이 얼마나 부조리하고 역설적인가를 관객들이 다 알기 때문에, 슬픈 주제음악은 그 부조리한 느낌을 적절히 전달해준다.

매복 나갔다가 지뢰를 밟고 병사 엿장수가 죽는다. 그에 열 받은 상사(독고영재 분)는 양민을 베트콩인 줄 오인하여 쏴 죽인다. 그리고 그 일을 몰래 처리하기 위해 부하들에게 생존자를 다 죽이라고 명령한다. 변진수가 양민을 죽일 때, 또다시 비장하고 슬픈 주제음악이 깔린다. 이 장면은 변진수가 왜 정신이상이 되었고, 베트남전에 대해 왜 환멸을 갖게 되었는가를 알려주는 중요한 단서가 된다. 결국 이 장면은 영화의 마지막 비극으로 연결된다.

우연히 길 위에서 변진수는 베트남 노인을 만난다. 그는 이 전쟁을 부질없는 전쟁이라고 교훈적인 대사를 한다. 그때 역시 극적인 주제음악이 깔리는데, 바로 작품의 메시지를 직접적으로 암시하는 의도를 갖고 있다. 베트남에서 철수하기 전에 최후의 격전을 벌일 때, 주제음악은 다시 반복된다. 밤이 지나고 아침이 되자, 폐허 속에서 몇 명의  생존자들이 일어난다. 헬기가 등장하고, 다시 그 소리가 반복된다. 변진수가 실성하여 동료들이 어디 갔냐고 외치며 돌아다니자, 한 명이 그를 때리면서 "다 뒈져버렸다!"고 울부짖는다. 이때 다시 주제음악이 반복된다.

병원에서 나온 한기주와 변진수는 대학생 시위대와 전경에 밀려 도망간다. 페퍼포그의 소리는 그동안 우리가 영화 속에서 많이 들어온 베트남에서의 폭탄 소리, 헬기 소리 등과 흡사하다. 전경과 시위대 사이에 놓인 두 사람. 이때의 극적인 음악은 베트남전이 갖고 있는 역설적인 모순을 적나라하게 대변해준다. 베트남전이 끝난 지 수십 년이 흘렀건만 두 사람은 여전히 베트남전의 악몽으로부터 자유롭지 못하다는 역설, 즉 베트남전은 여전히 그들의 마음속에서 지속되고 있고 청산되지 않았다는 상황을 알게 해주는 장면인 것이다.

유사한 소리의 오버랩 및 소리의 선행기법

원고지가 바람에 날리는 소리가 난다. 이어 전화벨 소리가 요란하게 울려 퍼진다. 그 소리는 다시 헬기 소리로 이어지면서 과거의 기억 속으로 거슬러 올라간다.

집으로 돌아온 한기주. 그는 수돗물을 틀어놓았고, 이때 변진수에게 전화가 걸려온다. 물 떨어지는 소리와 전화 벨소리가 겹치다가, 전화가 끝나면 다시 물소리만 크게 들린다. 그 물소리는 다시 헬기 소리로 오버랩되면서 과거의 베트남전으로 넘어간다.

변진수는 총을 꺼내 자신의 머리를 겨눈다. 이때 외재음으로서 헬기음이 나타난다. 카메라는 베트남에서 찍었던 스틸 사진을 잡고 있다. 변진수를 천정에서 부감으로 잡으면서, 헬기 소리는 끊이지 않는다. 그가 마치 베트남전의 악령에 사로잡힌 듯한 느낌을 준다. 그건 폐쇄공포적인 프레임과 앵글 때문이기도 하지만, 헬기 소리로 인해 베트남전에 대한 강박관념을 느끼기 때문이다.

누워서 자던 한기주는 변진수의 전화를 받는다. 방안을 왔다 갔다 하는 한기주. 그의 뇌리에서는 베트남에서의 변진수의 영상이 간헐적으로 출몰한다. 그때 변진수의 모습에는 전혀 소리가 없다. 침묵의 소리는 그 장면을 더욱 내면적으로 만들어 집중하게 만든다. 변진수가 준 총알을 바닥에 떨어뜨린다. 그 소리와 유사한 소리인 총소리와 오버랩되면서 베트남전으로 컷이 바뀐다. 변진수를 만나지만, 그는 총을 놔두고 도망쳐버린다. 그가 남기고 간 총을 한기주가 드는 순간, 헬기 소리가 나면서 다시 베트남전으로 돌아간다.

추억을 떠올리며 철로를 걷는 영옥(심혜진 분)과 변진수. 헬기 소리가 나자 변진수는 마구 뛰어 달아난다. 이어 기차 소리가 오버랩되면 기차 안에 있는 한기주의 모습이 보인다. 이어 기차 소리는 유사한 소리인 헬기 소리로 오버랩되면서 다시 베트남전으로 넘어간다.

주관적인 내레이션

1979년, 김재규의 박정희 대통령 시해. 이러한 상황은 라디오를 통해 흘러나오는 전두환 당시 계엄사령관의 사건 발표 멘트로 알 수가 있다. 한기주는 아내에게 아들을 데려다주기 위해서 걷고 있고, 그의 심정이 내레이션으로 흘러나온다. 내레이션은 이 영화에서 가장 많이 사용된 소리로서, 주인공 한기주의 입장에서 주관적으로 이야기를 끌어나가는 주된 수단이다.

성당에 피신한 한기주와 변진수. 성당의 종소리가 마치 총소리처럼 울린다. 다시 놀라는 변진수. 변진수는 한기주와 헤어져 걸어간다. 그의 모습이 느린 동작으로 잡혀 있다. 이때 한기주의 주관적인 내레이션이 나온다. 그리고 그는 권총을 꺼내 변진수를 겨눈다.

내레이션이 끝난 후, 한참 동안 소리는 끊어져 있다. 관객은 화면을 집중한다. 긴장된 순간이다. 총으로 쏴 죽인 후, 서서히 비감 어린 주제음악이 흘러나온다. 트럼펫을 동반한 주제음악은 마치 죽은 자를 애도하는 음악과 흡사한 멜로디이다. 다시 헬기 소리가 반복된다. 이때의 헬기 소리는 비일상적인 소리임에 분명하지만, 영화의 의미를 결말짓는 단서로서 의도적으로 사용된 것이다.

한기주는 천천히 변진수의 옆에 같이 눕는다. 이때 그의 내레이션이 나오면서 영화는 끝난다. "이젠 소설을 써야겠다. 정말 좋은 소설을." 그러나 그는 소설을 쓸 수 없다. 그는 동료를 살해한 살인범이 되었고 감옥에 가야 한다. 변진수와 마찬가지로 남이 이해하기 어려운 정신 병자 살인범 입장이 되어버린 것이다. 그는 그 이유를 어떻게 제3자에게 설명할 것인가? 물론 이것은 상징적인 설정이지만, 현실적으로 이 상황은 역설에 다름 아니다.

서로 다른 두 상황의 소리가 동시에 겹쳐지기

잡지사의 한 장면. 편집장은 한기주의 베트남전 연재소설에 대해서 말하고 있다. 이때 전화가 걸려온다. 대사와 배경의 전화음이 겹치고 있다. 이건 오손 웰스가 이미 시도한 바 있는 소리의 충돌 개념이다.

베트남에서 희식(김세준 분)과 창녀촌에 갔을 때, 희식은 한쪽에서 여자와 관계를 갖고, 그 사이에 몰래 한기주는 희식 애인의 편지를 읽는다. 희식의 애인이 결혼했다는 말이 화면 밖 소리로 나오고, 그와 동시에 희식의 울음소리가 겹쳐진다. "희식 씨의 검게 탄 얼굴을 한 번만이라도 보고 싶어요"라는 애인의 말이 보이스 오버로 나오면, 미친 듯 기관총을 쏴대며 울부짖는 희식의 모습이 나타난다. 이러한 부조화는 그의 비애감을 더욱 잘 묘사한다.

영상의 심리 대체 효과

영화가 시작하면 검은 스크린에서 소리만이 들린다. 그건 군인들이 무전기로 교신하는 소리이다. 폭격 소리와 헬기 소리가 요란하게 들린다. 화면은 간헐적으로 나타났다 사라지고, 소리 역시 그 화면처럼 나타났다 사라진다. 한기주가 책상에 누워 있다 일어난다. 그는 베트남전의 꿈을 꾼 것이다. 소리는 바로 그의 무의식을 표현한 것이다. 그는 일어나 밖을 내다본다. 여전히 헬기 소리가 요란하게 들려온다. 그의 마음속에서 나오는 소리를 우리는 듣고 있는 것이다.

영옥이 떠나자 변진수는 자신의 귀를 자른다. 그의 비명 대신 세면대에서는 물 떨어지는 소리가 요란하다. 간결하게 내면을 묘사한 방식이다.

작품분석을 통한 이해 3

와이키키 브라더스 감독: 임순례

주제음악이 암시하는 현실의 정치학

이 영화는 밤무대 삼류 밴드의 고단하고 처참한 삶을 통해 어린 시절 꿈과 현실 사이의 간극이 주는 슬픔을 그리고 있다. 결론적으로 영화는 현실의 거센 격랑의 바다를 건너가기 위해선 의지할 수 있는 사람과 그에 대한 강한 믿음이 필요하다는 것을 보여준다. 영화의 마지막에 성우, 정석, 인희는 결합함으로써 해체 위기에 있던 '와이키키 브라더스'를 새롭게 생성한다. 그 모습 속에서는 그동안의 반목과 갈등과 해체가 모두 사라지고 희망적인 환희가 재생된다. 관객은 성우와 인희의 결합을 통해 가장 이상적인 만남의 조화상을 목도하게 된다. 그 만남은 단순한 남녀의 결합을 상회하여 그들을 억압했던 사회의 모든 불건전한 권력들에 대한 복수의 의미로 나아가기에 흥미롭다. 그 의미는 영화 속에서 '사랑'으로 명명되며, 그런 점에서 심수봉의 노래〈사랑밖에 난 몰라〉의 가사가 주는 역설은 진실을 지향하는 숨은 손가락과도 같은 기능을 한다.

"어제는 울었지만 / 오늘은 당신 땜에 / 내일은 행복할 거야 (…) 지

나간 세월 / 모두 잊어버리게 / 당신 없인 아무것도 이젠 / 할 수 없어 / 사랑밖에 난 몰라 (…) 이 날을 언제나 / 기다려왔어요. 서러운 세월만큼 / 안아주세요."

이 노래는 영화 속에서 패배적 뽕짝의 진부함이 아니라 희망의 진취적인 메시지로 통한다. 그리고 그동안의 모든 서사과정을 통합하고 정리하는 기능을 함으로써 '미장아빔(mise-en-abyme)' 효과를 갖는다. 요컨대 마지막 장면은, 이기적 세태 속에서 버림받고 억압된 삶을 살았던 고정적 인간들의 결합을 통해 세상의 도도한 위선과 권력에 반격을 가하는 의미를 첨가하고 있는 것이다. 그런 의미에서 그것은 현실이 아니라 환상 혹은 희망, 그리고 감독의 직접적인 목소리가 발화된 장면이라고 간주해야 할 것이다.

공간의 우의(寓意, allegory) 속에서 작동하는 소리의 배음 효과

영화적 서사공간의 상징성은 이 영화에서 중요한 의미체로 기능하고 있다. 룸살롱 장면에서 현실의 모습은 절망이 극에 달한 나머지 추함과 기이함의 절정을 이루고, 그 자체가 하나의 환상의 현장으로 변화돼버린다. 그 장면에서 나체의 의미는 세 부류로 존재한다. 맨 처음 가라오케 비디오 화면에 나오는 여인들의 비키니 나체는 음란함을 상징하고, 룸살롱에서 벗은 술꾼들의 나체는 추악함을, 마지막에 성우가 보게 되는 어린 시절의 나체는 순수와 원초성을 의미하는 상징체이다. 세 부류 나체의 의미는 각 장면에서 관객에게 판단을 요구한 채 진열되어 있다. 관객은 영화를 보면서 종래 감지해왔던 나체의 의미를 재정의하고, 새로운 나체의 의미를 정립해가게 된다.

카바레 공간의 한국적 의미생산 역시 중요한 단서에 속한다. 카바레에서 연주되는 곡들은 대부분 서양의 팝송이며, 그들의 발성과 몸짓 역시 서구적이다. 하지만 생존에 대한 의식, 인간에 대한 정서는 한국적 토양에 귀속되어 있다. 다시 말해, 와이키키 브라더스 밴드가 구사해낸 팝송들은 본토 것이 아닌 가짜 팝송들이다. 한국인들은 원본의 주석가이며 모사가이고 해석자이다.

이러한 부조화는 이 영화의 서사와 주제를 해석해나가는 중요한 단서가 된다. 연주가들은 가짜 서양을 가져다 한국적 생산에 기여하려고 하며, 여기서 진짜 한국 대 가짜 서양의 의미적 대립이 포진하고 있다. 밴드가 부르는 노래는 진짜가 아니지만 그들의 삶은 그대로 진실이다. 진짜 나훈아를 모방하는 가짜 너훈아와 다시 그 가짜를 모방하는 2차 복제물 나윤아. 진짜 이영자와 가짜 이영자. 이러한 감독의 작업들은 현재 한국 사회가 추구하는 본질의 실체를 정확하게 묘사하기 위해 노력한 흔적들이다.

이러한 풍토는 서구와 한국의 대립적 구도 속에서 서구를 추구하고 모방하려는 촌스러움에서 기인한다고 이 영화는 말한다. 카바레 공간

은 그러한 한국 사회의 허위의식과 그 모방의 한계를 정확하게 관객들에게 제시하고 있는 장면이다. 흘러간 팝송을 부르는 밴드의 모습은 사회 속에서 뿌리 뽑힌 채 과거시제 속에서 살아가는 밑바닥 따라지 막장 인생들의 한 맺힌 세월을 상징하고 있다.

노래방 공간의 상징적 장치 역시 고단한 한국인들의 삶의 스트레스가 폭발하여 처참하게 갈가리 찢겨나가고 붕괴해나가는 변태적 몰골을 드러내는 곳으로 작용하는 중요한 공간이다. 분열은 시간적으로도 괴리되고 붕괴되어 있다. 성우와 친구들은 노래방에 간 후 과거의 시간 속으로 침잠하며 동질적이고 통합적인 순수의 유대적 공간을 향유하게 된다. 그러나 다시 현재의 노래방으로 돌아온 그들은 현재의 상황에서 절망과 고독의 분열된 고통을 절감하게 된다. 이들이 걸어온 시간은 그대로 한국 현대사의 시간이 된다.

여름 해변에서 선배들의 불합리한 명령에 억압받고 여자들을 빼앗겨야 했으며 항의하자 구타당해야 했던 좌절과 슬픔의 노정(路程)은, 군사독재 시절의 암울한 시국과 정치적으로 억압당해야 했던 시민들의 공포와 절망의 역사를 그대로 구토해내는 과정인 것이다. 해변을 나체로 달리던 이들의 순수한 반항적 젊음의 약동은 성에 대한 눈뜸, 그리고 성의 교환적 가치와 등치되어 진행된다. 성우가 일상의 스트레스로부터 도피하여 자신을 위무해줄 동반자를 탐구하는 행동을 하게 되는 사춘기적 정서, 인희를 추구하는 과정의 느낌들은 바로 그러한 정치적 억압에 대한 성적 탈출구 확보에 대한 동치적 관계로의 진행과 통한다.

| 더 읽어볼 만한 책 |

마르셀 마르땅, 황왕수 역, 『영상언어』, 다보문화, 1993, p.144~181(8장 음향효과), 239~268(11장 대사, 12장 덧붙여 설명하는 수법).

민병록 · 이승구 · 정용탁, 『영화의 이해』, 집문당, 2000, p.305~318(5장 영상과 기술).

토마스 소벅 · 비비안 C. 소벅, 주창규 외 역, 『영화란 무엇인가』, 거름, 1998, p.155~191(4장 영화음향).

랄프 스티븐슨 · 장 데브릭스, 송도익 역, 『예술로서의 영화』, 열화당, 1982, p.203~231(7장 5차원).

데이비드 보드웰 · 크리스틴 톰슨, 이용관 · 주진숙 역, 『필름 아트』, 이론과 실천, 1993, p.355~402(8. 영화음향).

버나드 딕, 김시무 역, 『영화의 해부』, 시각과 언어, 1996, p.97~128(5. 기본 내러티브 장치들: 자막과 화면 밖 소리).

찰스 애프론, 김갑의 역, 『영화와 정서』, 집문당, 1993, p.135~167(목소리와 공간).

루이스 자네티, 김진해 역, 『영화의 이해』, 현암사, 1987, p.176~211(5장 음향).

민병록, 『세계 영화영상기술 발달사』, 문지사, 2001.

최유리, 『필름을 위한 사운드 디자인』, 예솔, 2000.

한스 크리스챤 슈미트, 강석희, 김대웅 역, 『영화음악의 실제』, 집문당, 1992.

미셸 시옹, 지명혁 역, 『영화와 소리』, 민음사, 2000.

| 용어 해설 |

내재음 diegetic sound
화면 내에 근원이 있는 소리.

대사 dialogue
항상 그렇지는 않지만 일반적으로 가시적인 화자의 입술과 일치하는 영화의 대사.

대위법 counterpoint
영화에서 행위와 대조를 이루거나 충돌하는 음향, 특히 음악.

사운드 모티프 sound motif
소리의 반복을 통해 영화의 주제를 전달하는 기법.

시네마 베리떼 cinema verite
다큐멘터리 영화 제작에서 일어난 하나의 양식 운동이며, 드라마를 솔직하고 다큐멘터리적인 방식으로 전달하는 극영화에도 종종 붙여지는 용어이다. '영화 진실'이라는 뜻을 지니기도 한다.

오프 사운드 off sound
화면 밖 소리.

외재음 non-diegetic sound
화면 밖에 근원이 있는 소리.

음악 music
영화 속에서 실제 음의 일종으로 쓰이거나 허구의 음으로 사용되는 음악. 액션을 강화시키는 기능, 극적인 긴장감을 높여주거나 무드를 전달해주는 기능, 영화에서의 중요한 모티프로서의 기능, 그리고 장면과 장면 사이를 이어주는 교량 역할의 기능을 가진다.

음향효과 sound effects
영화 장면에 현실감, 분위기, 극적인 강조를 불어넣기 위해 사운드 트랙에 들어간 소음과 음향. 스크린 내부의 효과는 화면 안에서 일어나는 행동에서 나오는 소리이고, 스크린 외부의 효과는 화면 밖에 음원을 둔 소리로서 음악처럼 무드나 분위기, 드라마를 창조하는 수단으로 빈번히 사용된다.

이화(異化) 효과 alienation effect
화면 내의 감정과 관객의 감정이 분리되거나 객관화되도록 유도하는 예술적 기법.

미장아빔 mise-en-abyme
미장센의 한 기법으로서 작품 전체 구조와 주제를 반영해내는 장치적인 장면화.

6장
영화의 장르 분석

장르의 정의

우리가 영화와 관련하여 장르라는 말을 가장 많이 듣는 곳은 영화 소개 코너일 것이다. 이때 장르는 희극영화, 공포영화, 멜로영화, 액션영화 등 관객(소비자)의 취향을 지칭하는 말로서 우리에게 친숙해 있다. 이 경우 장르는 상품성의 가치로 통한다. 장르는 영화의 상품적 속성을 잘 드러낸다. 비디오가게에서 모든 영화가 다 장르로 구분되어 있듯이, 어떤 영화도 장르를 떠나선 존재할 수 없다. 물론 예외가 있을 수도 있으나, 일반 대중 상업 오락영화에선 거의 장르 구분이 가능하다.

영화는 상업적이고 오락적이기도 하지만, 동시에 예술적 미학을 갖고 있다. 미학적 측면에서 볼 때 장르는 주제, 인물, 구성, 시각·청각적 요소 등이 흡사한 일련의 영화들의 유형을 말한다. 장르는 작품의 내용과 형식에 있어서 내적인 미학을 다 담고 있는데 관객에게 지적·정서적 효과를 동시에 전달한다.

영화는 왜 비슷한 유형으로 분류되며 왜 그렇게 생산되어지는가. 이러한 질문은 사실 원초적인 것이며, 영화란 무엇이고 왜 만들어지는가에 대한 심각한 의문이기도 하다. 영화는 애초에 소수의 고급관객을 위한 고급예술로서 출발하지 않았고 다수의 대중을 위한 상업오락으로 출현했다. 따라서 영화의 대중성과 오락성, 상품성은 처음부터 관객을 이끌어왔던 요소였다. 이때의 관객은 수동성, 즉 제시되는 영화에 편안하고 친숙하게 이끌려가는 성격을 갖고 있다.

바로 관객의 그 수동적 자세 때문에 영화는 편안하고 친숙한 감정을 유발하게끔 구성되어진다. 또, 하나의 영화가 히트하면 관객의 그런 취향에 영합하기 위해 비슷한 일련의 영화들이 계속 제작되게 마련이다. 이러한 유행적 측면이 바로 장르영화를 생산하게 하고 존속하게 하는 기본원리인 것이다. 따라서 한 영화가 대중으로부터 외면당하면 비슷한 취향의 영화는 더 이상 만들어지지 않는다. 다시 말해 어떤 특정 장르는 시대 사회 속에서 사라지고 만다는 뜻이다. 이처럼 영화는 대중의 취향과 떼려야 뗄 수 없는 관계에 놓여 있다.

이러한 대중의 흐름, 사회, 영화장르와의 함수관계는 영화를 공부하는 이에게 가장 흥미로운 일이 아닐 수 없다. 아무리 하찮은 대중오락물이라도 당대의 역사, 사회적 분위기, 대중의 흐름, 정치적 이념 등을 담아내기 때문에, 그저 단순히 장르를 상품성의 포장지 정도로만 간주할 수는 없는 것이다.

그리고 그러한 장르영화의 형태는 고정되어 있는 것이 아니고 시대의 변화에 따라 새로 생성, 해체되고 끊임없이 재생성되면서 변화해간다. 따라서 생성과 소멸의 단계를 밟지만, 어떤 장르도 영원히 소멸되지는 않는다. 다만 일시적인 소멸과 재생성의 과정이 반복되는 것이다.

예를 들어 요즘 인기가 있는 할리우드 SF 장르는 1940년대 제2차 세계대전 이후 유행하다가 1960년대에는 일시 소멸된 장르였다. 그러다가 70년대 중반 조지 루카스(George Lucas)의 〈스타워즈〉가 붐을 일으키면서 재등장했다. 이어 1980년대에 들어와 〈ET〉〈터미네이터〉〈에일리언〉 등이 히트를 치면서 SF는 현재 미국 영화를 이끌어가는 가장 대중적인 장르로 자리잡았다. 장르 분석이란 이처럼 영화와 대중 간의 관계를 묻는 중요한 접근법이다.

장르의 내적 요소

장르영화를 가만히 뜯어보면, 같은 장르 안에서는 거의 동일한 요소들이 반복되고 있음을 알 수 있다. 그러한 동일한 요소들은 커다란 이야기의 덩어리에서부터 아주 작은 카메라 앵글에 이르기까지 크게 세 단위로 나뉜다. 포뮬러(formula), 컨벤션(convention), 아이코노그래피(iconography)가 그것들이다. 이 세 가지 요소는 각 장르마다 고정적이다. 같은 장르 안에서 이들은 계속 반복되면서 나타난다. 장르 요소에 대해서 어느 정도 아는 관객들은 그 요소들이 어떻게 변형되어 반복되는지를 알게 된다.

장르 요소의 반복은 관객으로 하여금 기대감을 갖게 만든다. 다른 영화에서 봤던 비슷비슷한 요소들을 알아차릴 때쯤 관객은 다음에 무엇이 나올 것이며 어떻게 이야기가 진행되리라는 기대감을 갖고 보게 된다. 그러나 어떤 영화도 똑같이 만들어지진 않는다. 조금씩 변형되면서 비슷하게 나아간다. 그러면 관객들이 식상해 하지 않을까? 물론 그럴 수도 있다. 하지만 똑같다면 식상할 수 있지만 비슷하다면 식상하지 않다. 이 세상의 어떤 러브 스토리도 따지고 보면 다 비슷하다. 그러면서도 새로운 느낌으로 다가오는 이유는 그것이 새롭게 변형되었기 때문이다.

그리고 무엇보다 더 중요한 이유는 관객의 수동성 때문이다. 관객은 자기가 잘 알고 친숙하고 편안한 방식에 더 빠져들지, 자기를 당황하게 하거나 화나게 하고 불쾌하게 하는 영화는 별로 좋아하지 않는다. 비록 그 영화가 아무리 잘 만들어지고 훌륭한 이야기일지라도 말이다.

포뮬러

장르 요소 중 가장 커다란 단위를 말한다. 포뮬러란 유형화된 이야기의 기본 갈등으로서 누구나 알 수 있는 친숙한 것들이다. 우리는 이야기가 보통 어떻게 풀려나갈지를 과거의 경험 속에서 알 수 있다. 이 경우 조그만 변화로 인해 생기는 서스펜스 효과에 놀랄 필요가 없다. 그저 느긋하게 관람하면서 영화의 끝에 가서 주인공이 죽을지 안 죽을지만 궁금해 하는 척하면 되는 것이다.

시드니 폴락(Sydney Pollack)의 〈야망의 함정The Firm〉(1992)에서 곤경에 처한 주인공의 운명은 이미 예정된 것이다. 그가 입사한 회사는 마피아의 소굴이고 발을 빼려고 하면 그는 암살된다. 집과 재산과 아내 모든 것이 그의 행동에 따라 결정된다. 그를 쫓아오는 회사 내부요원과 막다른 골목길. 관객은 그가 죽게 되었다는 것을 알지만 사실은 그가 어떤 방법으로 살아남느냐를 기대한다. 주인공은 천정 위에 숨지만 밑에는 그의 존재를 알리는 가방이 있고 그의 피가 아래로 떨어진다. 총을 든 악당은 그걸 눈치 챈다. 꼼짝없이 그는 죽는 것이다. 하지만 결과는 너무 뻔하다. 그는 어쨌든 살아난다. 만일 그를 그곳에서 죽게 하면 어떻게 될까? 이야기가 바뀜은 물론이고 관객의 기대감은 깨지고 만다. 관객은 주인공이 죽고 마는 현실 속에서 당황해 하고 불편해 한다. 결국 이야기의 흐름을 차단당하고 만다.

김의석 감독의 〈결혼 이야기〉(1992)는, 가벼운 것 같지만 실은 무겁고 진

지한 이야기를 하고 있다. 결혼의
즐거움을 이야기하는 것이 아니
고, 결혼 이후의 날카로운 신경전
과 싸움, 심각성을 이야기하고 있
는 것이다. 이러한 무거운 영화의
처음은 반드시 가볍고 즐거워야
한다. 경쾌한 리듬과 마냥 행복한
이들의 신혼생활 묘사는 이런 식
의 코믹 멜로드라마의 도입부에

〈결혼 이야기〉, 김의석, 1992

반드시 설정되는 장치이다. 관객은 처음의 요란한 신혼 묘사를 보면서 흐뭇
해 하기도 하지만, 사실은 앞으로 이들이 심각하게 싸울 것이며, 결국은 갈
라서게 될지도 모른다는 막연한 기대감을 갖고 본다. 또한 중반부까지의 심
각함을 지켜볼 때면, 이 영화가 이대로 비극적으로 끝날 것이 아니라, 재결
합의 해피엔딩이 될 것이라는 기대감을 갖고 본다.

　위 두 영화는 관객의 기대감을 하나도 깨뜨리지 않는다. 이러한 공식이 바
로 관객에게 편안함을 주는 이야기의 커다란 단위인 포뮬러에 해당한다. 전
통적인 영화를 보는 즐거움은 우리가 그러한 기본적인 이야기 유형에 익숙
해 있다는 사실에서 나온다. 우리는 영화를 볼 때 기대되는 것과 친근한 요
소들, 예기치 못한 것들과의 사이에서 생기는 즐거운 긴장감을 즐기게 된다.

컨벤션

　'관습'이라는 뜻의 컨벤션은 하나의 이야기에서 두번째로 크게 나누어질
수 있는 구조 혹은 사건을 말한다. 컨벤션은 개별 장르 속에서 영상화된 사
건으로서, 서부극에서의 결투 장면이라든가, 뮤지컬에서 사랑하는 남녀의

〈스피드〉, 얀 드봉, 1994

춤추는 장면 등과 같은 것을 말한다.

볼프강 페터젠(Wolfgang Petersen) 감독의 긴박감 넘치는 스릴러물 〈사선에서In the Line of Fire〉(1994)를 보면, 절정부 장면을 엘리베이터 안에서 처리하고 있다. 주인공인 대통령 경호원과 그를 집요하게 추적해온 악당과의 마지막 결전. 둘은 무기도 없이 격투를 벌인다. 내려가는 엘리베이터와 떨어지면 추락사하고 마는 긴박감이 그 장면을 인상 깊게 한다.

레니 할린 감독의 〈클리프행어〉도 마찬가지다. 도입부 장면에 나왔던 추락하는 장면이 다시 반복되면서 손끝과 로프 줄에 매달린 애인을 구조해내는 장면을 완벽하게 연출해내고 있다. 〈다이하드 2〉에서는 비행기 주인공과 악당의 최후 결전을 위에서 처리하고 있다. 〈스피드〉에서는 브레이크가 작동하지 않는 지하철에서 주인공과 악당의 최후 결전이 벌어진다. 둘은 달리는 기차의 지붕 위에서 격투를 벌인다. 이처럼 주인공과 악당의 결전을 벌이는 특이한 장소가 다 영화적 컨벤션에 속하는 것이다.

아이코노그래피

그리스말로 '영상' '닮은 꼴' '도상'이란 뜻의 '아이콘(icon)'은 장르영화에서 가장 작은 단위 요소이다. 포뮬러가 전체의 구조, 컨벤션이 사건 및 에피소드 단위라면, 아이코노그래피는 그보다 더 작고 세분화된 요소이다. 구체적으로는 의상, 연기자, 대·소 도구, 특정 지역, 건물 등등의 요소를 말한다.

원래는 시각적 요소만을 말하나 청각적 요소까지를 포함할 수도 있다. 아이콘은 개별 장르영화 속에서 반복적으로 사용됨으로써 그 의미를 얻는다. 아이콘은 특히 미장센이라고 불리는 카메라 움직임, 조명, 앵글, 프레임의 작용 등과 인물의 고정적인 유형이 중요하다.

예를 들어 서부극 장르에서 보안관, 악당, 전설적인 총잡이, 여자, 인디언 등은 반드시 등장하는 고정적인 인물형들이다. 그들의 역할 역시 고정적이다. 보안관은 법을 수호하며 정의롭고 선량하며 평화를 사랑한다. 악당은 법을 무시하고 약탈을 일삼는다. 전설적인 총잡이는 어디서 나타났는지 모르게 마을에 나타났다가 일이 다 끝난 후엔 머물지 않고 어디론가 사라진다. 초인적인 영상으로 보인다. 여자는 순박하지만 행동은 거칠다. 서부극의 주인공은 보안관 아니면 총잡이인데, 여자는 주인공을 사랑하며 주인공에 의해 거친 행동이 양순하게 다스려진다.

인디언은 야만인으로 묘사되며 짐승소리를 내고 그들의 언어는 번역되지 않는다. 선량한 백인 주민들을 습격하며 사람의 머리 껍질을 벗기는 등의 잔혹한 행위를 일삼는다. 이들을 묘사하는 미장센은 다른 장르와는 달리 개별적이다. 넓고 긴 평원의 롱 쇼트와 달리는 역마차, 인디언은 반드시 숨었다가 습격하는 모습으로 등장하며 원형으로 둘러싸서 백인들을 살육한다. 화살에 맞아 죽는 백인의 처참한 모습은 부감으로 묘사하여 관객의 동정심을 유발하고, 창으로 찌르는 인디언의 모습은 앙각으로 묘사하여 잔학함과 공포감을 더욱 강조한다. 서부극을 볼 때의 인디언에 대한 공포감은 바로 이러한 기제에 의해 오랫동안 우리의 뇌리 속에 각인되어 온 것이며, 그것이 다름 아닌 아이콘의 요소이다.

서부극에서 꼭 등장하는 말, 총, 역마차, 술집, 마을, 평원, 열차 등의 영상 역시 서부극이 서부극답게 보이도록 만드는 아이콘에 해당한다. 이러한 요소들은 같은 서부극 장르에서 계속 반복된다. 하지만 다른 장르로 가면 그 요소는 전혀 다르게 바뀐다. 같은 여자라도 갱 영화, 암흑가 영화(필름 느와르)에서의 여자는 다른 의미의 아이콘으로 작용한다.

갱 영화에선 주인공이 갱이며 여자는 그 조직의 일원이다. 그녀는 악마와 같은 여자, 유혹하는 여자, 범죄의 배후에 놓인 신비스런 여자이다. 그녀는 갱 두목의 곁에서 정부로 있다가 결국 갱을 파멸로 이끄는 요사스런 여자로 유형화되어 있다. 형사물에선 조금 변형되어 여자의 대상이 악당이 아니라, 주인공 형사가 된다. 형사와 사랑에 빠지지만 형사의 일을 방해하는 역할을 하게 된다. 그러나 반드시 한 명의 여자만 등장하는 것은 아니다. 이러한 유형에 속하지 않는 여자들도 물론 있을 수 있다. 장르의 원칙은 조금씩 변형되어 나타난다는 속성이 있다.

신화로서의 장르

장르영화를 세밀히 보면 표면적인 구조 이면에 무의식적인 공포와 욕망을 담고 있음을 알 수 있다. 장르영화의 감독들은 관객의 억압된 공포나 욕망을 의도적으로 묘사하고자 한다. 물론 대중의 기호를 고려한다. 이들 영화들을 그저 단순한 오락물이며 흥미를 위한 현실도피물이라고 몰아붙일 수만은 없다. 장르영화는 어디까지나 대중영화이기 때문이다. 영화가 제시하는 것을 우리가 조금이라도 이해한다면, 인간이 사회적 존재이며 그 속에서 문화의 변화와 성장 역시 관찰할 수 있다는 것을 알 수 있다.

장르영화가 약간의 변화만을 줄 뿐 똑같은 기본 이야기를 반복한다는 것은 별 문제가 아니다. 각 장르는 실생활에서 해결되지 않는 기본갈등들, 즉 서로 다른 개인적 욕망 사이의 갈등, 물질적인 성공과 정신적인 성공 사이의 갈등 등을 영화 속에서 흡족하게 해결한다. 이러한 장르영화의 구조는 신화나 민담의 구조와 아주 흡사하다. 신화와 민담은 개인의 꿈을 집단의 꿈으로 변형시킨다. 그런 과정에서 문제가 제시되고 자연스레 해결된다. 신화와 장르영화의 유사점은 우선 신화의 주인공과 그들이 펼치는 영웅적 행동이 장르영화의 주인공과 그들이 펼치는 이야기와 흡사하다는 점이다.

신화학자 조지프 켐벨(Joseph Campbell)에 의하면 여러 영웅들에 의한 많은 신화적 모험이 결국에는 한 복합적 기능을 하는 영웅에 의해 시대나 문화만을 달리하여 전개될 뿐, 실은 같은 것이라는 것이다. 그런 의미에서 그 영웅은 '천의 얼굴을 가진 자'이다. 그는 어떤 모험이든 닥치면 나가서 해결하고, 그가 속해 있는 사회에서 자신은 이탈된다. 처음에는 일련의 시험을 거친 후, 그것을 성공적으로 완수하는 것으로 끝맺는다. 그는 사회에 속해 있고 항시 귀속되면서도 사회로부터 오히려 거절당한다.

우린 서구의 신화적 영웅인 헤라클레스, 율리시즈, 제이슨 등의 모험 이야기와 동양의 3황 5제, 백이, 숙제, 이태백, 장자, 노자, 단군, 동명성왕, 연개소문, 광개토대왕, 을지문덕, 이순신 등의 이야기를 상기할 수 있다. 이러한 영웅 이야기나 일화는 〈천녀유혼〉〈동방불패〉 등의 홍콩 SF처럼 신화적 시간과 공간 속에서 전개되기도 한다. 하지만 많은 경우 일상의 우리 현실 속에서 작용한다.

신승수 감독의 〈가슴 달린 남자〉(1993)를 보면, 여자 주인공이 직장에서 성차별을 느낀 나머지 그 모순을 해결하기 위해 남장을 하고 주변을 속인다. 그녀는 자신의 변장술이 들통 나지 않도록 여러 난관을 잘 극복해내지만, 남자 동료 사원과 사랑에 빠짐으로써 인간적 갈등에 직면하게 된다. 그녀의 별난 행동은 허황되지만 대표성을 띠는 상징적인 것으로 풀이된다. 그녀는 모험을 벌이는 영웅인 셈이다.

신화를 영화화하는 데 있어서 장르영화는 하나의 제의(ritual)처럼 작용한다. 관객은 종교집회나 스포츠 관람처럼 사회적·종교적 의식을 수행하듯이 영화를 관람하게 된다. 말리노프스키(Bronislaw Malinowski)나 레비스트로스(Claude Levi-Strauss) 같은 문화인류학자에 의하면 제의적 행위란 몇 개의 특성을 갖고 있는데, 그중 가장 대표적인 것은 '반복성'이란 것이다. 행위는 계속 반복되어지며, 그렇게 축적되는 가운데서 힘이 형성된다. 그와 유사하게 장르영화의 축적 속에서도 특유의 정서적 힘이 만들어진다.

신화는 과거지향적이어서 과거에 무슨 일을 어떻게 했는가에 흔히 집중되는 경향이 있다. 신화는 또한 단순하기 때문에 이분법적인 세계관을 형성한다. 빛과 어둠, 선과 악, 남성과 여성, 이러한 이분법은 장르영화에서 아주 단순한 주인공과 악당의 플롯을 형성한다.

흔히 희극이나 멜로드라마는 신·구세대의 대립, 이성과 감성의 갈등, 남자와 여자의 대립을 담는다. 〈나의 사랑 나의 신부〉〈결혼 이야기〉〈그 여자 그 남자〉〈아래층 여자 위층 남자〉〈가슴 달린 남자〉〈사랑하고 싶은 여자, 결혼하고 싶은 여자〉 등, 과거 1990년대에 유행했던 우리나라의 코믹 멜로드라마에서는 제목에서부터 이미 그러한 장르적 성격을 단적으로 드러내고 있다. 제인 캠피온의 〈피아노〉에서도 멜로드라마가 갖고 있는 기본 갈등인 남자와 여자, 이성과 감성의 대립을 담고 있다.

서부극, 액션물, 스릴러물, SF 등에서는 선과 악, 법과 무질서, 문명과 야만, 중심과 주변 등의 갈등을 다룬다. 〈쥬라기 공원〉 같은 SF에서 우리 인간은 사악한 공룡과의 싸움에서 법과 무질서, 문명과 야만, 선과 악 등의 대립을 경험하며, 만물의 중심인 인간과 주변부인 짐승 간의 경계를 분명히 하게 된다.

신화는 숭배자에게 일시적인 심리적·정서적·사회적 평안함을 가져다주는 기능을 한다. 즉, 개인적인 공포나 강박을 정화시키는 역할을 수행하는 것이다. 장르영화 역시 그와 유사한 목적을 갖는다. 장르영화는 현실세계에 남겨진 여러 난제들을 일시적으로 해결한다. 또한 장르영화는 개인이 갖고 있는 공포 감정을 마치 종교의 주술사가 하듯 기존 사회의 통념에 귀속시킴으로써 치유한다.

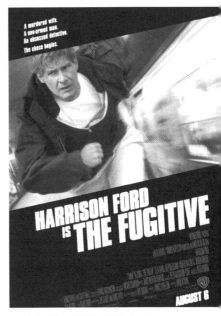

〈도망자〉, 앤드류 데이비스, 1993

〈도망자〉를 보면 주인공은 누명을 쓰고 법에 의해 쫓겨 다니며, 마치 헤라클레스처럼 모험을 하게 된다. 그리고 영화를 다 보고 나면 사회가 갖고 있는 법의 부조리함을 고발하는 메시지를 느끼게 된다. 주인공이 가지고 있는 사회·법·계급·인종·성 등에 대한 견해가 사회 통념적으로 반영된 것이다. 이러한 해결방식은 현실적이라기보다는 신화적인 것이다.

장르영화의 한계는 바로 그러한 견해에 있어서 사회의 지배적인 보수 관념으로 주제의식을 귀결시킨다는 점이다. 따라서 주인공이 갖고 있는 관념이 행여 그 사회를 움직여가는 통념과 위배된다면, 그러한 주제의식은 흔히 용납되지 않는다.

장르영화와 사회

장르영화는 문화의 변화를 가늠하는 척도이다. 관객은 한 특정 장르의 진화를 보게 되며 그 변화 속에 반영된 사회 가치관의 변화를 동시에 보게 된

〈툼스톤〉, 조지 코스마토스, 1994

다. 장르영화를 본다는 것은 한 편으로 대중의 흐름을 감지한다는 것이다.

어떤 분위기나 무의식에 의해 왜 특정 장르가 한동안 잠잠해 있는가? 혹은, 미국 영화사 초기에서부터 대중적 인기를 모았던 서부극이 1980년대 이후 완전 소멸된 이유는? 그러다가 1990년대 중반에 〈와이어트 어프Wyatt Earp〉(1994), 〈툼스톤Tombston〉(1994) 등의 서부극이 뒤늦게 부활한 이유는? 1930년대 유행하던 뮤지컬이 1970년대 이후 소멸된 이유는? 1950년대에 유행하던 SF가 1960년대 이후 소멸되었다가 1980년대 이후 다시 유행하기 시작한 이유는?

왜 어떤 나라에서는 다른 나라의 장르가 들어와서 자국의 장르로 바뀌게 되는가. 미국의 대중 오락영화에 심취해 있던 프랑스 누벨바그(Nouvelle Vague) 감독들은 개인적·주관적·자국적인 장르영화를 개척했다. 험프리 보가트(Humphrey Bogart) 주연의 갱 영화를 모방한 듯한 고다르 감독의 〈네 멋대로 해라A Bout de Souffle〉(1960), 형사 스릴러물인 트뤼포(François Truffant) 감독의 〈피아니스트를 쏴라Tirez surle pianiste〉(1960), SF영화 〈화씨 451도Farenheit 451〉(트뤼포, 1966)와 〈알파빌Alphaville〉(고다르, 1965), 히치콕 서스펜스 스릴러의 모방인 샤브롤(Claude Chabrol)의 〈도살자Le Boucher〉(1969) 등등의 영화들은 미국 영화의 장르를 차용하면서도 프랑스적인 내용과 주제의식을 개성적으로 전개시켜나갔다.

이들은 오히려 미국 영화의 영향에서 벗어나기 위해 더욱 의도적으로 미국 영화를 패러디(parody)했다. 최근의 홍콩 영화 역시 마찬가지다. 1970년대 중반 미국의〈스타워즈〉이후 SF 장르가 유행하자 이를 바로 받아들인 홍콩은, 비단 SF 장르뿐 아니라 액션·모험·희극에 이르기까지 미국의 대중장르를 거의 모방하고 있다.

서극, 정소동, 왕정의 무협영화는 중국의 전설·민담을 SF영화 장르에 혼합시킨다. 오우삼의 액션물은 1930년대 미국에서 유행하던 갱 영화, 추리영화(Film Noir)를 현대적으로 다시 부활시킨 것

〈피아니스트를 쏴라〉, 프랑소와 트뤼포, 1960

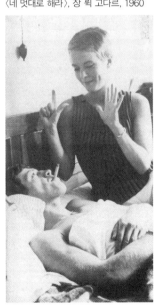

〈네 멋대로 해라〉, 장 뤽 고다르, 1960

이다. 성룡, 홍금보, 허씨 형제의 희극·경찰 드라마 또한 미국의 장르를 그대로 답습하고 있다. 반대의 경우도 있다.〈펄프 픽션Pulp Fiction〉(1994)으로 칸영화제에서 그랑프리를 수상한 미국의 쿠엔틴 타란티노(Quentin Tarantino) 감독은 오우삼의〈영웅본색 3〉(1990)을 모방하여〈트루 로맨스True Romance〉(1994)의 각본을 썼다.

장르영화는 사회에서 제기된 여러 문제에 대한 나름대로의 응답이다. 사회가 격변에 휘말릴 때 거꾸로 현실도피적인 환상드라마

〈트루 로맨스〉, 토니 스콧, 1994

가 유행하는 이유가 바로 그런 관계 때문이다. 1930년대 미국의 대공황 때에는 환상적인 뮤지컬이 대유행이었다. 1997년 홍콩의 중국 반환으로 인해 사회가 불안과 혼란에 휩싸이자 홍콩 무협영화가 나왔다. 우리나라에서도 1970년대 박정희 독재정권의 폭압에 시달릴 무렵, 현실도피적인 하이틴영화(이덕화, 임예진, 이승현, 김정훈 주연), 호스티스영화(〈나는 77번 아가씨〉〈O양의 아파트〉〈별들의 고향〉 등등), 무협영화, 새마을영화, 반공영화 등이 유행했다.

장르 패러디와 비장르영화

영화 장르는 정체되어 있는 것이 아니고 계속해서 자기 변화를 겪는다. 현대 영화에 와서 장르의 스타일은 쉽게 감지되지 않는다. 관객은 이야기의 흐름만을 얼핏 알 뿐이지, 카메라 기법을 포함하여 미장센이 이끌어가는 영화적 서술방법을 알아채기는 점점 어려워지고 있다.

현대 영화의 장르는 지나온 여러 장르를 스스로 탐구하는 접근법을 보인다. 영화 장르는 크게 둘로 분류되는데, 고전적인 양식과 규범에 충실한 고전적 장르와 고전적 장르의 여러 형태를 반복·답습하되 새로운 복합적 장르 혹은 패러디의 형태를 보이는 현대적 장르의 두 가지 분류이다.

현대적 영화 기법인 '패러디'는 원래 희극의 기법으로 정착되었다. 위대한 걸작이나 유명한 작품을 '모방'하되, 그 훌륭한 지위를 깎아버림으로써 오는 풍자적 희극성을 높이 사는 기법이다. 이러한 방식은 현대 영화에 와서 낡은 의미를 새롭게 주관적으로 변화시키는 광의의 방식으로 차용되고 있다.

현대 영화의 비장르(anti-genre) 영화는 반드시 코미디가 아니더라도 기본적으로 패러디적인 파괴와 재구축의 형태를 보인다. 패러디는 창조적 모방이란 의미에서 '표절'과는 엄밀한 차이를 두고 있다. 그러나 보는 이의 식견에 따라서 창조적 모방과 표절의 차이는 섬세하고

〈브라질〉, 테리 길리엄, 1985

애매모호하다. 그만큼 현대 영화의 모습이 복잡해졌다는 뜻이다.

　SF영화의 걸작 〈블레이드 러너〉는 단순한 SF가 아니라 암흑가 영화, 형사 스릴러 양식이 강한 복합 SF물이다. 테리 길리엄(Terry Gilliam) 감독의 〈브라질Brazil〉(1985, 비디오 출시명 〈여인의 음모〉)은 종래 SF가 현실도피적이고 환상적이었던 것을 탈피하여 아주 심각한 인간의 실존문제를 그리며 제3세계 독재국가인 브라질의 군부독재 시절로 '백 투 더 퓨처' 한다. 그에 의하면 미래의 세계는 인권이 말살되는 독재와의 투쟁에서 인간이 어떻게 살아남는가를 고민하는 세상이라는 것이다. 이러한 주관적인 견해는 새로운 현대 장르의 한 특성이다.

　극영화안에서만 장르 패러디가 되는 것이 아니라, 극영화와 다큐멘터리, 극영화와 실험영화, 애니메이션 등등이 서로 교차되고 융·복합되는 현상을 보인다. 마이클 윈터바텀 감독의 영국영화 〈인 디스 월드〉(2003)는 그러한 경계 없음을 잘 보여준다. 이 영화는

〈인 디스 월드〉, 마이클 윈터바텀, 2003

실화를 근거로 했고, 실제 인물이 연기를 하므로, 다큐멘터리와 구별할 수 없는 극영화이다. 극영화와 다큐멘터리의 경계를 혼동스럽게 하는 극을 다큐 드라마라고 한다. 영화의 매 장면은 다큐멘터리처럼 포착되었다.

비장르영화에서의 개인의 주관성

대부분의 극영화는 익숙한 플롯과 쉽게 알 수 있는 인물형, 친근한 세팅, 전통적인 영화적 기법 등을 사용한다. 그러한 관습들이 유형화되어 있고 반복되는 것이 장르영화의 특성이다.

그러나 비장르영화는 내용과 형식에 있어서 다른 점을 보이며, 예술가의 독자적인 견해와 사물을 바라보는 새로운 방식을 드러낸다. 이러한 영화들은 흔히 철학적인 문제, 사회적 모순, 정치적 이슈 등을 다루는데, 그들 영화가 제기한 난제들을 고전적인 장르영화에서처럼 단순명쾌하게 해결해내지는 못한다. 또한 자유분방한 면이 강해서 영화의 주제만큼 진지하기도 하지만 코믹하기도 하고, 여러 양식을 마구 뒤섞어놓기도 한다. 무엇보다 비장르영화들은 개인의 주관성이 앞서기 때문에 일반적인 장르 구분이 무의미하다. 그러나 수법에 따라서 사실주의적, 표현주의적, 패러디적 수법 등으로 분류되기도 한다.

비장르영화의 특성은 영화가 하나의 특이한 예술적 의식의 소산으로 간주되도록 관객을 유도한다는 점이다. 종합예술로서 영화는 감독 이외에도 촬영, 편집, 미술, 음악 등등의 여러 인력이 같이 참여하는 성격을 갖고 있다. 비장르영화에서는 감독이 그 모든 과정을 자신의 주관적 세계로 통합시킨다. 고전적 장르영화는 주로 스튜디오에서 요구하는 조건에 맞추어 감독이 영화를 만들어가지만, 비장르영화는 감독의 주관이 스튜디오의 조건을 지배하는 경우가 많다. 때문에 고전적 장르는 흔히 스튜디오 시스템의 소산으로 간주되고, 스튜디오에서 만들어진 장르가 감독마저도 지배하는 반면, 비장르영화는 시스템의 구애를 덜 받기 때문에 장르를 새롭게 변형·생성시키는 힘을 가지고 있다. 그러한 재창조 작업에 의해 영화의 장르는 소멸되지 않으며, 영화와 관객의 관계 역시 끊임없이 지속될 수 있는 것이다.

작품분석을 통한 이해 1

올드 보이 감독: 박찬욱 **숨바꼭질** 감독: 허정

장르 복합의 실례

주인공 오대수(최민식 분)는 딸 생일날 납치된다. 15년간 알 수 없는 독방에서 지내고 문득 석방된다. 이미 그는 아내 살해범으로 변해 있었다. 일식집에서 우연히 만난 미도(강혜정 분)와 사랑하는 관계가 되고, 청부업자(오달수 분)를 추궁해 감금의 장본인인 이우진(유지태 분)을 만난다. 하지만 감금시킨 이유를 알아야 하므로 그를 죽이지 못하고 오히려 그가 준 단서를 쫓아 자신이 나온 고등학교를 찾아간다. 오대수는 고등학교 시절 자신이 이우진과 그의 누나인 이수아(윤진서 분)가 관계를 가지는 것을 목격하고 소문을 낸 일을 기억해낸다. 그 소문이 퍼지자 이수아는 상상임신이 되고 결국 자살한다. 이우진은 이후 오대수에 대한 복수심을 키워왔다.

오대수는 이우진을 찾아가 이 모든 사실을 추궁한다. 이우진은 그러자 오대수에게 가족앨범을 보여줌으로써 미도가 오대수의 친딸임을 알게 한다. 오대수는 광분하고 미도에게만은 숨겨달라며 자신의 혀를 절단한다. 그리고 이우진은 이수아가 죽던 순간을 회상하며 스

스로 자살한다.

원작보다도 더 강렬한 영화적 표현들

원작인 일본 만화는 영화와 조금 다르다. 감금이나 복수의 모티프는 같지만 근친상간의 주제는 새롭게 각색된 것이다. 또한 원작에는 이우진이 일본의 거품경제 시절 주식으로 떼돈을 벌었다는 사실이 상세히 나오지만 영화에는 그런 배경이 삭제되었고 단지 그가 재벌에 가까운 부자로만 그려져 있다. 영화에서는 이우진의 현재 모습이 마치 공상과학적으로 그려져 있지만 원작은 현실에 기반한 사실주의였다는 점에서 차이가 있다. 어쨌든 영화는 만화가 갖고 있는 줄거리의 사실성 대신에 강한 영화적 표현효과를 통해 새로운 작품세계를 창조한다.

이 영화의 주제는 공상과학영화에서 흔히 다루는 자기 정체성의 확인이다. 또한 미래공간에서 존재의 시원을 추적하는 테크노느와르 형태를 지향한다는 점에서 리들리 스콧의 〈블레이드 러너〉를 연상케 한다. 오대수는 기억을 환기하고 과거로 기억여행을 한다. 그 장면의 효과는 영화만이 느끼는 상상력의 압권이다. 미용실에서 만난 여자 동창의 꼰 무릎과 등장한 손님의 무릎, 이어 벨소리에 유사 합일되어 컷된 과거 자전거의

벨소리와 그 위에 탄 여학생 이수아의 무릎. 이 몽타주 연결은 그동안 묻혀 있던 오대수의 기억이 환기되는 과정을 영상적, 음향적으로 묘사한 장면이다.

이어 고등학교에서 현재의 자신과 과거의 자신이 숨바꼭질하듯 추격하고 추적당하는 장면은 현재와 과거, 의식과 무의식을 결합해내는 독특한 영화적 방식의 기법이다. 이러한 기법은 현재 이우진의 손과 과거 이수아의 손이 겹쳐지고 다시 현재와 과거를 오가다가 마침내 권총 소리와 더불어 현재의 이우진으로 마무리되는 엘리베이터 장면에서도 나타난다.

과거 트라우마와 근친상간의 비유

〈올드 보이〉(2003)는 과거 군사독재정권 시절이었으면 검열에 걸려 개봉도 못하고 감히 꿈도 꿀수 없는 불순한 영화다. 클라이맥스에 밝혀지는 근친상간의 이미지는 충격적이다. 이 영화의 논리를 따라가보면 감독의 철학을 알 수 있다. 오대수는 남에 대한 안 좋은 말을 쉽게 옮김으로서 본의는 아니지만 상대방에게 심한 상처를 준 인물이다. 그 일에 원한을 품은 이우진은 오대수를 근친상간하게 만듦으로써 복수한다. 그 참회의 행위로 오대수는 혀를 자르고 꿈에도 그리던 딸을 재회하게 된다. 아무것도 모르는 미도는 여전히 '아저씨'라는 호칭으로 그를 껴안는다. 그 아이러니는 오대수의 표정에 잘 나타난다. 겉으론 웃고 있지만 속으론 "혼자 울고 있는 것이다".

과연 오대수가 그렇게 잘못한 것일까? 실상은 그렇지 않다. 그는 악의가 전혀 없었고 그 당시 누구라도 그런 식으로 얘기를 옮겼을 것이며 그걸 기억하지 못하는 것도 당연하
다. 별로 의식하지 않았던 행동이었기
에. 그런데 그 대가가 혀를 잘리고 딸과
섹스를 하는 천형을 받아야 하나? 결론
은 이우진이 사이코라는 것이다. 일생
을 철저히 복수를 위해서 바치고, 복수
를 하고 나자 심심해 자살할 수밖에 없는 인간은 결국 사이코인 것이
다. 감독의 메시지는 바로 거기에 있다.

장르 혼합의 결정판

쿠엔틴 타란티노 감독은 박찬욱의 팬이며 타란티노 영화를 보면 박
찬욱과 유사한 점을 많이 발견할 수 있다. 타란티노 영화의 특징 중
하나는 영화 매니아적인 면모가 물씬 풍기는 장르 혼합성인데 〈킬
빌〉은 중국무협영화의 액션장면이 과도하게 혼합된 대표적 영화다.
특히 〈킬빌〉의 일당백의 액션장면이 나오는 음식점 이층과 계단, 일
층 장면에서 잘 드러난다. 모든 적들은 칼에 다리를 잘리거나 다쳐 꿈
틀거리게 된다. 이 친숙한 이미지는 〈올드 보이〉에서 그 유명한 오대
수의 장도리 격투 장면에서 또다시 보게 된다.(류승완 감독의 〈짝패〉에
서 다시 리바이벌된다.)

박찬욱의 장점이자 단점이기도 한 이러한 장르 혼합 내지는 인유
(allusion) 장면은 그의 트레이드마크가 되었다. 타란티노와 마찬가지
로 매니아 내지는 평론가 출신답게(박찬욱은 영화평론집을 여러 권 낸
바 있다) 영화의 고전을 꿰고 있으며 그것이 영화에 용해되는 것은 어

쩌면 자연스러운 일이다.

히치콕 스릴러 장르의 충실한 계승

불안의 깊은 우물에 세 명의 한국인이 빠져 있고, 그들의 영혼이 하얗게 잠식당한다. 만만치 않은 한국사회의 헝클어진 지형도를 보기 좋게 정통 스릴러의 식탁 위에 잘 차려놓은, 젊지만 치기 어리지 않는 영화 〈숨바꼭질〉(2013). 감독의 이름은 허정이다. 영화엔 세 명의 사이코가 존재한다. 주인공인 남편은 자기만 잘먹고 잘살기 위해 무고한 형을 모함한 죄의식으로 정신이 분열되었다. 형이 자기에게 복수할 거라는 환각에 시달린다. 아내는 하층계급과 접촉하면 그들로부터 발산되는 낯선 기운으로 인해 심한 경계의식, 과잉 신경과민증세를 나타낸다. 자신의 아성(牙城)을 지키려는 중산층의 배타적 의식이고 보호본능이다. 집을 옮겨 다니며 살인을 일삼는 사이코 여인은 자신의 집을 박탈당했다는 피해의식 때문에 자신 이외의 그 어떤 사람들도 제거의 대상이다. 반드시 중산층만을 증오하는 건 아니다. 그녀의 욕망을 달성하기 위해 방해하는 대상은 누구라도 처벌받는다.

영화의 서사는 히치콕의 그물 속에서 움직인다. 하지만 그건 맥거핀이다. 형의 실체를 쫓게 만든 속임수의 연출은 허정이라는 젊은 히치콕의 시네마 키드적 훔쳐보기 욕망을 또한 엿보게 한다. 그의 가능성은 거기에서 그치지 않는다. 공포의 절정은, 알고 보니 범인은 옆집 여자였다는 설정으로, 〈사이코〉〈샤이닝〉〈이웃사람〉에서 익히 봐왔던 극단의 냉혹감이 이번엔 두세 배로 커져 관객 앞에 엄습한다. 미친 여자가 헬멧을 벗어 제낄 때 관객의 경악은 노만 베이츠의 가발이 벗겨질 때보다 〈샤이닝〉의 잭 니콜슨이 아내와 자식을 향해 도끼를 휘두를 때보다도 놀랍다.

허정 감독은 관객으로 하여금 오토바이헬멧을 쓴 사람을 형으로 오인하도록 유도한다. 이 영화의 서사는 스릴러 장르의 전형적인 구조를 따라간다. 영화의 프롤로그에 남자인 듯한 헬멧 쓴 남자의 살인 장면을 배치하여, 이후 나타나는 모든 헬멧 쓴 인물들이 동일인이라는 착각에 빠지게 한다. 그가 남자라는 선입관은, 마지막에 헬멧을 벗으며 여자의 얼굴이 나타날 때 관객을 경악시키고 혼돈으로 몰고 가는 멋진 기법으로 작용한다. 주인공은 형의 환상 속에서 미로를 헤맨다. 처음 만나는 혼돈에서 그가 마주친 정보는 하층민의 낯설음과 두려움이었다. 그는 변방의 서민 아파트에서 다른 계층이 품고 있는 적의 어린 하얀 공포의 기운을 느낀다. 이 영화의 서사가 주목하는 것은 특히 공간성이다. 도시의 중산층 아파트와 변방의 서민 아파트. 특히 다 썩어가는 서민 아파트에서 그가 목도한 것은 도시의 노숙자들에게서 느꼈던 익숙한 어둠이다. 그것은 그가 가슴속에 파묻어 두었던 오래된 두 가지 진실, 형에 대한 열등의식·죄책감과 중산층이 두려워하는 하층민의 원한과 신분상승에 대한 욕망과 저주다. 영화의 서사는 그 두 가지 진실이 스릴러의 건반을 두드려 댈 때마다 서서히 수면 위로 드러나고, 결국 우리 이웃들의 처참한 몰골이 누런 저주의 이빨을 드러내며 하얗게 웃어대는 아이러니한 공포의 구조를 형성하고 있다.

〈박쥐〉와 〈비우티플〉의 복합화

관객은 알고 극중 인물들은 모르게 처리함으로써 극한적인 공포감과 긴장감을 유발하는 서스펜스 기법. 〈숨바꼭질〉에서 감독은 서스펜스의 제왕 히치콕의 방식을 중심으로 배치하고 있다. 하지만 허정 감독이 고전적 서스펜스를 현대적으로 해석하는 데는 박찬욱과 이냐리투(Imarritu)가 적극 가담하고 있다. 그것은 현실과 환상이 씨줄과 날줄로 교차, 교직되는 가운데 묘사되는 인간 내면의 실존적이며 심리적인 깊이의 풍경이다. 주인공 의식의 흐름은 허정 감독 연출 기법의 한 정점이다. 주인공의 심한 노이로제, 형에 대한 두려움, 죄의식, 열등감, 공포감의 표현이 고스란히 현실과 환상의 혼돈에서 표출된다. 출세를 위해 형을 모함했던 주인공 동생의 불안의식은 계속 지켜보고 따라다니는 사람이 바로 형이고, 그가 복수를 하려한다는 믿음 속에서 환각을 만들어낸다. 몸에 물을 흘리며 나타나고, 천정에 올라갔다 떨어지며 동생의 목을 조르는 비루한 형의 몸체는 〈박쥐〉(2009)나 〈비우티풀Biutiful〉(2010)에서 보여줬던 상상력을 이어받는다. 현실과 환상의 교차는 현재와 과거를 중첩시키는 기법으로 작용하며, 의식의 흐름을 출중하게 연출해낸다.

영화의 도입부와 마지막에는 어린아이의 내레이션이 나온다. 어린아이는 미친 여자의 딸이다. 어린아이의 내레이션은 객관적으로 서술되므로 영화적으로나 가능하지 현실적인 목소리는 아니다. 그건 감독의 목소리이다. 감독은 아이를 통해 이 영화의 분위기를 우화적으로 연출하고자 한 의도를 보여준다. 아이의 내레이션을 통해 영화는 우화가 된다. 일종의 잔혹동화다. 아이의 시선은 어른의 세계, 한국 사회의 모습을 멀찍이 떨어져 보게 한다. 아이는 세상을 모른다. 그렇게 영화의 장면은 객관화된다. 하지만 그건 아이러니다. 관객이 그 의

도를 모를 리 없다. 객관화
해서 보자는 의도일 뿐 관객
이 감독의 숨은 의도를 모를
리 없다. 객관적인 듯 감독
의 주관을 일부러 노골화시
키지 않는 전략은 더욱 주관
화된 느낌을 부여하는 고도
의 기법일 것이다. 잔혹한 현
실을 아이의 시선에서 객관

화한들 관객은 오히려 강하게 주관적으로 현실의 냉엄함을 느낄 것이
란 의미다. 감독의 성숙한 배려를 엿보게 하는 대목이다.

사회심리학적 장르 해석

이 영화의 서사를 더욱 맛깔나게 만든 것은 단순한 서스펜스가 아
니라, 주인공과 아내 혹은 미친 여자가 각각 품고 있는 마음속의 악
령들을 사회심리적으로 풀어내고 있다는 점이다. 중산층은 불안하
다. 허정 감독의 영화 〈숨바꼭질〉은 한국 사회의 중산층이 하층 계
급과 만날 때 그의 몸속 어딘가에서 비집고 기어 나오는 한없이 두렵
고 불안한 느낌을 영화로 표현했다. 이 영화에는 아들 하나, 딸 하나
를 둔 행복한 중산층 부부가 나오고, 그들은 딸 하나를 둔 미친 하층
계급의 여자와 만나면서 역시 미쳐간다. 중산층의 가치는 한국 사회
의 지향이고 모범답안이다. 춥고 배고팠던 지난 군사독재 시절의 추
억은 이제 더 이상 미덕이 아니다. 헝그리 복서 정신은 사라졌고, 지금

가난한 집 아이는 예전의 가난하지만 똑똑한 아이들처럼 공부를 잘하지 못한다. 가난과 폭력은 대물림되고, 궁핍한 대통령보다 부자 대통령이 선정을 베풀 줄 안다는 속언도 돌아다닌다. 배고픔, 이젠 생각만 해도 지긋지긋하다.

돈이 없어 아예 결혼도 하지 않으려는 젊은이들도 많고, 양육비 걱정에 아이도 낳지 않는 풍조가 대세다. 집. 집이 문제다. 집 없는 서민이 국민의 절반이다. 집세가 올라 쫓겨나는 서민들이 너무나 많다. 영화는 그런 것들이 한국 사회의 문제라고 말한다.

그 그림자들은 우리 사회가 분출시키고, 스스로 억압하여 자기 몸속에서 자라난 저주받은 열등감이다. 칼 융에 의하면 그림자는 본시 자기 것이고, 기원은 열등의식이다. 주인공은 특정한 인물이 아니라 바로 우리들 자신의 보편적 초상이다. 2010년대 한국사회를 살아가는 중산층의 표준형을 그대로 반영한다. 그들이 영화 속에서 나타날 때 정상을 넘어 정신병자로 묘사되듯, 우리 삶은 척박하고 갈급하다. 구원의 손길을 필요로 한다. 하지만 정신안정제가 그를 구원하지 못하듯, '구원할 수 있는 자는 스스로 구하라'. 성실하게 과거의 진실과 마주하고, 통절히 잘못을 빌고, 새사람으로 태어나는 수밖에 없다고 감독은 말한다. 영화 속에서 동생은 억울하게 죽은 형에 대한 저주와, 아내는 가난한 달동네 사람들의 원한과, 미친 여자는 부자들의 폭력과 맞서 싸운다. 그 싸움은 영원히 끝나지 않을 것이라고 감독은 올빼미처럼 잠을 자지 않는 외눈박이 소녀의 입을 빌어 이야기한다. 이 어둡고도 무서운 결말은 단순히 속편을 기대하는 흥행사의 솜씨만은 아닐 것이다.

작품분석을 통한 이해 2

나의 사랑 나의 신부 감독: 이명세

1990년대 이후 새로운 한국 영화인 가운데 이명세 감독을 거론하는 것은 분명 의미 있는 일이다. 특히 그는 〈나의 사랑 나의 신부〉(1991)를 통해, 연출과 기획에 의한 새로운 한국 영화 시도라는 이정표를 보여주었다.

이 영화의 이야기는 아주 단순하다. 영민이라는 청년과 미영이라는 처녀가 오랜 사랑을 마무리하고 드디어 결혼생활에 돌입한다. 결혼을 한 이후 결혼 전에 느끼지 못했던 여러 가지 생각의 마찰이 생겨나고, 둘의 갈등이 지속된다.

그러나 결국 둘은 그 갈등을 극복하고 애를 키우면서 행복한 부부로 남게 된다는 줄거리이다. 단순하고 진부한 사랑 이야기 같지만, 이 영화는 '철학적'으로 인생을 되돌아보게 만든다. 청소년, 대학생, 30대의 청년들, 서민들에게 꿈과 영혼의 삶을 안겨준 것은 감독의 메시지가 통속적이지 않다는 사실을 증명해준다. 무엇보다도 이 영화가 그 철학적 내용을 뒷받침해주는 다양하고 완벽한 기법을 구사하고 있다는 것을 이해한다면, 멜로드라마라고 하여 결코 가볍게 폄하할 수 없

음을 알게 될 것이다.

〈나의 사랑 나의 신부〉는 이후 이른바 신세대 영화의 포문을 연 작품이다. 〈결혼 이야기〉 〈미스터 맘마〉 〈그 여자 그 남자〉 등에 이르기까지 〈나의 사랑 나의 신부〉의 영향을 무시할 수 없다. 신세대 정서의 표현에 있어서도 단순한 감상주의 차원에 머물지 않고 파편화된 동시에 복합화되어 있으며, 복고적이되 현대적인 그야말로 사실적인 '현대성'을 표현해낸다.

무엇보다 이 영화가 차용한 패러디 기법은 이미 지나간 과거의 유산들이 현대에 와서 산뜻하게 재배치되는 과정을 잘 드러낸다. 이 영화가 한 편 안에 얼마나 다양한 타장르를 복합시켰는가를 살펴보자.

연극

영화가 시작하면 마치 연극처럼 막이 열린다. 주인공 영민이 관객 앞으로 걸어 나와 자신이 처한 상황과 자신을 소개한다. 그는 연극배우가 방백을 하듯이, 관객에게 몸을 향하고 대사를 하는 것이다. 이때 카메라는 인물을 정면에서 잡는데, 관객에게 카메라의 존재를 노출시키는 결과가 된다. 또한 매 장면이 끝나면 다음 장면으로 넘어가기까지, 마치 연극의 막 전환 같은 방식을 사용하고 있다. 이것은 오즈 야스지로 감독의 여러 작품에서와 마찬가지로 장면과 장면을 연결시키는 연결 쇼트와 같은 효과를 준다.

만화

영민과 미영이 벤치에 앉아 있다. 이때 그들 내면의 대사가 만화에서처럼 말풍선으로 나타난다. 또한 장면과 장면이 넘어갈 때는 표제가 있으며, 반드시 만화로 채워진다.

사진

둘이 결혼에 골인하는 시간의 경과는 스틸사진의 여러 컷들을 나열함으로써 설명한다. 스틸사진이란 기억해둘 만한 일이 있을 때마다 찍어두는 것이다. 스틸사진을 볼 때, 바로 그 '기념적 성격'을 연상하지 않는 사람은 없다. 이러한 스틸을 이용한 시간 경과 효과는 바로 인간의 시지각적 현상을 십분 이용한 것이다. 결혼, 신혼에 이르는 한동안의 시간을 효과적으로 압축하여 설명하는 방법이 없을까? 이명세 감독은 그 시간을 압축하는 방법으로 스틸사진의 나열을 적절히 이용한 것이다. 이러한 기법은 결혼식 비디오를 보는 장면에서도 동일하게 사용된다.

영화

영화 속에서 과거의 영화를 또다시 차용하는 수법은 이미 고전이 되었다. 이 영화에선 신혼여행지에서의 환상 장면으로 차용되었다. 영민이 방으로 들어올 때 미영이 우아한 모습으로 방문을 열며, 영민은 그녀를 안고 방으로 들어가 침대에 눕힌다. 이때 영화 〈바람과 함께 사라지다Gone With the Wind〉(1939)의 주제음악이 흘러나오며, 우리는 두 인물이 비비안 리(Vivien Leigh)와 클라크 게이블(Clark Gable)

을 흉내 내었음을 알게 된다. 우리가 순간적으로 영화 속에 빠져들기를 기대한 감독의 진짜 의도는 이것이 바로 영민의 환상이란 사실을 강조하고 싶었기 때문이다. 잡지사의 편집장이 영민에게 유혹의 손길을 뻗칠 때, 우리는 〈졸업The Graduate〉(1967)의 한 장면을 떠올리게 된다. 〈졸업〉에서 앤 밴크로프트(Anne Bancroft)가 더스틴 호프먼(Dustin Hoffman)을 유혹했듯이, 이 영화에서도 문가에 영민이 서 있고, 프레임의 앞에서 여자가 검은 스타킹을 벗어 내리는 모습을 보여준다.

이 영화의 중간중간에는 이야기의 연결과는 상관없는 인서트 컷들이 많이 사용된다. 오즈 야스지로 감독의 여러 영화 속에도 이러한 인서트 장면이 많은데, 비가 내리면 그 빗물이 흘러 들어가는 하수구라든가, 신호등이 달린 교차로, 겨울에 내다버린 타다만 구공탄과 피어오르는 연기 등, 이러한 인서트 쇼트는 시적 여운과 서정성을 불러일으킨다.

영민의 문학상 수상식에 쓰인 기법은 철저히 기록영화적이다. 카메라의 자유분방한 움직임도 그렇지만, 무엇보다도 다음과 같은 장면에서 기록영화적 수법을 차용하고 있다. 영민과 여자 편집장과의 관계를 영민이 숨기고 있는 모습의 노출, 카메라를 들이대기 전과 들이댄 후의 영민 부부의 위선적인 모습을 포착하고 있는 것 등이다. 텔레비전에 비친 영민 부부는 환히 웃고 있지만 관객은 이미 이들이 갈등을 겪고 있음을 알고 있다. 다만 이들의 대비되는 모습을 자연스럽게 잡아내기 위해 마치 기록영화처럼 보이도록 그 수법을 차용하고 있는 것이다.

음악

이 영화에서는 과거의 팝송이 흘러나온다. 〈체인징 파트너〉〈새드 무비〉〈워싱턴 스퀘어 파크〉이 세 곡은 과거의 노래이지만 현대적 이야기 속에서 신선하게 되살아난다.

문학

자막이 쓰인다든가 영민의 내레이션이 사용된다. 미영은 과거의 첫사랑을 영민에게 고백한다. 그 남자는 이미 결혼했고 뚱뚱해졌으며 애기 아빠가 된 추한 모습으로 사진에 남아 있다. 미영은 어느 새 잠들어 있고, 영민은 일어나 창밖을 보며 독백을 한다. "뒤돌아보지 마라. 문을 열어준 것은 다름 아닌 바람인 것을……." 이것은 독백이지만 또한 문학적으로 시에 가깝다.

의식의 흐름

심지어 감독은 예술영화에서 흔히 보이는 '의식의 흐름'을 차용함으로써, 단순한 흥미 위주의 이야기가 아닌 인생의 심오함을 교훈적으로 드러내고자 한다. 미영이 시골로 무작정 떠나갔을 때의 시퀀스가 특별히 그렇다. 이 도시 근교에서의 미영의 외출 시퀀스는 전체가 다 과거를 가지고 있다. 소위 '잃어버린 시간을 찾아서'에 관한 인용인 것이다.

미영은 버스를 타고 가면서 차창을 본다. 차창 밖으로 풍경이 느리게 흘러간다. 하늘의 구름이 흘러가는 모습이 보인다. 그녀는 잠이 든다. 꿈속에서 그녀는 어릴 적 시간으로 되돌아간다. 창문 밖에서 누군가 물뿌리개로 물을 뿌린다. 그 소리에 놀라 그녀는 잠에서 깨어나고 현재로 되돌아온다. 소읍에는 사라져버린 옛날 사진관, 허접스런 시골 다방에는 철 지난 크리스마스 장식이 걸려 있다. 이때 문득 슈베르트의 아름다운 〈들장미〉가 들려온다. 이 장면은 잉마르 베르히만의 유명한 영화 〈산딸기Smultronstället〉(1957)를 연상하게 한다. 그 영화에서는 젊음과 순수의 상징으로 산딸기를 보여준다. 마찬가지로 들장미 역시 우리들의 잃어버린 젊음이다. 갑자기 나이를 먹어버린 것 같은 착각이 들어 여자는 담배를 피워 문다. 이때 슈베르트의 〈들장미〉와 함께, 우리는 문득 감독의 의도를 읽게 된다. 현재의 시간에 충실한 것이 가장 순수하고 아름다운 삶이라는.

이렇듯 미영이 버스를 타고 시골로 가서 사진관과 다방 등을 들렀다가 올라오는 전체 장면은 현재와 과거가 아주 어설프고 쑥스럽게 만나는 멋진 연출이다. 감독은 내면을 되돌아보는 '정지된 시간'을 통해 우리가 잃었던 시간의 의미, 순수의 의미를 되살려 보여준다. 바로 잃어버린 시간을 찾는 깊은 내면의 성찰 의식인 것이다.

이러한 정지된 시간에 대한 의식은 이후 〈첫사랑〉(1993)에서 더욱 본격적으로 구체화된다. 우리에게 지나간 시간은 언제나 뇌리 속에서 정지되어 잊혀지지 않는다. 인생의 과정 속에서 첫사랑은 누구에게나 가장 순수하고 아름다운 순간이다. 감독은 바로 이 작품에서 그 아름다운 순간을 영원히 고정하려는 시도를 하고 있다. 〈첫사랑〉역시 그러한 감독의 현재-과거를 복합시키는 기법이 잘 드러나는 패러디 작품에 속한다.

작품분석을 통한 이해 3

피도 눈물도 없이 감독: 류승완

조폭 장르의 변형

2000년대 한국 영화 서사에 유행처럼 등장한 소재는 '조폭'이었다. 조폭 영화라는 것이 최근 갑자기 등장한 새로운 서사인 것처럼 선전하는 매체들이 많은데 그건 유행에 민감한 매체의 속성에 따른 것이지 엄밀히 학문적인 발언이라고 볼 수는 없다. 조폭 소재란 서구 영화 장르에서 다름 아닌 '갱 영화(gangster films)'를 지칭한다. 갱 영화의 역사를 살펴보면, 1930년대를 정점으로 하여〈스카페이스Scarface〉〈민중의 적The Public Enemy〉 등 영화사 초창기에서부터 꾸준히 성장 발전하였으며, 1970~80년대의〈대부〉〈원스 어펀 어 타임 인 아메리카 Once upon a time in America〉 등을 거쳐, 아시아에서〈영웅본색〉 류의 홍콩 느와르를 탄생시켰다.

한국에서도 1960~70년대의 명동 건달 시리즈, 김두한 시리즈를 필두로 1990년대의〈게임의 법칙〉〈초록 물고기〉〈넘버 3〉로 이어져, 그 유행에 있어 어느 한 시대를 걸러본 적이 없을 정도다. 2000년대에 들어와〈친구〉를 필두로〈피도 눈물도 없이〉〈조폭 마누라〉〈두사

부일체〉〈달마야 놀자〉가 그 위력을 발휘하긴 했지만, 마치 조폭 영화가 한국의 대표적인 장르인 것처럼 과장하는 것은 지나온 엄연한 역사를 무시하는 얄팍한 상술인 것처럼 느껴지기도 한다. 하지만 과거의 영화와는 달리 2000년대 조폭 소재 영화가 보여주는 '신선한' 변형은 과거에 비해 상당히 다른 해석을 시도했다는 점에서 깊은 통찰을 요구한다.

　김기덕의 〈나쁜 남자〉(2002)에 등장하는 주인공 한기는 외견상 조폭이다. 하지만 〈나쁜 남자〉는 일반적으로 조폭 영화가 견지하는 서사 전략인 조폭과 조폭 간의 영역과 실리를 둘러싼 패권 다툼, 신분 상승에 대한 욕구를 상징하는 조폭 내부의 하극상과 그것에 대한 징벌, 조폭과 법 제도와의 갈등, 팜므 파탈(femme fatale) 기능을 하는 여성의 등장과 그녀와 얽힌 불길한 사건 등의 커다란 서사 줄기를 벗어나고 있다. 그런 점에서 〈나쁜 남자〉는 조폭 영화 서사의 전형을 일탈하고 있다고 봐야 한다. 그런 관점으로 들여다보게 되면 위에 언급한 〈친구〉 이래의 상당수 조폭 영화들도 사실은 전형적인 조폭 영화 서사의 관행에서 이미 졸업한 영화들이라는 것을 알 수 있다. 한국 현대 영화의 장르 미학적 관점으로 봤을 때, 대중매체들의 선전과는 무관하게 학문적 영역에서 이들 한국 조폭 영화에 대한 평가는 진작부터 조폭이란 옷을 입었지만 조폭을 탈출한 영화들로 기록됐어야 마땅할 것이다.

감독의 개성과 사회적 변화로 인한 장르의 변형

류승완의 개성은 신세대적인 감각을 통한 시간성의 통찰에 있다. 첫 작품 〈죽거나 혹은 나쁘거나〉(2000)에서 그는 조폭 건달의 인생살이의 피곤함에 대한 내적 심리묘사를 섬세하게 연출해냄으로써 신세대 청년이 느끼는 첨예한 감수성의 경지를 획득해내었다. 그의 영화는 형식의 외적인 면으로서 컷의 역동성은 그 어떤 감독보다 활발한데 비해, 인물의 민감함과 조숙함을 느린 내면 시간을 통해 포착해냄으로써 정중동(靜中動)의 미학을 성취해내고 있다. 인터넷 영화 〈다찌마와 리〉(2002)에 이어 〈피도 눈물도 없이〉(2002)는 그런 지점의 연속선상에 놓여 있다.

인간이 자신의 존엄성을 상실했을 때 기존의 예술은 인간 이하의 짐승과의 유비(類比)적 관계로 자신의 처지를 등식화시킴으로써 표현했다. 〈피도 눈물도 없이〉에서 류승완 감독은 삶의 조건을 사각의 링에 포위된 투견으로 비유하고, 그 속에서 상대를 물어뜯어 살육하고 난 연후에야 자신의 실존적 위치가 보장되는 철저히 비정하고도 무자

비한 약육강식의 세계로
제시하고 있다. 이 영화는
처절한 밑바닥 삶과 인간
군상들에 대한 값진 보고
서이며, 중산층 삶의 비좁
은 한계를 확장하고 한국
사회의 그늘진 어둠의 세
계에 대한 인식의 한 층위
를 상승시키는 영화적 수
확이라고 말할 수 있다.

　류승완이 증언하는 이 영화 속의 소재는 하나같이 중산층의 일상
적 삶에서 이탈된 것들이다. 금고털이 전과자인 택시기사, 권투장의
라운드 걸 출신인 건달 정부, 복서 출신의 사기 투견장 건달, 사기 투
견을 배후 조종하는 조직 폭력배, 돈을 꿔주고 폭력으로 되받는 건달
들, 건달과 경찰들의 하수인 노릇을 하면서 건달 세계에 입문하기 위
해 안달이 난 어린 양아치들 등등 하나같이 지하세계 속에서 뿌리 뽑
힌 삶을 살아가는 암흑적 인간 군상들의 모습이다.

　이들은 학력과 지식, 사회적 지위의 차원에서 중산계층에 못 미치며
소외되어 있고 고립되어 있는 존재들이다. 하지만 감독은 이들을 통
해 인간의 보편적 존엄성에 대한 철학적 성찰을 시도하고 있으며, 관
객들에게 인간적인 깊은 울림의 메시지를 보내고자 그 사회학적 탐구
를 시작한다. 중산계층이 되기에는 너무 부족한 이들이 비록 그러저
러한 요건을 갖추지 못했다고는 하나 여전히 인간적 숭고함을 갖고

있다는 것을 증명하겠다는 것이다.

남성 중심 조폭 서사에서 여성 중심 조폭 서사로

영화는 마초적 남성의 폭력으로부터 탈출하여 가수의 꿈을 찾아가려는 건달 정부 수진과 딸을 볼모로 한 폭력배 일당의 끊임없는 협박과 폭압으로부터 벗어나려는 왕년의 금고털이 경선이 공모하여, 투견장 같은 비정한 세계를 탈출하는 과정을 착종(錯綜)적으로 표현하고 있다. 한국 영화 사상 처음으로 여성 액션을 표방하고 있는데, 그런 점에서 이 영화의 중요한 담론 중 하나는 여성적 연대가 갖는 사회적 의미의 성찰에 있다.

이들 두 여성이 거친 남성의 폭력 세계에서 일탈하고자 연대하는 것은 분명 개인의 의미를 넘어선 사회적인 행동이다. 수진은 자신의 실리만을 위해 경선을 끌어들인 것이 아님을 영화의 마지막 부분에서 정확히 설명하는데, 그것은 여성의 도피가 결코 개인으로만 가능한 것이 아님을 증명하고 있다. 그들의 연대는 기본적으로 이 사회가 남성 중심 사회이며 남성들의 남성에 대한 폭력이 다시 여성에게 전이된다는 사회적 조건에서 그 의미를 찾을 수 있다.

폭력적 사회에서 생존하기 위해서는 폭력의 원천이 되는 사람으로부터 벗어나는 것이 타당하지만, 수진에게 있어 그보다는 자신을 사랑한다고 말하면서도 다른 남성으로부터 폭력적으로 길들여진 독불의 전이된 폭력으로부터 도피하는 것이 우선일 수밖에 없는 것이다. 영화의 마지막에서 수진은 죽어 넘어진 독불의 시체를 장시간 의미심장하게 바라본다. 그녀의 시선 이면에는 무수한 애증의 감정이 교

차한다. 그녀가 바란 것은
그로부터의 도피였을 뿐이
지 그의 죽음까지는 아니
었던 것이며, 그런 점에서
그녀는 진정으로 가련한
한 사내의 허망한 죽음을
애도하고 있는 것이다.

감독은 주류 영화가 관
습적으로 구사하는 특정
주인공을 중심으로 한 서
사 전략을 따르지 않고, 적어도 세 명(수진, 경선, 독불) 이상의 복수 주
인공들이 서사를 구동시켜 나가도록 하고 있다. 서사공간의 사회적
알레고리는 투견장으로 비유되는 무산계급들의 생존현장으로 기능
하며, 그 한 장소에서 벌어지는 사회적 이익집단들의 이해관계적 충
돌상황의 묘사는 바흐친(Mikhail Bakhtin)이 말하는 복수적 인물들
의 다성화음적 대화주의(Polyphonic Dialogism) 혹은 메니피언 카니발
(Menipian Carnival)의 결정판으로 불러도 좋을 듯하다. 거기서 권력의
서열적 수직상하 관계, 약육강식의 논리, 생존의 사회적 조건, 실리의
대립 등이 충돌하며 무질서와 난장판의 전복적 상황을 연출하게 된
다.

결국 남성 마초들의 힘의 과시는 오히려 조롱받고, 연약하다고 간
주되었던 여성적 에너지는 강인하게 되살아난다. 표면적으로는 남성
적 힘의 과시를 그린 것처럼 보이는 이 영화는 사실 폐허처럼 즐비한

남성들의 시체더미 사이에서 부스스 일어나는 여성들의 강인함을 전복적으로 과시한 영화이기도 하다. 이 모든 소란과 아수라장을 연출한 게임의 주체는 바로 여성들이 아니었던가. 모두가 수진이 기획하고 경선이 공모해서 발생한 일이 아니었던가. 곰곰이 서사를 뒤집어보면 이 말은 일리가 있다.

고전적 조폭 영화로부터의 이탈

여성적 연대의식에 대한 주제 이외에도 이 영화는 인간 삶의 갇혀진 상태와 출구 없음에 대한 절망, 그리고 비천한 인간에 대한 동정과 연민에 대한 성찰을 담고 있으며, 궁극적으로는 인간성 회복에 관한 희망을 제시하고자 한 데서 가장 큰 의미를 찾을 수 있을 것이다.

류승완 감독이 인간생존의 비유적 공간으로 제시하고 있는 투견장은 사각으로 포위되어 그 자체 탈출구가 없으며 이미 '짜고 치는 고스톱'으로 인지되는 모략과 음모의 공간이다. 이 공간에서 인간의 숭고함은 찾으려야 찾을 수 없고, 대신 서로를 철저히 이용하고 기만해서 얻어진 이익을 공모한 자들끼리 분배하여 생존을 영위하는 계략과 권모술수만이 있을 뿐이다. 그것은 상대방을 파멸시킨 후 자기를 키운 사육사에게 좋은 안식처와 음식을 제공받고 편안한 삶을 유지하도록 길들여진 투견들의 삶과 등가치적 관계라는 것을 의미한다. 그러나 생존적 본성만을 키워온 투견이 어느 날 이성을 자각하고 그 사각의 울타리에서 벗어나려는 몸부림을 치게 되면서 이 영화의 대안적 서사가 출발한다. 이들의 투쟁이 그야말로 투견 이상의 처절한 혈투와 저항의 한바탕 아수라장으로 전개되는 것은 너무도 당연하다.

아이러니한 것은 이들의 삶을 교정하기 위해 참여한 법의 집행자들 역시 그 인간투견장의 한 부분으로밖에 기능하지 못한다는 것이다. 그들 역시도 처참한 혈전과 혼비백산의 무질서 속에서 그저 혼융되고 퇴적되고 마는 무능한 존재로 전락하고 만다. 감독은 공권력에 대한 가치를 희석시킴으로 해서 사회 통용적 선악 개념을 무화시키고 대신 인간의 본성과 이성에 대한 대립의 서사를 촉진시켜나가고 있는 것이다.

감독은 그러한 현실의 이면에서 인간이 끝없이 타락할 수밖에 없는 운명의 굴레 같은 것을 발견한다. 그들 누구에게나 유일한 탈출구이며 희망처럼 작용하는 검은 돈가방의 행방은 이 영화의 서사를 추동시키는 가장 강력한 소구대상물이다. 서사의 방향은 이 가방의 주인을 영화의 마지막까지도 인물들에게 알려주지 않는다. 그리고 대미

(大尾)에 가서 관객에게만 알려주는 방식을 통해 감독은 특유의 허무주의에다가 미스터리한 운명주의까지 곁들여 영화 보기의 쾌락을 관객에게 제공한다.

그렇다고 감독의 운명주의가 착한 사람은 하늘이 복을 내린다는 소박한 동화적 세계로 통하는 것은 아니다. 오히려 감독은 닫힌 문의 절망적 상태에서 영화를 끝낸 것이고 돈이 그들에게 건네진 것이 오직 영화적 세계에서만 가능한 결말이라는 트릭을 구사하고 있을 뿐이다. 감독은 돈을 누가 쥐느냐를 설득하는 것보다도 그 과정이 너무나 험난하다는 사실을 증명하고 싶었는지도 모른다. 삶은 그 자체로 고단한 것이라는 관념은 류승완 감독의 기본적 명제인 것이다. '피도 눈물도 없다'라는 제목은 그런 점에서 의미심장하다. 뿌리 뽑힌 자들의 밑바닥 삶이 갖는 처절함과 가련함이 이 영화 속에서 가차 없이 녹아나고 있기 때문이다.

| 더 읽어볼 만한 책 |

토마스 소벅 · 비비안 C. 소벅, 주창규 외 역, 『영화란 무엇인가』, 거름, 1998, p.192~286(5
장 장르영화, 6장 비장르 서사와 감독들).
토마스 샤츠, 한창호 · 허문영 역, 『할리우드 장르의 구조』, 한나래, 1995.
유지나 외, 『멜로드라마란 무엇인가』, 민음사, 1999.

| 용어 해설 |

반복성 repetition
어떠한 요소가 반복되면 관객은 기대감을 갖게 된다.

복합적 장르
한 장르 안에도 여러 다른 장르의 요소가 복합되어 있다.

비장르영화
장르적 반복 요소가 작용하지 않는 영화.

아이코노그래피 iconography
① (광의적으로는) 작품의 의미를 전달하는 사상. 감독이 특정한 표현적 가치를 위해 아
이콘을 선택할 수도 있고, 사상이 자의적이고 모호한 성격을 띨 수도 있다.
② (협의적으로는) 장르의 반복요소 중 가장 극소적인 시청각적인 장치.

장르 패러디 parody of genre
여러 장르를 한 영화 안에서 풍자적인 의도로 활용하는 기법.

컨벤션 convention
① (광의로) 특정한 어느 장르의 영화에 있어서 일반적으로 통용되는 공통의 극적 요소나
형식적 기법, 혹은 주제의 유형. 한 장르에 속하는 영화들은 용인된 컨벤션과 작품마다 되

풀이되는 신화적 요소의 채용에 의해 특징지어진다.

② (협의로) 영화에서 반복해서 사용되고 관객에게 익숙한 행위, 대사 혹은 영화적 기법의 단위. 예를 들면 서부극의 총격 장면, 공포영화의 '그곳에는 그 남자가 모르는 무엇인가가 있다'는 상황, 추적 장면의 편집 등.

패러디 parody

① (광의로) 다른 영화, 대개는 보다 심각한 영화를 익살스럽게 인용한 영화. 패러디의 의도와 착상은 진지한 작품의 스타일, 관습, 모티프를 조롱하는 것이다.

② (협의로) 희극의 한 기법. 위대하거나 숭고한 대상을 깎아내리는 풍자기법.

포뮬러 영화 formula film

독창적인 요소들이 아니라 주로 과거에 성공한 소재와 플롯 등의 요소들을 차용해 공식처럼 펼쳐지는 영화들을 폭넓게 일컫는다. 쉽게 예측할 수 있는 구조와 마무리를 지니고 있으며 서부영화나 범죄영화, 공포영화 등의 장르영화들은 이러한 성향이 강하지만 익숙한 플롯과 소재, 관행 등에 일부 새로운 요소를 추가하여 상업적으로 성공하는 예도 드물지 않다.

포뮬러 formula

(협의적으로) 영화 장르의 반복적인 요소로서 장르 특유의 기본적인 구조, 유형을 말한다.

메니피언 카니발 Menipian Carnival

문학평론가 바흐친의 개념으로서 저열하고 비속한 것의 상류문화에 대한 풍자적인 유희 상태를 말함.

다성화음적 대화주의 Polyphonic Dialogism

문학평론가 바흐친의 개념으로서 사회적 계급, 계층, 인격, 등의 요소가 한 작품 안에서 서로 충돌하고 절충적으로 복합화되어 있는 상태를 말함. 텍스트와 텍스트가 서로 교류하는 상황을 지칭하기도 함.

7장
영화 연기

연기의 유형

흔히 영화는 감독(연출)의 예술, 연극은 배우의 예술이라는 선입관이 사람들에게 있을 수 있다. 그러한 얘기의 근원을 따져보면 영화가 배우보다는 카메라의 작용이나 편집기법 등 영화적 기술에 의해 지배된다는 상식적인 관념에서 발생한 것임을 알 수 있다.

하지만 영화가 연극에 비해 기술의 간섭을 더 많이 받는다고 해서 영화 속 연기자의 역할이 무시되어도 된다는 의미로 받아들여선 곤란하다. 오히려 이러한 잘못된 상식을 뒤집을 필요가 있으며, 더 깊이 들여다보면 영화에서의 연기는 다른 기술적 조건과 동등한 비중을 가지고 있음을 알 수 있다. 뿐만 아니라 영화에서의 연기는 그러한 기술적 조건에 맞춰 연기를 해야 하는 특수성을 더 요구한다고 봐야 한다.

따라서 이렇게 정리할 수 있다. 연기란 본질적으로 연극연기, 영화연기, TV연기를 따로 구분할 성질의 것은 아니고, 단지 그 매체의 속성에 따라 다소간의 차이를 갖고 있다고 보면 된다. 연기의 기본이나 자세는 어떤 매체에 종사하는 연기자든 간에 보편적인 것이다.

기본적으로 연기는 '내면적 연기'를 바탕에 깔지만 영화에 따라서 연기자에게 요구되는 접근방식이 달라진다. 연기의 유형은 크게 '내면적 연기'와 '외면적 연기'로 나눌 수 있다. 영화의 양식상 무겁고 진지한 멜로드라마·심리극·추리극 등은 내면적 연기를 요구하고, 반면 초기의 무성영화 희극, 음악극·액션극·모험극 등은 외면적 연기를 더 요구한다고 볼 수 있다.

외면적 연기는 전통적으로 사운드가 도입되기 이전에 과장되고 표현적인 연기가 유행했던 시기에 주로 행해졌다. 찰리 채플린을 비롯한 초기 무성영화 희극인들의 연기가 대부분 여기에 해당한다. 외적인 동작을 크게 많이 사용함으로써 몸짓만으로 이야기를 끌어나간다. 현대 영화에서도 액션 배우들은 외면적 연기를 위주로 하는데, 실베스터 스탤론, 아놀드 슈워제네거, 브루스 윌리스, 그리고 주윤발, 이연걸, 성룡 등의 홍콩 액션배우가 이에 해당한다. 이들 연기자들은 주어진 영화 속에서 내면의 움직임보다는 거의 곡예나 춤에 가까운 외면적 움직임을 연기해내는데, 실제 운동을 했거나 운동신경이 발달되어 있다는 특징이 있다.

액션이나 희극이 아니더라도 일반 영화에서 특별히 외적인 연기를 요구할 때도 있다. 윤삼육 감독의 〈살어리랏다〉에서 이덕화는 극중인물인 망나니를 실감나게 묘사하기 위해서 망나니의 춤이나 동작을 소화해내고 있다. 그러한 장면은 대사로서만 가능한 것이 아니고 몸으로 표현해내야 하므로 외면적인 연기를 필요로 한다.

내면적인 연기는 특별히 과장된 몸짓이나 행동이 아니더라도, 표정이나 말로써 인물의 내면을 전달하는 방식을 말한다. 주로 감성적인 훈련이 잘 되어 있는 배우들이 잘 해내는데, 영화 속 주어진 이야기에 관객을 깊이 몰입시키는 기능을 한다.

〈보디가드The Bodyguard〉(1992)에서 케빈 코스트너(Kevin Costner)의 연기는 언뜻 보기에 경호원 이야기라서 외적인 액션이 많을 것 같지만, 실은 남녀의 애틋한 사랑에 초점이 가 있어 내면적인 연기가 훨씬 많다. 몇몇 장면을 제외하고 그의 연기는 내성적이며, 말이 없고, 은근한 미소와 표정으로 일관되어 있다. 이 영화에서는 그러한 그의 내면적 연기가 호들갑스러운 액션의 과시보다도 더 잘 영화를 이끌어갔다고 볼 수 있다.

〈보디가드〉, 믹 잭슨, 1992

영화연기의 방법론

연극에서는 양식에 따라 연기에 접근하는 방법론도 다양하다. 고대 희랍극에서부터 시작하여 중세와 르네상스의 고전극, 셰익스피어·몰리에르·라신 등의 희극과 비극을 거쳐 일상적인 현대극, 부조리극, 브레히트의 서사극 등 연기자가 적응해야 하는 양식이 변화무쌍하다.

반면 영화는 사극이나 고전적인 소재라 하더라도 매체의 속성상 현대적인 접근법을 택하기 십상이다. 영화 속에서는 일상적이고 현실적인 감정을 중시하기 때문에 연극처럼 특별하고 다양한 기교를 요구하진 않는다.

다만 오래 전부터 확립된 체계적인 영화연기 방법론이 있는데 '방법적 연기(method acting)'란 것이다. 20세기 초 소련의 연극배우이며 연출가인 스타니슬랍스키(Constantin Stanislavski)에 의해 개발된 이 연기법은 그가 구축한 연극의 방법론인 '스타니슬랍스키 시스템'의 일부를 응용한 것이다. 스타니슬랍스키 시스템은 연기자가 어떤 역할을 해내기 위해서 외면적으로 접근하는 대신에 내면적인 정서나 기억을 환기시킴으로써 성격을 창출해내는 방법을 말한다. 이러한 방법론이 1950년대 이후 미국의 연극 영화 연출가인 리 스트라스버그(Lee Strasberg)와 일리아 카잔(Elia Kazan)에 의해 러시아에서 미국으로 도입되었다. 그들은 연기자 학원인 '액터즈 스튜디오(Actors Studio)'를 통해 이 방법을 가르쳤는데, 그것이 '방법적 연기'라는 것이다.

이 학원에서 배출된 배우들은 연극보다도 주로 영화 쪽에 진출하게 되었다. 이들이 영화 쪽에서 더 크게 활약하게 된 이유는 이 방법론이 원래의 내면적인 감성연기 훈련에다 특별히 연기자 고유의 개성을 개발하는 방식을 절충시켰기 때문이다. 따라서 여기서 배출된 배우들은 내면적인 연기를 잘 해낸다는 점 외에도 남과 구별되는 특별한 개성을 갖고 있다는 특징이 있었다. 말론 브란도, 알 파치노, 더스틴 호프먼, 제임스 딘, 마릴린 먼로, 로버트 드 니로 등 1950년대 이후 미국 영화계를 끌어나간 대부분의 유명 배우들이 이 방법적 연기자들이었다.

〈투씨〉, 시드니 폴락, 1982

일리아 카잔 감독의 〈에덴의 동쪽East of Eden〉(1955)에서 액터즈 스튜디오 출신의 두 남녀 배우 제임스 딘(James Dean)과 줄리 해리스(Julie Harris)의 내면적이며 개성적인 연기를 쉽게 엿볼 수 있다. 역시 카잔 감독의 〈워터프론트On the Waterfront〉(1954)에서 부두노동자로 나오는 말론 브란도(Marlon Brando)의 연기나 〈대부〉에서의 말론 브란도, 알 파치노(Al Pacino) 연기의 섬세함은 길이 기억에 남는다. 〈졸업〉에서 내성적이며 순수한 대학생으로 나온 더스틴 호프먼의 연기는 〈투씨Tootsie〉(1982)

에서 절정을 이룬다. 가난한 연극 배우가 살아남기 위해 여자로 변장해야만 했던 그 인간적인 내면의 갈등을 묘사한 연기는 더스틴 호프먼 아니면 흉내 내기 어렵다. 〈리틀 빅 히어로Hero〉(1992)에서도 역시 그는 일관된 개성을 보인다. 착하고 순수하지만 선의의 피해를 보게 되는 인간, 그러나 어리벙벙하면서도 성실히 자신의

〈대부〉, 프란시스 포드 코폴라, 1972

곤경을 극복해나가는 의지의 인간을 호프먼은 훌륭히 연기해낸다.

　방법적 연기자들의 개성은 흔히 관객에게 지울 수 없는 인상을 남기기 때문에 영화를 주도해나가기도 한다. 연출이나 촬영, 편집, 그 어떤 요소보다도 영화 속에 오직 연기만이 지배했다는 느낌을 갖게 만든다. 그만큼 연기력이 탁월하게 돋보인다. 또한 관객들은 극중인물보다도 실제 연기자의 개성에 동화되고 만다. 예를 들면 〈대부〉의 극중 인물 마이클에 동화되는 게 아니라, 알 파치노의 개성에 더 끌리게 되는 것이다.

　우린 〈피아노〉에서 출중한 두 연기자의 연기력과 개성을 엿볼 수 있다. 여주인공 아다는 벙어리이기 때문에 조용하고 내성적이어야 한다고 여겨지기 쉽다. 하지만 연기자 홀리 헌터는 그녀의 내면을 설명하기 위해 오히려 외면적 연기

〈피아노〉, 제인 캠피온, 1993

로 접근했다. 그녀는 고집스럽고 질긴 생명력을 보여주기 위해 끊임없이 움직이고 지껄여댄다. 물론 벙어리인 그녀가 말을 했을 리는 없다. 하지만 영화를 보면서 우리는 그녀가 쉴 새 없이 떠들어댔다는 묘한 착각을 일으킬 정도로 그녀의 내면의 파도가 스크린을 압도했음을 느낀다. 그건 홀리 헌터 자신의 개성에서 우러나온 것이다. 〈브로드캐스트 뉴스Broadcast News〉(1987)에서부터 그녀의 개성은 우악스럽고 활동적이며 동시에 고뇌하는 다소 우유부단한 성격의 소유자임을 알게 해준다.

아다(홀리 헌터)를 이끌어가는 거친 남자 베인스의 역할을 맡은 하비 케이틀(Harvey Keitel)의 연기는 정반대이다. 상식적으로 거칠고 야성적인 사나이 역할이 외면적으로 표현될 것처럼 기대되나, 연기자 하비 케이틀은 오히려 내성적이며 차분하다. 로버트 드 니로와 많이 작업하면서 방법적 연기자로 성장해온 하비 케이틀은 거칠지만 섬세한 내면을 소유한 개성을 일관되게 보여준다.

연기자의 분류

영화를 보다보면 같은 주연급, 혹은 조연급이라 하더라도 그 느낌이 다르다는 걸 알게 된다. 그 미묘한 차이는 연기력의 차이일 수도 있겠으나, 그보다는 연기자의 연기 성격이나 범위의 차이일 수 있다.

그런 의미에서 연기자는 크게 개성이 뚜렷하고 폭이 넓은 '성격배우(Character Actor)'와 개성이나 연기 폭이 비교적 한정되어 있는 '스타배우(Star Actor)'의 둘로 나눌 수 있다. 물론 모든 배우가 다 두 부류로 나뉠 수 있는 것은 아니고, 두 성격을 동시에 소유한 배우도 있을 수 있다. 그러나 대체로 둘로 분류하여 이해하는 게 좋다.

'성격배우'에는 앞서 설명한 방법적 연기자들 대부분이 속한다. 그밖에도 잭 니콜슨, 메릴 스트립, 제라드 드빠르디유, 베아트리체 달, 룻거 하우어, 진 핵크만 등을 들 수 있다.

로버트 드 니로(Robert De Niro)의 연기 폭은 〈성난 황소Raging Bull〉(1980, 국내 출시명 〈분노의 주먹〉)라는 작품에서 잘 드러난다. 이 영화는 권투선수였던 한 사람이 전성기에 여자관계가 복잡해 은퇴하고 밤무대의 무명가수, 사회자로 전락한다는 인생유전의 이야기를 담고 있다. 영화에서 드 니로는 20대에서 50대까지의 긴 나이 폭을 연기하면서 동시

〈성난 황소〉, 마틴 스코시즈, 1980

에 권투선수였을 때의 날렵한 몸매와 은퇴한 이후 밤무대의 사회자를 하는 뚱뚱한 거구를 연기로 소화해내었다. 그는 이 영화를 위해 몇십 킬로의 몸무게를 늘였다 줄였다 함으로써 도저히 해낼 수 없다고 여겨지는 부분의 연기까지도 빼어나게 소화해냈다.

북유럽계 미국 배우 룻거 하우어(Rutger Hauer)는 근육질의 다른 북유럽계 배우들인 아놀드 슈워제네거, 돌프 룬드그랜 등과는 달리 개성과 함께 내면연기의 다양한 폭을 갖추고 있다. 몇 편의 액션영화 및 〈블레이드 러너〉에서 그는 활동적이며 거칠고 험악한 연기를 선보인다. 하지만 〈레베카의 약점Blind Side〉(1993)에서 그의 연기는 광포하면서도 침착하고 집요한 내면을 보여주고 있다.

안성기가 갖고 있는 개성과 연기의 폭 역시 출중하다. 1980년대에서 1990년대로 이어지는 그의 연기는 〈바람 불어 좋은 날〉(1980)의 어눌하고 순박한 시골 청년 중국집 배달부에서부터 〈고래사냥〉(1984)에서의 넉살좋고 재

〈고래사냥〉, 배창호, 1984

주 많은, 어떻게 보면 영악하기까지 한 거지 왕초로도 변하며, 〈남부군〉
(1990)과 〈하얀 전쟁〉에서는 역사와 현실을 관조하는 차갑고 냉정한 고독한
지식인의 역으로까지 변신한다. 그러면서도 순수, 정열, 선의의 피해자, 이
웃집 남자, 소탈한 서민 등의 이미지를 크게 벗어나지 않는다. 그건 연기 변
신의 폭과 상관없이 그의 개성에 속하는 것이다.

  이경영, 최민수, 박중훈, 심혜진, 한석규, 박신양, 최민식, 이성재, 설경구,
전도연, 송강호 등의 연기자도 개성과 연기 폭에 있어서 '성격배우'에 가깝
다. 그들은 어떤 역을 주어도 무난히 소화하는 편이며 자기 개성의 범위에
맞게 처리한다는 특징이 있다.

  송해성 감독의 〈파이란〉(2001)을 영화로 성립하게 만든 가장 중요한 요소

〈파이란〉, 송해성, 2001

는 최민식이란 배우다. 만약 최민식이 연기를 잘 못했다면 이 영화는 그 메시지를 제대로 전달하는 데 실패했을 확률이 크다. 영화는 두 개의 서로 평행한 이야기를 하고 있으며, 그 두 개의 이야기가 서로 통한다는 것은 애초에 불가능하다. 위장결혼으로 얼굴 한 번 제대로 마주 대한 적이 없는 여자에 대해 남자가 정을 느낀다는 것은 아무래도 영화적 허구가 아닐 수 없다. 여자(파이란)가 남자에 대해 느끼는 감정은 그럴 수 있다. 남자가 자기를 돌봐주었다고 오해하고 있으므로 착한 그녀는 멋대로 사진 속의 남자를 보면서 상상을 키우고 의지할 수 있는 것이다. 그건 오직 그녀의 망상이니까(현실적으로 보면) 가능한 것이다.

하지만 남자의 경우, 아무 관심 없다가 유서로 남겨진 그녀의 편지와 사진만을 보고서 감정을 느낀다는 것은 문제가 있다. 영화는 그런 점에서 아슬아슬한 도박이 걸려 있었던 것이다. 만약 최민식이 그녀의 존재를 깨닫자마자 울고불고 했더라면 그건 엉터리 영화가 되었을 것이다.

영화는 남자가 여자를 느끼기까지 아주 오랜 시간 동안을 뜸을 들인다. 그 시간은 정말 필요한 시간이다. 여자의 죽음을 전해 듣고 바닷가에 가서 담배를 피우며 오열하는 그 장면까지 영화는 내면적인 이야기를 전개하기 위해 외적으로는 별다른 사건이 없는 무료한 시간을 날려버린다. 하지만 그 시간은 최민식의 내면에서 용해되어 이룰 수 없는 사랑의 감정을 살아나게 한다. 남자는 여자의 편지로 아무도 자신을 사랑해주지 않았지만 오직 한 여자만이 자신을 사랑해주었다는 데서 희망과 위로를 느낀다. 한 저열하고 소외된 인간의 저 마음 밑바닥에서 솟아나오는 그런 감정이다. 해변에서 여자의 편지를 읽으며 최민식이 오열한 것은 그런 의미에서 여자에 대한 연민이 아니라 자신의 비천한 삶에 대한 설움의 복받침이다. 〈파이란〉에서의 최민식 연기는 영화의 연출과 이야기마저도 구해낸 출중한 성격배우 연기의 예라 할 것이다.

반면 '스타배우'는 배우의 스타성이 곧 개성이 되어 역을 맡으며, 폭이 한정되어 있다. 스타성이란 배우의 미모, 특별한 재능, 기타 매력 포인트, 화제성, 호기심, 인기도 등으로 결정된다. 미국 배우로는 방법적 연기로 시작한 마릴린 먼로(Marilyn Monroe)가 대표적인 경우이다. 그녀는 섹스 심벌로 자리하면서 그 매력이 오히려 그녀의 연기 폭을 제한시킨 경우라고 볼 수 있다.

한때를 풍미했던 홍콩 배우 왕조현, 임청하 역시 스타배우로서 성격·개성·연기의 폭이 좁은 편이다. 성룡, 아놀드 슈워제네거, 실베스터 스텔론 등 외면 연기를 주로 하는 액션 배우들도 스타배우에 속한다. 그들 역시 출연하는 영화·배역·성격 등이 고정되어 있으며, 타고난 기량으로 극을 이끌어가는 배우들이다.

최진실, 강수연 등도 스타배우이다. 최진실의 뒤에는 한동안 '남자는 여자하기 나름이에요'라는 문구가 항상 따라다녔다. 그것은 그녀의 CF 출세작의 대사였고, 곧 그녀의 트레이드마크로 통하게 되었다. 그녀가 수동적이며 귀엽고 깜찍한 여자의 대명사가 되면서 이미지는 그만큼 고정되었다. 〈수잔 브링크의 아리랑〉(1991)에서 약간 당찬 여자, 의지적인 여자로 변신하고자 했으나 결국 실패했다. 그후 〈사랑하고 싶은 여자, 결혼하고 싶은 여자〉(1993)에서 그녀는 남자(손창민)가 결혼하고 싶은 여자로 다시 복귀한다. 이는 그녀의 수동적인 여성 이미지가 작용한 것이며, 스타배우의 성격배우로의 변신이 어려운 일이라는 것을 증명한 셈이다.

이처럼 스타배우는 자기 나름대로 역의 변신을 쉽게 하기 힘들다. 자신의 축적된 이미지가 너무 강해서 제작자, 영화사, 감독의 요구에 의해 다른 역으로의 큰 변신을 하지 못하는 경우가 많다.

스타 체제

할리우드 영화계는 1930~40년대의 거대한 스튜디오 체제를 운영하면서, 스타배우들을 전속 계약제로 활용하는 '스타 체제(star system)'가 구축되었다. 스타 체제는 바로 스타배우들의 전성기를 말하는 것이다. 스타들은 각 스튜디오에서 엄청난 돈을 받고 계약한 후, 소속 스튜디오에서 제작하는 영화에만 출연한다. 물론 계약 기간이 끝나면 재계약을 하거나 다른 영화사로 이적(移籍)할 수 있다.

스타 체제는 스타배우에게 고소득과 영구성을 보장하는 면도 있지만, 한편으론 영화사가 스타배우들의 매력만을 이용하여 영화를 제작하려고 하기 때문에, 정작 배우 자신과 관객들에게 피해가 돌아온다. 스타의 이름 뒤엔 항상 그에 걸맞은 별명이 따라다니고, 거기에 얽매어 연기 변신을 하지 못한다.

섹스 심벌 마릴린 먼로, 플래티넘 블론드 진 할로우, 백만 달러짜리 눈 베티 데이비스, 백만 달러짜리 인어 에스터 윌리엄스(원래 유명 수영선수 출신), 전형적인 미국 소시민 제임스 스튜어트, 외로운 보안관 헨리 폰다, 정의의 보안관 게리 쿠퍼, 영원한 악당 잭 팔란스, 무법자 클린트 이스트우드, 잔인한 마피아 제임스 캐그니, 미남 신사 캐리 그랜트, 미남 바람둥이 클라크 게이블 등등. 이러한 스타의 이미지는 배우들을 틀에 박히게 만들며 관객을 식상하게도 만든다. 1950년대 이후 할리우드 스튜디오 체제가 TV의 등장 이후 붕괴하면서 미국 영화배우는 스타배우 중심에서 벗어나 방법적 연기 중심의 성격배우 시대로 넘어가게 된다.

감독의 연출 스타일과 연기 방법

몽타주와 미장센

감독이 영화를 연출하는 데 크게 의존하는 기술적 요소는 촬영·편집·소리 등인데, 그중 연기자와 밀접한 관련을 갖는 것은 촬영과 편집이다. 대부분의 감독이 두 부분을 적절히 배분하는 정석적인 연출을 하지만, 감독의 주관적 스타일에 따라 촬영에 더 큰 비중을 두는 '미장센 연출' 감독과 편집에 더 큰 비중을 두는 '몽타주 연출' 감독으로 분류된다.

먼저 미장센 연출 감독들은 카메라의 움직임과 무대장치의 의미를 더 중시하며, 컷들을 끊지 않고 될 수 있으면 지속시키려는 경향이 있다. 따라서 배우의 연기를 통제하지 않고 될 수 있으면 자유분방하고 표현력이 있는 움직임을 많이 허용한다. 대단히 연극적인 앙상블 연기(서로 호응하고 호흡을 맞추는 연기)를 유도하기도 하며, 즉흥연기를 상당수 허용하기도 한다.

반면 몽타주 연출 감독들은 컷을 세분하여 컷의 연속선상에서 이야기를 끌어내는 경향이기 때문에 배우의 연기는 상당히 통제된다. 감독은 자기가 이미 설정한 아주 정밀한 콘티(연출노트)에 의해 배우의 연기를 지정해준다. 심한 경우 연기자는 인간을 대역한 인형과 다름없을 정도로 통제되기도 한다. 그러나 최종 완성된 영화에선 편집에 의해 연기에 생명이 부여되어 살아움직인다.

네오리얼리즘과 새로운 연기법

감독의 특이한 연출 스타일에 의해 새로운 영화연기의 세계가 등장한 것은 제2차 세계대전 직후의 이탈리아에서였다. 전후 이탈리아 영화는 패전 이후의 피폐한 상황과 극심한 가난을 배경으로 현실을 꾸밈없이 솔직히 드러

〈자전거 도둑〉, 비토리아 데시카, 1984

내는 사실주의 영화가 주도했다. 그것을 영화 역사에서는 종래의 사실주의보다 더 사실적인 새로운 사실주의라 하여 '네오리얼리즘(Neo Realism)'이라고 부른다. 대표적으로 비토리오 데시카(Vittorio DeSica) 감독의 〈자전거 도둑Ladri Di Biciclete〉(1948), 〈구두닦이Sciuscia〉(1946), 로베르토 로셀리니(Roberto Rossellini) 감독의 〈무방비 도시Roma Citta Aperta〉(1945)와 〈파이잔Paisan〉(1946), 루치노 비스콘티(Luchino Visconti) 감독의 〈혼들리는 대지La Terra Trema〉(1948) 등을 꼽을 수 있다.

이 영화들은 극영화이긴 하지만 거의 기록영화에 가까울 정도로 사실적이다. 이야기를 정교하게 짜 맞추는 수준이 아닌, 기록영화에서처럼 현실을 스케치하듯 묘사함으로써 영화가 꾸며진 것이 아니고 사실 그 자체인 것처럼 느껴지게 만드는 데 주안점을 두고 있는 것이다. 이들 네오리얼리즘 감독들은 영화 속에 그러한 사실성을 획득하기 위하여 비직업배우들과 직업배우들을 혼합하여 쓰는 새로운 연기법을 구사했다. 훈련되지 않은 일반인이 연기를 한다는 것은 상식적으로 납득이 가지 않고 전통에도 없는 것이었다. 그러나 네오리얼리즘 감독들이 이뤄낸 성과물들은 놀랄 만큼 사실감을 얻어내고 있다.

〈자전거 도둑〉은 자전거를 이용해 벽보를 붙이는 직업을 가진 가난한 서

〈흔들리는 대지〉, 루치노 비스콘티, 1948 　　　〈무방비 도시〉, 로베르토 로셀리니, 1945

민이 생명과도 같은 자전거를 도난당하고, 그걸 추적하다가 결국 자기도 자전거를 훔쳐 도둑으로 몰리는 비극적인 이야기이다. 이 영화의 주인공 역시 직업배우가 아니다. 그는 한 평범한 서민이었으며 하는 일도 역시 같은 계통의 일이었다. 감독은 그를 다른 배우들보다 낫다고 생각하여 주인공으로 기용했다.

이러한 방식을 가장 극단적으로 이용한 영화는 비스콘티 감독의 〈흔들리는 대지〉이다. 이 영화의 무대는 이탈리아 남부의 어촌인데, 어부들의 일상생활을 묘사하기 위해 등장인물 전부를 배우가 아닌 그곳에 실제 살고 있는 어부들로 기용했다. 영화 역사상 직업배우가 아닌 사람들이 완벽한 영화를 만들어낸 경우는 이 작품이 거의 유일하다.

현대에 와서도 배우 아닌 일반인이 연기를 하는 영화가 존재한다. 대표적으로 타비아니 형제의 걸작 영화 〈시저는 죽어야 한다〉(2012)가 그 예이다. 이 영화에는 두 개의 개념이 병존한다. 감옥과 연극, 현실과 허구, 현재와 역사 등이다. 영화는 이것을 영상으로 표현하는데, 혼동스럽게 혹은 서로 교차하도록 하거나, 분리함으로써 비교한다. 나중엔 주제인 인생의 의미로 승

〈시저는 죽어야 한다〉, 타비아니 형제,
2012

화시킨다. 죄수들이 오디션할 때 자신의 모습이 그대로 반영되는 장면은 인상적이다.

이들 영화가 직업배우를 기용하지 않고도 성공할 수 있었던 이유는 무엇일까. 네오리얼리즘 영화는 사실주의 영화미학을 연 새로운 차원의 영화로서, 이들 배우는 하나의 사실주의적 기법으로 작용한 것이다. 직업배우는 허구의 세계를 실감나게 연기하는 능력은 있을지 모르지만, 특별히 사실적인 느낌을 전달하는 데에는 얼굴이 알려진 직업배우가 아닌 평범한 서민이 더욱 적합할 수 있다는 논리이다. 더 나아가 평범한 서민 중에서도 극중의 상황과 똑같은 입장에 놓인 실제 인물일수록 더 적합하다는 것을 보여주는 것이다.

프랑스 누벨바그와 현대의 즉흥연기법

프랑스의 젊은 영화 흐름인 누벨바그(Nouvelle Vague)는 이탈리아에서의 비직업배우 전통과는 조금 다른 즉흥연기를 새롭게 영화에 도입했다. 프랑스의 1960년대 영화감독들의 연출 스타일 자체가 즉흥성과 미장센 연출을 주로 했고, 그에 따라 연기법도 변화를 보인 것이다.

대표적인 감독인 장 뤽 고다르는 〈네 멋대로 해라〉〈미치광이 피에로 Pierrot, Le Fou〉(1965) 등의 작품에서 즉흥연출, 즉흥연기를 선보인다. 주인공 장 폴 벨몽도(Jean-Paul Belmondo)는 일정한 각본도 없이 만들어진 〈미치광이 피에로〉 같은 작품에서 거의 자신의 자발성과 즉흥적 연기로 역을 소화해냈고, 〈네 멋대로 해라〉에 기용되기 전에는 연기를 해본 경험조차 없었

〈미치광이 피에로〉, 장 뤽 고다르, 1965

다. 그 영화에서 그는 폭력을 행사하여 돈을 뜯어내는 청부업자로 나오는데 권투선수와 같은 거들먹거리는 몸동작을 자주 해댄다. 실제 그는 영화에 처음 출연하기 전까지 삼류 복서의 스파링 상대이기도 했다. 그런 배우 기용은 네오리얼리즘의 평범한 서민 기용과 같은 경우라 할 것이다.

아녜스 바르다(Agnes Varda) 감독의 〈행복Le Bonheur〉(1965) 역시 즉흥연기로 일관한 작품이다. 바르다 감독은 대본을 나누어주고, 배우들에게 한두 번 읽게 한 후, 다시 돌려받아 대충의 내용 파악만을 시키고 촬영에 들어간다. 배우들은 정밀하게 대사를 암기하지 않은 채 상황만을 기억하면서 즉흥연기를 해나간다.

에릭 로메르(Eric Rohmer) 감독 역시 즉흥연기를 선호하는 감독이다. 〈모드 집에서의 하룻밤Ma Nuit Chez Maud〉(1968), 〈녹색 광선Le Rayon Vert〉(1986), 〈여름 이야기Conte d'Eté〉(1996) 등의 작품에서 연기자들은 짜여져 있지 않은 대사들을 즉흥적으로 만들어서 줄거리를 이어나간다. 특히 로메르 감독의 영화는 거의 연기자의 즉흥대사가 극을

〈행복〉, 아녜스 바르다, 1965

전개시켜나가는 특성을 가지고 있다.

이러한 프랑스 누벨바그 감독들의 즉흥연출과 즉흥연기 수법에 의한 영화는, 세련된 각본과 치밀한 연출노트에 의한 작품보다도 훨씬 자유분방하고 사실적인 분위기를 띠게 만든다. 이런 경향은 단지 지나간 유행으로만 자리하는 것이 아니라, 현대 영화감독 특유의 스타일과 결합되어 여전히 세계 각지에서 지속되고 있다.

미국의 로버트 알트먼이 그 대표적인 감독인데, 〈플레이어〉의 오프닝 롱 테이크 장면은 연

〈내슈빌〉, 로버트 알트먼, 1975

기자들의 연기가 짜여져 있긴 하지만, 즉흥성과 자발성을 통해 자유롭고 사실적인 장면처리 솜씨를 유감없이 발휘한 부분이다. 그의 대표작 〈내슈빌Nashville〉(1975)에는 가수, 관광객, 정치가, 기자 등 24명의 인물들이 등장하는데, 모두 자신의 에피소드를 나열하면서 같은 비중으로 역할을 해낸다. 실제의 가수가 역할을 맡아 하는 등 비직업배우의 연기도 선보이는데, 완벽한 연기 등으로 이 영화는 70년대의 중요한 영화로 손꼽힌다.

마틴 스코시즈 감독의 〈택시 드라이버〉에서 주인공 로버트 드 니로는 즉흥연기를 주문하는 스코시즈 감독의 요구에 따라 대본에도 없는 말을 상당히 많이 했다. 감독은 전혀 NG를 내지 않고 우리가 보는 영화 그대로 완성시켜

〈택시 드라이버〉, 마틴 스코시즈, 1976

내보냈다.

다르덴 형제의 영상미학은 다큐멘터리에 기반을 둔 자유분방한 스타일이다. 길게 찍기를 하고 인물들의 연기는 자연스럽다. 연기를 한다는 느낌을 주지 않는 게 목표이고, 그렇게 연습했다. 리허설을 통해 자연스럽게 정해지지

〈더 차일드〉, 다르덴 형제, 2005

않은 즉흥연기를 여러 차례 하고, 촬영에 들어가면 연기를 끊지 않는 길게 찍기를 한다. 카메라는 고정되어 있지 않고, 인물들의 연기를 따라간다. 사운드는 현장음을 주로 살리고, 조명도 최소한도로 비춰진다. 현실이 있는 그대로 보이게끔 만드는 게 목적이다. 〈더 차일드〉(2005)에서 브뤼노가 카메라를 파는 장면도 길게 지속된다.

우리나라의 경우 즉흥연기의 예는 많지 않지만, 이장호 감독의 〈바보선언〉(1983)은 거의 즉흥연출과 즉흥연기로 일관된 작품이다. 처음에는 여러 권의 대본이 있었으나 영화는 대본대로 되지 않았다. 결국 단순한 줄거리만 가지고 두 명의 남자와 한 명의 여자가 매 장면을 즉흥적으로 연기해나갔다. 이 영화는 대사도 배제되고 마치 채플린의 무성영화처럼 만들어져 실험적 극영화로 평가받기도 한다. 영화의 도입부에는 실제 이장호 감독이 옥상에서 떨어져 죽는 감독의 역할을 맡아 하는 등 앞서 서술한 여러 즉흥연출 영화의 특성을 보여주고 있다.

이러한 즉흥연출과 즉흥연기법은 반드시 서로 호흡이 일치해야 한다. 감독의 연출 스타일과 연기자와 작품의 내용이 모두 맞아떨어져야만 가능한 것이다. 특히 이러한 방식은 1960년대 이전에는 없던 것으로 가장 현대적인

기법이라고 볼 수 있다. 고전적인 영화 양식에만 적응되어 있는 배우에게 즉흥연기를 해내리라는 기대는 전혀 할 수 없다. 그런 면에서 현대에는 여러 가지 연기 양식을 자유자재로 구사할 수 있는 배우야말로 가장 탁월한 배우일 것이다.

작품분석을 통한 이해 1

터치 감독: 민병훈

사회집단을 대표하는 네 명의 캐릭터

영화는 네 명의 캐릭터를 통해 현재 한국 사회가 처해 있는 답답한 사회적 구조를 읽게 한다. 먼저 국가를 상징하는 동사무소가 있고, 동사무소 직원이 그것을 대변한다. 종교를 대변하는 종교요양원이 있고, 신부가 이를 대변한다. 그리고 평범한 서민인 주인공 수원(김지영 분)이 있고, 방바닥에 쓰러져 있는 소년의 어머니가 대변하는 사회적 약자가 있다. 이러한 네 유형의 구성원으로 사회가 구성되어 있으며, 사회적 약자가 곧 죽는 급박한 상황이 발생한다.

평범한 서민은 그것을 구원할 능력이 우선 없다. 자기도 살길이 막연한데 남을 어찌 구원하랴. 그에겐 도움을 청하는 게 최선의 미덕이다. 그는 당연히 국가에 요청할 수 있다. 그건 국가의 의무이고, 세금을 낸 국민으로서 당연한 요구이기도 하다. 이어 나타난 동사무소 직원의 인간미 없는 행정적인 태도는 서민인 수원을 분노케 한다.

국가가 일을 잘 수행하느냐 안 하느냐는 국가 능력에 달린 문제다. 다만 이 영화가 제기하는 것은 신고자인 서민을 정부는 왜 비인간적으로, 사무적으로, 관료적으로 차갑게 대하는가 하는 점이다. 즉 '정치적으로 바르지 못한' 처사에 대한 문제다. 결국 국가가 해결하지 못하자 종교로 가게 된다. 하지만 종교는 해결책을 마련하지 못한다. 그들은 그저 위로할 뿐이다. 그래도 감독은 그 위로의 말이 중요하다고 말한다. 인간을 인간적으로 대접해주는 것이야말로 우리가 인간임을 확인하는 대목이다.

부조리에 분노하는 다혈질과 이중적 캐릭터, 수원

영화의 주인공 수원은 밥벌이를 제대로 못하는 남편 때문에 딸 하나를 키우면서 허겁지겁 살아간다. 그녀는 간병인이다. 병원 몰래 가족에게 버림받은 환자들을 돈을 받고 요양원에 입원시킨다. 환자를 고려장시키는 가족들은 우리 사회의 차가운 기류다. 종교기관이 운영하는 요양원은 그들을 받아들여 편안한 임종을 맞게 하지만 이는 국가가 기본적으로 해줘야 할 일이다. 국가는 돈 없는 약자들도 치료해야 할 의무가 있다. 하지만 그 예산이 국민에게 나와야 하므로 국민들 스스로 치유하는 일이기도 하다. 문제는 돌고 돈다. 국민은 국가를 탓하지만 국가는 약자를 배려하지 않는 부자들을 탓할 수밖에 없다. 좀더 많은 세금이 서민들 복지에 돌아간다면 그들이 길에서 쓰러져 죽는 일은 없기 때문이다.

수원은 자신의 딸을 유괴한 학생이 사는 집에서 그의 어머니가 심하게 앓고 있는 모습을 보고 동사무소에 신고한다. 동사무소 직원은 접수한 후 가서도 좋다며 무심하게 한마디만 던진다. 격분한 수원에게 직원은 한마디 더 던진다. 그렇게 급하면 당신이 가서 하라고. 결

국 수원은 환자를 병원에 입원시키지만 돈이 없어 쫓겨난다. 이제 이런 일은 없어야 하는데 가슴에 흐르는 억울함과 눈물을 훔쳐야 소용 없다. 그녀가 기댈 곳은 역시 종교요양원밖에 없다. 하지만 그녀가 그동안 돈을 받고 환자들을 보냈다는 사실을 안 신부는 거절한다. 다시 열이 오른 수원은 참지 못하고 폭발한다. 신부에게 인간이 할 수 있는 최악의 욕을 한 뒤 그녀는 반쯤 미친다.

이 대목은 관객을 혼란하게 한다. 수원은 자신이 살아가기 위해 환자들을 빼돌리고 진통제까지 팔아 생계를 운영한다. 그러나 그런 인물이긴 해도 그녀에겐 동정심과 정의감이 있다. 관객은 수원에게 동정하지 않지만 그녀는 알고 보면 인간적인 여자이다. 말하자면 장발장과 같은 존재다. 물론 그것은 법적으로 논란이 된다. 악법도 법이고 목적이 수단을 정당화할 수는 없다. 하지만 예술작품이란 무엇인가. 예술은 현실 그 자체가 아닌 것이다. 빅토르 위고도 장발장의 행동을 정당화한 게 아니라 그 인간미 있는 마음을 강조한 것이다. 이 영화 역시 마찬가지다. 수원의 행위를 정당화한 게 아니라 수원의 인간적인 마음을 알리고 싶은 것이다.

무책임·무능력·무기력·부도덕한 실존적 캐릭터, 동식

동식(유준상 분)은 전직 아시안게임 선수 출신에 중학교 사격부 코치지만 알코올중독이 문제다. 순진하고 융통성 없는 성격도 문제에 한몫을 더한다. 사회는 승냥이인데 그는 고양이보다 더 순하다. 가족을 생각한다면 자신의 성격 정도는 참아야 할 텐데 앞뒤 판단을 못하고 계속 사고를 친다. 그 쇳덩이들은 모두 아내인 수원의 등짝을 두들겨 팬다. 마음이 갈기갈기 찢긴 수원은 동식이 차로 친 학생의 위자료를 대기 위해 환자에게 돈을 받고 몸까지 대준다.

고라니가 나타난다. 도시 한복판에 고라니가 서 있다. 수원은 고라니를 처음 본 건 아니지만 그 풍경이 낯설어 한동안 자기 눈을 의심한다. 동식 역시 자신을 따라다니는 고라니를 보게 된다. 동식은 다시 술 먹고 아이를 치는 사고를 낸다. 사태를 수습할 수 없다는 생각에 그는 아이를 없애려 한다. 살아있는 아이를 총으로 쏜다. 하지만 그건 고라니였다. 수원에게 나타나고 동식에게 나타났던 고라니였다. 그는 술이 취해 환영을 본 것이다.

고라니는 서민들을 상징한다. 힘없고 나약한 고라니는 승냥이와 악으로 대변되는 도시의 콘크리트 속에서 헤맨다. 동식은 자신의 처지와 같은 아이를 죽일 수밖에 없다. 그 역시 수원처럼 목적을 위해 수단을 정당화한다. 하지만 그 마음은 인간적인 것이 아니다. 인간이 살기 위해 다른 인간을 쳐 죽이는 그런 상황일 뿐이다. 고라니를 죽일 수밖에 없다. 아이를 죽일 수밖에 없
다. 자기가 살려면 그 수밖에 없다. 이
영화의 모든 상황은 사람이 살기 위해
끝없이 부도덕해질 수밖에 없다는 명
제를 강변한다. 세상은 그렇게 살기
힘든 것인가. 그래서 근본적으로 이 세
상은 선악이 없고 오직 생존욕구만 남
은 것처럼 나타난다.

한국 사회의 서민적 캐릭터, 부부

이 영화가 다루고 있는 가난한 부부의 삶은 더도 덜도 아닌 우리가
사는 있는 그대로의 삶에 가깝다고 느껴진다. 수원과 남편 동식은 안
토니오니의 〈정사〉에 나오는 여주인공과 그 남편을 닮아 있다. 1960
년대 이탈리아의 부도덕한 중산층 부부에서 나타난 구제불능의 남편
과 그를 용서할 수밖에 없는 아내의 삶은 동시대적으로 2012년 다시
한국에 소환된다.

〈정사〉에서는 남편이 신혼 첫날밤에 창녀와 잠을 자고 온다. 기막
힌 부도덕이다. 다음 날 아침 아내를 보며 눈물로 참회하고, 아내는
남편의 머리를 쓰다듬으며 용서한다. 그도 동식처럼, 어린애처럼 자
꾸 사고를 치고(처음엔 자기 애인을, 이번엔 자기 아내를 배신한다) 아내
는 수원처럼 그저 보듬고 살 수밖에 없는 것이다.

물론 이 영화는 거친 사실주의가 아니라 정교하고 환상적인 마술적
리얼리즘이다. 그들 부부들은 각자의 환상을 바라본다. 도시 속을 배

회하는 고라니의 풍경이 그것이다. 고라니는 실제 도시 속에 있기도 하고, 없기도 하다. 그런 점에서 그들이 목격한 고라니가 진짜였는지 가짜였는지 잘 분간하기 어렵다. 우리들도 그처럼 있기도 하고, 없기도 한 환상을 보면서 살아간다. 그 환상은 내면의 진실을 지칭하는 방향타이다. 마치 불길한 일이 생길라치면 문득 꿈에 누군가 나타나 알려주듯이. 안개 속에서 방황하는 현대인에게 뭔가 알 수 없는 소리들을 내뱉으며 경고하는 유령 같은 존재들이다. 우리들이 그 뜻을 알아들으면 좋으련만.

지금 한국 사회는 서민이 서민을 할퀴고 뜯어먹을 수밖에 없는 잔혹한 사회다. 약자가 약자를 훔치는 모순적인 사회다. 출구 없는 방, 닫힌 문. 〈터치〉는 그 문을 터치한다. 〈터치〉는 정부의 무능과 인간의 비참한 조건들을, 고발할 곳도 없는 상황에서 스스로 고발해버리고 마는 모습을 유형화된 캐릭터들의 생생한 연기를 통해 잘 보여준다.

작품분석을 통한 이해 2

바톤 핑크 감독: 코엔 형제

어수룩한 인간의 낯선 공간 경험

영화 〈바톤 핑크Barton Fink〉(1991)의 무대는 1930년대다. 주인공 극작가 핑크는 뉴욕에서 막 연극 공연을 마쳤다. 그의 희곡은 평범한 소시민의 일상생활을 그린 것으로, 세상의 어려움 속에서도 꿋꿋이 살아나가는 서민의 희망을 그리고 있다. 주인공은 연극의 성공으로 많은 주변 연극인들의 주목을 받게 된다. 그때 한 사람이 그에게 제안을 하는데, 할리우드에 가서 시나리오를 써보지 않겠냐는 것이다. 그는 영화가 전혀 생소한 장르이기 때문에 처음엔 거절하지만, 이내 그것을 수락하고 할리우드로 간다.

할리우드로 건너간 후, 그에겐 이해할 수 없는 일들이 발생하게 된다. 맨 처음 캘리포니아에 도착한 그는 한 호텔에 투숙하게 된다. 그곳은 인적이라곤 전혀 없는 유령의 집 같은 이상한 호텔이다. 뉴욕에서 소개를 받아간 호텔이지만 그를 반기는 사람이라곤 없으며, 아직 무명의 극작가인 그에게 일류 호텔이 주어질 리는 없다. 그렇다고는 하나 그 호텔은 삼류 호텔에 가깝고, 텅 빈 공간에 바톤 핑크만 덩그

러니 서 있게 된다. 어리둥절한
그에게 처음 나타난 사람은 호
텔 프런트의 직원이다.

사인을 하고 엘리베이터에 탔
는데, 오퍼레이터는 손님을 아는
체도 하지 않는다. 그는 몇 층으
로 올라간다고만 기계처럼 반복
하고는, 다시 무표정하게 내려간
다. 방은 꽉 막혀 답답하고, 여장
을 풀자마자 그는 깊은 잠에 빠
져버린다.

다음 날 그는 할리우드의 영화
사 사장을 만나게 된다. 육중한
체구의 잔인한 비즈니스맨인 사장은 그에게 레슬링 영화 대본을 쓰라
고 말한다. 당시 할리우드에서 유행하던 B급 영화는 레슬링 영화였던
것이다. 핑크는 레슬링 영화에는 전혀 문외한인지라 뭐라고 답변을
못하지만, 사장의 단호한 분위기에 눌려 엉거주춤 그 방을 나온다.

그는 방에 틀어박혀 시나리오를 써보려 하지만, 그의 머릿속에는 이
른 새벽에 맑은 공기를 가르며 생선을 사라고 외치는 건강한 노동자
와 보통 사람들의 이미지밖에 떠오르지 않는다. 그는 회사에 전화를
하고, 힌트를 얻기 위해서 영화사 매니저를 만난다. 역시 비열한 성격
의 매니저는 핑크에게 몇 편의 레슬링 영화를 보여주고, 그대로 써달
라고 주문한다. 그 레슬링 영화에는 인간의 삶이란 전혀 드러나 있지

않았다. 그곳에는 단지 피 튀기는 살벌한 게임만이 펼쳐져 있었다.

숙소로 돌아온 핑크는 다시 시나리오를 쓴다. 하지만 여전히 이야기는 잘 풀려나가지 않는다. 이때 옆방에 기거하는 찰리라는 외판원을 만난다. 찰리는 상당히 실무적인 인간이다. 그러나 핑크는 그의 방문으로 잠시의 휴식을 얻게 된다. 시나리오도 제대로 써지지 않았고, 답답한 방안에서 마치 죄수처럼 지내던 차에 누군가 얘기할 사람이 나타나자 반가웠던 것이다. 찰리는 핑크에게 있어 이야기도 들어주고 조언도 해주며 답답한 심사를 풀어주는 마음씨 좋은 이웃이 되었다. 찰리는 핑크의 머리 속에서 항상 맴도는, 평범하지만 열심히 살아가는 보통사람이었다. 핑크는 마구 흥분하면서 찰리에게 자신의 예술관을 떠들어댄다. 부조리한 세상과 그 속에서 인간은 어떻게 살아야 하는가. 순수하고 성실하게 사는 사람만이 이 세상의 참다운 진실을 터득해나가며, 따라서 찰리 그야말로 바로 정의로운 사람이란 것을 역설한다.

찰리와 헤어진 후 핑크는 다시 시나리오를 쓰지만, 역시 진도는 나가지 않는다. 영화사에 갔다가 그는 우연히 유명한 소설가 빌 메이휴를 만난다. 평소 매우 존경하던 대작가인지라 핑크는 몹시 감격하며 빌 앞에서 온갖 찬사를 늘어놓는다. 빌은 자기 집으로 한번 찾아오라고 말하고 헤어진다.

약속대로 핑크는 빌의 집을 찾아간다. 빌을 대신해서 나온 것은 오드리라는 여자였는데, 그의 비서라고 했다. 간간히 술에 완전히 정신이 나가 차마 들어줄 수조차 없는 빌의 주정 소리가 들려왔다. 핑크는 다시 약속을 하고 집으로 돌아온다.

놀라운 반전

얼마 후 제정신으로 돌아온 빌을 다시 만난 핑크는 오드리가 비서가 아니라 정부였으며, 빌이 할리우드에 온 후 자신의 재능을 쓰레기 같은 영화의 각본을 쓰는 데 탕진하고 있다는 새로운 사실을 알게 된다. 뿐만 아니라, 자포자기 상태에 빠진 빌이 술만 마시면 사람이 돌변하여 여자를 때린다는 사실까지 알게 된 핑크는 경악한다.

핑크는 이제 빌에 대한 모든 존경심과 경외감이 사라졌다. 대신 오드리에 대한 동정심이 생겨 그녀를 어떻게든 빌에게서 떨어지게 해야 한다고 생각한다. 집으로 돌아온 핑크는 시나리오를 쓰지만 도저히 진도가 나가지 않자, 밤에 오드리를 집으로 오게 한다. 오드리를 통해서 핑크는 새로운 사실을 또 하나 알게 되는데, 그동안 자신이 존경했던 작가 빌 메이휴의 소설이 모두 오드리가 쓴 것이란 사실이었다. 그는 경악에 휩싸인다. 도대체 자신이 알고 있던 사실이란 어디까지가 진실이고, 어디까지가 거짓이란 말인가. 그는 혼란에 빠지게 되고, 알 수 없는 감정에 휩싸여 둘은 정사를 나누게 된다.

다음 날 아침 그는 오드리가 자기 옆에서 살해되었음을 알고 경악한다. 누가 오드리를 죽였단 말인가. 그 방에는 자기와 오드리 단 둘만이 있었는데 말이다. 핑크는 자신이 좋아하던 여자가 하룻밤 만에 자기 옆에서 살해당했다는 것도 놀라웠지만, 도대체가 어떻게 살인이 가능할 수 있었는가도 미스터리였다. 정신이 없어진 그는 자신이 졸지에 살인범의 누명을 쓰게 되어 더욱 혼란에 빠진다. 그는 믿을 수 있는 친구인 옆방의 찰리를 부른다. 둘은 오드리의 시체를 몰래 버린다. 이미 하루가 지나가고 영화사 사장과 약속한 날이 되었다. 원고는 하나도 완성되지 않았다.

찰리는 다른 곳으로 여행한다고 나가고 핑크만이 남는다. 찰리가 떠난 이후 핑크는 형사들에 의해 알 수 없는 취조를 당하게 된다. 사람을 죽여 머리를 잘라 통에 집어넣은 끔찍한 연쇄살인범 문트에 대한 내용이었다. 문트라는 인물도 모르고 그 사건과는 아무 관련이 없는데, 형사들이 왜 자신을 굳이 지목하여 수사를 하는지 핑크는 그저 어리둥절할 뿐이었다.

그러던 중에 떠난 줄 알았던 찰리가 돌아온다. 그는 기관총을 들고 형사들을 쏴 죽인다. 갑자기 호텔은 불바다로 변하고, 핑크는 다정했던 옆방 친구 찰리가 바로 그 흉악한 연쇄살인범 문트임을 알게 된다. 다시 그는 어리둥절해진다. 도대체 뭐가 진실이고 거짓인지, 더욱 알 수 없는 지경에 이른다. 찰리야말로 순수하고 양심적인 착한 인간이라 꽉 믿고 있었는데 잔혹한 살인범이었다니.

그는 해변으로 나간다. 해변에는 수영복을 입은 한 여자가 앉아 있다. 그녀의 모습은 핑크의 호텔방 벽에 붙어 있던 사진틀 속의 여자와 너무 닮았다. 핑크는 그녀에게 다가가 물어본다. "당신은 여배우입니까(Are you in the picture)?" 그녀는 웃으며 대답한다. "아니오." 핑크는 자기가 믿고 있던 사실에 대해 또다시 이해할 수 없는 혼란에 빠진다. 그녀는 분명 자기 방에 붙어 있는 사진 속의(in the picture) 여배우인데, 아니라 답하니 이해하기 어려운 것이다.

외모의 변화를 표현하는 연기

이 영화의 중요한 관심은 '변화된다'는 관념이다. 이 상태에서 저 상태로, 이 인물에서 저 인물로 변화되는데, 연기자들은 그것을 잘 표현해내고 있다. 주인공 핑크는 이러한 두 개의 양면성 사이에 놓인 인간의 성격을 연기해낸다. 그가 몸담았던 브로드웨이 연극 세계가 순수하고 인간적이라면, 돈을 벌기 위해 건너간 할리우드 영화계는 악과 지옥을 대변하는 부패한 도시이다. 바톤 핑크의 성격도 그처럼 두 개로 나뉘어져 있다. 그는 영화사 사장 앞에서 지나치게 내성적이며 조심스럽고 전혀 도전의식이 없는 나약한 사람으로 묘사된다. 그러나 찰리와 연극 얘기를 할 때에는 흥분하여 마치 미친 사람처럼 떠들어댄다.

제2차 세계대전이 발발하자 영화사 사장의 옷은 군복처럼 바뀐다. 그가 사용하는 말투며 그의 이미지는 전체주의를 상징한다. 그 앞에 선 평범한 소시민 바톤 핑크는 아무 힘없고 나약하고 움츠러든 모습이다. 또한 크게 변화된 인물은 찰리이다. 그는 소박하고 성실하며 착한 세일즈맨의 모습을 보이다가, 마지막엔 광기에 사로잡힌 무서운 살인범으로 돌변한다.

작가 빌 메이휴 역시 술 취한 상태와 술에서 깬 상태가 너무나 차이가 난다. 그의 정부 오드리도 마찬가지다. 그녀에게는 조금의 진실도 없다. 결국 바톤 핑크는 그녀의 정체를 끝까지 알 수 없다. 그녀가 단순히 빌 메이휴의 비서인지, 아니면 그녀의 정부인지. 또 그녀 말대로 메이휴의 책은 전부 그녀가 쓴 것이고, 오히려 메이휴가 사기꾼인지. 메이휴와 가깝게 지내면서 왜 핑크와 관계를 가졌는지. 아무런 사실도 명확히 드러나지 않는다. 핑크는 항상 알 수 없는 의혹과 변화의 과정에 놓여 있다.

이 영화에서 주인공 바톤 핑크 역은 성격배우인 존 터투로(John Turturo)가 연기했다. 그는 이 영화 외에도 〈5번가의 비명 Five Corners〉(1988)에서 반항적이고 절망적인 살인범으로, 〈똑바로 살아라Do The Right Thing〉(1989)에서는 화를 잘 내는 신경질적인 이탈리아인으로 나온다.

SORTIE LE 25 SEPTEMBRE

작품분석을 통한 이해 3

공공의 적 감독: 강우석

개성적 인물을 형상화해내는 방법적 연기

강우석의 〈공공의 적〉(2002)은 본말이 전도된 논리로 진행되는 영화이다. 여기서 형사는 깡패 이상으로 거칠게 형상화되어 있는데, 이명세의 〈인정사정 볼 것 없다〉(1999)에서의 경찰 캐릭터를 그대로 계승하고 있다. 부패한 경찰을 소재로 한 영화는 국내외를 막론하고 거의 유행처럼 되고 있다. 여기엔 두 개의 이항대립적인 개념이 충돌하는데, 현실과 비현실, 진실과 농담이 그것이고, 둘은 분간할 수 없을 정도로 혼효되어 있다.

영화는 강력계 형사인 강철중(설경구 분)이 살인자인 펀드 매니저 조규환(이성재 분)을 잡기까지의 과정을 그린 추적담이다. 하지만 서스펜스도 없고 극적 장치랄 것도 없이 미리 범인을 관객에게 알려준 후 끈질기게 달라붙는 강 형사의 이야기라는 점에서 기존의 서사규범을 일탈하는 흥미를 보인다. 이 영화의 강점은 그런 점에서 구성의 영화가 아니라 인물의 영화라는 데 있다. 강철중과 조규환은 공통분모를 갖고 있는데 그건 둘 다 어떤 점에서든 광인이란 점이다.

강 형사는 과학적 수사를 무시하고 주변의 악에 대해 무조건적으로 복수하려는 듯이, 개인적 감정과 주관적 영감에 치우쳐 수사를 진행한다는 점에서 정상을 이탈해 있다. 그의 아내가 어떤 범인의 칼에 사망했다는 과거 이야기는 그 충격의 여파로 강 형사가 그렇게 되었음을 짐작하게 만든다. 그의 광란은 그를 죽음을 초월하여 모든 공포로부터 해방된 존재로 보이도록 만드는데, 그 부분은 〈리셀웨폰Lethal Weapon〉의 백인 주인공(멜 깁슨 분)이 겪는 정신질환적 인물 설정과 흡사한 구조다. 이렇게 부패한 정신질환적 형사의 설정은 최근 국내외 영화에서 고정화된 유행 인물이 되어가고 있다. 기타노 다케시(北野武)의 〈그 남자 흉폭하다〉(1989), 최양일의 〈개 달리다〉(2000), 이명세의 〈인정사정 볼 것 없다〉 등에 나오는 부패하고 일상의 피곤에 찌든 형사의 이미지가 모두 그렇다. 강우석의 '투캅스적' 부패 형사는 '악 대 극악'의 대비효과를 통해 깡패보다도 '극악 경찰'의 이미지를 묘사하여 주목을 끌었다.

〈공공의 적〉의 행로는 다시 과거 이미지를 전복 승화시킨다. 여기에서는 '악 대 극악' 개념을 도입하되, 경찰의 이미지를 악으로 규정하고 다시 범인에다가 '극악'의 개념을 덧씌우고 있다. 강우석의 영화를 통해 고전적인 선악 개념은 이미 사멸했고, 대신 '악 대 악'의 갈등이 전개되는데 관객은 어느새 관습적으로 익숙해진 나머지 그 악들 가운데서도 선을 탐구하려는 관찰법을 가지게 되었다. 그러한 관념은 감독의 냉소주의에서 기인한 것이기도 한데, 감독이 바라보는 세상에서 선은 벌써부터 존재하지 않으며, 오로지 악으로 뒤덮인 세상 속에서 생존을 위해 몸부림치는 인간들의 드라마가 전개될 뿐이다.

이중의 모순을 드러내는 내면 연기

강철중의 나쁜 경찰 이미지는 영화 초반부터 관객의 뇌리에 각인된다. 동료 선배의 충격적 자살 이후 강철중은 마약을 몰래 숨겨놓고 내사과의 수사에 거짓말로 응대한다. 마약을 팔아 돈을 얻으려는 시도도 이어진다. 그러나 이러한 부도덕성은 조규환이라는 악질을 조우하면서 차라리 순수한 인간적 행동으로 파악된다.

강철중과 조규환은 자기만의 세계에 몰입되어 있는 것으로 그 광인적 정신질환의 증세를 대변한다. 강철중은 타락한 세상에도 순수와 양심이 존재한다는 믿음을 갖고 있다. 조규환은 정반대로 이 세상엔 순수나 양심 따윈 존재하지 않으며 오직 승리와 성취만이 존재한다고 믿고 있다. 두 극단은 정상에서 이탈되어 있으며 그들의 정신병적 행동의 대립은 이 영화의 서사를 추동시키는 근본 핵으로 작용한다. 극중에서 그나마 덜 악질인 강철중 역을 맡은 설경구는 악인 혹은 건달

처럼 연기하며, 극악인 조규환 역을 맡은 이성재는 미남에 신사처럼 연기한다. 이러한 방식은 기존의 외모에 의한 판단을 완전히 전복하고 내면적인 면을 부각시키기 위한 방법적 연기이다.

설경구는 강철중의 성격을 두 가지로 잡아나가고 있다. 첫째는 서민으로서의 강철중이다. 가난하며 권력의 배경이 없고, 우직하

며 순박하고, 배운 것 없는 서민으로서의 강철중. 그의 거칠고 순진한 태도나 행동은 그대로 서민의 모습을 모방하고 있는 것이다. 그의 경찰서 내에서의 괴팍한 태도와 일상에서의 순박한 모습은 완전히 대비된다. 부조리 측면에서도 생존을 위한 것일 땐 타협하지만 공익을 해치는 것, 특히 인륜을 저버리는 행위에 대해서는 크게 분노한다.

둘째 냉소적이면서도 낙천적인 인간형을 표상하고 있기도 하다. 강철중에게 세상은 그저 놓여진 것이며 먹고 살아가는 터전일 뿐이다. 그에게 형사 조직이나 경찰의 정의로운 임무 수행은 무의미한 일상일 뿐이지 특별한 의미가 있는 건 아니다. 그는 자신만의 법칙 속에서 생존할 뿐이며, 그런 점에서 조직과 규율은 문자적 구호로서 명멸하고 오히려 그의 자유분방한 삶을 구속하는 요소로 작용한다. 그는 선배와 공모하여 마약을 갈취하기도 하고 내사과의 취조엔 비협조적으로 일관한다. 그에겐 그런 식의 내사과적 정의가 미친 짓으로밖에 간주되지 않는다.

이런 부분이 그의 냉소적인 면이라면, 낙천적인 면은 악인과 대면할 때의 모습에서 찾을 수 있다. 그는 날카로운 직감으로 조규환이 경찰서에서 위선적으로 눈물을 흘리는 것을 발견한 직후, 바로 그가 범

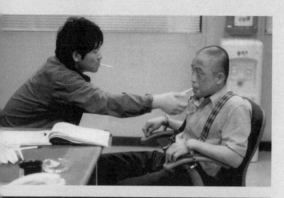

인일 거라는 단정적 추리에 몰
입한다. 악인이 악인을 교정하
는 역설적 상황이 발생한 것이
다. 이러한 직관적 확신은 객
관적·과학적 경찰수사 과정
에서 다소 일탈적 행위로 오
해받게 된다. 취조 진행 중 조
규환의 입에서 나온 비정한 한
마디로 인해 강철중은 대로(大
怒)하고 조규환을 구타하는 무
지를 범하기도 한다. 이러한
강철중의 비정상적인 행동은
극단적이고 일탈적이며 과장
되고 기괴하기까지 하다. 전기

톱을 들고 설쳐대는 극악한 깡패들에 대항하기 위해 강철중은 그 전
기톱을 탈취하여 스스로 마치 '깡패처럼' 휘둘러댄다. 그의 표현대로
그는 '주먹으로 대드는 놈은 주먹으로 죽이고, 칼로 덤비는 놈은 칼로
죽이는' 인간이다. 강철중은 한 개인으로서의 분노를 저항적, 광기적,
파괴적으로 분출해낸다.

  이러한 설경구의 연기 설정은 드라마의 방향을 정확히 구현해냄으
로써 영화 서사의 완성도를 고취시키고 있다. 영화는 강철중의 극단
적 기괴함을 통해 현실의 부조리에서 기인한 가중된 폭압적 스트레스
를 붕괴시키고 카타르시스를 유도해내며 서민층이 품고 있는 유토피

아적 환상을 실현해내고 있는 것이다.

　이성재가 조규환이라는 인물을 통해 표현해내고자 했던 연기 목표는 수단방법을 가리지 않고 자신의 실리를 취하는 냉혈한의 모습이다. 집에서 가장으로서의 그는 너무나 다정하고 온화한 행동을 보이지만, 자신을 방해하는 장애물을 제거하기 위해서는 차갑고 잔인한 성격으로 변한다. 그의 이중성이 가장 극단화되어 나타난 연기는 부모를 죽인 후 경찰서에 가서 눈물을 흘리는 연기를 할 때이다. 관객은 물론 그가 연기하는 것이란 사실을 이미 알고 있다. 감독은 이런 장면을 가장 잘 소화해낼 연기자로 이성재를 선택했고, 표정이나 잔동작, 내면을 지시하는 교묘한 시선 처리 등에서 그가 이 연기를 충분히 소화하고 있음을 알 수 있다.

| 더 읽어볼 만한 책 |

마르셀 마르땅, 황왕수 역, 『영상언어』, 다보문화, 1993, p.239~268(11장 대사, 12장 덧붙여 설명하는 수법).

토마스 소벅·비비안 C. 소벅, 주창규 외 역, 『영화란 무엇인가』, 거름, 1998, p.299~307(1장 비장르 서사와 감독들 중 연기: 배우와 스타).

루이스 자네티, 김진해 역, 『영화의 이해』, 현암사, 1987, p.212~261(6장 배우).

토니 바, 이승구·김학용 역, 『영화연기』, 집문당, 1990.

주디스 웨스턴, 오세필 역, 『감독을 위한 영화연기 연출법』, 시공사, 1999.

| 용어 해설 |

내면적 연기

표면적으로 과장된 신체적 행동으로서의 연기가 아니라 내면의 심리를 풀어나가는 연기.

네오리얼리즘 Neo Realism

제2차 세계대전 이후에 이탈리아에서 두드러지게 나타난 영화 내용과 영화 제작 스타일. 비인간적인 사회적 강압에 대항하여 투쟁하는 인간을 다루며, 비전문 배우를 기용해 현지에서 주로 촬영하고, 모든 점에서 거친 리얼리즘을 사용한다는 점이 특징이다.

누벨바그 Nouvelle Vague

1958년에서 1960년 사이에 시작된 프랑스의 영화운동으로, 「까이에 뒤 시네마」(Cahiers du Cinema)의 비평가들을 중심으로 해서 형성되었던 일군의 영화작가들의 작품에 대해 저널리스트인 지로(Francois Ciraud)가 평한 데서부터 유래한 명칭. 이 운동은 이탈리아의 신사실주의와는 달리 미학적으로, 혹은 스타일에 있어서 일치된 하나의 사조가 아니고 경제적, 사회적, 역사적 환경에서 뭉쳐진 재능 있는 영화작가들의 집합이라고 볼 수 있다.

메소드 연기 method acting

스타니슬랍스키의 사실주의적 연기법을 연구하고 습득한 연기자들의 연기를 가리키는 말. 기술적인 연기에다 심리적인 태도를 혼합시키는 것으로, 일차적으로는 연기자가 철저히 등장인물화하되 동시에 자신의 연기 상태를 냉정히 판별할 수 있도록 훈련하는 것을 말한다.

몽타주 연출
편집법이 두드러지는 영화적 연출 방식.

미장센 연출
촬영술이 두드러지는 영화적 연출 방식.

방법적 연기
메소드 연기를 말한다.

성격배우 character role
캐릭터 액터(character actor)라고도 한다. 세련되고 원숙하며 개성적인 연기가 요구되는 역할. 특히 독특한 개성을 지닌 등장인물을 적절히 소화해내는 각별한 연기자를 가리키는 말로서 인기스타나 경력이 짧은 연기자가 아니라 다양한 연기 경험을 지닌 노련한 연기자와 특별한 유형에 속하는 연기자, 그리고 그만이 해낼 수 있는 역할을 가리킨다.

스타니슬랍스키 시스템 Stanislavski system
러시아의 연출가 스타니슬랍스키의 연기법. 내면의 정서를 외적으로 표현해내는 방법을 말한다.

스타배우 star actor
대중적인 인기가 높은 주연급의 연기자. 특정의 이미지나 개성에만 어울리는 경향이 있어 진정한 의미에서의 연기자라고 보는 데에는 다소 어려움이 있다.

스타 체제 star system
인기 스타의 대중적인 호소력을 집중적으로 조성하고 선전함으로써 상업적인 이득을 차지하여 차후의 영화제작에 경제적인 후원을 도모하려는 할리우드 특유의 체제. 1920년대에 생긴 이래 근본적인 변환기였던 1960년대까지 미국 영화계에서 강력한 영향력을 발휘한 바 있다.

액터즈 스튜디오 actors studio

1947년 일리아 카잔, 로버트 루이스, 셰릴 크로포드 등이 뉴욕에 설립한 전문배우들을 위한 리허설 그룹. 1939년 콘스탄틴 스타니슬랍스키의 철학에 따라 리 스트라스버그와 크로포드, 해롤드 클러먼 등이 설립하여 사회의식이 강한 연극 등을 발표해왔던 집단 극장을 발전적으로 승계한 단체라고 할 수 있다.

외면적 연기

신체적 움직임, 표정 등을 적극적으로 활용하는 연기 방식.

즉흥 연기 improvisation

촬영 중 대본에 없는 즉흥적인 행동과 대사를 연기하는 것. 로버트 알트먼, 존 카사베티스, 장 뤽 고다르 같은 많은 극영화 감독들은 기꺼이 촬영 도중 배우들의 즉흥연기를 수용하고 스토리 전개에 이용하는 것으로 유명하다.

8장

영화 연출

감독이 결정해야 할 요소

감독은 영화가 최종적으로 완성되기까지 여러 요소에 대해 결정해야 한다. 혼자 만들건 여러 스태프들과 협동을 하건 간에 결정권은 감독이 쥐고 있다. 우리는 영화의 역사 속에서 문화와 환경에 따라 서로 다른 스타일을 갖고 있는 다양한 감독들을 만날 수 있다. 극영화, 다큐멘터리, 실험영화, 만화영화 등 모든 영화에는 공통적으로 감독의 선택이 필요한 부분이 있다.

주제와 이야기

연극 연출과 마찬가지로 자신이 쓴 것이 아니라면 영화감독은 먼저 대본을 꼼꼼히 검토해봐야 한다. 그리고 거기에 어떤 주제가 어울릴 것인가를 결정한다. 영화대본은 여러 가능한 주제를 담고 있다. 대본을 형상화하기 위해서 감독은 주요 배역의 강하고 분명한 개념을 구축하고, 배역들이 어떻게 기능해야 할지를 설정해야 한다. 이러한 개념은 이야기와 주제에 강하게 작용한다.

애드리언 라인(Adryan Lyne) 감독의 〈야곱의 사다리 Jacob's Ladder〉(1990)는 제목에서부터 감독의 이야기 조립 성향을 잘 드러내고 있다. 이 영화의 구성은 이분법적인 사고방식에서 비롯된다. 삶과 죽음, 현실과 비현실, 인간과 악마, 이성과 광기, 현재(뉴욕)와 과거(베트남), 결혼과 이혼, 저항과

〈야곱의 사다리〉, 애드리언 라인, 1990

체념, 아늑한 집과 잔혹한 전쟁, 천국과 지옥 등등이다. 주인공 제이콥은 이 두 개념 사이를 넘나드는데, 엄밀히 말하면 그는 중간자이다. 그는 이혼한 전처 사라와 새 여인 지저벨 사이에 처한 애매모호한 남자이다. 이 영화의 제목 '야곱의 사다리'는 그런 의미에서 뜻 깊은 제목이다.

제이콥은 주인공의 이름이고, 사다리는 영화 속에 나오는 베트남전에서 사용된 흥분촉진가스의 별명이다. 그렇다면 '야곱의 사다리'는 '제이콥(=야곱)이 겪은 흥분촉진가스의 경험' 정도가 될 텐데, 제목이 주는 의미는 사실 그것보다도 훨씬 더 의미심장한 성서적 인용과 관계가 깊다. 성서 혹은 성서적 상징학에서 '야곱의 사다리'란 신의 지혜 혹은 흔적이 지상에 남아 있는 곳, 신과 인간이 교류하는 현시(顯示, Epiphany)의 장소를 말한다. 상징인류학자 미르키아 엘리아데(Mircia Eliade)의 용어로도 잘 알려진 '야곱의 사다리'는 이 영화 속에서 바로 천국과 지옥의 중간을 말하는 것이다. 즉, 주인공은 연옥에 놓여 있는 셈이며, 그의 영혼은 아직 심판을 받지 않은 상태에서 떠돌아다니는 과도기의 영혼이라는 것이다. 따라서 그의 상황은 얼음 위에서 불타는 꼴로 형상화된다.

다큐멘터리 영화에 있어서도 주제와 이야기에 대한 감독의 개념은 시나리

오 작가보다도 더 강하다. 다큐멘터리 감독이 준비도 없이 그저 찍어댄다고만 생각하는 것은 오산이다. 시네마 베리떼처럼 자유분방하고 즉흥적인 영화조차도 주제와 이야기에 대한 감독의 개념에 상당히 의존하고 있다.

영상과 움직임

영상과 카메라의 움직임, 쇼트와 액션 간의 편집에 대한 감독의 선택은 주제와 이야기에 강한 영향을 주는 요소이다. 대본은 주요한 영상의 촬영 및 편집 방향을 미리 제시하긴 하지만, 영화 각 부분의 미세한 차이와 시각적인 세부묘사를 창조하는 데 있어선 감독의 책임이 크다. 똑같은 대본이라 할지라도 감독에 따라 전혀 다른 방식으로 액션을 구분 짓고 리듬을 설정하고 쇼트 배열을 하게 되는 것이다.

에이젠슈테인 감독은 긴 시퀀스의 장면을 작은 액션으로 나누어서 연출하

〈베리 린던〉, 스탠리 큐브릭, 1975

는 소위 '몽타주 기법'을 구사한다. 반면 장 르누아르(Jean Renoir)나 미켈란젤로 안토니오니, 미클로슈 얀쵸(Miklos Janeso) 감독은 마치 무용의 안무처럼 정교하게 짜여진 동작과 카메라 움직임을 통해 쇼트를 길게 유지하는 '미장센 기법'을 선호한다. 미국의 초기 무성영화 희극 감독들은 급박하고 미친 듯이 빠른 액션과 편집법을 구사했다. 그러나 마그리뜨 뒤라스(Marguerite Duras)의 〈인도의 노래India Song〉(1975), 스탠리 큐브릭의 〈배리 린던Barry Lyndon〉(1975), 알랭 레네의 〈지난해 마리엥바드에서L'Annee Derniere a Marienbad〉(1961) 같은 작품들은 쇼트 안에서나 쇼트와 쇼트의 연결에 있어서 대단히 느린 리듬감을 가짐으로써, 정적이고 명상적이며 억제되어 있고 폐쇄공포적인 느낌을 불러일으킨다.

대사와 그 외의 소리

감독은 사실적인 표현을 강조하거나 시각적 영상을 보충하기 위해서 대사 및 그 외의 소리를 사용할 수 있다. 또한 영상을 보조하고 상호작용하며 심지어는 지배할 수 있는 복잡한 사운드 트랙을 만듦으로써 청각적 요소를 더욱더 창조적이고 표현주의적으로 활용할 수 있다.

대사나 해설은 대본에 나와 있는 대로 녹음하면 된다. 반면 음악과 다른 효과적인 소리는 영화에 깊이와 풍성함을 주기 위해 대본에 없는 것을 만들어내야 한다. 요컨대 대본이 사운드 트랙의 기본 방향을 설정해주긴 하지만, 매 장면의 기본적인 소리 외에 분위기와 강조에 대한 결정권은 감독에게 달려 있다는 것이다. 한 장면의 소리를 믹싱하는 데 있어서 감독은 대사·음악·음향효과를 잘 선별해야 하며, 장면마다 어떤 요소가 강조되어야 할지 그 강조의 이동점을 명확히 선택할 수 있어야 한다.

연기

연기자와 작업하는 감독의 방식은 철저히 그의 선택에 달려 있고, 그 방식이 곧 그 영화의 양식(style)이 된다. 감독의 그 방식은 여러 양식으로 구분된다. 알프레드 히치콕과 로베르 브레송(Robert Bresson) 같은 감독은 연기자를 시각적 디자인의 일부이거나 말과 행동으로 대본을 설명해주는 도구로 인식한다. 반면 로버트 알트먼과 존 카사베티즈(John Cassavetes) 같은 감독은 연기자와 아주 밀접한 공동작업을 함으로써 연기자에게 대본에도 없는 무한한 자유를 부여하고 연기자 특유의 표현을 갖도록 도와준다.

영화적 모티프와 다른 의미 요소

감독은 여러 가지 의미 있는 암호를 사용함으로써, 기본적인 주제와 이야기의 내적 문맥과 정서적 의미를 나타낸다. 그 암호들이란 상징, 반복적인 모티프, 시점, 사실주의적 분위기, 표현주의적 분위기, 영화적 패러디 등이다. 우리는 감독이 구사하는 이러한 여러 암호들을 통해 감독의 독자적인 양식을 엿볼 수 있다.

현대 프랑스 영화에는 랭보, 말라르메, 발레리, 보들레르 등 프랑스의 시적 전통이 전승되어 있다. 특히 장 콕토(Jean Coctea)의 시와 그의 영화들은 가장 밀접한 관련을 갖고 있다. 그에 의하면 모든 예술은 다 시이고, 영화는 또한 '영화시'이다. 프랑스 감독 쥬네(Jean-Pierre Jeunet)와 카 로(Marc Caro)가 공동연출한 영화 〈델리카트슨 사람들Delicatessen〉(1991)은 그러한 시가

〈델리카트슨 사람들〉, 쥬네&카로, 1991

갖고 있는 은유작용(metaphor)을 하고 있으므로, 장 콕토의 '영화시'일 수 있다.

이 영화 속의 중심지인 델리카트슨 건물은 사람들이 거주하는 세상을 축소시켜 놓은 소우주이며, 인물들 하나하나는 세상 사람들을 집단적으로 대변하는 상징적 인물형들이다. 전쟁과 인간의 살육에 대한 통렬한 경고, 빈부격차와 계급갈등의 모순구조, 독재자와 그를 추종하는 인간의 무리들, 가난·빈곤·억눌림에서 평등한 가치 재분배를 위한 저항 등등……. 이 영화가 단서로 제시하는 해석의 방향은 무수히 많다. 그러나 시가 그러하듯이 이 영화도 해석을 하자면 구구해질 수 있다.

이 세상의 모든 사물 혹은 현상은 그 자체로 하나의 시적 은유작용을 갖는다. 그 가운데 특히 음식에 대해서 음식 만들기, 식욕, 먹어치우는 현상, 음식상 앞에서의 화목한 분위기 등 많은 은유적 유추해석을 하는 영화들이 있어 흥미롭다. 소위 '음식영화'에 있어서 음식은 단순한 소재의 차원을 넘어 영화의 중요한 메시지를 전달하는 단서가 되고 있다.

멕시코 영화 알폰소 아라우(Alfonso Arau) 감독의 〈달콤 쌉쌀한 초콜릿Like Water for Chocolate〉(1992)에서 음식은 멕시코 가족이 갈구하는 혹은 잃어버린 모든 요소에 대한 대체물이며 환상이고 유혹으로 제시된다. 이 영화는 시종 불가능하며 도달할 수 없는 음식에의 꿈을 그리고 있다.

영국 영화 피터 그리너웨이(Peter Greenarway) 감독의 〈요리사, 도둑, 그의 아내, 그녀의 정부The Cook, the Thief, His Wife, and Her Lover〉(1989)도 음식영화의 예로 들 수 있다. 한 무리의 폭도들이 음식점을 점유하고 게걸스럽게 먹어치우는 일과 폭력을 일삼는다. 그런데 두목의 아내는 이상적인 남자를 사랑하게 되어 도둑에 대한 반란을 꿈꾼다. 결국 도둑은 그녀의 정부를 죽이게 되는데, 아내는 음식점 요리사의 도움으로 복수의 칼을 들게 된다. 여기서 도둑의 먹어치우는 행위는 제국주의의 착취를 상징하며, 아내의 반란은 제국주의의 모순으로 인한 내부 붕괴를, 요리사는 그것을 돕는 조력자의 위치를 대신한다고 볼 수 있다.

<바베트의 만찬>, 가브리엘 엑셀, 1987

덴마크 영화 가브리엘 엑셀(Gabriel Axel) 감독의 <바베트의 만찬Babett's Feast>(1987) 역시 음식영화의 대표작으로 꼽을 만하다. 한 프랑스 여자 요리사가 덴마크의 외지고 낯선 마을에 머무르게 된다. 그녀는 그 마을에서 일생을 청교도 신앙에 의지해 참되게 살아가는 두 할머니 자매를 보살피게 되고, 이들을 둘러싼 마을의 분위기가 반목과 질시로 가득 차 있음을 느끼게 된다. 그녀는 이들을 위해 자신의 전 재산을 털어 만찬을 준비하고 마을 사람들을 모두 초대한다. 이 영화의 대부분은 그 잔치를 준비하는 요리사의 세심하고 치밀한 작업으로 일관되어 있다. 마치 요리강습처럼 요리의 전 과정을 담담하게 보여준다. 정성이 가득 담긴 만찬의 음식을 한 입씩 먹을 때마다 마을 사람들은 그동안의 반목들이 하나둘 사라져가며 행복한 모습이 된다.

만찬이 끝나고 주인공 바베트는 부엌 뒤편에 홀로 초라하고 고독한 모습으로 앉아 있다. 이 모습은 마을사람들의 행복해 하는 모습과 극명한 대조를 보이면서 이 작품의 주제의식을 느끼게 만든다. 남을 즐겁게 하고 자기는 희생되는 사람. 대중에게 감동적인 영화를 만들고 자기를 드러내지 않는 감독. 사회를 발전하게 하고 자기는 그 안에서 조용히 숨쉬고 있는 진정한 인간. 이러한 훌륭한 숨겨진 메시지를 느끼게 한다.

트란 안홍 감독의 베트남 영화 〈그린 파파야 향기〉는 부분적으로 음식에 대한 비유를 담는 경우다. 파파야 요리를 담고 있는 이 영화는 여자 주인공을 둘러싼 모든 자연물이 생명의 신비한 이미지로 제시된다. 그린 파파야의 알갱이를 뒤적거리며 그녀는 순수와 아름다운 생명에 대한 경외를 느끼게 된다.

대만계 미국 감독 이안(李安)이 만든 〈음식남녀飮食男女〉(1994)는 여러 음식영화들이 갖고 있는 속성을 골고루 공유하고 있다. 요리사 아버지와 세 딸은 음식을 통해 만나기도 하지만, 결국 음식상 앞에서 쓰라린 이별도 하게 된다. 이처럼 이 영화는 인생의 희로애락, 만남과 이별의 의식을 음식상 앞에서 전부 처리하고 있다. 우리들이 매일 일상적으로 마주 대하는 음식과 음식상은 사실 알고 보면 우리 인생의 모든 꿈과 소망과 회한을 담는 대단히 신성한 대상물이란 것을 이 영화는 표현하고 있다.

장이모우(張藝謀) 감독의 〈인생〉(1994)에서 인생은 꿈과 같고, 꿈은 영화 같다. 이 영화 속에는 남자 주인공의 인생에서 중요한 기능을 하는 상자가 하나 나온다. 중국의 전통연희인 그림자놀이 도구를 넣은 상자이다. 그림자놀이란 투사되어진 환영(Illusion), 바로 영화를 말한다. 그 상자 속의 도구는 먹고살 길 없는 주인공의 생계유지의 도구가 되며, 죽음의 전쟁터에서 살아남게 해주는 도구가 되고, 혁명을 수행하는 진지에서 병사들에게 꿈과 위안을 주는 도구가 되기도 하고, 공장 노동자에게 삶의 희망을 주는 도구가 되기도 한다. 마지막에 그 도구는 불살라지게 되는데, 그후 그 빈 상자는 어린 외손자의 놀이감인 병아리가 들어가 노는 장소가 된다. 병아리는 인간의 가장 원초적인 유토피아 관념이다.

"병아리는 닭이 되고, 닭은 거위가 되고, 거위는 양이 되고, 양은 소가 되고, 소는 커서 공산주의가 된다." 물론 이 말은 1960년대 문화혁명의 격동기

〈음식남녀〉, 이안, 1994

〈인생〉, 장이모우, 1994

가 지난 후 다시 반복되지만, 소는 커서 더 이상 공산주의가 되지 않는다. 소는 커서 그저 먹고사는 일이 되며, 잘사는 일이 된다. 영화를 담은 상자는 중국 근대사의 희망과 좌절을, 또 다른 세대의 희망을 담아내는 상자로 의미화된다. 그러한 은유는 이 영화와 장이모우 감독의 깊이요, 오래도록 여운을 주는 장치에 속한다.

극영화 연출 스타일

극영화 감독이 연출을 하는 목표는 흔히 다음 몇 가지로 요약될 수 있다. 관객을 즐겁게 하거나, 실제 현실과 거의 같은 모습을 재현하거나, 역사를 옮겨놓거나, 문학작품을 형상화하거나, 인생과 인간에 대해 감독 자신이 갖고 있는 생각과 감정을 표현하거나, 탐구와 조사의 과정을 보여주겠다는 것 등이다.

양식의 공유점

지역적으로 혹은 역사적으로 다르다 하더라도 감독들은 비슷한 방식과 비슷한 목적을 공유할 수 있다. 감독들의 공통적인 관심과 가치관은 흔히 공유되는 기법과 접근법에서 찾아볼 수 있다. 다시 말해 양식상의 유사점을 발견할 수 있다는 것이다.

예를 들어 1917년 볼셰비키 혁명 이후 소련의 에이젠슈테인, 푸도프킨 (Vsevolod I. Pudovkin), 도브젠코(Alexander Dovzhenko) 등의 감독들은 영화가 당시 소련에서 인간의 정서와 이념을 가장 효과적으로 표현할 수 있는 매체라고 보았다. 그들의 영화는 개별적으로 다소 차이를 보이면서도 동시에 양식상의 일치점을 갖고 있었다. 그 공통점이란 몽타주 기법에 의존하는 경

향과 현실에 바탕을 둔 주제의식, 노동
자 계급의 투쟁을 다룬 점 등이었다.

1920년대 미국에서는 그와는 아주
다른 분위기가 전개되었다. 감독들은
대부분 희극 장르 및 다른 형태의 오
락 성향을 선호했다. 그렇다고 해서 찰
리 채플린의 영화를 버스터 키튼(Buster
Keaton)의 희극으로 혼동하는 일은 없
었다. 그러나 우리는 그들 영화가 공통
적으로 가져가는 공유된 양식이 있다

〈환각 이야기〉, 기누가사 데이노스케, 1926

는 걸 쉽게 알아차릴 수 있다. 예를 들어 미친 듯이 쫓고 쫓기는 경찰과 범인
의 추격전, 예기치 않던 사건에 연속적으로 휘말리는 평범한 소시민의 이야
기 등은 어느 영화를 봐도 나타나는 공통적인 부분이다.

때때로 우리는 그러한 양식상의 공유점이 시대와 지역을 초월하여 나타나
기도 한다는 것을 알 수 있다. 일본에서 만든 초기 무성영화인 기누가사 데
이노스케(依笠貞之助) 감독의 〈환각 이야기Pages of Madness〉(1926)는 에이젠
슈테인이나 푸도프킨의 몽타주를 훨씬 능가하는 그 방면의 걸작으로 알려
져 있다. 동시에 이 영화는 1920년대 독일에서 유행하던 표현주의의 기법에
서처럼 인간 내면의 무의식에 대한 과정과 공포의 영상을 강렬하게 표출해
내고 있다. 이러한 예는 1943년에 만든 미국 감독 마야 데렌(Maya Deren)의
실험영화 〈오후의 올가미Meshes of the Afternoon〉(1943)가 1920년대 프랑스
의 초현실주의와 다다이즘 영화의 전통을 그대로 이어받고 있다는 평가에
서도 알 수 있다.

주관적인 양식

우리는 감독의 주관적인 양식을 영화적 기법, 제작방식, 주제의식, 암호의 사용 등을 통해서 알 수 있다. 예를 들어 페데리코 펠리니(Federico Fellini)는 연기자를 선택하는 데 특별한 관심을 두고 있다. 그는 먼저 직업배우와 일반 사람을 가리지 않고 수많은 사람을 인터뷰한다. 그 가운데서 영화에 적합한 인물을 찾는 작업을 한다.

반면 알프레드 히치콕은 쇼트 구상을 하는 데 많은 시간을 할애한다. 감독이 세부적인 장면화를 미리 설정해놓기 때문에 촬영감독은 거의 할일이 없고, 단지 히치콕 감독이 해놓은 지시사항을 그저 이행하는 일만 할 뿐이다.

잉마르 베르히만은 직업 배우들의 연기지도에 가장 관심을 기울인다. 그의 영화에는 항상 나오는 소수의 직업배우들이 계속 작업을 해나간다. 그는 연기자가 집중하고 친숙해지고 정서적으로 강렬한 느낌을 가질 수 있게끔 세트나 로케이션 장소를 꾸미는 데에도 시간을 소요한다.

이탈리아 '네오리얼리즘'이나 프랑스 '누벨바그' 감독들은 적은 제작비, 적은 인원, 최소한의 기술적 장비만을 가지고 작업하는 데에 있어서 탁월한 방법론들을 터득하고 있다. 그들은 종종 손으로 들고 찍는 촬영술이나 야외에서 인공조명을 사용하지 않고 촬영하는 방식을 잘 구사한다. 그러한 기법은 오히려 자연스러운 스타일과 직접적인 사실감을 표현하여 극영화를 다큐멘터리의 사실성으로까지 끌어올리는 결과를 낳기도 한다.

미국의 세실 드밀(Cecil B. DeMille), 스탠리 큐브릭, 프란시스 포드 코폴라 같은 감독은 커다란 스케일을 선호하여 막대한 제작과 정교한 세트, 많은 인원, 엄청난 연기자군, 특수한 촬영기재와 기술을 요구한다. 그러한 커다란 스케일로 인해 영화는 스펙터클하며 마치 오페라와 같은 느낌을 주게 된다.

감독의 주관적인 양식 가운데서
가장 흥미를 끄는 요소는 감독이
가지고 있는 비슷하고 반복적인
주제의식이다. 일반적으로 감독들
은 서스펜스·희극·서부극 등 특
정 장르 내의 유사한 이야기 공식
을 반복하거나, 전형적인 이야기를
활용한다. 예를 들어 채플린은 일
련의 위험한 모험을 겪어나가는 순
진무구한 부랑아의 이야기를 항상
하고 있다. 히치콕은 서스펜스 장

〈8과 1/2〉, 페데리코 펠리니, 1963

르에서 활약하는데 '오인된 사람(wrong man)'이라는 주제를 일관하고 있다.
한 평범한 사람이 위험한 사건에 연루되고 잘못 범죄에 걸려들어 고초를 겪
는다는 이야기이다.

장르영화 바깥에서도 감독은 다른 이야기일지라도 비슷한 주제를 보여
준다. 페데리코 펠리니는 〈8과 1/2〉〈영혼의 줄리엣〉〈사티리콘〉〈카사노
바〉 등의 작품에서 일상의 현실과 무대 / 꿈이 교차하는 주제의식을 일관되
게 보여준다. 그의 영화 속 인물들은 하나같이 고조된 예술세계 속에서 살
고 있으며 그건 그들의 꿈의 세계이다. 잉마르 베르히만은 죽음과의 대결,
신 혹은 인생의 의미를 향한 갈구, 사랑의 투쟁, 환각의 경험 등의 주제로 일
관하고 있다. 스페인의 루이스 브뉘엘(Luis Bunuel) 감독은 사회와 종교적 기
관에서의 부조리, 잔혹성 등의 주제를 사실적 혹은 초현실적인 방식 양쪽으
로 표출해내는 특성을 갖고 있다.

레오 까락스(Leos Carax) 감독의 〈퐁네프의 연인들Les Amants Du Pont-

〈퐁네프의 연인들〉, 레오 까락스, 1991

Neuf〉(1991)은 프랑스판 신세대 영화의 선두 격이다. 신세대 영화의 특성이 그렇듯이 이 작품 역시 감각적이며 자기 고백적이고 주관적인데, 특히 영상 미가 탁월하여 '새로운 영상'이란 뜻의 '누벨 이마주(Nouvell Image)'란 용어를 정착시켰다. 누벨 이마주 영화답게 이 영화는 대사가 상당히 절제되어 있다. 처음 상당 부분은 대사가 거의 없이 영상만으로 이야기를 하고 있다. 또 대사는 대부분 소리선행(Sound Advance) 기법, 즉 앞 장면의 끝부분부터 미리 다음 장면의 대사를 던져 넣는 방식을 쓰고 있다. 그렇게 함으로써 화면은 연속성과 긴장감을 갖게 된다. 불꽃놀이 장면을 비롯해, 이 영화는 그 영상들이 뇌리에서 사라지지 않는 묘한 매력이 있다. 또한 문학적 교훈과 감동보다는 강렬한 젊음과 생의 활력 같은 것이 머릿속에 강하게 자리한다. 그게 바로 누벨 이마주가 아닐까? 강렬하게 영상만을 관객의 뇌리 속에 심어주는 것. 영상으로 생각하고, 말하고, 행동하고, 이해하는 방식. 영화 속에서 이런 대사가 나온다.

"난 너의 영상을 그대로 가슴속에 담고 싶어. 영원히 지워지지 않는 너의 영상을."

레오 까락스는 세상을 빛과 어둠의 세계로 나눈다. 어둠은 부랑자들의 세계요, 늙음의 세상이다. 빛은 젊음이요, 사랑이며, 순수함의 세계다. 사랑을 잃고 동시에 시력을 잃어간 미셀. 알렉스를 만나 그녀는 사랑을 찾고 빛을 찾는다. 어둠 속에 살지만 빛을 품고 있는 알렉스. 그는 불을 입으로 뿜어내는 묘기를 하며 살고, 지하철 벽에 붙은 미셀의 포스터에 불을 붙인다. 빛과 소리(소음과 침묵)의 화음. 이 영화는 영상과 소리가 정말 잘 조화되어 있으며 그것이 영원히 잊혀지지 않게 마음속에 도장을 찍는 그런 영화다.

영화 연출 자세

극영화 감독은 의식적 혹은 무의식적으로 스태프, 배우, 기타 인력들을 결합시키는 주관적인 방법을 항상 개발해야 한다. 그들은 결국 제작과정상 특별한 심리학적 기능을 수행하며, 그것이 영화의 내용과 스타일에 직접적으로 작용하기 때문이다.

알프레드 히치콕은 연출을 해나가면서 차갑고 정확한 분위기로 임한다. 에리히 폰 슈트로하임(Erich von Stroheim)과 오토 프레밍거(Otto Preminger)는 엄격하고 연습을 많이 시키는 타입이다. 반면 장 르누아르나 프랑스와 트뤼포는 부드럽고 매력적인 자세로 이끌어간다. 프레드 진네만(Fred Zinneman)과 데이비드 린 감독은 다른 사람들이 자연스럽게 따라올 수 있도록 자신이 갖고 있는 많은 실력과 넓은 아량으로 끌어나간다.

잉마르 베르히만, 일리아 카잔, 프란시스 코폴라 등의 감독들은 작품에 대해서 배우들과 더불어 아주 밀접한 정신분석적인 접근을 갖는다. 이 외에도 오손 웰스, 페데리코 펠리니 등은 배우와 스태프들을 지휘할 수 있는 예술가로서의 자부심으로 군림한다. 또한 로버트 알트먼 같은 감독은 개방적이고 공동체적인 분위기를 이끌어간다. 또 스태프와 연기자를 그룹으로 나누어 운용하고, 그 어느 쪽에서 나오는 의견이든 창조적인 것은 전폭적으로 작품에 수용하는 창작 방식을 보인다.

영화 연출과 심리학적 해석

영화 연출에는 두 가지의 중요한 심리학적 접근법이 있다. 하나는 작품을 창조하는 감독의 심리에 대한 접근법이고, 다른 하나는 작품을 보는 관객의 심리적 반응에 대한 접근법이다.

감독의 심리학

이러한 관점은 영화와 감독을 평가하는 기준이 되어왔는데, 평론가들은 마치 정신분석학자가 환자의 내면세계를 파헤쳐나가듯이 감독의 주관적인 작품세계를 파헤친다. 평론가가 아니더라도 영화를 좋아한다면 누구라도 그것을 아는 것은 그다지 어렵지 않다. 우리가 한 감독의 작품을 여러 편 보다보면 폭력, 감정, 섹스, 인간관계 등 감독의 일관된 표현이 드러남을 알 수 있다. 이는 곧 감독이 영화 속에 주관적으로 개입하고 있음을 반영하는 것이다.

예를 들어 샘 페킨파(Sam Pekinpah) 감독은 물리적인 폭력에 사로잡혀 있다. 알프레드 히치콕은 무고한 사람이 부당하게 혐의를 뒤집어쓰는 사례에 사로잡혀 있다. 장 뤽 고다르는 사회 속에서 매춘부가 하는 일에 대해 관심

〈그녀의 인생살이〉, 장 뤽 고다르, 1962

을 갖고 있다(〈그녀의 인생살이Vivre Sa Vie〉같은 작품의 경우).

때때로 감독은 자신의 가치관과 심리적인 관심을 직접적이며 자기 고백적으로 그리는 경우도 있다. 페데리코 펠리니의 〈8과 1/2〉은 영화적으로 자기를 분석하는 작품이다. 주인공은 영화감독인데 다음 작품을 하지 못하는 무력감으로 고통을 당하며 환상과 꿈에 사로잡혀 환각상태를 경험한다. 그리곤 요양소에 들어가 마음의 평정을 되찾고 나온다는 철저히 자기 고백적인 작품이다.

영화를 만드는 정서적 욕구는 영화감독의 심리학적 이유에서 비롯된다. 자기고백적인 영화의 대가인 장 뤽 고다르는 "영화는 인생살이보다 훨씬 쉽다. 난 영화와 인생이 얼마만큼 다른 것인지 큰 차이를 못 느끼겠다. 난 영화란 것이 나를 살아가게끔 도와주는 어떤 활력소나 처방약 같다고 생각한다. 그것이 바로 대중이 영화를 보는 이유이기도 하다고 생각한다"는 말을 한 적이 있다.

안드레이 줄랍스키(Andrzej Zulawski) 감독의 〈푸른 노트La Note Bleu〉(1991)는 19세기에 프랑스에서 활약했던 폴란드 태생의 작곡가 쇼팽의 말년을 그린 영화다. 이 영화는 소피 마르소(Sophie Marceau)보다는 안드레이 줄

〈푸른 노트〉, 안드레이 줄랍스키, 1991

랍스키에, 프랑스보다는 폴란드에 더 중점을 둬서 봐야 할 필요가 있는 작품이다. 폴란드 출신의 줄랍스키 감독은 10편 이내의 영화를 만들어온 중견 프랑스 감독인데, 그의 영화는 할리우드식의 오락이나 영화서술법 대신에 특유의 현대영화적인 문법과 동유럽의 현실 아래서의 인간성 탐구를 바탕으로 하고 있다. 그의 영화는 한마디로 현대적 실험영화라 볼 수 있다. 물론 극단적·독립적 실험은 아니고, 대중 상업영화의 테두리 안에서 가능한 실험이다. 그는 기존 영화의 문법을 서서히 깨나가고 새로운 영화 언어를 만들어내어 현대인의 영화적 사고를 더욱 깊게 하려는 의도를 갖고 있다.

영화감독이란 영화에 생명을 불어넣는 사람이다. 감독은 작품 속의 세상, 인간에 대해 다른 견해를 갖고 해석해나간다. 줄랍스키 감독은 〈푸른 노트〉에서 쇼팽과 조르주 상드의 사랑, 딸 솔랑주와의 삼각관계를 현실 이상으로 극화시킨다. 이 영화는 줄랍스키의 해석에 의해 전혀 새로운 쇼팽 이야기가 되어버렸다. 이것은 쇼팽의 예술적 정열, 천재성, 음악성에 대한 탐구인 것이다. 줄랍스키 감독은 쇼팽 해석의 방향을 어디서부터 시작했을까. 그는 자기 자신으로부터 해석의 길을 모색했다. 따라서 쇼팽은 작곡가 이전에 프랑스로 망명해온 것으로, 즉 줄랍스키 자신과 동일시된다. 줄랍스키 역시 자신의 영화를 탄압하고 거부해온 조국 폴란드를 떠나 프랑스로 망명해온 것이다.

이 영화에는 쇼팽을 포함하여 세 명의 폴란드인이 나온다. 이들은 망명해 있는 폴란드인의 운명과 처세관을 단적으로 드러내주는 입체적인 인물들이다. 쇼팽은 폴란드로 가야만 하고, 가지 않으면 못 견디는 정열의 인간이다. 그의 폐결핵은 가난에서 오는 것이 아니라, 조국을 그리워하는 향수병에서 비롯된 것이다. 그는 피아노 건반 위에 피를 쏟으며 작곡을 해댄다. 그의 미칠 듯 광포한 음악성도 다 이러한 향수를 달래기 위한 마음에서 나온다. 그의 음악은 신의 선율처럼 감미로워 모두를 감동시킨다. 그는 눈만 뜨면 피아노 앞에 앉아 곡을 치는 천재로 묘사된다. 그는 프랑스인을 감동시키는 재능 있는, 천재적인 폴란드인의 전형이다.

그러나 그에게 있어 프랑스는 안식처가 아니다. 프랑스는 거친 여자들의 세계로 그려진다. 조르주 상드, 솔랑주……. 반면 남자들은 유약하며 병적이기까지 하다. 인형을 갖고 노는 자아도취형의 연극배우인 솔랑주의 오빠. 센티멘털의 극치를 이루는 소설가 뒤마 피스. 겁쟁이인 솔랑주의 약혼자. 게다가 조르주 상드가 이끄는 고급사교계는 식사를 하면서 혁명을 떠들어대지만 내적으로는 모두 병들어 있다. 그들은 혁명을 체험하려는 게 아니라, 단지 혁명 이야기를 즐길 뿐이다. 쇼팽은 누구와도 어울리지 못한다. 위선적인 여성 해방론자 조르주 상드에 억눌려 그는 숨도 제대로 쉬지 못한다.

그래도 그를 둘러싼 두 명의 폴란드인이 더 있다. 하나는 다리를 저는 친구이고, 또 하나는 그 집의 충직한 하인이다. 그 둘은 전혀 상반되는 폴란드인의 전형을 이룬다. 친구는 폴란드에서 정치적으로 반체제에 연루되어 있었는데, 동료들을 배신하고 프랑스로 망명해온 사람이다. 그래서인지 그는 항상 쾌활하며 과장스러울 정도로 호들갑을 떤다. 바로 자신의 깊은 내면에 숨은 죄책감을 씻기 위한 의도적인 연기인 것이다. 그는 폴란드인이 되고 싶어하지 않으며, 되돌아갈 수도 없는 폴란드인이다.

반면 충직한 하인은 과거 폴란드에서 무슨 일을 했었는지는 알 수 없으며,

프랑스에서 그저 소리 없이 조용히 살아가는 폴란드인이다. 그는 프랑스어도 잘 못해 떠듬거리고, 명령에는 무조건 복종하며, 마치 로봇처럼 주어진 일만을 처리해나가는 순종적 인간이다. 감독은 그에게 폴란드인으로서의 의미심장한 수식을 덧붙이지 않았다. 그러나 그는 비범한 인간이다. 나중에 더 이상 쇼팽을 돌볼 수 없게 되어 쫓겨나게 됐을 때에도 눈물을 흘리며 폴란드 노래를 당당하게 부르면서 길을 떠난다. 처음으로 그의 내면을 보여주는 이 장면은 그가 조국애에 불타는 폴란드인임을 감동적으로 드러낸다. 하인은 프랑스에 동화되지 않고, 그저 우직하게 '폴란드'를 숨겨 간직하고 살아가는 건강한 의식의 폴란드인이었다.

저마다 처세를 달리해가며 살아가는 이 세 명의 폴란드인은 감독의 배경에서 우러난 인간 해석이다. 나름대로의 극한상황 속에서도 삶을 영위해나가려는 세 폴란드인의 운명. 감독은 그중 쇼팽과 동일시되어 있다. 쇼팽과 솔랑주와의 극중 과거는, 곧 현실에서 감독 줄랍스키와 배우 소피 마르소와의 연인 관계와도 일치해 들어간다. 그래서 이 영화는 한 사람의 진실한 인생을 그리고 있다고 할 수 있다. 정치적인 시대상황과 배경을 갖고 있지만, 실은 인간과 인간 사이의 관계, 인간의 사회적응을 그려낸 인간주의 영화인 것이다.

그밖에 영화는 감독의 주관적인 꿈과 집단의 환상, 정서적 자세, 소망, 그가 몸담고 있는 사회의 신화 등을 반영해낸다. 예를 들어 미국에서 카우보이 신화는 많은 감독과 배우에게 강한 영향을 주었다. 독일에서는 더욱더 무서운 신화가 만들어졌다. 『칼리가리에서 히틀러까지From Caligari to Hitler』라는 책을 쓴 영화학자 지그프리트 크라카우어(Sigfried Kracauer)는 1920년대에서 1930년대까지의 독일 영화를 점검하면서 히틀러의 제3제국의 출현을 알리는 순응성과 전체주의적인 심리적 징후를 발견해냈다. 이것은 그저 단순히 그 당시의 독일 감독들이 이미 히틀러적인 생각을 갖고 있었다는 것을 의미하는 말이 아니다. 당시의 독일 감독들이 어쩔 수 없이 시대의 징후를 심리적으로 드러냈다는 말이다.

영화적 체험의 심리학

영화의 심리학은 실제 작품에 있어서나 개인적인 이유에서도 감독에게 가 있게 마련이다. 영화표현의 모든 측면은 심리학적인 구성요소를 갖고 있다. 움직이는 이미지를 인식하게 만드는 시각의 원리에서부터 영화적 시공간까지. 또한 정서적 반응의 표출이라거나 심지어는 영화의 체험을 내면의식 그 자체의 반영으로까지 보는 것이다. 영화적 체험은 두 가지 시각적 인지(認知)심리학의 원리에서 기인한다. 하나는 '파이 현상(phi phenomenon)'이고 다른 하나는 '잔상 효과(persistence of vision)'이다.

프레임 내의 형상과 구도는 다른 시각 인지심리학이 작용하며, 시각적 구도를 감지하는 눈의 운동을 기록하는 실험에 의해 분석될 수 있다. 감독의 소리 인지심리학은 기본적으로 음악 연주자나 작곡가, 녹음 기술자와 똑같은 방식으로 가능하다. 감독은 이러한 요소들을 여러 목적에 대한 수단으로 차용할 수 있다. 또는 영화적 체험의 한계와 가능성을 실험하기 위한 주관적인 방식으로 작업할 수 있다.

연상에 의한 영상과 소리 인식

감독은 이해할 만한 이야기와 영화적 구성을 하기 위해 연상(聯想)의 논리에 근거한 심리학에 의존한다. 우리는 극영화나 다큐멘터리를 볼 때 이미 마음속으로 등장인물과 시간의 경과, 여러 공간과 장소의 변화, 사건의 논리 등을 이해하기 시작한다. 이것은 영화가 비록 여러 쇼트들로 분절된 나머지 시간과 공간이 앞뒤로 뒤죽박죽되어 있다 하더라도, 이야기를 이해하는 정신적인 작용을 활발히 하고 있다는 증거가 된다.

이러한 능력은 논리적인 인지의 한 부분이다. 만일 우리가 먼저 쇼트에서 총을 쥐는 인물을 보고 그 다음 쇼트에서 방아쇠를 당기려는 손의 클로즈업을 본다고 할 때, 우리는 두 쇼트의 연속된 흐름으로 그 장면을 추리하게 된다. 많은 영화를 보다보면 우리는 보통 시점을 변경시키거나 시간과 공간을 변경시킬 때 컷을 사용한다는 것을 알게 된다. 컷이 바로 그러한 사실을 인지시키는 단서로 사용되고 있음을 알게 되는 것이다. 관객이 세심해질수록 감독은 이야기를 구축하기 위해 다른 시공간을 연속적으로 변경시키는 방식으로 보다 정교해진 영상의 연상을 활용할 것이다.

다양한 심리적 반응

우리는 주관적인 반응으로 영화에 관여하는 심리학적 근거들을 설명할 수 있다. 어떤 영화는 그 안에 제시된 인물이나 이야기를 통해 관객의 정서에 개입하거나 깊은 동화감을 만들어낸다. 우리는 인물에게 무슨 일이 벌어지는가에 집중함으로써 서스펜스나 고통, 즐거움 등의 감정에 동화되게 된다. 영화의 극적인 구조는 우리를 하나의 정서적 반응에서 다른 반응으로 부드럽게 혹은 급격하게 변화시킨다.

그러나 또 다른 경향의 영화들은 영화 속에서 무슨 일이 벌어지는가에 대해 훨씬 더 객관적인 거리감으로 감성적이 아닌 지적인 반응을 유도해낸다. 그런 영화에서 우리는 생각과 경험 사이의 연관성을 만들어내고, 비교해내며, 이야기 정보를 이해하고, 시청각적인 요소를 분석해내는 사려 깊은 관찰자의 입장이 된다.

또한 우리를 무아지경에 빠뜨리는 영화들도 있을 수 있다. 이 때 우리는 주어진 상황과 영상이 어떤 연관을 갖는지 알 수 없다는 느낌을 받는다. 그것은 시끄러운 전자음악을 들을 때의 느낌과 다를 바 없으며, 추상적인 실험영화가 바로 그러한 경우다. 물론 대다수의 영화들은 서로 다른 양식에 의해 정서적 동화감, 지적인 반응, 무아지경의 느낌 등 세 가지의 기본적인 심리학적 반응을 유도해낸다.

마음의 거울로서의 영화

영화가 갖고 있는 무한한 가능성 중의 하나는 꿈, 환상, 기억, 환각 등 인간내면의 특수한 상태를 비춰내고 재현해내는 능력일 것이다. 초기의 영화이론에서는 이 점을 특히 중시하여 영화 관람의 체험을 꿈의 과정으로 비유하기도 했다. 마음속에서 시각적 영상은 유동적이며 변형되어 나타나고 변화해간다. 많은 감독과 평론가들은 이러한 꿈의 과정과 영화를 비교했고, 감독들은 자신의 영화 속에다 꿈의 체험을 표현하려고 했다. 오랫동안 기억, 환각, 환상의 플래시백과 주관적인 상념의 영상은 영화 속에서 활발하게 표현되어졌다.

현대 영화에 들어와 감독은 다른 기법과 더불어 화면 밖의 소리를 이용하여 '생각'의 과정을 표현하기 시작했다. 장 뤽 고다르의 〈결혼한 여자Une Femme Marrié〉(1964)를 보면 여자의 내면적 소리가 화면 밖 소리로 들리는데, 그는 여기서 그치지 않고 그녀의 내면을 직접적으로 드러내는 글자, 영상, 상징적 장면 등의 요소를 분절적으로 간섭시킨다.

아피찻퐁 위라세타쿤 감독의 태국 영화 〈엉클 분미〉(2010)에는 전생과 현생을 중첩시킴으로써 마음의 거울로서 영화가 기능하는 예를 정확하게 보여준다. 젠과 통은 텔레비전을 보다가 일어난다. 승려인 통은 조금 전 텔레비전을 보던 자신의 모습을 서서 바라본다. 이 장면은 지금까지의 모든 것

〈엉클 분미〉, 아피찻퐁 위라세타쿤, 2010

이 마치 전생이었다는 착각을 불러일으킨다.

기법과 미학적 선택

영화의 기법을 이해하는 일은 완성품의 골격을 유지하는 물리적이며 기술적인 과정뿐만 아니라, 그 과정을 움직이는 형식적이며 미학적인 선택을 이해해야 한다.

물리적 과정의 이해

영화의 양식과 완성품 그리고 감독의 미학적 선택은 그것이 필요로 하는 기술적 과정과 밀접하게 연결되어 있다. 어떤 감독은 기술적 조건에 맞춰 그 범위 내에서 미학적 선택을 하는 경우가 있고, 반면 어떤 감독은 미학적 선택을 먼저 한 후 그걸 실현시키기 위해 기술적 노력을 기울이는 경우도 있다.

영화 초창기의 역사에서 루이 뤼미에르(Louis Lumiere)는 새로 개발된 카메라로 사건을 단지 기록해나가는 데 만족했다. 반면 조르주 멜리에스

(Georges Melies)는 환상적인 이야기를 실현하기 위해 새로운 형태의 영화적 마술을 창조하고 기법을 고안해냈다.

흑백과 색채 기술의 역사는 감독들이 기술적 한계와 가능성에 얼마만큼 도전했는가를 보여준다. 오랫동안 흑백 촬영은 유일한 촬영법으로 군림해 왔고, 감독들은 그 범위 내에서 특수한 기법을 배워나가기 시작했다. 그후 색채가 개발되자 곧 보편화되었고, 그러자 감독들은 색채를 고집하게 되었다. 그러나 색채의 시대에 와서도 흑백의 가치를 추구하는 사람들이 있고, 그들은 영화에 고전적인 분위기를 불어넣는다.

때대로 기술적 진보는 새로운 형태의 영화제작을 가능하게 한다. 예를 들어 가벼운 카메라와 녹음기가 발명됨으로써 다큐멘터리 미학이 활발하게 전개된 경우가 그것이다. 또 기술적인 진보가 더욱 세련되어지면 당연히 보다 더 정교한 영화제작의 스타일로 나타나게 된다. 예를 들어 특수효과 기법은 오랫동안 점점 더 정교해졌는데, 그 결과 보다 더 사실적인 영화의 가능성이 열렸으며, 장면은 더 화려해지고 현란해졌다.

형식과 미학적 선택

똑같은 기술로도 어떤 감독은 표현주의적인 작품을 만들어내기도 하고, 어떤 감독은 사실주의적인 작품을 만들어내기도 한다. 두 양식 사이의 기술적 차이는 어떻게 적절한 기술을 이용할 것인가의 형식적이며 미학적인 선택의 차이이다.

또한 어떤 감독은 흔히 쓰이는 형식적이고 미학적인 기술의 범위 내에서 작업하면서, 단순하고 평범한 수단에 의존하고도 위대한 예술작품을 만들어낸다. 반면 어떤 감독은 양식과 미학에 있어 새로운 영역을 개척하고 한계를 깨뜨리며 새로운 방식을 도입한다. 두 양식 다 흥미롭고 의미 있는 작업

〈씨민과 나데르의 별거〉, 아스가 파라디, 2012

이다.

 때때로 미학적 접근은 필요성에 의해서 요구되기도 한다. 제2차 세계대전 이후 이탈리아에서는 소박하며 기술적으로도 단순한 네오리얼리즘의 미학을 구축해냈다. 비직업 배우의 기용, 전쟁 때 쓰던 낙후된 카메라, 후시 녹음 등을 통해 감독들은 관객에게 직접적인 정서적 효과와 거의 다큐멘터리적인 사실감을 주는 새로운 양식을 발견해낸 것이다.

 반면 형식적인 기법은 자의식과 영화의 역사 및 이론에 관한 철학적인 성찰에 그 기반을 두고 있다. 덴마크의 칼 드레이어(Carl Dreyer) 감독과 프랑스의 로베르 브레송 감독의 영화는 이러한 사려 깊고 이상주의적인 접근에 적절한 예이다. 또 다른 많은 감독들은 형식과 미학적 기법을 정치철학을 위한 기본으로 두었다. 이러한 예로는 장 뤽 고다르, 세르게이 에이젠슈테인 등과 같은 실험주의적 감독과 현대에 들어와 중남미 등 제3세계에서 정치적으로 영화운동을 하는 민족해방 영화감독들이 그에 해당한다.

 아스가 파라디 감독의 이란 영화 〈씨민과 나데르의 별거〉(2012)는 실험적 연출로 유명하며, 전통적인 영화에서와 달리 관객과의 관계맺기에서 성찰적인 면모를 드러낸다. 이 영화에서는 인물이 관객에게 말을 걸 듯 대사를 한다. 사실은 극중의 판사에게 하는 것이다. 극의 설정은 자연스럽다. 따라서 관객은 인물이 자신에게 말을 건다고 생각하지는 않는다. 하지만 이중적인 감정 상태가 된다. 인물이 마치 자신에게 호소하듯 하는 느낌을 받는다. 감독은 그러한 관객의 감정을 노린 것이다. 이 대목은 이혼이 참으로 절박한 문제이니 '그 사연을 한 번 들어주세요'라고 호소하는 듯한 사실적인 느낌을 주는 기법이다. 관객은 흥미를 갖고, 진지하게 이들의 이혼 사유를 경청하게 된다.

작품분석을 통한 이해 1

안드레이 타르코프스키와 김기덕의 영화 세계

연출을 이해하기 위해서는 감독이 구사하는 메타포를 분석할 필요가 있다. 현란할 정도로 시적인 이미지를 구사하는 두 감독 안드레이 타르코프스키와 김기덕 감독의 작품들을 통해 물의 이미지가 어떻게 주제의식을 반영하는 메타포로 활용되고 있는지 분석해본다.

안드레이 타르코프스키가 구사하는 물의 메타포

〈희생〉: 반영하는 이미지

안드레이 타르코프스키 감독의 영화에는 항상 물이 가득하다. 영화를 보는 사람들은 그의 영화 속에 나타나는 물의 이미지에 대해 구원과 정화의 이미지로 해석하기도 한다. 하지만 정작 타르코프스키의 대답은 기이하다. "나의 고향집 주변에는 항상 물이 많았다. 우물도 많았고 항상 일 년 내내 비가 왔다. 어릴 적 내가 돌아다니면서 본 이미지들의 대부분은 물이었다. 웅덩이에 고인 물, 축축한 대지의 물들." 그래서 그는 자신의 고향집과 그 앞에 내리는 빗물과 고인 물들은 영상에 담은 것뿐이다.

하지만 영화는 있는 그대로의 현실을 그저 담는 것은 아니다. 타르코프스키의 말도 감독의 말로선 일리가 있지만 평론가의 해석이 그렇다고 틀린 것은 아니다. 영화를 보는 바탕은 맞고 틀림을 맞추는 작업이 아닌, 그야말로 해석의 예술이므로 50억의 인구가 영화를 보고 50억 개의 해석을 낳으면 된다. 그래서 타르코프스키 영화는 구원과 참회의 이미지로서의 물의 영화라고 해도 틀린 말은 아니다.

그의 마지막 작품 〈희생〉(1986)에서 물은 처음엔 사물을 반영하는 이미지로 나타난다. 많은 장면에서 땅바닥에 고인 물의 이미지는 현실의 사물을 반영해낸다. 이미지는 그 자체가 반영인데 현실의 반영체인 영화 안에서 다시 사물을 반영해낸다. 이러한 이중적 반영은 자기 반영성이라 불린다. 자기반영성은 역사의 반성이고 현실의 비판이다. 타르코프스키 영화의 인물들은 부도덕과 부패와 원죄의 의식을 안고 사는 불행한 인간들이다. 그들은 우리 모든 인간들을 대변하여 공죄와 그에 따른 형벌을 받는다. 기독교의 말세사상과 구원사상을 바닥에 깔고 있는 이 영화는 마지막 장면에서 물 위의 집이 불타는 이미지를 보여준다.

집이란 바로 우리가 사는 세상이다. 그 집은 종말에 다가와 불이 붙는다. 기독교에 기반한 이미지지만 반드시 기독교로만 설명되는 것은 아니다. 현실을 불타는 집으로 비유한 것은 이미 불교의 경전에서도 나타난다. 그 집은 대지의 홍건한 물위에 서있다. 물 위의 불이란 것은 음양사상으로도 통한다. 유교의 대표경전인 주역의 괘효에도 그런 것이 있다. 또한 물은 "가장 위의 선은 물이다(上善若水)"라는 노자 사상의 비유로도 쓰인다. 그렇다면 물이란 유교, 불교, 도교, 기독교 등

종교의 원천이며 비유라고 볼수 있다. 그런 심오한 종교적 비유인 물의 이미지가 타르코프스키 영화의 핵심요소로 작용한다. 따라서 타르코프스키 영화는 현실을 초월하고자하는 인간적 의지와 욕망이 충만하며 풍요롭다.

〈노스탤지아〉를 통해 보는 절망의 이미지

그 이전 작품인 〈노스탤지아〉(1983)에서도 물의 이미지는 인간의 절망을 구원하는 의미로 나타난다. 이탈리아에 사는 러시아의 시인이 정치적인 이유로 조국에 가지 못하고 외로운 망명자의 신세로 살아가면서 고향을 그리워하는 심경을 그린 영화이다. 영화 속에는 물이 말라버려 바닥이 훤히 드러나 보이는 온천이 나타난다. 물이 말라버린 온천이란 그야말로 인간의 정이 말라버려 황량해진 지구의 버려진 모습을 말한다. 그곳은 우리가 사는 절망적인 지구촌의 모습이다. 가난과 비참과 정치적 억압의 고통 속에서 하루하루를 살아가는 인간들의 터전이다. 그는 그곳을 촛불을 들고 걸어간다. 촛불은 도중에 바람이 불어 꺼진다. 그가 여러 번을 시도하며 겨우 운반한 촛불은 그에 있어 희망이며 구원이다. 이러한 시적 이미지는 그 자체 하나의 시이다.

물과 불의 이미지의 시인 안드레이 타르코프스키. 그에게 있어 물은 불의 반대 이미지이다. 주역 사상에 기반한 이러한 음양론적 관점은 세상의 조화를 희구하는 감독의 주제와도 통한다. 감독은 이 세상의 고통을 불로 비유하고 그 불을 감싸줄 구원과 정화의 요소로 물을 지칭한다. 노자에 의하면 물은 부드러우나 능히 강한 것을 제압하며 자연이며 어머니이다. 자궁 속에서 인간은 물을 먹고 몸을 만들어 나오며 따라서 인간의 구성은 물이 대부분이다. 타르코프스키 영화 속에 물의 이미지가 유독 많이 나오는 것은 그런 점에서 의미 있다. 고통의 불을 식혀줄 물을 갈구하는 그의 영화는 고향으로 돌아가고자 하는 영화 속 주인공들의 마음의 고향이 곧 물이라는 것을 암시한다.

김기덕 감독과 성스러운 물의 이미지

〈악어〉〈파란 대문〉이 구사하는 인격의 투영성

김기덕 감독의 영화에서 물은 거울과 마찬가지로 반사되는 성질을 갖는다. 물속을 들여다볼 때 사람이 비쳐 있는 것처럼 반사되는 것은 물이나 거울이나 똑같다. 그에 의하면 이러한 반사의 의미는 '내 속에 네가 있다. 너 속에 내가 있다. 그런 전형성 안에서 우리가 존재하고 있다'는 사실이다. 너 안에서 나를 발견하지 않으면 지나친 분열이 일어난다. 조물자는 사람과 사람이 서로를 대상화하도록 만든 것이다. 그래서 인간은 서로 화해할 수밖에 없다.

김기덕 감독의 〈악어〉(1996)에서는 한강 다리 밑에서 사는 불행하고 소외된 사람들이 나온다. 이 영화가 지칭하는 형용사는 '악하고도 질긴'이라 할 수 있다. 그런 형용사가 붙는 밑바닥 인생들의 이야기를 통해 감독은 너와 나의 차이를 보여주지만 곧 너와 나의 차이가 없어져야 한다고 말한다. 물에서 나온 인간은 이 세상살이에 지쳐 죽을 때는 다시 물에 몸을 던져 숨을 멈춘다. 이 영화 속의 주 무대인 한강은

지상에서 못다 이룬 꿈을 안고 많은 불
쌍한 영혼들이 투신했던 곳이다. 그 물
속의 원혼들이 다시 살아나는 것이 김
기덕의 영화다.

〈파란 대문〉(1998)은 김기덕 특유의
여성 캐릭터인 창녀가 등장하는 영화
이다. 김기덕 영화에서 창녀는 일반인
의 뇌리 속에 존재하는 그런 판에 박힌 이미지의 창녀가 아니라 어쩔
수 없이 창녀가 될 수밖에 없었던 불행한 여성들을 의미한다. 이 영화
속에서 파란 대문집 주인의 딸은 그 집에서 일하는 창녀 대신에 사내
에게 몸을 판다. 이러한 아이러니는 김기덕 감독의 역설적인 질문의
하나가 된다. 일반 여성이 창녀가 되는 이러한 역설의 진정한 의미는
무엇인가. 그 대답은 줄거리보다는 영화가 설정하는 바닷가라는 물의
이미지에서 올 거라고 생각한다. 파란 바다의 물 색깔을 그대로 담은
파란 대문이란 설정은 이 영화 속에서 몸을 파는 여인의 숨겨진 내면
의 색이다. 그건 단순히 돈을 위해 취하는 행동이 아니라 억압된 상황
에서 탈출하고자 하는 자유로운 영혼의 몸짓으로도 느껴진다.

〈섬〉과 〈봄, 여름, 가을, 겨울 그리고 봄〉에 드러나는 원초적 이미지

영화 〈섬〉(2000)에 오면 김기덕은 물위에 떠 있는 수상 가옥을 설정
하고 인간이 물을 오가며 살아가는 모습을 보여준다. 마침내 영화의
마지막에 여인은 물과 하나가 된다. 〈섬〉은 어찌 보면 도시의 복잡
함과 질곡을 벗어나 섬이라는 고적하고 외딴 곳으로 도피하고자 하

는 심리를 드러내기도 한다. 하지만 〈섬〉은 지독하게 광적인 집착을 드러내는 한 여인과 그녀를 배반한 한 남자의 이야기다. 그곳에서 버려진 여인의 몸은 물 위에 떠 있는 생명체의 일부가 되어 흙과 잡초가 우거지듯이 물과 하나가 되어가는 환상적인 모습을 보여준다. 그녀를 잔혹하게 버린 남자의 교만과 탐욕, 비겁에 대해 물은 화해와 용서를 구한다. 그렇게 그녀의 몸은 물속에서 부패해가며 원초적 이미지로 되돌아간다.

물 위에 떠 있는 수상 가옥의 이미지는 〈봄, 여름, 가을, 겨울 그리고 봄〉(2003), 〈활〉(2005)에도 잘 드러난다. 김기덕의 영화에 자주 등장하는 수상가옥은 마치 인간이 물과 떠나려야 떠날 수 없는 생명체인 것처럼 혼동하게 만든다. 〈봄, 여름, 가을, 겨울 그리고 봄〉에서는 물에 갇힌 절이 등장하며 사계절로 상징되는 인간의 삶이 수도승의 욕정 이야기를 통해 서술된다. 절은 세상을 초월한 듯 신성하게 보이지만 실상 절은 인간의 욕정이 꿈틀거리는 세속을 의미한다. 오히려 그 세속을 담고 있는 그릇인 물은 바로 인간이 나오고 돌아가야 할 본질, 그 절대 공간을 의미한다. 김기덕의 영화는 항상 인간의 타락과 욕망을 말하면서 동시에 그것이 부딪히고 마침내 화해하는 장소를 그려낸다. 그러한 성스러운 장소가 바로 물이며 물은 비로 혹은 눈으로 변화하여 나타나기도 한다. 그런 점에서 인간의 욕망과 물에 의한 포섭은 그의 주제임과 동시에 이미지의 대부분을 지배하는 핵심적인 부분임을 알 수 있다.

작품분석을 통한 이해 2

화엄경 감독: 장선우

역설의 비유를 통한 주제 부각

영화 〈화엄경〉(1993)은 불교영화인가, 아닌가. 이 질문에 대한 해답은 영화를 보고 난 후나 보지 않았을 때나 어려운 질문이라고 할 수 있다. 왜냐하면 이 질문은 '불교란 무엇인가?'라는 말을 바꿔 말한 것과 마찬가지기 때문이다.

불교란 무엇인가에 대해 쉽게 대답할 수 있는 사람이 과연 얼마나 될까. 불교가 다른 종교와 다른 점 중에서 '역설'이 특히 강하다는 것은 인정해줘야 한다. 예를 들어, 흔하게 사람들 입에 오르내리는 "색이 곧 공이요, 공이 곧 색"이라든가, 석가모니께서 최후의 순간에 하신 "나는 80 평생 한마디도 하지 않았다"라든가, "내가 한 말은 우는 어린애 달래는 거짓말이었다"는 등의 역설을 우리가 어떻게 설명할 수 있단 말인가.

그러한 역설 가운데 "하나 가운데 일체가 있고, 일체 가운데 하나가 있다(一中一切, 多中一)"라는 말이 화엄(華嚴)사상을 대변한다고 한다. 이 영화 〈화엄경〉은 그러한 역설적인 아홉 개의 에피소드를 모아 우

리에게 인생의 깨달음을 주
는 불교영화임에 분명하다.
불교가 역설이라는 믿음을
갖는다면 일단 이 영화는 불
교영화가 된다. 그러나 역
설을 직설로 받아들인다면
이 영화는 그야말로 애매모
호한 영화에 그치고 말 것이
다.

　영화 속에 사용된 아홉 개의 에피소드는 각각 중생의 삶을 규정하
고 깨달음에 이르게 하는, 말하자면 화두(話頭)가 된다. 화두란 불가
에서 선승들이 참선을 하기 위한 방편이지 목적이 아니다. 애매모호
한 화두를 들고 있노라면 자연히 집중하게 되고, 그러는 사이 자성(自
性)을 깨치게 되는 것이다. 화두는 흔히 역설로 표현되어 실상은 말이
안 되는 문구이다.

　예를 들면 "부처는 똥막대기다" "개에게도 부처의 성품이 있다"는
등의 말도 안 되는 역설이다. 이 영화에서 쓰인 역설의 표제들 역시 화
두 구실을 하는 셈이다. 그것들은 단순한 장면 구분뿐만 아니라, 전체
의 이야기를 여러 다양한 측면으로 이해하게 하는 객관적 전달 방법
으로 기능한다. 또한 우리는 각각의 역설이 중요한 것이 아니라, 마치
참선을 하듯이 그것들이 인도하는 전체적인 깨달음이 무엇인가를 놓
쳐선 안 된다.

　장선우 감독은 그러한 불교식의 우화를 통해서 구체적으로 생의 진

정한 의미를 찾아가고자 했다. 그런 의미에서 이 영화는 단순한 불교영화의 수준을 뛰어넘는다. 장선우 감독의 양식은 비유와 풍자에 가 있다. 〈성공시대〉(1987), 〈우묵배미의 사랑〉(1989), 〈경마장 가는 길〉(1991) 등의 영화들은 직설적이라기보다 비유적이다.

주제의 일관성을 갖는 작가감독

이 영화 〈화엄경〉은 단지 불교의 교리를 쉽게 설명한 영화만은 아니다. 이 영화는 인생이 얼마나 고통스럽고 어려운 것인가를 다시 한번 확인시키는 불교의 교리를 담고 있으면서도 또한 세상에 태어난 우리들이 한번 멋지고 뜻있게 살아볼 만한 존재임을 동시에 역설하는 건강한 희망의 영화이다. 감독의 메시지는 그와 같은 하나의 일관된 선을 갖고 있다. 한 치의 오차도 없이 계산된 이야기 구성은 감독의 머릿속에서 조직화된 결과물이다.

아홉 개의 화두를 통해 우리는 깨달음의 긴 터널을 지나오는 체험을 하게 된다. 고기를 잡고 나면 통발은 버려야 한다는 옛말이 있다. 강 언덕에 오르고 나면 자신을 실어준 배를 과감히 버려야 한다는 말도 있다. 이 영화는 바로 그런 영화다. 이 영화는 언젠가는 버려야만 할 그런 것들로 가득 찬 영화다. 감독은 영화를 통해 현실의 어려움을 통과할 배 한 척을 제공한 셈이다.

하지만 누구도 쉽게 강을 건너지는 못한다. 그런 점에서 이 영화는 난해하다는 평을 많이 받는다. 파도는 몰아치고 우리에겐 아직도 먼 항해가 남아 있다. 이 영화대로라면 언젠가 영화는 스스로를 잃고서 영화가 될 것이며, 관객은 스스로를 잃고 비로소 자아를 찾게 될 것이다. 장선우 감독의 일관된 믿음은 2002년 〈성냥팔이 소녀의 재림〉에서도 이어진다. 그런 점에서 장선우 감독을 일관된 주제를 갖고 있는 작가(auteur)감독이라고 할 수 있다.

작품분석을 통한 이해 3

복수는 나의 것 감독: 박찬욱 **집으로** 감독: 이정향

인간주의에 대한 서로 다른 시각

박찬욱 감독의 〈복수는 나의 것〉(2002)과 이정향 감독의 〈집으로〉 (2002), 이 두 편의 한국 영화는 허무주의를 바탕으로 한 냉소주의로 무장된 영화들로서, 인간주의적 성찰을 촉구하는 동일한 메시지를 한국 사회에 던진다. 이 영화들은 하나같이 서구를 능가할 만큼의 물질만능사회로 이행하고 있는 현대 한국 사회 속에서 개인이 겪는 참혹하고 황량한 정신의 공황을 그려내고 있다. 두 영화는 인간주의의 서로 다른 측면을 제시하고 있는데, 〈복수는 나의 것〉이 애매모호한 탈역사적 가치를 냉정하리만치 지적이고 오싹한 분석의 평면도로 제시했다면, 〈집으로〉는 정서적 인간주의를 바탕으로 냉소주의의 극복과 온정적 인간주의 구축이라는 구체적인 그림을 그리고 있다.

공멸해야만 가치가 있다는 냉소적 인간주의

〈복수는 나의 것〉은 인질 납치와 그 실패, 좌절, 복수와 복수의 반복적 서사를 보여준다. 영화 속에는 인질 납치의 주체인 농아 노동자

류(신하균 분)와 그의 애인인 급진혁명주의자 영미(배두나 분), 납치의 피해자이며 복수의 주체인 중소기업 사장 동진(송강호 분)이 주요한 인물로 등장하지만, 특정한 주인공은 없으며 주요 인물들이 모두 다 죽는다는 점에서 그로테스크한 구성을 보인다.

영화는 의도적으로 다수의 인물군을 배치해놓고 그 드라마가 어느 특정한 동정적 인물을 추종하지 않도록 안배하는 수법을 구사한다. 관객들은 실상 누구에게라도 동정할 수 있거나 그렇지 않을 수 있는 상태에 놓이게 되는데, 바로 감독의 의도가 작용한 부분이다. 감독은 영화 속에 우리 사회의 모순적이며 불균등한 이항대립들을 나열해놓고 있는데 노동자와 고용주, 정상인과 지체부자유자, 보수주의자와 급진혁명주의자, 자본주의와 사회주의, 장기이식매매 조직폭력배와 선량한 시민, 폭력적인 어른들과 천진한 아이 등이 그들이다.

우리는 그 인물군들이 이 사회에서 각각 어떤 기능을 하며 생존을 영위해나가는가를 별다른 설명 없이도 선입관에 의해 관습적으로 읽어나간다. 감독은 이들의 관계를 도해하고 투시하며 지형도를 그려나가면서 폭력과 폭력의 연쇄적인 관계, 복수와 복수의 점철로 인한 운명론적인 윤회상황을 설명하고 있다. 폭력과 복수의 함수관계는 철저히 불가분의 것이다. 복수는 복수를 잉태하며, 거기에 자연스레 수반되는 것이 폭력이다. 또한 폭력은 연쇄적 대응폭력을 배태하며, 결과적으로 복수와 폭력의 순환고리는 부단히 연속되어 중단되지 않는다는 결정론적 허무주의를 엿보게 한다.

복수의 관점에서 류는 자신에게 사기를 친 인신매매단을 응징하기 위해 첫 복수를 기획하고, 나아가 불구인 자신과 앓아누운 누이를 불행하게 한 보이지 않는 사회적 부정의에 대해 원천적 복수를 설계하게 되는데, 그것이 인질납치극이다. 도스토예프스키의 『죄와 벌』이 제시한 고전적 논리를 가지고 그는 사회적 범죄를 합리화하지만, 딸을 상실한 피해자 입장에서 동진의 복수 논리 역시 부수적으로 연계되는 복수의 고리가 된다. 그러나 동진의 과잉 복수행위는 다시 영미 일당

의 동지적 복수를 소환하는데, 이들의 연쇄적 고리에서 어느 하나 잘
못된 과정적 오류를 발견하기는 어렵다. 이러한 연쇄복수극의 종말은
공멸(共滅)로 나아가는데, 이런 극단적인 상황 연출은 감독 고유의 냉
소주의적 사회관에서 기인한 것이다. 감독은 이들 모두의 공멸적 상
황을 통해 어느 한 집단, 한 개인에게도 동정표를 던지지 않고 있다.

　인질극이라는 반사회적이며 부도덕한 행위를 합리화하는 류, 우익
폭력에 대항하는 좌익폭력의 대변자 영미와 사회주의자들, 오로지 자
신만을 위해 남에게 상처를 주고 파괴하는 동진, 물질을 위해 신체를
훼손하는 무지한 폭력배 장기매매단, 이들 모두는 감독의 조롱의 대
상이며 무가치한 반사회적·반인륜적 범죄자들이다. 따라서 이들의
공멸은 감독의 지독한 인간혐오주의와 사회냉소주의의 결과물이다.

그렇다면 이러한 세기말적 지옥도 상황에서 생존해갈 수 있는 길은 무엇일까. 영화 속에서 그 질문에 대한 답은 제공되지 않는다. 차가운 냉소주의적 기류 속에서 우리는 사회를 움직이는 불건전한 힘의 논리를 머리로만 인식하면서, 가슴을 훈훈하게 만드는 온정적 인간주의의 실종을 목도하게 된다. 거짓과 가식과 왜곡된 온정주의가 아닌 진실한 인간적 온정주의 말이다. 박찬욱 감독은 그런 건 이 세상에 없다고 잘라 말한다.

온정주의를 통한 냉소주의 극복

이정향 감독의 〈집으로〉는 단순하게도 어린이의 성장 체험을 다룬 통과제의(通過祭儀) 서사다. 이 영화에서 어린이의 체험담은 누구나 공감할 만한 보편적인 이야기이며, 일반적으로 어린이들은 어른이 되기 전에 이러한 유형의 불멸적 체험을 통해 성장해간다. 하지만 섬세하게 들여다보면 이 단순한 보편체험의 이면에는 감독의 시각에 의해 의도적으로 재단된 고도의 지적 통찰과 사회적 이념의 모순들이 복잡하게 응결되어 있음을 알게 된다. 말하자면 〈집으로〉야말로 표피적 일상의 내면에 잠재된 숭고한 인생의 진리를 탐구하게 되는 진정한 '생활의 발견' 영화라는 것을 알게 된다.

감독은 소년과 벙어리 노파의 이야기를 '꼬마 신랑과 새색시'의 전통적인 서사로 전치(轉置)하는 상상력을 발휘한다. 우리는 이 영화의 이야기가 마치 아주 오래 전부터 잘 알고 있는 이야기인 것처럼 쉽게 흡인되는 것을 느끼게 되는데, 바로 이 영화적 서사의 상상력이 어려서부터 듣고 자란 '꼬마신랑과 새 색시'의 익숙한 담론이라는 데서 기

인한다. '꼬마신랑과 새 색시' 담론은 엄연한 가부장적 봉건질서 속에서 불량한 소년을 인격을 갖춘 성인 남자로 구김 없이 성장하도록 도와주는 조력적(助力的) 존재로서의 여성과 그 수난의 삶에 대한 은유를 간직하고 있는 서사다.

이 서사의 마지막은 예외 없이 이제 철이 든 신랑이 그동안 자기의 응석을 받아주느라 고생한 색시에게 고마움을 표시하고, 나이를 먹어버린 아내는 눈물을 흘리는 장면을 엔딩으로 하고 있음을 기억할 것이다. '꼬마신랑과 새 색시' 담론을 원형으로 한 〈집으로〉는 바로 그와 같은 한국인의 원형적 사고에 틀을 두고 그 상상력의 뿌리에 자극을 가함으로써 젠더(gender) 정치학의 복잡한 현대적 상황을 양성평등적 가치에서 숙고하게 만드는 창조적 생명력을 갖는다.

그뿐만이 아니다. 이 단순하기 그지없어 보이던 소년과 벙어리 노파의 서사는 한국의 공허한 현대적 정신 구조와 모순을 낱낱이 '발견'하게 만든다. 그 문제적 담론의 요체는 서구의 자본주의와 물질주의로 인해 황폐해져간 한국의 정신 상황이며, 도시와 시골 간의 격차가 가지고 있는 심각한 교육현실이다. 특히 시골이 담고 있는 원초적 향수의 공간을 복원함으로써 단지 봉건으로의 회귀라는 보수적 가치를 고양하는 것이 아니라, 서구 문화의 세례로 인해 상실된 모태적 고향을 복구하고, 자기 정체성의 혼돈을 앓고 있는 현대인의 정신적 지주로서의 고향 공간을 복원시키고 있다.

소년이 시골에 도착하기까지의 버스 안 시골 사람들의 모습, 시장의 풍경, 버스 정류장에서의 시간 경과를 다루는 장면처리 등은 도시인이 생각하는 머릿속의 시골 모습이 아닌, 가슴으로 접촉되어 건강한 전류처럼 관통하는 생명력의 에너지로 되살아난다. 감독의 사회비판 의식은 소년과 노파 간의 의사소통 불능이라는 상황연출을 통해 냉소적으로 나타나지만, 거기에는 그 냉소주의를 따뜻하게 포용하는 인간적 온정주의에 대한 강한 믿음이 뒤덮고 있음을 알게 된다. 감독은 인간주의의 단서를 본성과 제도의 갈등으로 파악한다. 선한 인간의 본성을 제도가 억압하고 오염시켰으며, 그 주범이 서구 합리주의일 수 있음을 경고한다. 또한 한국인의 선한 본성을 회복하기 위해서는 이성주의적 방법론에 기댈 것이 아니라 정서적, 정감적으로 접근해야 함을 강조한다.

| 더 읽어볼 만한 책 |

마르셀 마르땅, 황왕수 역, 『영상언어』, 다보문화, 1993, p.121~143(비유와 상상).

민병록·이승구·정용탁, 『영화의 이해』, 집문당, 2000, p.145~181(4장 영화의 연출).

버나드 딕, 김시무 역, 『영화의 해부』, 시각과 언어, 1996, p.151~266(7장 영화의 하위 텍스트, 8장 총체 영화, 9장 영화 작가주의).

찰스 애프론, 김갑의 역, 『영화와 정서』, 집문당, 1993, p.9~100(1장 동일화, 2장 감정의 발단, 3장 은밀한 표현들).

스티븐 디 캐츠, 김학순·최병근 역, 『영화연출론』, 시공사, 1998.

마이클 래비거, 『영화의 연출』, 지호, 1996.

다니엘 아루혼, 최하원 역, 『영화언어의 문법』, 집문당, 1985.

박종원, 『시나리오에서 스크린까지』, 집문당, 1999.

| 용어 해설 |

몽타주 기법 montage technique
편집 기법을 말한다.

미장센 기법 mise-en-scène technique
촬영에 의한 영상기법을 말한다.

파이 현상 phi phenomenon
동일한 물체가 연속적으로 위치가 바뀌어 나타나면 두뇌가 이를 움직임으로 받아들인다는 시지각 이론. 이 현상은 별개의 청사진들이 서로 연결된 움직임으로 보이는 현상을 설명하는 이론 중 하나로, 잔상효과와 다소 다른 관점에서 설명하거나 잔상효과가 밝혀내지 못한 부분을 보완하는 이론이다. 파이 현상은 두뇌가 물체의 위치 변화를 원인과 결과라는 법칙을 이용해 움직임으로 연역한다는 유추작용에 의한 심리 현상의 결과로 본다.

작가 auteur
일관된 주제와 양식을 구사하는 개성적인 감독을 지칭하는 용어. 소설가나 시인과 같이,

한 작품을 제작사나 상업성의 간섭에서 벗어나 자신만의 독자적인 세계로 장악할 수 있다는 의미에서 '작가'라는 명칭이 사용된다. 용어의 발단은 1957년 프랑스의 '작가주의'에서 시작됨.

9장
영화 제작

할리우드 영화 제작자와 제작 형태

미국에서 역사적으로 제작자가 어떤 역할을 해왔는지 살펴보는 것은 제작자를 이해하는 데 도움이 될 것이다. 미국의 영화산업은 크게 세 단계로 발전해왔다. 초창기에는 회사가 재정을 담당했고 감독이 제작자를 보조하는 역할을 했으며, 토머스 인스(Thomas Ince)가 본격적으로 제작에 주력함으로써 감독과 제작이 분리되는 시점이 두번째 단계에 해당한다.

초기에는 각 영화사를 대표하는 사장들이 곧 제작자였다. 그러나 두번째 단계에 돌입하면 새로운 독립적인 제작자들이 나타난다. 새뮤얼 골드윈(Samuel Goldwin), 데이비드 셀즈닉(David Selznick), 월트 디즈니(Walt Disney) 등이 그들이다. 1930~40년대 할리우드 영화의 전성기 때 이들은 스튜디오에서 독립하여 많은 영화의 제작을 담당했다. 1930년대까지 5대 메이저와 3대 마이너의 8개 회사가 전체 제작의 95%를 장악했다.

- **Big 5(5대 메이저):** MGM, Paramount, Warner, 20th Century Fox, RKO
- **Little 3(3대 마이너):** Universal, Columbia, United Artist

1948년 대법원은 메이저 영화사의 수직통합(vertical integration)을 불법적 독과점이라 판정하고 분리를 명령했다. 이후 메이저는 제작·배급·상영 체계를 분리하게 되었으며, 이것이 메이저 스튜디오 시스템 붕괴의 조짐이 되었다. 메이저 스튜디오 시스템의 붕괴는 고전적 할리우드 영화의 종말의 시작이다. 1950년대 TV가 등장하면서 메이저 스튜디오가 몰락하자 독립 프로덕션이 활성화되었다. 이 작은 프로덕션들은 과거 메이저에서 월급을 받고 일하던 제작자, 감독, 배우가 모여 단일한 영화사를 차린 것이다. 이 단계가 세번째의 변화에 해당한다.

미국 영화계는 이러한 세 단계의 변화를 거치면서 현재의 모습을 갖추고 있는 것이다. 오늘날 미국 영화산업은 아래 세 가지 형태의 방식으로 운영되고 있다.

첫째는, 복합 대기업에 소속된 영화사이다. 예를 들어 워너브라더스는 워너 커뮤니케이션 주식회사라는 대기업의 일부이다. 파라마운트는 걸프 웨스턴 석유회사의 자본으로 운영되고 있다. 최근 들어 워너사는 신문재벌인 타임사의 자본을 받고 있다. 이들 과거의 메이저 영화사들은 미국 전체 영화의 30%만을 제작할 뿐이다. 그러나 이들은 군소 독립 프로덕션에 자금을 대주는 일까지 하고 있다.

둘째는, 은행자본 및 개인자본의 협조를 받는 제작사들이 있다. 그들은 자체 고정자본은 없지만 여러 제작에 참여할 수가 있다. 로저 코만의 '뉴 월드(New World)'나 프란시스 코폴라의 '조에트로프(Zoetrope)'가 그 대표적인 예이다.

셋째는, 단지 하나의 작품만을 기획하여 제작하는 독립영화 제작소이다. 이들은 작은 사무실 하나에 최소한의 인원으로 운영한다.

미국의 스튜디오 시스템과 제작 형태는 전세계에서 유일하게 성공한 케이스이다. 물론 유럽에서도 모방하여 독자적인 스튜디오 시스템을 건설한 사례가 있다. 독일의 우파(UFA) 스튜디오는 에리히 폼머(Erich Pommer)의 지휘 아래 성공적으로 운영되었고, 영국은 알렉산더 코르다(Alexander Korda)에 의해 '런던 필름 프로덕션'을 거쳐 '브리티시 라이온'이라는 대 제작소를 성공시켰다. 이탈리아에선 제작자 카를로 폰티(Carlo Ponti)와 디노 데 로렌티스(Dino De Lauretice)에 의해 미국과 경쟁할 수 있는 제작 체제를 구축했다.

유럽은 메이저보다도 특정한 경향이나 감독의 작품을 통한 기획에서 미국을 앞서고 있다. 과거에 영국은 제작자 가브리엘 파스칼(Gabriel Pascal)에 의한 조지 버나드 쇼(George Bernard Shaw) 원작의 영화 및 영국 희극만을 수출했고, 프랑스에선 앙드레 폴베가 제작했던 장 콕토의 영화들, 피에르 브론베르제의 누벨바그 영화들, 스웨덴에선 알란 에켈룬트의 잉마르 베르히만 영화를 수출했다.

유럽은 국가의 보조가 가능했다는 점에서도 미국과 다르다. 이러한 국가 보조는 국민의 세금에서 떼어내어 지원해주는 것이다. 대신 미국은 국가 보조란 것이 전혀 없었다. 미국식 영화 제작이란 1960년대 이후 현재 독립적인 기획자에 의한 기획과 메이저 영화사에 의한 제작·투자 유치·홍보·배급이 분리되어 있는 형태를 말한다. 할리우드는 가장 자본주의적인 방식을 고수하고 있으며, 유럽 및 기타 일부 국가들은 문화적 차원의 국가 보조를 겸하는 대안적 방식을 운영하고 있다. 한국은 두 방식을 절충하고 있는 상황이다. 자본주의적 방식의 대표 격인 할리우드 제작 방식은 그런 점에서 정확히 알아둘 필요가 있다.

할리우드 영화 제작 방식

> **■ 기본 제작 과정(전체 100)**
> ① 초기 진행비 8(본인 3, 대출 5)
>   판권료 선금 0.8(전체 8)
>   시나리오 집필료 2.5
>   감독선금 2(전체 12.5)
>   조수 기용 2.7
> ② 제작 기획서, 마케팅 기획서 작성
>   패키지 딜(Package Deal)
>   제작비 지원
> ③ 마케팅 착수
> ④ 제작 진행
> ⑤ 완성 및 배급
>
> **■ 수익배분율(100)**
> ① 제작자/배급업자 50(이걸 100으로 하면 제작자 50, 배급업자 30, 프린트 비용·
>   홍보·세금 20)
> ② 극장주 50
>
> 제작자는 총수익의 25를 소유하게 된다. 제작자가 극장 수익에서만 수지를 맞추려면
> 제작비의 4배가 벌려야 한다는 계산이 나온다.(예: 제작비 50억 원일 때 제작비 회수
> 는 총수익 200억 원이어야 가능. 관객 1인당 9000원이라 할 때 222만 명가량 동원
> 해야 함.)

미국에서 1982년도 영화 한 편당 평균 제작비는 1000만 달러였다. 이 돈을 어떻게 모으고 어떻게 집행해야 하는지 하나의 가상적인 예를 들어 설명하겠다. 그 액수를 계산하기 쉽게 100만 달러로 하고 퍼센티지를 따져보자.

P라는 독립 제작자가 『할리우드 영화』라는 소설을 읽고 소자본으로 크게 성공시킬 영화를 구상했다 치자. 그는 우선 제작의 첫 단계를 진행시킬 자금이 필요하다. 대략 8만 달러가 필요하다. 그가 갖고 있는 돈이 3만 달러라

면 사업가에게 설득하여 5만 달러를 투자하도록 권유해야 한다. 나중에 이윤이 생기면 30%를 주기로 약속하고.

이렇게 기본 자금이 마련되면 먼저 책의 저자 및 출판사에 가서 영화사 판권료 8만5000달러를 계약한다. 이 돈은 당장 지불하지 않고 6개월이라는 유예기간을 둔다. 대신 5~10%(8000달러)만을 먼저 계약금 조로 지불한다. 이어 시나리오 작가를 만나 집필을 의뢰한다. 이때의 집필료는 '미국 시나리오작가 조합(Writer's Guild of America)'에서 정한 액수인 2만5000달러다.

그는 다음 단계로 스튜디오(영화사)로 가서 '패키지 딜(Package Deal)'을 하게 된다. 패키지 딜이란 영화사의 마음에 들도록 감독, 배우, 원작, 시나리오 모두를 그럴듯하게 맞춰서 갖고 가는 것이다. P는 역량 있고 상업적 수완도 있는 D라는 감독을 염두에 두고 영화사에 간다. D에게 12만5000달러를 주기로 결정하고 시나리오 완성 후 먼저 2만 달러만을 지불한다. 감독에게 선불금을 준 후 연출 계획서를 받아내는 것이다.

이때까지 그는 8만 달러 중 5만3000달러만을 소비한다. 기타 진행경비가 더 들어가긴 했다. 마지막으로 들어가야 할 경비는 상업적 경험을 갖고 있는 그의 조수를 기용해야 한다는 것이다. 둘은 앞으로 들어가야 할 〈할리우드 영화〉의 총제작비를 계산해야 한다. 이 제작예산서, 각본, 계약증서, 연출계획서 등을 가지고 P는 본격적인 영화제작에 들어가게 된다.

그는 이 모든 서류를 영화사의 제작담당 부회장 V에게 제출한다. V는 흡족해 하면서 영화사의 실무담당에게 100만 달러를 지원하도록 지시한다. V, P, 그리고 조수들은 다시 전체 예산을 정밀하게 수립한다. 그 두께는 무려 93페이지에 이른다. 그중 첫 페이지는 '탑 시트(Top Sheet)'라 하여 예산의 내역이 일목요연하게 정리된 것이다. 크게 두 부분으로 나뉘는데, 첫째는 원작료, 각본료 및 제작자, 감독, 주연 배우들의 개런티 책정이다. 이때 배우는 기본금 외에 최종 수익에서 몇 퍼센트를 더 요구할 수도 있다. 어쨌든 연기료만으로 그는 20만 달러를 책정받는다. 이때 배우는 둘 중 하나를 선택한다. 그냥 20만 달러를 받든가, 아니면 9만 달러만 받고 흥행이 되었을 때 총수익의 10%를 더 받든가. 자신이 있으면 후자를 선택할 것이다. 그러면 그는 애초의 20만 달러 이상을 더 받을 수 있다. 물론 잘못하면 그는 20만 달러를 받을 수 있는 것도 9만 달러만 받게 되는 결과가 나온다. 그 다음은 조연 배우, 기타 스태프들의 경비 내역이다. 이 경비는 거의 협상 없이 내역에 의해 집행된다.

이렇게 세부적으로 자금이 사용되면 제작이 이루어지고, 극장 상영을 하게 된다. 흥행 수익의 50%는 극장으로 귀속되고 나머지 50%가 배급회사의 이윤이 된다(주연 배우의 10% 할당금은 바로 여기에서 계산된다). 배급회사의 이윤 가운데 30%는 배급업자가 가져간다. 또한 20%는 배급하기 위한 프린트비, 홍보비, 세금 등의 비용으로 충당된다. 그외에 남은 돈이 제작자의 순수한 이윤이 된다. 이렇게 제작비는 빠듯하게 만회되며, 그제야 영화사는 은행에서 빌린 100만 달러를 갚을 수 있게 되는 것이다.

이러한 수치로 본다면 극장에서 400만 달러 수익은 올려야 손해를 보지 않는다. 그중 200만 달러는 극장에, 100만 달러는 배급업자에, 100만 달러는 영화사 제작비로 되돌아가기 때문이다. 이것은 최소한이고 실제 경비는 더 지출된다. 은행 이자와 기타 경비는 제외됐다. 배급업자와 극장이 가지고 가는 돈 외에도 영화는 2.4% 정도 더 수익을 올려야 한다. 그 수익의 방법은 해외시장에 파는 것과 비디오와 TV판권료를 받는 것이다. 그렇게 다 계산하면 〈할리우드 영화〉는 약 440만 달러를 벌어들이게 된다.

이렇게 살펴본 바에 의하면, 영화 제작이 주먹구구식으론 어림도 없으며, 홍보와 관객의 기호가 얼마나 중요한지를 실감할 수 있다. 만약 이 영화를 6

달러의 입장료를 내고 본다면 75만 명이 봐줘야 겨우 본전을 찾을 수 있는 셈이다.

영화산업은 이처럼 무리한 도박과 같고, 따라서 지극히 상업적이란 비난을 많이 받는다. 그리고 그 모든 책임을 제작자(혹은 기획자)가 다 지게 마련이다. 하지만 영화 제작이 반드시 예술적 의미를 상실해야만 가능한 것은 아니다. 자본은 그 예술을 뒷받침하는 최소한의 조건으로 설정되어 있는 것이다.

사례 연구: 〈죠스Jaws〉(1975)

시나리오와 사전 제작

■ 원작소설의 저작권은 작가 피터 벤칠리에게 있었다. 1973년 7월 소설이 출간되기 이미 몇 달 전에 더블데이 출판사는 영화사에게 판권을 팔기로 했다. 유니버설에서 일하던 독립제작자 리차드 자눅과 데이비드 브라운은 당시 미화 20만 달러에 판권을 취득한다. 그 안에는 계약에 의거 원작자 벤칠리가 시나리오를 쓰는 것을 포함시켰다.

■ 시나리오의 초고가 나올 무렵 제작자는 감독을 선정했다.

■ 벤칠리의 2차 시나리오가 나올 무렵 스필버그가 패키지 유닛에 합류하게 되었다.

■ 수차례의 시나리오가 발간된다.

■ 벤칠리는 3번의 시나리오를 내지만 다 부적합하다고 판정난

다.

- 최종 시나리오는 스필버그와 칼 고틀립에 의해 완성된다.

- 예산 책정. 2개월 촬영 기간 포함하여 400만 달러.

- 유니버설은 자본주이며 동시에 배급업자였다.

- 촬영 들어가기 이전 사전제작 기간 중에 소설은 베스트셀러가 되어 저작
  료는 이미 올라 있었다.

제작과 후반 제작

- 제작은 1974년 4월 시작되었다.

- 당초 책정한 2개월간의 촬영 기간은 5개월 반으로 늘어났다.

- 그에 따라 초기 예산도 400만 달러에서 800만 달러로 증가했다.

- 제작자는 자금 압박을 받았지만 유니버설은 계속 지원했다.

- 로케이션 촬영 기간 중 유니버설은 이미 언론홍보 작업에 들어갔다.

- 감독, 제작자, 배우, 기타 인력들이 도합 200여 회 이상의 언론 홍보 인터
  뷰를 했다.

- 1974년 10월 로스앤젤레스로 옮겨 잔여분을 촬영했다.

■ 편집은 주요장면 촬영이 미처 다 끝나기도 전에 착수했다.

■ 1975년 3월 필름이 완성되어 시사회를 갖게 되었다.

■ 1975년 6월 20일 개봉.

배급 및 상영

■ 유니버설과 밴텀출판사는 소설에 영화 광고를 싣기로 합의했다.

■ 출판업자와 배급업자는 홍보 수익금을 반씩 나누기로 했다.

■ 자눅과 브라운은 6개 도시를 순회하면서 책과 영화 개봉을 선전했다.

■ 1975년 4월 유니버설은 미국 및 북미 극장주들을 초대하여 판매 모임을 가졌다.

■ 책의 성공과 시사회의 반응이 좋아 유니버설은 극장주와의 할당율을 고가로 조정할 수 있었다.

■ 1975년 6월 영화는 전국 500개 극장에서 개봉했다.

■ 그 전략은 아주 빠른 시일에 제작비를 회수하는 방법이었다.

■ 1975년 6월 18~20일 하룻밤 평균 2532회의 TV 광고를 내보냈다.

■ 개봉 이전 광고 액수는 180만 달러였는데 그중 TV 광고가 70만 달러에 이

르렀다.

- ■〈죠스〉는 개봉 일주일 만에 1400만 달러를 벌어들였다.
- ■제작비는 개봉 2주 만에 완전히 탕감되었다.
- ■ 1975년 9월 5일에〈죠스〉는 역대 최고 흥행영화로 기록되었다.
- ■〈죠스〉의 협찬 / 상품 광고 역시 매상을 올려주었다.
- ■8주 동안 티셔츠는 50만 장, 인형은 200만 개, 레코드는 20만 장이 팔렸다. 급조한 영화소설은 한 달 사이에 100만 권 이상 팔렸다.
- ■1977년 12월까지 전세계에서 벌어들인 총액은 2억5000만 달러였다.
- ■〈죠스〉는 당시 비디오나 유료 케이블이 없었던 때의 영화였다. 현재의 실정으로 계산한다면 엄청난 액수가 나올 것이다. 1970년대 말 미국의 공중파인 ABC 채널에서〈죠스〉를 3회 방영하고〈죠스 2〉를 1회 방영하는 데도 합 2500만 달러를 지불했다.

매년 할리우드 영화 제작비의 증가는 심각할 정도이다. 현재 미국 영화는 아무리 싸게 만들어도 수백만 달러는 들어가야 한다. 영화의 제작 자본은 증가하는 제작비 때문에 갈수록 어려워지는 게 사실이다. 다음의 예는 제작비 증가를 단적으로 실감하게 한다.

- ■ 190만 달러〈지상에서 영원으로From Here to Eternity〉(1963)
- ■ 580만 달러〈혹성탈출Plant of Apes〉(1967)
- ■ 2500만 달러〈킹콩King Kong〉(1976)
- ■ 4000만 달러〈1941〉(1979)
- ■ 8000만 달러〈다이하드 2Die Hard 2〉(1990)
- ■ 1억 달러〈터미네이터 2Terminator 2〉(1991)
- ■ 1억 달러〈쥬라기 공원The Jurassic Park〉(1993)
- ■ 2억2500만 달러〈캐리비언의 해적: 망자의 함Pirates of Caribbean: Dead Man's Chest〉(2006)

이러한 제작비의 상승으로 순수 독립 프로덕션의 제작자는 재정적 뒷받침을 하기가 점점 어려워지고 있다. 따라서 갈수록 베스트셀러 소설을 잡거나 대중적인 스타를 기용함으로써 확실한 성공을 바라는 상업적 기획으로 영화 제작 방향이 잡히게 되었다.

영화업에 뛰어든다는 것은 이제 모험에 해당한다. 그럼에도 불구하고 왜 그토록 많은 사람들이 제작을 하고 싶어하는 것일까? 그것은 우선 영화라는 매체의 매력 때문이고, 간혹 막대한 이윤을 취할 수 있는 가능성도 많이 있다는 판단 때문이다. 한국 영화계도 이미 〈실미도〉(2003), 〈태극기 휘날리며〉(2004), 〈왕의 남자〉(2005), 〈괴물〉(2006) 〈도둑들〉(2012), 〈변호인〉(2013) 등 다수의 영화들이 1000만 명 이상의 관객을 동원하는 흥행 기록을 가지고 있다.

할리우드의 세계시장 전략

할리우드 영화는 전세계 시장의 70% 이상을 지배하고 있다. 할리우드 영화는 이제 '세계 영화'가 되었다. 더 이상 미국 영화라는 지역성을 운위할 수가 없다. 말하자면 미국은 영화를 통해 미국이 곧 세계, 미국 시민은 세계 시민, 세계 시민은 곧 미국 시민이라는 공식을 성립시키기에 충분하다. 영화가 무기가 된 것이다. 새삼스레 문화제국주의를 떠올려선 안 된다. 그건 구호가 아니라 이미 현실이기 때문이다. 미국은 새로운 패러다임을 형성해간다.

소위 '지구적 전략(global strategy)'이다. 미국의 자유무역주의는 전세계의 보호무역 장벽을 붕괴해가며 미국식으로 경제상황을 재편해나간다.

영화라는 문화는 미국식으로 말하자면 중요한 경제활동이다. 이제 문화와 경제의 의미는 동의어가 되었다. 영화를 '예술' 혹은 '문화'라고 말하는 사람이 있다면 그는 시대에 뒤떨어진 사람이다. 그 개념은 기본적으로 미국의 수십 년간 세계시장 지배에서 얻어진 교훈인 것이다. 이제 영화를 단지 영화로만 보는 시각도 교정해야 한다. 영화는 다국적 기업이며 다매체로서의 매체이며, 다국적 정체성의 정신활동이 된 것이다. 우린 할리우드 영화가 어떤 과정을 통해 힘을 모으고 있으며 그러한 지배력을 행사하고 있는지 그 실체를 분명히 알아둘 필요가 있다.

할리우드는 1990년대 이래로 큰 도박판에 빠져 있다. 영화의 제작비는 점점 상승하고 고흥행영화가 증가한다는 통계는 무엇을 의미하는가? 적은 자본으로 적은 이윤을 추구하는 것이 아니라 많은 돈을 들여 큰 돈을 만지겠다는 속셈인 것이다. 다시 말해 경제성보다는 도박의 논리를 더 추구하는 경향이라고 해석할 수 있다. 그게 할리우드 영화의 경제학이요 장점이자 큰 맹점일수도 있다. 할리우드는 그 도박으로 전세계 시장을 움켜쥘 수도 있지만, 그 큰손 도박 때문에 오히려 망할 수도 있다는 취약점을 안고 있다. 그게 바로 잘나가는 할리우드의 남모르는 곤경이기도 하다.

제작비는 해마다 천장부지로 올라가기만 한다. 해마다 할리우드가 '초고가 영화'를 제작하는 것은 그것이 오히려 더 많은 돈을 벌기에 유리하다는 판단 때문이다. 말하자면 적은 자본의 구멍가게보다는 잘 차려놓은 대형 슈퍼가 더 많은 이윤을 챙긴다는 논리와 같다. 영화산업 역시 슈퍼마켓의 독과점 형태로 운영하고 있다. 수익을 예측하는 동기를 요약하면 다음과 같다.

① 화제를 가져오는 효과

② 홍보 효과에 직결

③ 주제공원, 비디오 시장에 직결

④ 해외시장에서의 수익

⑤ 배급의 용이함

그렇게 큰 제작비를 지출하다보니 1990년 이래로 홍보비도 따라 증가하는 현상이 나타났다. 홍보 비중의 증가가 영화 흥행의 새로운 전략으로 떠오르면서, 자본과 기술, 인력의 싸움이 이제 홍보 전쟁의 장으로 변모됐다는 점을 새롭게 인식하게 된다. 주요 배급 전략으로서 할리우드 영화는 배급과 동시에 엄청난 홍보마케팅을 한다. 1975년 〈죠스〉를 필두로 홍보의 덕을 보기 시작한 후 일반화되어 1990년대 이후에는 더욱 더 증가하게 되었다.

〈표〉 2000년 이후 미국 영화의 흥행실적〉

해외 흥행실적

년도	1위 영화명	해외 수익
2014 여름	트랜스포머: 사라진 시대	9억 6650만 달러
2013	겨울왕국	12억 7230만 달러
2012	어벤져스	15억 1860만 달러
2011	해리포터와 죽음의 성물	13억 4150만 달러
2010	토이스토리3	10억 6320만 달러
2009	아바타	27억 7720만 달러
2008	다크 나이트	10억 300만 달러
2007	캐리비언의 해적: 세상의 끝	9억 6340만 달러
2006	캐리비언의 해적: 망자의 함	10억 6620만 달러
2005	해리 포터와 불의 잔	8억 9690만 달러
2004	슈렉2	9억 1980만 달러
2003	반지의 제왕: 왕의 귀환	11억 1910만 달러
2002	반지의 제왕: 두 개의 탑	9억 2330만 달러
2001	해리 포터와 마법사의 돌	9억 7480만 달러
2000	미션 임파서블 2	5억 4640만 달러

미국 내 흥행실적

년도	1위 영화명	미국 내 수익
2014 여름	캡틴 아메리카2	6억 1176만 달러
2013	헝거 게임: 캣칭 파이어	10억 9236만 달러
2012	어벤져스	10억 8374만 달러
2011	해리포터롸 죽음의 성물	10억 1743만 달러
2010	토이스토리3	10억 5656만 달러
2009	아바타	10억 5955만 달러
2008	다크 나이트	9억 6307만 달러
2007	스파이더맨3	9억 6638만 달러
2006	캐리비언의 해적: 망자의 함	9억 2095만 달러
2005	스타워즈 에피소드3: 시스의 복수	8억 8405만 달러
2004	슈렉2	9억 3805만 달러
2003	반지의 제왕: 왕의 귀환	9억 2397만 달러
2002	스파이더맨	9억 1550만 달러
2001	해리 포터와 마법사의 돌	8억 4125만 달러
2000	그린치	7억 6610만 달러

(출처: boxofficemojo.com/yearly)

　왜 미국에 유럽시장 혹은 국제시장이 중요한가? 미국에서는 항공사업 다음으로 두번째로 큰 산업이 오락산업이기 때문이다. 할리우드가 해외시장에서 벌어들인 수지는 국내시장보다 훨씬 더 많다(표 참조). 이들의 자국 영화 제작비가 올라가는 이유도 이 때문이다. 영화업자들은 자신의 예산 범위 내에서 해외시장에서의 수익 부분을 염두에 두고 제작비를 집행한다. 특히 메이저 영화사들은 단지 제작비의 보충이 아니라 막대한 이윤을 추구하기 위한 목표로 해외시장을 염두에 둔다. 표에서 보듯, 최근 흥행 탑에 오른 영화들의 공통점은 대부분 해외에서 더 많은 돈을 벌어들인다는 점이다. 이 사실을 다시 말하면 할리우드 영화의 시장은 이미 국내가 아니라 해외라는 점이며, 그 시장을 유지하지 않고는 할리우드 흥행 영화는 존립하기 어렵다는 결론이 나온다.

　할리우드는 1980년대부터 메이저들과 유럽의 파트너 영화사들이 공동으

<타이타닉>, 제임스 카메론, 1997

로 유럽 국가들의 극장시설을 개조하고 새단장을 함으로써 관객을 흡수해
갔다. 또한 엄청난 물량공세의 TV 광고 등을 통해 그들의 '초고가 영화'들을
홍보함으로써 유럽 고유의 저예산 영화들이 도저히 경쟁상대가 될 수 없음
을 증명해 보였다.

 미국의 전략은 단지 영화만이 아니라 TV, 비디오, 위성을 함께 묶는다는
특성이 있다. 영화는 단지 그 내용물일 뿐이고 배급의 창구를 넓혔다는 것이
중요한 점이다. 또한 정세의 변화를 산업에 응용한다는 점도 중요하다. 동
구권 해체, 서유럽 통합과 같은 유럽 사회의 격변을 틈타 미국은 그 시장 속
으로 유리한 조건으로 진입해 들어갔다. 거기에 타국의 정세가 혼란하면 더
욱 더 문화상품 공세를 강하게 펼쳐나간 점도 유념해야 할 점이다. 혼란한
정세는 곧 새로운 시장을 의미하며, 할리우드는 그것을 십분 이용하여 자신
들의 시장으로 만들어내왔던 것이다.

양차 대전은 유럽을 황폐화시켰고 미국은 그 상황을 이용하여 쉽게 유럽 시장에 들어갔다. 할리우드는 유럽의 장벽을 MPAA(미국 영화협회Motion Picture Association of America), MPEA(미국 영화수출협회Motion Picture Export Association of America), 국무성 관료의 로비 등을 통해 격파해나갔다. 그 전략으로서는 유럽 영화에 대한 보이콧, 합작, 투자 등의 방식을 내세웠다. 유럽 시장이 갖고 있던 다언어, 저작권법의 미비, 노조 규제, 배급 시스템 미비 등의 자체적인 취약점이 미국의 문화 침략을 더욱 유리하게 작용하도록 도왔다.

할리우드 영화의 역사적 강세는 또한 할리우드가 진작부터 세계 배급 카르텔을 형성해왔다는 데에서도 찾을 수 있다. UIP, 워너, 컬럼비아 등이 그것으로, 할리우드 영화의 타국 침투가 용이했던 점으로 이들 배급사의 영향을 무시할 수 없다. 그런 역사적 과정 속에서 타국 관객들이 점차 할리우드 영화에 순응되었다는 점 역시 1990년대 이후 미국 영화가 더욱 수월하게 세계시장을 독점하는 데 유리하게 작용하게 되었다.

이러한 미국의 강력한 정책에 대항하여 유럽은 '국경 없는 TV' 정책을 1989년 10월에 채택하여 프로그램 쿼터제, 비유럽적 생산품의 수입 규제책 등의 보호주의 방향으로 나아갔다. 보호무역은 유럽의 영상물 제작을 지원하고 고무시켰으며, 국가보조금제도가 정착하는 계기가 되었다.

그러나 미국 측 입장은 그러한 규제에 대해 이들 보호무역을 '암'이라 부르면서 관객의 볼 권리를 내세워 규제를 없애고, 관객을 즐겁게 하는 영화를 만들어야 한다는 식의 논리를 전파했다. 영화사들이 국가보조금에 의존하지 말고 관객을 즐겁게 하는 방향으로 나가야 한다는 것이다. 표면적으로는 민주적이고 자율적인 생각 같지만, 그들의 숨은 의도는 미국 영화를 막아내려는 국가보호주의를 격파하려는 자본주의 시장경제의 선동적 전략이라는 걸 알 수 있다.

미국 주도의 오락상품은 지구화의 영향을 받게 된다. 미국의 영화들은 미국뿐 아니라 전세계와 연관된 소재나 내용, 배우들을 구사하게 된다. 세계시장에 미국 영화를 적응시킨다는 것은 할리우드의 오랜 전략이다. 그들이 잡은 것은 '표준화된 스펙터클'이다. 그리고 이 의존도는 날로 높아가며 현재까지 지속되고 있다. 그들은 국제적으로 알려진 스타배우를 출연시키는 전략을 구사한다. 특히 아놀드 슈워제네거, 실베스터 스탤론 등이 해외에 적합한 이유는 그들이 주로 외적인 액션에 의지하므로, 미국식 대사언어를 통한 복잡한 문화적 성격을 띠지 않기 때문이다.

국제적 감독을 기용하거나 문화적으로 다른 나라에 동시에 적용될 수 있는 소재의 대본(그렇게 수정하기도 함) 채택 역시 세계시장 전략에 중요하다. 〈위험한 정사Fatal Attraction〉(1987) 개봉시 일본판은 자살로 끝을 맺게 처리했다. 자살을 일본식 문화라고 생각했던 미국인의 발상이었다.(그러나 정작 일본인은 그 버전을 좋아하지 않았다는 후문이 있다.)

장르의 선택 역시 중요하다. 희극(특히 시각적인 개그)과 모험영화가 보편적으로 인기가 있다. 그중 액션영화의 인기는 전세계적으로 보편적인 것이다. 미국 회사의 세계시장 구호가 "이야기는 단순하게, 영상은 끊임없이 움직일 것"을 보면 단적으로 알 수 있다. 마케팅(홍보) 전략도 그에 따라간다. 나라마다 다른 유형의 영화, 그 나라에서 원하는 영화를 제공한다는 방침이다. 예를 들어 아시아, 특히 일본에는 특수효과 영화, 이탈리아에는 희극이 적합하다는 판단 등이다. 스타들의 방문 또한 적은 비용으로 엄청난 홍보 효과를 갖는다.

1980년대 말부터는 만화영화와 TV 시리즈물을 본격 생산하기 시작했다. 그것들은 미국보다도 해외시장에서 더 인기가 있어, 만화영화 수익의 50%

이상을 유럽에서 벌어들인다. 그 하청은 주로 아시아에서 하는데, 그만큼 인건비가 싸기 때문이다.

속편 제작의 활성화도 시장과 관련이 깊다. 유럽 시장에 접근하기 위해 유럽 고전의 리메이크가 활성화되었다. 셰익스피어 원작의 리메이크 및 프랑스 영화의 리메이크가 유행한 사례가 그런 맥락에서 행해진 것들이다. 특히 월트 디즈니사의 세계시장 공략 공조는 지대하다고 할 수 있다. 월트 디즈니사는 TV 프로 및 오락상품, 주제공원 등의 확대에 가장 크게 기여하고 있다.

정치, 경제, 기술의 변화와 발달을 학자들은 문화제국주의적인 관점에서 보고 항상 그에 대항해왔다. 문화제국주의란 일방향, 즉 서구중심주의이며, 제3세계 비산업화 국가들을 문화적·이념적으로 지배해왔다는 것을 골간으로 한다. 이에 대해서는 이론적 배경의 힘과 관객의 독자적 역할에 대한 기대를 대안으로 내세우게 된다. 할리우드의 지구적 전략으로 인한 문화상품의 경제적 지배가 그대로 문화지배를 의미하는 것인가에 대해서는 학자들 간에 논란이 되고 있다. 그러나 문화지배까지는 아니라 하더라도 현 단계에서 문화지배의 기초가 되고 있다는 점에서는 다들 의견을 공유하고 있다.

할리우드는 과거 그 어느 때보다도 지구적이 되었다. 그 이유는 경제적 부강에다가 정치적 지지가 혼합되었기 때문이다. 학자들은 할리우드를 골리앗에, 자국 영화를 다윗에 비유하고 있을 정도이다. 그만큼 할리우드와의 전쟁은 자국으로선 벅차다. 그러나 미국이 전세계를 삼켜버리기 또한 그리 쉽지만은 않을 것이다. 유럽을 위시한 많은 나라들이 자국 산업을 보호하려는 정치적 노력을 하고 있기 때문이다. 물론 할리우드는 다른 나라의 규제와 장애를 없애기 위해 미국 정부의 도움을 받고 있다. FTA 협상은 겉으로는 자유롭고 개방된 시장을 부르짖으며 내부적으로는 미국의 실리를 추구하는 위선적인 모습의 가장 최근 실례다. 미국도 자국의 실리를 위해 다른 나라들처럼 역시 국가의 지지에 의존하고 있는 것이다.

할리우드 영화산업의 허상

이러한 과학적 경영 방식을 갖고 있는 할리우드 영화산업이 예술보다는 오락으로 자꾸 치닫는 데는 그 원인이 있다. 바로 예술을 지탱하는 자본을 무리하게 증식시키기 위한 상업주의가 극단적으로 작용하기 때문이다. 오랫동안 미국 영화 산업계에는 제작에 종사하는 사람들이 필수적으로 인식하는 불문율이 있다. 열 가지 사항으로 되어 있어 '할리우드 십계명'이라고 부르는데, 그것을 통해 우리는 할리우드 영화가 얼마나 허황된 꿈을 관객에게 전달하고 있으며, 또 그러한 전략을 구사하고 있는가를 알 수 있다.

1. 영화는 상업적 기업이며 산업의 여러 부분은 그 시스템을 존속시키기 위한 투자와 그에 합당한 이윤이 되돌아와야 한다.
2. 높은 제작비가 투자됨으로 인해서 영화는 자국 시장만을 독점해서는 합당한 수지를 맞추기가 어렵다. 따라서 영화는 국제적 산업이 되어야 하며, 국제성을 갖는 보편적인 관심사를 주제로 해야 성공한다. 자국의 고유한 것을 표현하는 형태의 영화는 이윤의 폭이 그리 넓지 못하다.
3. 관객을 끌어들이기 위해 영화는 대중의 관심을 반영해야 하며 대중의 요구에 맞춰져야 한다.
4. 영화의 이윤을 추구하려는 제작자들은 반드시 '오락'으로만 관객을 끌어야 한다. 오락이란 현실의 문제를 비껴나가고 도피적이어야만 성취될 수 있다. 대단히 심각한 문제의식 또는 현실상황과 흡사한 영화는 피해야 한다.
5. 보통의 관객들은 그 욕구가 청소년 취향과 흡사하다. 이러한 욕구와 흥미를

충족시키기 위해선 다음과 같은 내용을 반드시 넣어야 한다. 훔쳐보기, 사디즘, 마조히즘, 센티멘털, 경박함, 흥분 등. 이러한 내용에 적합한 영화적 방식은 섹스, 폭력, 연애, 희극, 모험 등이다.

6. 이러한 요소가 작용함으로써 욕구와 흥미가 주어진다 해도 영화가 천박하다는 느낌을 줘선 안 된다. 관객이 당황하지 않고 자부심 등이 유발되도록 세련된 형태라야 한다. 성공적인 영화란 아주 특별해서 그 흥미와 창조성이 잘 배합된 느낌을 줘야 한다. 영화 보는 경험은 처음부터 끝까지 즐거운 기분을 갖게 해야 한다.

7. 스타라는 것은 관객이 여러 환상적 욕구를 충족시키는 데 중요한 역할을 한다. 스타 체제는 할리우드가 갖고 있는 유일한 무기이다.

8. 주제나 양식이 어떻든 간에 그것이 관객에게 어떤 영향을 줘선 안 된다. 오락이란 그저 순수하며 사회적으로도 가치중립적이고 무해하며, 무가치하고 영향력이 전혀 없는 경험이어야 하기 때문이다.

9. 영화는 소비자의 시간과 돈을 투자하는 다른 형태의 여가활동과 경쟁 관계에 놓여 있다(특히 TV와 더불어). 따라서 영화는 다른 형태가 주지 못하는 것을 줘야 한다. 이러한 독창적인 영역을 추구하기 위해선 집에서 보기에 가능한 것보다는 금기로 다루어진 감각적인 주제(섹스와 폭력)를 다뤄야 한다. 또, TV에 출연하지 않는 대중스타를 기용하고, 영화만이 갖고 있는 특수한 기술적 개혁(스크린 사이즈, 입체영화, 특수효과 등)을 통해 달성해야 한다.

10. 주제를 다루는 주요한 형식은 닫힌 구조와 허구적인 이야기 구조를 가져야 한다. 그럼으로써 모든 이야기 요소는 잘 짜여지고, 영화 속에서 제기된 문제는 영화 안에서 해결되어지며, 영화에서 제시된 모든 상황은 영화가 끝날 무렵에는 꼭 해소되게 해야 한다.

우리가 보는 대부분의 할리우드 영화가 이와 같은 관점에 의해 만들어지고 있으며, 그러한 방향은 예술과는 거리가 먼 것이다. 할리우드 영화계에서는 돈을 벌어야만 살아남고, '그것이 바로 영화다'라는 등식이 성립하고 있다. 현대 미국 영화가 인생의 모습을 올바로 전달해주기보다는 현실도피적인 극단적 오락물을 계속 만들어내는 데에는 이런 제작 동기가 있었기 때문이다. 이러한 할리우드 영화의 허상은 로버트 알트먼 감독의 〈플레이어〉에 잘 드러나 있으며, 이것은 할리우드 제작방식을 답습하는 나라에서는 똑같이 느끼는 현실인 것이다.

과연 전세계 영화시장을 석권하는 할리우드 영화의 제작방식이 올바른 것일까? 돈을 벌어들이기 위해 할리우드 제작자들은 가능한 한 많은 자본과 첨단의 기술 등 모든 것을 투자하여 오락상품을 만들어낸다. 그것만이 영화 예술을 만들어내는 제작자 본연의 임무일까?

반면, 우리가 그동안 봐왔던 다른 수준 있는 영화들, 예를 들어 〈마지막 황제The Last Emperor〉〈미션〉〈플래툰〉〈피아노〉〈패왕별희霸王別姬〉 등과 같은 작품들은 상업성과 오락성이 탁월하면서도 질적인 수준도 높은 영화들이다. 우리나라 영화 〈서편제〉와 〈투캅스〉의 경우도 마찬가지다. 그런 의미에서 영화 제작자는 반드시 이윤 추구만을 노리는 기획자여서는 안 된다. 영화 제작자는 영화제작이 관계 맺고 있는 여러 의미들을 동시에 고려하면서 작품을 기획하는 일을 해나가야 한다.

영화 제작에서 고려해야 할 관계들

영화제작은 크게 세 부분으로 나뉘며, 각각을 전담하는 제작자, 배급업자, 관객은 하나의 체인으로 형성되어 있다. 이 관계를 잘 조사해보면 영화의 기능이 인간의 문화적 경험에 그 기반을 두고 있다는 사실을 알게 된다. 이러한 관계를 분석할 수 있는 몇 가지의 영역을 중심으로 알아보자.

사회적, 정치적 환경

사회적, 정치적 환경은 반드시 결정적인 것은 아니더라도 영화의 제작, 배급, 그리고 관객에게 지대한 영향을 준다. 영화는 현대 역사의 정치적·사회적 사실들과 긴밀히 연결되어 있다. 첫째는 순수한 선전의 도구로, 둘째는 정치적·사회적 가치관을 확립하는 수단으로, 셋째는 사회 변화와 정치적 주장을 하는 도구로 인식되어온 것이다.

영화가 정치적 목적의식을 위해 만들어지지 않았다 하더라도, 영화는 제작 당시의 정치·사회적 분위기를 반영하게끔 되어 있다. 심지어는 환상영화나 도피주의 오락물이라 하더라도 간접적인 정치적 효과를 갖고 있으며, 국가의 정치나 사회적 조직에 의해 특정 영화의 제작과 배급이 권장되거나 권장되지 않는다.

박찬욱 감독의 〈공동경비구역 JSA〉(2000)는 종래의 영화를 보던 관객의 관점을 일부 수정하고 있다. 남북분단의 문제를 그린 영화. 이 하나의 명제가 그토록 많은 관객을 흥분시킨 것이다. 남북분단 문제는 영화 속에서처럼 병사들만의 문제는 아니다. 수백만 이산가족들의 문제만도 아니다. 그건 남과 북의 모든 국민들에게 최대 관심사 중의 하나이다. 어쩌면 전세계가 주목하는 사건의 하나인지도 모른다. 그것이 기쁨으로 변할지 비극으로 변할지 아무도 모른다. 그저 묵묵히 대치하고 있을 뿐이다. 그건 파내면 파낼수록 엄청난 감동의 에너지를 갖고 있는 소재이다.

이 영화는 '김훈 중위 사건'이 터진 이후에 제작되었고, 그래서 이 영화의 현실성은 이미 확보된 셈이다. 게다가 이 영화를 정말 감동적으로 만들어준 대사건은 6·15남북정상회담이다.
김대중과 김정일의 만남 이후 남북
관계는 정말 극적으로 반전되었다.
언론에서는 분단 50년 만의 역사적
대사건으로 기록했으며, 남북 화해
무드는 최고조를 향해 달려가고 있
었다. 남북 이산가족 상봉 실황을
TV로 지켜본 사람들은 다 울었고,
이후 경의선 철도 기공식까지 마
쳤다. 이 영화는 정말 시의적절하
게 나타난 영화다. 만일 그러한 일
련의 사건들이 없었다면 어땠을까?
상업적·대중적으로 대실패를 했을
확률이 높은 영화다. 국가보안법에

〈공동경비구역 JSA〉, 박찬욱, 2000

도 걸려 반공주의적인 심의위원들 때문에 많은 고초를 겪고 흥행에도 지장
을 주었을 것이다. 게다가 김훈 중위 사건이 공개되지 않았다면 관객들이 영
화 속에 묘사된 남북병사들의 만남을 현실성이 없는 황당한 애기로 치부하
고 말았을 것이다. 명필름의 기획자 심재명의 예견과 판단력과 용기가 적중
한 것이다. 한 편의 영화가 성공하면 거기에 관련된 모든 사람들의 숨은 공
로 덕이라고 하지만, 특히 이 작품은 기획의 승리라고 감히 말할 수 있다.

이 영화를 재미있게 보는 이유는 관객들이 영화의 모든 것을 진지하게 받
아들일 자세가 되어 있기 때문이다. 관객들은 영화를 보기 전부터 이 영화가
감동적이라는 것을 예감하고 '확인' 차원에서 영화를 본다. 관객의 마음을
미리 앞질러나간 영화. 그리고 그 관객과 같이 호흡을 하기 위해 제작된 영

화. 그런 영화의 가치가 관객의 영화 보던 오랜 습관을 교정시켜놓았다. 〈공동경비구역 JSA〉의 참 가치는 바로 거기에 있다. 영화를 단지 트릭이나 기교로만 보던 습관을 없애준 영화. 그래서 이 영화는 진지함과 지루함의 미덕을 비로소 재미로, 감동으로 받아들이게 만든 장본이 되었다.

영국 감독 켄 로치(Ken Loach)가 만든 〈보리밭을 흔드는 바람〉은 엄밀히 말해 영국, 아일랜드를 위시하여 독일 등 많은 유럽 국가들의 합작이다. 이 영화의 소재는 두 개의 역사적 사건을 바탕으로 한다. 하나는 아일랜드 독립전쟁(1919~1922)이고, 다른 하나는 시민전쟁(1922~1923)이다. 아일랜드는 독립전쟁을 통해 영국으로부터 독립했으나, 이어 그 조약을 인정하는 아일랜드 자유국과 배신으로 생각하고 계속 영국과의 투쟁을 주장하던 아일랜드 공화국 간의 내전이다. 결국 자유국이 승리했고, 이후 아일랜드 내부는 두 흐름으로 분파되어 내려온다.

제작진들은 이 영화를 우리에게 잘 알려진 〈마이클 콜린스〉류의 전기적 독립영화로 만들고자 하지 않았다. 독립운동 이후에 벌어진 갈등에 초점을 맞추어 시민들의 시각이 어떻게 전개되어 가는지를 논점화하였다. 그 결과 이 영화는 아일랜드 작품 가운데 가장 크게 흥행했으며, 좋은 반응을 얻어내었다.

미하엘 하네케 감독의 영화 〈아무르〉(2012)는 칸영화제 황금종려상, 아카데미 최우수외국어영화상 등 그해 전세계 예술영화상을 석권했다. 사실 이 영화는 감독의 주변에 있었던 작은 실화에 근거해 만들어졌다. 그런데 공교롭게도 영화가 나온 다음해인 2013년 프랑스에서 작은 사건이 발생했다. 마치 이 영화에서 다룬 것과 똑같다고 느껴지는 부부의 동반자살이 실제로 일어난 것이다. 그 주인공은 둘 다 86세인 베르나르와 조르제트 카제 부부이다. 2013년 11월 26일 파리 시내 한 호텔방에서 비닐봉지를 뒤집어쓰고 숨진 채 발견됐다. 유서에는 법이 약을 먹고 평온하게 죽을 수 있는 권리를 막고 있다고 정부의 안락사금지법을 비판했다. 세계적으로 안락사를 허용하는 나라는 2000년 이후 네덜란드와 벨기에, 룩셈부르크 그리고 오리곤 주 등 미국의 일부 지역뿐이다. 올랑드 프랑스 대통령은 대선공약으로 안락사 법제화를 들고 나왔으나, 가톨릭의 반대로 실천하지 못하고 있다. 이런 프랑스와 유럽의 상황을 바탕으로 하여 이 영화는 제작되었고 실제 현실도 영화와 크게 다르지 않다고 본다.

영화는 그 외에도 교육이나 문화·정보의 유포를 위한 사회적 기능을 수행하기도 한다. 과학에서는 조사를 위한 도구이며, 상업에서는 상품을 팔기 위한 협력자가 된다. 대중오락이란 그 자체가 사회적 기능이며, 영화는 우리 시대의 여러 신화와 문화적 인물들에 대한 원천이 된다. 찰리 채플린, 험프리 보가트, 그레타 가르보(Greta Garbo) 등은 자신의 영화 속 역할로 인해 신화적인 모습을 만들어냈다. 고대 희랍극에서처럼 영화 보는 행위는 우리의 공동체 의식이 굳건해지고 확장될 수 있는 사회적 의례와도 같은 것이다.

심리학적 요소
제작자와 관객의 관계는 심리학적 용어로 이해될 수도 있다. 영화의 심리학에 의하면 개별 감독과 그의 작품의 관계, 개별 관객의 지적 혹은 정서적 경험에 대한 부분을 관심 있게 살펴볼 수 있다. 관객은 빠른 편집, 배우의 동작이 주는 세밀한 연기, 영상들의 심리학적 연상, 인물형상화와 구성에 의한 극의 갈등과 변화 등에 반응하게 되어 있다. 심리학적으로 영화를 분석하면 이러한 반응을 보다 잘 알 수 있게 된다. 특정 감독과 역사적 시기와 맞물린 주제, 양식 등을 비교할 수도 있다.

기술적 요소

어떤 예술이든 제작과 배급에는 기술적 요소가 중시된다. 그건 세분하면 제작을 위한 기재적 요소와 기재를 적절히 운용하는 형식적 요소를 말한다. 작곡가는 피아노·오케스트라 반주 등의 소리 기재를 필요로 할 뿐만 아니라, 음악적 생각과 정서를 표출해낼 악보 쓰기, 하모니 등의 요소를 갖춰야 하는 것이다.

다른 어떤 예술보다도 영화는 상호의존적이고 복잡하며 수시로 변하는 기술과 밀접하게 연결되어 있다. 영화 각 부문에 종사하는 작가, 배우, 감독들이 무엇을 하는지 알기 위해서는 그들이 일하는 부문의 기술적 가능성과 한계를 먼저 알 필요가 있다. 어떤 기재와 기법을 사용하며, 그 한계는 무엇인지 알아야 한다.

영화에 사용된 기재는 항시 앞서가는 기술을 반영해왔다. 영화의 역사는 기술적 진보의 영향을 강하게 받아왔으며, 기술적 진보는 궁극적으로는 영화예술의 양식 발달을 가져왔다. 가벼운 카메라와 포터블 녹음기의 발달은 다큐멘터리 기법을 발전시켰으며 현대 극영화에도 밀접한 연관을 주었다. 프랑스의 시네마 베리떼 다큐멘터리 운동이 〈네 멋대로 해라〉 같은 누벨바그 극영화에 끼친 영향이 그 대표적인 예이다. 컴퓨터그래픽 기술이 SF영화의 시각효과에 끼친 영향도 마찬가지다.

경제적 조건

경제적 요소는 앞서 살펴본 바와 같이 영화의 제작, 배급, 관객에 있어서 중추적으로 작용한다. 이 요소는 영화의 정치적, 심리학적, 기술적 제 요소가 발달하기 위해서 뒷부분에서 강하게 작용하는 요소이기도 하다. 영화를 경제학적으로 분석한다는 일은 왜 영화가 만들어지며, 어떻게 돈이 쓰이고,

〈불의 전차〉, 휴 허드슨, 1981

그 가치가 어떻게 받아들여질 수 있는가를 진단하는 중요한 기준이다.

최초로 영화를 탄생시킨 에디슨과 뤼미에르는 발명가이며 제조업자이고, 동시에 기업인이었다. 그들은 새로운 영화기술에 과학적 흥미를 느꼈을 뿐만 아니라, 이윤을 추구할 수 있는 상업적 동기가 작용한다고 보았다. 영화 제작에서 벌어들인 수지는 새로운 영화적 경험을 추구하는 관객들의 요구에 맞춰 예술의 성장을 가져오게 된다.

영화는 기본적으로 돈이 많이 드는 예술이다. 높은 영화 제작비는 항상 감독이 하는 작업에 어떤 한계를 느끼게 했으며, 제작자와 관객의 관계에 영향을 미치곤 하였다. 이러한 높은 제작비로 영화제작은 사회적으로 영향력을 행사하는 재벌이나 권력자에 의하여 조종되기도 한다. 그러한 영향은 상품과 배급이 어떻게 될 것인가를 결정하기도 한다.

이러한 네 가지의 기본 영역(정치사회, 경제, 심리, 기술)은 영화제작자가 반

〈아마데우스〉, 밀로스 포만, 1984

드시 알아야 할 영화를 둘러싼 모든 것이다. 그 어느 하나에만 종속되어선 안 된다. 자본이 부족하면 자본을 끌어대고, 주제의식이 빈곤하다면 정치사회적 관계를 심각하게 고민해야만 한다. 관객에게 흥미를 유발시키기 위해선 심리학적 요소를 끌어들여야 하고, 형식미를 갖추기 위해선 기술적 요소를 고려해야 한다.

제작자의 판단은 영화예술을 담당하는 그 어떤 사람보다도 정확하고 합리적이어야 할 것이다. 제작자는 흔히 생각하듯이 자기 돈을 갖고 영화를 만드는 사람이 아니다. 제작자는 예술가이며 동시에 기업인이다.

신인 감독 휴 허드슨(Hugh Hudson)을 기용하여 만든 〈불의 전차Chariots of Fire〉(1981)를 갖고 보수적인 아카데미 영화제에서 작품상을 수상한 영국의 데이비드 퍼트넘(David Puttnam)이나 〈아마데우스Amadeus〉(1984)를 제작한 사울 자엔츠(Saul Zaentz) 등이 유능한 대 제작자로 불리는 것은 그들이 돈을 많이 갖고 있기 때문이 아니다. 영화제작자는 그 누구보다도 특이한 재능을 필요로 하는데, 그것은 바로 개별적인 재능을 한데 모아 최고의 종합예술을 만들어내는 재능이다.

| 더 읽어볼 만한 책 |

토마스 소벅 · 비비안 C. 소벅, 주창규 외 역, 『영화란 무엇인가』, 거름, 1998. p.15~50(1장 할리우드 표준 제작 방식).

데이비드 보드웰 · 크리스틴 톰슨, 이용관 · 주진숙 역, 『필름 아트』, 이론과 실천, 1993, p.25~66(1. 영화의 제작 과정).

헬렌 가비, 박지훈 역, 『영화 제작 가이드』, 책과 길, 2000.

이용관 · 김지석, 『할리우드』, 제3문학사, 1992.

더글라스 고머리, 이용관 외 역, 『할리우드 스튜디오 시스템』, 예건사 1992.

채윤희 외, 『영화프로듀싱과 홍보 마케팅 입문』, 큰 사람, 2001.

제이슨 스콰이어, 강인형 역, 『할리우드 영화산업』, 길벗, 1997.

김갑의, 『영화기획』, 집문당, 1994.

김기태, 『영화흥행을 위한 마케팅』, 삶과 꿈, 1997.

일리아 에렌부르크, 김혜련 역, 『꿈의 공장』, 눈빛, 2000.

| 용어 해설 |

복합 대기업 conglomerate
여러 관련 기업들이 하나의 우산 아래 복합화된 거대 기업.

스튜디오 체제 studio system
1920년대에서 1950년대까지 할리우드에서 생성, 발전하였던 영화제작 체제. 대량생산 · 분업화 · 인력 관리 등이 확립되었는데, 대표적인 영화사가 소위 5대 영화사라고 불리는 파라마운트, 20세기 폭스, MGM, 콜롬비아, 워너 브라더스였다. 이들은 철저한 기획 체제, 스타 체제, 장르영화의 정착화 등을 통해 스튜디오 체제를 확립시켰으며, 또한 제작뿐만 아니라 배급과 흥행까지 장악하여 계열화시켰다.

할리우드 십계명 Hollywood 10 Commandment
할리우드 영화의 부정적 방식을 폭로하는 내부적 문건이며, 일종의 제작자의 불문율적인 흥행영화 지침이다.

10장
영화 사조의 이해

영화의 고고학

B.C.4~3세기 플라톤의 '동굴의 비유'. 저서 『국가론Republic』 제10장.

11세기 빛이 작은 구멍으로 들어와 바깥 그림이 내부에 반영될 수 있음을 발견.

16세기 레오나르도 다빈치, 카메라 옵스큐라(Camera Obscura: '어두운 방'이란 의미) 원리 발견.

16세기 중반 카메라 옵스큐라 설계.

17세기 매직 랜턴(Magic Lantern) 개발.

1824년 로제, '잔상의 원리' 논문 발표.

1826년 존 패리스, 토마트로프(요술 회전) 발명.

1830년대 니엡스, 다게르, 철판에 사진영상을 고정시키는 방식 개발.

1832년 플래토, 페나키스토스코프(요술 원반) 발명.

1839년 은판사진술 (=다게레오타이프) 발명. 사진의 기초가 수립됨.

1877년 에디슨, 축음기 발명. 소리 재생이 가능해짐.

1882년 머레이, 사진총 발명. 연속 사진이 가능해짐.

1884년 코닥 필름 발명. 사진을 담는 가벼운 소재의 개발.

1889년 에디슨, 키네토그라프 카메라 실험.

1891년 에디슨, 키네토스코프 개발.

1893년 에디슨, 최초의 스튜디오 '블랙 마리아' 건설.

1895년 프랑스 뤼미에르 형제, '시네마토그라프(촬영기 겸 영사기)' 개발.
최초로 영화 공개 상영. 〈뤼미에르 공장에서 퇴근하는 노동자들〉
〈열차의 도착〉: 다큐멘터리의 시조.

간략한 세계 영화사

1895년 영화의 탄생. 뤼미에르의 시네마토그라프 촬영술. 사실주의 영화
의 시조.

1896년 멜리에스, 트릭영화 제작. 허구, 환상영화의 시조.

1900년대

① 대표적 영화인들: 프랑스의 뤼미에르(〈열차의 도착〉, 1895), 멜리에
스(〈달세계 여행〉, 1902), 에밀 꼴(1908년부터 애니메이션 만듦), 미국의
포터 (〈대열차강도〉, 1903), 그리피스 (〈국가의 탄생〉, 1914) 등.

② 본격적인 영화언어 탄생: 카메라의 움직임, 앵글의 변화가 거의 없
다가 변화가 생기기 시작함.

③ 사이즈의 변화가 생김: 풀 쇼트의 범위에서 다양한 사이즈로 전환.

④ 편집 개념이 생김: 교차편집술, 시간 / 공간의 분할. 원 신 원 컷(One
Scene-One Cut)의 롱 테이크에서 다양한 컷의 분할. 영화의 최소단위

가 신에서 컷으로 변화.

⑤ 이야기 전개방식의 시작: 영화적 내러티브 개념 생김. 그리피스의 3
단계 촬영법, 최후의 구조.

1910년대 할리우드 고전적 양식의 시작.

1920년대 소비에트 몽타주.

독일 표현주의.

토키의 시작(1929).

할리우드 고전적 양식의 확립.

1930년대 유럽의 실험적 모더니즘 영화.

할리우드 고전적 영화의 전성기.

1940년대 이탈리아 네오리얼리즘.

프랑스의 시적 사실주의, 상징주의.

1950년대 할리우드의 붕괴.

텔레비전의 시작.

시네마 베리떼 다큐멘터리—현대 영화/대안 영화.

프랑스 누벨바그 비주류 영화.

중남미의 제3세계 영화.

아시안 뉴 웨이브(인도, 일본).

1960년대 유럽의 뉴 시네마(동구, 서구).

미국의 언더그라운드, 뉴 시네마 .

1970년대 할리우드 재건 시작.

1980년대 할리우드 완전 회복.

중국 영화의 등장(제5세대).

비디오 기술의 혁명.

1990년대 확대 영화(멀티미디어, 디지털 기술의 혁명).

포스트모더니즘 영화(탈주체와 주체)-영화의 형평성, 모방성.

2000년대 스마트기술의 확대

방송, 통신, 영화의 융합

멀티플렉스극장의 극대화

영화의 탄생과 발전

영화는 언제 어떻게 우리 앞에 나타났을까. 기록에는 1895년 프랑스의 뤼미에르 형제에 의해서 시작되었으며, 〈열차의 도착L'arrivée d'un train en gare de la Ciotat〉이 최초의 영화라고 되어 있다. 그러나 이 1895년은 영화의 대중상영을 말하는 것이다. 그 이전에도 카메라와 영사기는 있었다. 대표적인 예로, 어디까지나 연구실 범위를 벗어나지 못한 것이긴 했지만, 미국의 에디슨이 1893년에 이미 영화를 촬영하고 영사했다.

따라서 뤼미에르 형제에 의한 1895년의 의미란 것은 단순히 발명품의 역사가 완성된 시점이 아니라 영화가 대중화된 시점을 말한다. 다시 말하면 영화가 과학적 발명품의 시대에서 비로소 상품성과 시장성을 갖게 되었다는 뜻이다. 영화의 예술성은 바로 이러한 상품오락성과 불가분의 관계에 놓여 있다. 영화는 자본주의의 발달과 더불어 성장한 예술로서 그 자체가 자본주의적 성격을 포함하고 있는 것이다. 철저한 영리 추구와 대중오락성과 상품성은 영화를 현실참여적이 아닌 현실도피적 소비상품으로 만든다.

그러한 가운데 영화는 발전하면서 형식미와 사회적 성격을 갖게 된다. 무성영화 시기에 영화예술은 주로 영상 표현과 이야기 구성에 치중했다. 독일 표현주의와 러시아 몽타주는 소리가 없던 시절에 영화적 표현의 초석을 다진 가장 고전적인 사조에 해당한다.

발성영화가 시작된 1930년대부터 영화는 온전해지기 시작한다. 할리우드의 영화는 소비적 오락물의 선진국으로 무섭게 내닫는다. 두 차례의 세계대전으로 유럽이 잿더미에 빠지고 소련을 중심으로 한 일부 국가들은 사회주의 정책으로 영화가 국유화되어 상상력이 마비되었다. 제3세계 국가들은 저개발과 식민 상태에서 헤어나지 못하고 있는 처지에서 영화의 독립적 발달이란 생각도 못할 때였다. 오직 미국만이 운 좋게(?) 자본과 인력과 기술로 영화를 오락상품화하는 데 박차를 가한 것이다.

1960년대 이후 영화는 새로운 변신을 갖게 된다. 극단적으로 미국이 끌어온 소비적 오락상품이었던 영화가 전세계적으로 인간을 묘사하고 현실을 고발하는 중간 매체로 기능하게 된 것이다. 프랑스를 중심으로 한 유럽의 영화운동들, 제3세계에서 불어온 민중영화 운동은 영화가 형평성의 가치를 향해 온전히 발전해가고 있다는 것을 증명했다. 영화는 자국 문화를 바탕으로 자국의 이익과 정체성을 향해 발전해갔다. 우리는 이러한 맥락에서 중요한 사조를 읽어나가고 서로의 영향성을 점검해봐야 할 것이다.

독일 표현주의

독일의 표현주의(German Expressionism) 운동은 1903년에서 1933년까지의 문학·음악·연극·미술·영화 각 부문에서 일어난 예술사조로서, 제1차 세계대전에 패망한 후 히틀러가 등장하기 전까지의 혼란기가 그 전성기에 해당한다. 당시는 바이마르 공화국의 말기로 혼란과 부패가 극에 달했던 시기이다. 사회의 지배적인 통념은 권위주의에 동조하는 태도를 보였고 전제정치와 무정부주의의 혼란에 동감하고 있었다.

〈칼리가리 박사의 밀실〉, 로베르토 비네, 1919

이때 나타난 영화의 공통 특성은 정신병원 등을 통한 전제정치의 암시와 시장으로 표현되는 극도의 사회적 혼란상이었다. 당시의 통념은 어떤 것도 합리적이고 민주적인 행위를 통한 절차가 아니었고, 인간의 운명에 대한 통제를 가능한 것으로 제시하지 않았다. 기이한 힘에 의해 좌우되는 인간을 묘사했으며, 정치적인 마비상태에 빠져 있었다. 그것은 결국 나치즘에 대한 수동적인 수락을 의미했다.

독일인들은 심리적이며 회화적인 영역을 추구했으며, 인간 내부의 의식을 구체화하기 위해서 물리적 현실보다는 정신의 내면 세계를 표현했다. 로베르토 비네(Roberto Wiene)의 〈칼리가리 박사의 밀실The Cabinet of Dr. Caligari〉(1919)이 대표적인 작품이다. 이 영화에서 창조된 세계는 광기에 사로잡힌 인물의 세계로서 그의 공포는 자신을 둘러싼 인간과 사건들뿐만 아니라 자연, 도시, 전시장, 정신병원의 형상들로부터 비롯된다. 들쑥날쑥하고 불규칙한 구도가 화면을 지배한다. 가시달린 창 같은 나무들, 분간할 수 없는 조명에 의한 검은 그림자들의 덩어리, 구부러진 미로, 단절된 경사진 교차로와 계단, 불안하게 균형을 이룬 기이한 기하학적 건축재로 된 덩어리 같은 집들.

프리츠 랑(Fritz Lang)의 〈메트로폴리스Metropolis〉(1926)는 공상과학영화

로서 특수 합성촬영과 스튜디오 세
트의 섬세한 구축이 탁월한 영화
다. 이 영화 역시 미래에 펼쳐질 광
기와 독재 권력에 대한 운명적 힘을
암시했고, 기하학적인 구도와 조명,
세트, 특수효과 등을 보여주었다.

　당시 독일 문화의 토대를 형성한
것은 프로이트의 정신분석학으로
서 독일인의 심리적, 내적 상태를
영화적으로 표현하고자 했다. 카
메라의 움직임을 많이 구사했는데,
촬영기법의 동기를 형성한 것은 인
간 내면의 꿈, 악몽, 무의식, 환영의
전달이었다. 독일인은 이야기 전개
에 있어서 카메라의 역할을 부각시
켰다. 카메라가 이야기를 풀어나가
는 도구가 된 것이다. 당시 이미 카

〈카프카〉, 스티븐 소더버그, 1993

메라 시점으로 사물을 기록해나가는 주관적 카메라 기법을 구사했다. 이러
한 독일 영화의 움직이는 카메라 기법은 할리우드에 막대한 영향을 끼쳤다.
　소위 필름 누아르라고 하는 미국의 갱 영화 장르와 공포영화 장르는 다
독일 표현주의의 직접적인 영향이었던 것이다. 사악하고 환상적인 주제, 표
현주의적인 조명과 분장, 의상, 특수효과에 의한 촬영 등이 그러한 영향이
다. 미국의 스티븐 소더버그 감독이 만든 〈카프카〉를 보면 독일 표현주의
가 현대 영화에도 밀접하게 작용하고 있음을 느끼게 해준다. 카프카의 자의

식적인 소설 세계에다가 미래 공상과학적인 발상을 결합시킨 이 영화는 독일 표현주의 영화의 대표작인 〈칼리가리 박사의 밀실〉과 〈메트로폴리스〉 두 편을 합쳐놓은 것 같은 느낌을 줄 정도이다.

러시아 몽타주

제1차 세계대전 이후 독일이 1919년의 무장봉기가 실패로 돌아가면서 무정부 상태에 빠진 것과는 달리, 러시아는 1917년 볼셰비키 혁명에 성공함으로써 그들 예술가들은 정부의 지원 하에 러시아 인민에게 혁명의 결과와 대의를 교육, 고취시키려는 사회적 목적을 갖고 있었다. 당시 러시아의 문화적 토대는 헤겔, 맑스의 유물사관과 레닌의 혁명적 사회개혁론, 파블로프의 조건반사, 과학적 변증법 등 정치·경제·사회적 변혁의식으로 가득 차 있었다. 미적인 양식은 미래주의를 통한 기계의 힘과 운동에 영향받은 역동적인 생활묘사로 나타나고 있었다.

그러한 상황 하에서 당시 러시아 감독들은 장면 내의 구성이나 카메라의 움직임보다도 컷과 컷의 연결성, 거기서 나오는 역동성을 중시하는 경향이 짙었다. 특히 촬영된 이후의 후반 작업에 해당하는 소위 편집에 더 주력했다. 쿨레쇼프(Lev V. Kuleshov)는 영화실험실을 통해 이러한 컷의 연결 원칙 즉 몽타주 기법을 연구했다. 그 결과 그는 영화를 구성하는 힘의 원리가 바로 편집임을 확신하게 되었다. 그의 제자인 푸도프킨과 에이젠슈테인은 이러한 실험에서 얻어진 원리를 직접 자신의 작품에 반영했다.

푸도프킨은 몽타주를 벽돌쌓기에 비유했다. A+B=(A+B)라는 공식에 따라 컷과 컷의 연속은 이야기 구축을 위한 점진적인 축적이어야 한다는 것이다.

반면에 에이젠슈테인은 〈전함 포템킨The Battleship Potemkin〉(1925)에서 컷과 컷이 단지 결합하는 것이 아니라 충돌하고 갈등하는 관계여야 한다는 것을 보여주었다. 그의 공식은 A×B=C 라는 것인데 두 컷이 충돌하면 A도 B도 아닌 제3의 의미가 탄생한다는 이론이었다. 이것의 기반은 헤겔의 변증법과 한자의 상형원리에서 따온 것이다. 변증법에서 '정-반-합'의 원리를 그대로 적용했고, 한자의 구성 원리에선 두 개의 글자가 합쳤을 때 전혀 다른 제3의 의미가 나오는 것, 예를 들어 口(입)+鳥(새)=鳴(운다), 門(문)+耳(귀)=聞(듣다) 등을 그대로 적용한 것이다.

에이젠슈테인은 이러한 원리를 바탕으로 편집의 기법을 다섯 가지로 크

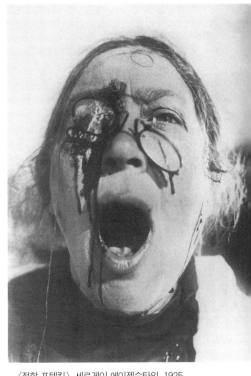

〈전함 포템킨〉, 세르게이 에이젠슈타인, 1925

게 체계화했다. 운율(metric)의 몽타주는 길고 짧은 컷이 충돌하는 것을 말한다. 율동(rhythmic)의 몽타주는 정지된 것과 움직이는 컷을 대비시킨 것이다. 음조(tonal)의 몽타주는 어둠과 밝음이 부딪치는 것을 말한다. 배음(overtonal)의 몽타주는 이 세 가지가 복합적으로 작용하는 것을 말하며, 지적(intellectual) 몽타주는 은유적이고 상징적으로 연결된 몽타주를 말한다.

러시아 몽타주는 현대 영화에서도 편집에 의한 박진감과 서스펜스의 증가를 위해 많이 고려되는 기법 중의 하나이다. 그 기법을 자신의 작품에 가장 적절히 운용하는 감독으로 알프레드 히치콕과 스티븐 스필버그를 거론할 수 있다. 히치콕 영화의 특성은 서스펜스를 잘 만들어낸다는 점인데, 그

가 영화적 기법으로 구사하고 있는 게 바로 러시아 몽타주에서 영향받은 편집기법이다.

할리우드 고전문법: 할리우드 체제의 시작

1910 3대 체제의 시작.

　　① 스타 체제.

　　② 스튜디오 체제(산업과 기술의 완성도): 토마스 인스 스튜디오 체제 시작. 8대 메이저(MGM, 유니버설, 워너, 파라마운트, 컬럼비아, 유나이티드 아티스츠, 폭스, 퍼스트 내셔널).

　　③ 장르 체제(상품미학): [초기의 장르]

　　　사극, 스펙터클, 서부극: 데이비드 그리피스, 토마스 인스.

　　　희극: 찰리 채플린, 맥 세네트(키스톤 희극), 버스터 키튼, 해롤드 로이드.

　　　멜로드라마: 세실 B. 드밀, 에리히 슈트로하임, 에른스트 루비치.

1912 칼 래믈(유니버설), 아돌프 주커(페이머스 플레이어)가 기획 시작.

1914 장편 극영화가 주류로 정착.

　　채플린 등장.

　　맥 세네트, 최초의 장편 희극 발표.

1915 그리피스 〈국가의 탄생〉 발표. 미국 영화의 아버지로 불림.

1916 사무엘 골드피쉬 / 에드가 셀윈, 골드윈 픽쳐 설립.

1919 유나이티드 아티스츠(메리 픽포드, 찰스 채플린, 더글러스 페어뱅크스, 데이비드 그리피스) 설립.

1920 해리 코엔, CBC Film Sales(이후의 콜롬비아) 설립.

1922 MPPDA(Motion Picture Producers and Distributers of America)가 설립
되어 윌 헤이스가 검열 시작.

1923 워너 브라더스 설립.

1924 마커스 로우, MGM(Metro Goldwyn Mayer), 콜롬비아 설립.

1927 아카데미상 시작됨.

알란 크로스랜드〈재즈싱어〉(최초의 토키) 발표.

1928 RKO 영화사 설립.

1929 영사기 속도 24분의 1초로 확정.

유성영화로 완전 이행.

할리우드 영화의 문법은 영화의 고전적 양식으로서 1917년경부터 시작되어 확립된 양식을 말한다. 이후 할리우드는 이 양식을 더욱 공고히 구축하여 일관되게 유지해왔다. 이 고전적 양식은 관객의 반응을 안정적으로 만들고, 이에 따라 지배 이데올로기의 주입이 용이하도록 하기 위해 고안된 일관되고 닫힌 구조의 양식을 말한다.

산업적 측면에서 할리우드의 대량 공장제 생산양식은 노동력과 생산수단, 생산자본을 소유한 거대기업을 형성함으로써 분업화와 표준화를 이룩하여 상품생산을 용이하게 했다. 기술적 완성도에서도 완벽한 사실 재현이 가능할 정도로 발달했다.

영화 미학적인 측면에서는 이야기 전달 방식으로서 고전적 이야기 서술법(classical narrative)을 완성했다. 이 고전적 이야기 서술법은 철저히 인과적이며 연결고리를 갖고 긴밀히 유지되어 있다. 복선을 두는 방식도 고안되었다. 우연성을 배제하고, 있음직하며 그럴듯한 이야기와 사건을 추구한다. 또한 인물의 성격이 일관되어 있고, 타인과 구별될 수 있도록 성격화가 되어 있

다. 주인공은 뚜렷한 목표를 향해 움직이는 목표 지향적 인간형이다. 이야기의 구조는 단계를 밟으며 점진적으로 상승, 파국의 구조로 발전한다.

이야기의 외형적인 영상 구성에 있어서도 일련의 법칙이 존재한다. 공간 구성은 촬영술의 기본원칙이 되었는데, 이미지는 화면의 중심을 채우고 정면을 향하며, 좌우균형적이어야 한다. 이것은 안정감과 함께 자연스러움을 얻기 위함이다. 공간의 깊이감 역시 강조되었는데, 영상을 입체적으로 만듦으로써 사실감을 획득하기 위함이다. 편집 기술에 있어서도 연속성(continuity)의 법칙을 철저히 준수하여, 인물의 시선과 동작 등이 앞뒤가 일치하도록 하는 편집기법을 사용한다.

전세계 대부분의 오락영화가 이 공식을 모방하고 있다. 우리나라도 예외는 아니다. 〈투캅스〉를 보면 할리우드의 영화 공식을 그대로 답습하고 있음을 알 수 있다. 두 명의 형사의 성격은 너무 판이하여 항상 갈등을 빚게끔되어 있다. 말하자면 성격화가 분명하다는 것이다. 또한 삶의 방식도 저마다 뚜렷하다. 이것은 목표 지향적이란 뜻이다. 그들이 겪는 사건들은 우리사회에서 흔히 볼 수 있는 일상적인 에피소드들이다. 우연성을 배제하고 그럴듯함을 추구한다는 것이다. 영화의 마지막에 가서 모든 사건이 해결되고 신참이 들어옴으로써 과거의 사건이 반복되고 드라마가 순환구조를 갖게된다. 이것은 이야기의 허구성을 드러내며 드라마 구조가 닫혀 있다는 것을 우리에게 알려준다.

이탈리아의 네오리얼리즘

이탈리아의 무솔리니 정권은 1930년대에서 1940년대 중반까지 영화를 획일화시켰다. 당시 영화는 국책 선전물 아니면 현실도피적 오락물이었다. 흔히 백색전화(white telephone) 영화라고 일컬어진 이 멜로드라마는 상류층의 호화로운 거실에서 권태로운 여주인공이 남자 친구의 전화를 기다리는 식의 도피적인 이야기이거나, 아니면 그저 즐거운 오페라 영화, 풍속 희극영화 등 이었다.

그런데 전쟁의 막바지에 현실에 눈을 뜬 감독들은 이탈리아의 비참한 현실과 민중의 삶을 진실한 시각으로 꾸밈없이 그려야겠다는 의지를 갖기 시작했다. 이러한 영화작업은 내용과 형식에 있어서 새로운 대안을 제시했는데, 그들의 미학은 네오리얼리즘(Neo Realism), 즉 '새로운 사실주의'라고 불렸다. 네오리얼리즘은 있는 그대로의 현실을 그대로 묘사한다는 원리에서 출발한다. 다분히 기록영화적 수법을 이어받으며, 허구가 상황을 만드는 것이 아니고 거꾸로 상황(현실)이 허구적 이야기를 만드는 수법을 차용한다. 이탈리아 네오리얼리즘의 미학은 그 작품의 결과물에 비하면 이론적 정의가 그리 분명한 것은 아니다.

두 가지의 상이한 관점이 있는데, 비스콘티는 "네오리얼리즘은 무엇보다도 내용의 문제"라고 정의하는 반면, 펠리니는 "네오리얼리즘은 무엇을 보여주느냐의 문제가 아니라, 그 진정한 정신은 어떻게 현실을 드러내느냐에 있다"고 정의한다. 결국 내용이냐 형식이냐의 문제로 귀결된다. 이 두 견해를 종합하면 네오리얼리즘은 내용과 형식 양면에 있어서 종래와는 확연히 다른 방법론을 취하고 있다고 볼 수 있다. 알베르토 모라비아의 소설『정오의 유령』에 대해 제작자 바티스타의 견해를 빌면 조금 더 분명해진다.

"네오리얼리즘 영화는 절망적이고 허무하며 우울하다. (…) 그 영화들은 우리나라를 빈민의 나라로 묘사하고, 어떤 면도 단지 흥밋거리로만 비칠 외국인들의 입장은 고려하지 않는다 하더라도, 분명 이 영화들은 삶의 부정적인 부분과 인간 존재의 더럽고 추악하고 비정상적인 모든 것을 강조하고 있다. 이 영화들은 한마디로 허무적이고 불건전한 영화이며, 상황을 극복하게 대중을 돕는 것이 아니라 어려움에 처한 인간을 단지 상기시킬 뿐이다."

이러한 비난은 보수적인 상업영화계의 목소리를 대변하는데, 오히려 네오리얼리즘의 성격을 더 잘 이해하게 한다. 네오리얼리즘 영화가 현실을 바라보는 자세는 비스콘티와 펠리니가 대립하듯이 그리 단순한 문제가 아니다. 그들이, 다큐멘터리에서 현실을 기록해나가듯 영화가 모순되고 상반되는 요소를 정직하게 기록하는 것임에 동의한다고 해서, 허구적인 이야기를 포기하는 건 아니다. 그런 관점에서 네오리얼리즘은 영화가 단지 현실을 드러내는 것이 아니고 재구성한다는 원칙을 보여주고 있다. 종래의 방식대로 현실을 재구성하는 것이 아니라, 현실이 더욱 진실하고 생동감 있게 나타나도록 재구성한다는 것이다.

이들 영화는 주로 노동자·농민·서민·빈민 등의 평범한 하층계급 민중의 이야기를 소재로 하여 파시즘의 폐단, 전쟁의 황폐함, 가난, 실업, 매춘 등의 사회적 실상을 폭로한다. 또한 기독교와 마르크시즘을 인간주의적 관점에서 결합시키고 있다.

형식적 특성을 살펴보면, 잘 짜여진 극 구조 대신 느슨한 에피소드식 구성을 취하고 있으며, 다큐멘터리의 거친 영상을 그대로 이어받고 있다. 스튜디오의 조명이나 세트가 아닌 야외 로케이션과 자연광을 자주 사용하며, 비직업 배우를 직업 배우와 적절히 배합하여 운용한다. 대사도 극적이거나 문학적인 언어가 아니라 일상적인 언어를 구사한다.

이러한 특성들은 이론적 토대 위에서 이뤄진 게 아니라, 현실 조건에 의해 결정된 것이다. 네오리얼리즘 감독들은 사회적인 문제들을 다루지만 그것들의 원인을 설명하거나 해결을 제시하기보다는 개인의 삶에 미치는 사회적인 문제들의 영향이라는 관점에서 고찰한다. 이탈리아의 네오리얼리즘은 이탈리아 내에서 뿐만 아니라 프랑스의 누벨바그, 동유럽 영화, 영국의 사회적 리얼리즘 영화에 영향을 주었으며, 특히 제3세계 영화에 가장 직접적인 영향력을 행사했다.

헝가리의 이츠반 자보(Istvan Szabo) 감독이 만든 〈엠마와 부베의 사랑Edes Emma, Draga Bobe-Vazlatok, Aktok〉(1992)이나 유고의 에밀 쿠스트리차 감독이 만든 〈집시의 시간〉은 일상 서민들의 생활을 담담하게 그린 점이나, 탄탄한 극적 구성과 닫힌 허구적 이야기 구성이 아닌 느슨한 에피소드식 구성을 통해 열려진 결말을 지향하는 점에서 네오리얼리즘의 영향을 나타내고 있다.

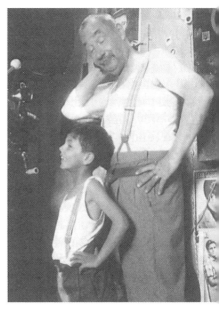

〈시네마 천국〉, 쥬세페 토나토레, 1989

또한 쥬세페 토나토레(Giuseppe Tornatore) 감독의 〈시네마 천국Cinema Paradiso〉(1989)은 이탈리아 네오리얼리즘의 수법과 내용을 현대적으로 보여

〈오발탄〉, 유현목, 1961

주는 영화에 속한다. 특히 이 영화에서는 한 마을의 영화관이 흥망성쇠를 겪는 일화를 통해서 이탈리아 영화산업 자체가 네오리얼리즘 이래로 어떻게 변해왔는가를 상징적으로 드러내기도 한다. 그런 접근은 소위 "영화에 대한 영화"로 불릴 만한 주제에 속한다.

한국에서도 1960년대에 나온 유현목 감독의 〈오발탄〉(1961)이나 김수용

감독의 〈갯마을〉(1967), 1980년대에 들어와 이장호 감독의 〈바람 불어 좋은 날〉(1980), 1990년대 장선우 감독의 〈우묵배미의 사랑〉(1989), 홍기선 감독의 〈가슴에 돋는 칼로 슬픔을 자르고〉(1991) 등이 이와 유사한 계열이다.

프랑스의 시네마 베리떼

기록영화 운동의 중요한 현대 사조로 기록되는 시네마 베리떼(Cinéma Vérité)는 1920년대 소련 기록영화 흐름인 '영화 진실Kino Pravda=Film Truth' 과 '영화의 눈Kino Eye=Cinema Eye' 운동을 그대로 이어받고 있다. 프랑스의 장 루쉬(Jean Rouch)와 에드가 모렝(Edgar Morin)에 의해 정착된 이 용어는 불어로 '영화 진실'이라는 뜻이다. 종래의 기록영화가 현실을 있는 그대로 객관적으로 서술하거나 아니면 너무 주관적으로 일방적인 시간의 선전영화로 전락한 데 대해 강한 의문을 드러내며, 궁극적으로 진실을 어떻게 포착할 것인가의 방법론을 새롭게 제기한 것이다.

그들은 가볍고 기동성 있는 새로운 기술을 가지고 현장에 접근한다. 충분한 사전 조사와 현장 지식을 바탕으로 사회 현실적 주제를 주요 관심사로 정하고, 살아 있는 인터뷰 방식을 주로 취한다. 이러한 직접적인 인터뷰는 현실의 표면에 숨겨져 있는 진실을 포착하는 데 중요한 역할을 해낸다.

시네마 베리떼에 이르러 기록영화는 사건을 단지 기록하는 것이 아니라 직접 참여하는 수준으로 발전하였다. 시네마 베리떼는 격동하는 1960년대의 정치 사회적 변혁기에 중요한 기능을 수행했다. 프랑스 내의 지식인, 학생, 노동자들의 변화와 제2차 세계대전 이후 유럽의 은폐된 진실, 베트남전 상황의 정확한 사실 보고 등은 이러한 새로운 방식이 아니었으면 충분하지 않았을 것이다.

〈진실 혹은 대담〉, 알렉 케시시안, 1991

이 기록영화의 영향은 우선 프랑스 내의 극영화 감독에게 커다란 영향을
주었는데, 프랑스의 누벨바그 감독들은 대부분 이러한 제작방식을 극영화
에 도입하고 있었다. 장 뤽 고다르, 프랑소아 트뤼포, 자크 로지에(Jacques
Rogier), 에릭 로메르 등의 영화는 직접적인 인터뷰와 즉흥적인 상황을 곧잘
극영화 속에 재현시켰다.

기록영화의 전통은 상업적인 영화 속에서보다는 새로운 매체로 등장한
TV에서 전폭적으로 수용되었다. 지금 우리가 보는 대부분의 TV기록물들은
시네마 베리떼를 중심으로 한 현대 기록영화의 발달을 그대로 차용한 것이
다.

현대 영화에서 기록영화의 수법은 극영화에 또한 상당수 차용되어 있다.
올리버 스톤의 〈JFK〉는 케네디 암살사건을 여러 번 반복 재구성하면서 추
리해가는 방식이 시네마 베리떼 수법을 연상시키며, 그러한 수법은 사실감,

박진감을 전달하는 탁월한 기법으로 자리잡았다. 마돈나의 공연을 기록한 〈진실 혹은 대담Truth or Dare〉(1991)은 시네마 베리떼의 모습을 온전히 전해 주는 기록영화이다. 시네마 베리떼는 자유분방하고 허구적이지 않은 가운 데 진실을 포착해내는 기능이 있다. 이 영화도 마돈나의 공연을 단지 기록하 는 데서 그치는 것이 아닌, 마돈나의 무대 안과 밖의 생활을 추적함으로써, 스타라는 존재의 삶과 인간성을 캐내는 것이 주요한 관심사인 것이다.

프랑스의 누벨바그

누벨바그(Nouvell Vague), 즉 '새로운 물결'이란 뜻의 불어로 정착된 이 사 조는 1950년대 중반에서 1960~70년대까지를 이끌어간 프랑스의 새로운 영 화를 말한다. 누벨바그의 출현은 1940년대 말부터 프랑스 영화시장을 위협 한 미국 영화의 범람과 관련이 있다. 프랑스 정부는 미국 영화에 대항하여 프랑스 자국 영화를 육성하기 위한 일련의 조치를 취했는데, 자국 영화 의무 상영제, 즉 스크린 쿼터제의 고수와 정부 보조금 제도, 사전 제작비 지원제 도, 단편영화 장려금 제도 등이 그것이다. 이런 정부의 지원은 프랑스의 젊 은 독립영화를 활성화시키는 데 일정한 몫을 담당하였다.

국가보조 정책과 아울러 영화를 자유롭게 분석할 수 있는 시네마테크 (cinémathèque)의 운영과 영화비평지 『까이에 뒤 시네마Cahier du Cinéma』를 통한 미학과 산업에 대한 통찰력, 단편영화 작업의 활성화 등이 새로운 감독 들과 작품을 만들게 한 원동력이 되었다.

누벨바그는 특히 당시 활약하던 사상가 카뮈, 사르트르 등의 실존주의 철 학에 영향을 받아 우연적인 등장인물, 극적 동기가 없는 사건 등을 흔히 취 급하고 있다. 또한 당대의 문학 형식이던 신소설(누보로망)과 마찬가지로 종

래의 짜여진 극구조가 아닌 열려진 느
슨한 구조를 갖는 특징이 있다.

제임스 조이스(James Joyce), 마르셀
프루스트(Marcel Proust) 등의 현대 심
리학적 소설과도 흡사한 구조를 갖는
다. 따라서 이들 영화는 자의식적이고
자발성과 감정에 의한 시간과 공간의
비약을 흔히 보여준다. 그 대표적인 감
독은 알랭 레네이다. 의식의 흐름을 보

〈쥴 앤 짐〉, 프랑소와 트뤼포, 1961

여주는 짧은 플래시 컷과 시공간을 비약시키는 점프 컷의 사용은 그에 의해
서 대중화된 기법들이다.

또한 누벨바그 감독들은 영화 자체에 대한 탐구와 정열이 특이하여 여러
가지 형식적인 실험을 보여주었다. 즉흥적인 카메라
와 연기 및 무성영화 이래로 초기의 기법을 다시 현
대적 영화문법으로 재해석하여 사용한 점은 탁월하
다고 할 수 있다. 누벨바그에 와서 영화는 형식적으
로 현대성을 갖추기 시작했다. 주관적이고 자유분
방한 해석을 하는 개인적인 영화로 발전한 것이다.

프랑스 누벨바그는 초창기에 활약하던 〈네 멋
대로 해라〉의 장 뤽 고다르, 〈쥴 앤 짐Jules et Jim〉
(1961)의 프랑소아 트뤼포, 〈도살자〉의 끌로드 샤
브롤, 〈녹색 광선〉의 에릭 로메르, 〈히로시마 내 사
랑〉의 알랭 레네 등의 영화감독들에서 현재 활약
하는 〈베티 블루Betty Blue 37.5〉의 장 자크 베넥스

〈히로시마 내 사랑〉, 알랭 레
네, 1959

(Jean Jaques Beineix), 〈니키타Nikita〉와 〈그랑블루Le Grand Bleu〉의 뤽 베송 (Luc Besson), 〈퐁네프의 연인들〉의 레오 까락스, 〈델리카트슨 사람들〉의 쥬네와 카로 등의 프랑스 신세대 감독들로 옮아간다.

제3세계의 제3영화

영화사 속에서 민중영화의 성장은 제3세계 영화의 등장과 더불어 논의되고 구체화되었다. 제3세계 영화미학은 전세계 영화 역사의 흐름 중에서 역사와 현실, 그리고 영화의 기능과 가능성을 가장 강력하게 실험하고 실천한 사조이다. 이들 제3세계 영화인들은 영화의 탄생 초기부터 자본과 상업성의 지배 하에서 자유롭지 못했던 영화예술을 처음으로 사회 변혁의 중요한 수단으로 차용했다는 점에서 높이 평가되고 있다.

제3세계 영화는 정치·경제·사회 제 분야에서 저개발을 극복하려는 제3세계 종속이론을 그 출발점으로 삼으며, 1950년대 중반 제1세계(미국·일본·유럽을 중심으로 하는 자본주의 경제체제), 제2세계(소련·중국·동구를 중심으로 하는 사회주의 경제체제), 제3세계(중남미, 아시아, 아프리카, 중동 등 과거 식민 지배를 받은 경험이 있고, 자본주의와 사회주의가 뒤섞여 가난과 문맹의 저개발 상태를 면치 못하고 있는 나라들)의 당시 세계관에서 나타난 이론들을 토대로 한다. 제3세계의 정의는 식민주의의 정의에 선행하여 먼저 이루어져야 한다. 왜냐하면 제3세계 영화는 식민화되는 과정에서 왜곡된 정치경제적 구조를 가진 식민국가, 신식민국가, 갓 식민 상태에서 벗어난 국가의 역사적 희생을 다루는 것이기 때문이다. 이러한 식민주의적 관계는 단지 경제적 빈곤, 백인 중심의 인종주의, 문화적 후진성, 지역적 변방주의를 말하는 것이라기보다는 '구조적으로' 지배당하는 상태를 말하는 것이다.

제3세계에서의 문화활동은 자국물이건 외국물이건 주체적인 독해법을 필요로 하는데, 특히 영화라는 미디어가 갖고 있는 정치적인 중재작용(mediation)을 잘 분석해보지 않으면 안 된다. 영화의 중재작용은 구체적으로 관객을 고정화(positioning)시키는 것이다. 영화가 구축해가는 현실의 재구성은 관객을 어떤 한 방향으로 고정시킨다. 제3세계의 대중이 찾아야 할 것은 그것이 자국물이건 외국물이건 간에 식민주의의 시각으로 고정시키고자 하는 작용을 분석해내고 거부해야 한다는 것이다. 식민주의 시각에서 재구성된 영화 한 편은 관객을 자신도 모르게 식민주의 관객으로 고정되도록 유도한다.

영화적 경험이란 어쩔 수 없이 관객 자신의 문화적 인식 능력에 의해 영향받게 되어 있다. 그런데 그 인식은 영화 외적으로 형성된 것이며 인종(민족), 계급, 성별 등의 여러 사회적 관계의 집합이 상호교차하면서 작용한다. 따라서 우리에겐 기존의 관행으로 읽어나가는 습관을 역행할 필요가 있다. 소위 '비정규적인 독해(aberrant reading)'를 말한다. 영화는 특정한 감정과 정서를 유발하기 위해 의도적으로 만들어진다. 하지만 그 방식을 거부하면 그 힘은 감소된다. 다른 인식을 갖고 있는 관객이 다른 방식으로 읽으면 그 텍스트는 다르게 읽혀질 수 있는 것이다.

아르헨티나의 해방영화집단에서 솔라나스(Fernando Solanas)와 게티노(Octavio Getino)에 의해 처음 사용된 '제3영화'란 용어는 당시 브라질의 시네마 노보(Cinema Novo), 볼리비아 우카마우(Ukamau) 집단의 '민중영화론(People's Cinema)', 쿠바의 '불완전 영화론(Imperfect Cinema)' 등의 민중영화론과 거의 흡사하며 공동 연대적인 의미를 지니고 있는 말이다.

1980년대 이후 현대 영화에서 이해할 때 모든 영화는 나름대로의 목적성을 띠고 있다. 할리우드 영화로 대변되는 자본주의 체제하의 상업 오락적 소비 영화는 제1의 영화로, 할리우드 영화보다는 비교적 덜 소비적이지만 감독 개인의 주관적 세계 속에서 역사와 현실의 문제가 도피되고 사장되고 마는 유럽풍의 영화를 제2의 영화라고 분류할 수 있다.

단순한 상업 오락적 목적을 띠는 제1영화와 예술을 위한 예술을 보여주는 감독 자신의 사적인 고백 수단으로서의 제2영화가 갖고 있는 영화적 한계를 극복하는 대안으로서 등장한 영화가 바로 제3영화(The 3rd Cinema)다. 제3영화에 와서 비로소 영화는 사회 변혁과 역사 현실을 직시하고 참여하는 구체적인 목적을 수행하게 된다.

1960년대 이래로 제3영화는 사회와 역사의 모순에 근거하여 신식민주의, 인종 차별, 성차별, 계급 간의 갈등, 빈곤 등을 주요 테마로 하여 때론 마르크시즘의 사회과학적 방법을 차용하기도 했고, 민족 민중성의 가치를 특별히 고양하는 전략을 구사하기도 했다.

시기적으로 제3영화가 가장 먼저 나타난 곳은 1950년대 말부터 1960년대 초에 나타난 아르헨티나와 브라질이다. 이어 멕시코가 뒤를 이었고, 1960년대에 들어와 쿠바, 칠레, 볼리비아로, 1970년대에 페루·콜롬비아·베네수엘라 등지로 확산되고, 1980년대에 중남미에서 가장 뒤늦은 엘살바도르를 거쳐 아시아, 아프리카, 중동 등지에서도 제3영화의 흐름이 나타난다.

제3영화 운동은 우리나라가 처한 민중영화의 대중화와 같은 연장선상에 있다. 우리의 제3영화적 성장은 1980년대에 들어오면서 나타나기 시작한다. 1980년의 광주민주항쟁과 신군부의 집권이 가져온 정치적 긴장감과 민주 세력에 대한 가혹한 탄압은 현실로부터 자연스럽게 민중예술을 탄생케 했다. 1980년대 중반 이후 비제도권 영화 활동으로 시작된 민중영화 운동은 물론 그 단초에 불과한 것이었으나, 이후의 한국 영화를 규정짓는 중요한 흐름이었다. 서울영화집단이 만든 〈파랑새〉(1987)는 농민운동 단체의 협조 속에서 농촌의 문제를 농민의 시각에서 직접 다룬 영화였다.

1987년에서 1989년 사이의 노동자 대투쟁과 그에 따른 각 노동운동조직에서의 노동영화 보급 운동도 이 시기에 나타난 괄목할 만한 민중영화적 성장이다. 〈깡순이, 슈어 프러덕츠 노동자〉〈전진하는 노동전사〉〈노동자 뉴스〉〈전열〉 등 노동영화의 등장은 영화가 노동계급의 현장성에 직접 기능하고, 영화를 통한 사회 변혁이라는 새로운 명제를 수행해낸 구체적 활동 사례라 할 것이다.

이러한 노동영화의 성장과 발맞추어 영화집단 장산곶매의 창작이 가져온 성과는 제도권과 비제도권이 갖고 있던 애매모호한 장벽을 과감히 깨어버리는 역할이었다. 〈오, 꿈의 나라〉(1989)에서부터 시작된 이들의 영화 제작은 〈파업 전야〉(1990)에서 정점에 달했고, 〈닫힌 교문을 열며〉(1992)에 이르기까지 이 땅의 민중영화의 수준을 끌어올린 작업이었다.

1987년 이후 우리 영화계는 미국 영화의 직배와 그에 따른 여파로 국내 영화산업이 거의 고사 직전에 놓이게 되는 시련을 겪는다. 미국 영화 직배 이후 우리 관객의 취향은 급속도로 서구화되어갔고, 서구 영화가 보여주는 도피적 오락에 정신을 빼앗겨버리는 참담한 상황에 놓이게 되었다. 민중영화는 물밀듯 밀려들어오는 서구 영화와의 싸움에서 이제는 자국 영화의 명맥을 이어나가야만 하는 소명의식으로 대처하지 않으면 안 되게 되었다. 다시 말해 이제 민중영화는 민중적 내용을 어떠한 민족적 양식에 담아 표현함으로써 자국의 대중에게 널리 대중화시킬 수 있느냐 하는 새로운 과제를 안게 된 것이다.

우리는 1994년에 미국을 중심으로 한 선진국의 우루과이라운드 압력이 펼쳐지자, 프랑스에서 자국의 영상·음향 문화 보호에 관한 입장을 내세움으로써 할리우드 영화가 상업적으로 침투해 들어오는 것을 막으려 했던 과정을 상기해볼 필요가 있다. 그때 미국은 스필버그의 〈쥬라기 공원〉을 만들어 프랑스를 강타했고, 프랑스는 에밀 졸라 원작의 노동운동 영화인 〈제르미날Germinal〉(1994)을 개봉하여 그에 맞섰다. 현대 영화는 이러한 문화 제국주의 전쟁의 시대에 직면해 있으며, 그렇다고 해서 대원군 시대처럼 무조건 자기 울타리 안에서만 살아갈 수도 없게 되었다.

미국의 인디펜던트영화

미국의 인디펜던트(이하 인디)영화는 1960년대부터 그 뿌리를 갖는다. 1950년대 TV의 등장으로 붕괴의 조짐을 보이던 할리우드 대량생산제가 본격적으로 붕괴하기 시작한 것이 60년대이며, 그를 대체하는 영화 활동이 바로 인디 체제였다. 그 이후 인디영화는 주류 영화를 리드해오면서 더 이상 인디라는 이름으로 불리지 않게 되었다. 그러나 미국같이 극단적으로 상업화된 나라에서 이제 인디는 미미하게 명맥을 잇고 있을 뿐이다.

인디영화는 할리우드 시스템의 바깥에서 제작되고 배급되는 경향을 말한다. 제도권 밖에 비껴나 있으면서 그들은 인종차별주의, 성차별주의, 호기심거리, 상업주의를 배격하고 인간주의적인 대안을 추구한다. 이 점은 인디영화와 대규모 상업 할리우드 영화를 구별 짓는 가장 큰 차이점이다.

또한 인디와 할리우드 상업영화는 제작비에서 큰 차이를 보인다. 현재 할리우드 영화의 평균 제작비는 2000만 달러를 잡는 데 비해 인디영화의 평균 제작비는 500만 달러 이하에 불과하다. 이에 따라 인디영화계에는 예전부터 아주 적은 제작비로 최대의 이윤을 뽑아낸 전설적인 사례들이 항상 화젯거리로 등장하곤 한다.

1960년대 인디영화의 효시인 〈이지 라이더Easy Rider〉(1969)를 예로 들지

<이지 라이더>, 데니스 호퍼, 1969

않더라도, 웨인 왕 감독의 <첸의 실종Chan is Missing> (1982)은 제작비용이 2만 달러가 채 안 된다. 로버트 로드리게스(Robert Rodriguez) 감독의 <엘 마리아치El Mariachi> (1992)는 처음 완성 시에 불과 1만 달러 정도밖에 들지 않았다. 물론 나중에 지원을 받고 다시 제작비를 몇 만 달러 더 투자하긴 했지만 여전히 10만 달러 이하로 만든 작품이다. <내 인생은 과도기다My Life is with a Turnaround> (1993)같은 영화는 불과 3만 달러의 경비로 만들어서 버라이어티 차트 50위 안에 진입하기도 했다. 그러나 이와 같은 사례는 전설일 뿐이다.

본격적으로 미국 인디영화가 다시 불붙기 시작한 것은 1980년대에 들어서면서부터이다. 그 상황은 미국 영화사에 있어서 중요한 순간이기도 하다. 1980년대 이후 레이건 행정부에 의한 기만적인 풍요정책(일종의 거품경제)으로 미국 서민들은 정신적인 공허감에 놓여 있었다. 이러한 정책적 혼란의 시기를 인디 예술가들은 적극적인 대응을 통해 활성화의 발판으로 삼았다. 이 시기를 결정하는 중요한 특성들은 다음과 같다.

첫째, 영상오락문화의 증폭현상이다. 극장의 증가와 홈비디오의 수요 폭발, 케이블 텔레비전 수요 확산 등의 영향으로 이러한 시대적 기류가 형성되었다.

둘째, 빚투성이긴 하지만 레이건의 경제정책은 거품경제의 생산과 수요를 확대시켰다. 극단적 소비주의가 유행하면서 자본이 영상오락 부문으로 흘러 들어왔다. 그에 따라 자연히 투자자와 소비자의 시장 규모가 예전에 비해 폭발했다.

셋째, 베이비 붐 세대의 성숙. 베이비 붐 세대는 영화를 소비하는 핵심세대이면서 다양한 영화적 취미를 갖고 있는 세대이다.

넷째, 정통 상업오락영화에서 벗어난 변칙 인디 영화인들과 인디 배급업자들이 이러한 시기를 이용하기 위해 우후죽순처럼 많이 나타났다. 그들은 영상오락산업의 가능성만을 쫓아 영화계에 뛰어들어 영화를 비정규적으로 만들고 배급했다.

한편 1980년대를 마감할 무렵 주류 할리우드 상업오락영화계는 새로운 움직임을 보이기 시작했다. 그들은 과거의 영광을 다시 회복하는 데 성공했는데, 이러한 성공의 견인차 역할을 감당해온 대표적인 존재는 스티븐 스필버그, 조지 루카스이다. 그들은 월트 디즈니의 고전적 소재를 끌어들임으로써, '어린이 환상오락' 장르를 통해 엄청난 관객을 불러 모으는 성과를 이룩했다. 하나 덧붙여 그들은 첨단 기술과 엄청난 자본을 투자하는 방식을 차용했다. 이어 할리우드 영화사들은 제작, 배급, 상영 체계를 하나의 거대한 메이저로 통합했고, 더욱더 안정된 제작 기반 형성에 박차를 가했다.

그러나 실제 미국 경제는 침체일로에 빠져들었고, 서민들은 강압적으로 억눌리기 시작했다. 이러한 모순적인 현실과 주류 영화계의 환상을 직시한 것은 당시의 많은 인디영화들이었다. 인디영화들의 특성은 다음과 같다.

- 픽션과 다큐멘터리를 결합한 양식이 출현했다.
- 여러 다양한 원천으로 예산을 충당했다. 주로 지방행정부, 공중파 방송국, 융자 및 투자자들에 의한 투자로 이루어졌다.
- 배급은 할리우드의 대배급사와 작은 배급사 양쪽을 다 이용했다.
- 인디영화 배급은 인디영화의 정신인 현실비판에 대한 진지한 관객 반응과 상업적 수지 양쪽을 모두 고려했다

현재 미국 인디영화를 지원해주는 협회는 크게 세 군데이다. 선댄스연구소(Sundance Institute), 인디영화 프로젝트(IFP: Independent Feature Project), 미국 영화 연구소(AFI:American Film Institute) 등이다. 이들 영화 단체 외에도 뉴욕에 기반을 두고 있는 인디영화/비디오협회(AIVF: Association of Independent Video and Film)가 유명하다. 이들 지원 단체를 중심으로 인디영화의 활동은 주로 영화제를 통해 이루어진다. 해마다 열리는 인디영화시장(IFM: Independent Film Market), 선댄스 영화제(Sundance Film Festival)가 그 중심이 되며, 뉴욕의 현대미술박물관(MOMA: Museum of Modern Art)의 영화무대인 '새로운 영화와 새로운 감독전(New Cinema/New Directors)'은 미국을 포함한 전세계 신인 감독의 무대로 널리 활용된다. 공연예술의 중심지인 뉴욕의 링컨센터 산하 영화회(Film Society of Lincoln Center)에서 해마다 주관하는 뉴욕 영화제(New York Film Festival) 역시 인디영화를 중심으로 운영된다.

이 외에도 인디영화를 제작하는 유능하고 색깔 있는 제작 단체들, 그를 홍보하는 잡지 문화, 교육기관, 그들의 영화를 상영하는 예술 영화관들의 활동도 인디영화를 더욱 활성화시키는 기본적인 요소로 거론되어야 한다. 우

선 특색 있는 제작 집단으로 정치적인 다큐멘터리 및 극영화, 인종문제, 인권문제, 여성문제에 주력하는 제3세계 뉴스릴(Third World Newsreel), 페이퍼 타이거(Paper Tiger), 우먼 메익스 무비스(Woman Makes Movies) 등의 집단과, 인디 전문잡지인 월간 『인디펜던트Independent』, 주간 『빌리지 보이스Village Voice』, 계간 『점프 컷Jump Cut』 『시네아스트Cineast』 『카메라 옵스큐라Camera Obscura』 『밀레니엄 필름 저널Millenium Film Journal』, 교육기관인 '영화/비디오 예술(FVA: Film/Video Arts)', 인디영화의 주극장인 '필름 포럼(Film Forum)' '앤솔러지 오브 필름 아카이브(Anthology of Film Archive)' '안젤리카 필름 센터(Angelica Film Center)' 등의 극장이 그에 해당한다.

1990년대에 들어와 미국 인디는 더욱 더 활로를 찾기에 열중한다. 특히 1980년대 이후 미국 영화계는 주류 상업영화와 인디영화로 양분되었고, 그 격차가 크게 벌어져 도무지 화합의 기미를 보이지 않는다. 1960년대 이후 등장한 인디영화인들은 할리우드 주류 상업영화계에 편입되었고, 1980년대에는 양분된 가치에서 '제작은 인디, 배급은 메이저' 라는 공식으로 체계화되었다. 인디로서는 비교적 높은 제작비의 인디영화가 나타난 것이 이 즈음이다. 그러나 1990년대로 들어서면서부터는 아예 적은 제작비로 순수한 형태의 제작과 배급을 유도하려는 흐름이 나타나고 있다. 위에 열거한 적은 제작비의 영화들이 그러한 경향을 대변하는 한 현상이다. 메이저의 배급을 의식하는 인디도 존재하면서 새롭게 인디 고유의 흐름을 형성하려는 강한 움직임은 미국의 주류 영화계가 너무나 상업적이기 때문에 오히려 반발적으로 나타나는 흐름일지도 모른다. 그러한 현상은 한동안 지속될 것임에 분명하다.

현대 일본 영화 약사

　제2차 세계대전이 히로시마와 나가사키의 원폭 투하로 종결되면서 일본은 패전국이라는 처참한 환경에서 다시 시작한다. 그동안 지속되어왔던 영화산업 역시 전후 복구기간을 거쳐 새롭게 재편된다. 특히 일본 영화산업은 1950년대에 들어와 거대한 스튜디오 체제를 구축하면서 새로운 황금기를 구가하게 된다. 소위 '6대 메이저 시대'라 부르는 거대 스튜디오란 닛가츠(日活), 도호(東寶), 신도호(新東寶), 도에이(東映), 다이에이(大映), 쇼치쿠(松竹) 등의 영화사를 말한다. 그들은 각각의 특색을 갖고 있었는데, 쇼치쿠 영화사에서는 서민극에, 다이에이에서는 시대극에, 도호에서는 야쿠자 영화 등에 특별히 주력했다.

　이들 6대 메이저에서 활동하며 전후 제1세대의 현대 일본 영화를 끌어나간 구로사와 아키라(黑澤明), 오즈 야스지로, 미조구치 겐지 세 명의 거장 감독은 흔히 전후파(戰後派) 감독들이라 불린다. 1951년 구로사와 아키라 감독은 〈라쇼몽羅生門〉을 발표하여 베니스 영화제 그랑프리를 수상함으로써 일본 영화를 전후 처음으로 세계 영화계에 알린 장본인이 되었다. 이후 그 뒤를 이어받은 미조구치 겐지, 오즈 야스지로 등의 작품이 서방세계에 알려짐으로 인해 세계 영화계는 일본 현대 영화에 주목하게 되었다.

　구로사와 감독은 1943년 감독

〈라쇼몽〉, 구로사와 아키라, 1950

으로 데뷔한 이래 국제적인 명성을 얻게 해준 작품인 〈라쇼몽〉을 만든 1950 년 이전까지 약 8년간 10여 편의 작품을 연출했다. 이들 작품들은 미국 영화 의 영향을 받으면서 그 자신의 주관적 세계가 펼쳐지고 있다. 이 시기의 작 품들은 완숙미를 보기는 어려우나, 그래도 〈스가타 산시로〉 〈주정뱅이 천 사〉 〈나의 청춘 후회 없다〉 등의 영화가 수작으로 꼽히고 있다. 이 작품들 은 패전 이후 이탈리아 네오리얼리즘과 같이 일본인의 좌절과 반성을 담으 며 악착같이 재기하고자 하는 몸부림과 희망을 동시에 표현하고 있다. 〈라 쇼몽〉에 이르러 그의 미학은 완숙미를 갖게 되며 국제적인 감독의 위치를 갖게 된다. 이후 구로사와의 작품은 더욱 완숙되어 〈산다〉(1952)와 〈7인의 사무라이〉(1954) 같은 작품은 내용과 형식 면에서 〈라쇼몽〉을 능가하는 것 으로 평가받고 있다. 1950년 당시 전세계에 풍미한 실존주의적인 문제를 시 한부 인생의 한 평범한 공무원을 통해 그려낸 〈산다〉는 구로사와 영화 가운 데 초기의 걸작으로 꼽을 수 있으며, 〈7인의 사무라이〉는 미국의 영화 평론 가 폴린 캐얼이 평한 대로 그리피스의 〈국가의 탄생〉 이래 최고의 전쟁서사 시라고 격찬할 만큼 우수한 영화이다.

1950년대 초의 절정기와는 달리 구로사와의 후기 작품들은 무거운 소재 를 뛰어난 유머감각으로 가볍게 소화하는 영화들이 많다. 이때 만든 영화 가운데 대표작으로 셰익스피어의 『맥베드』를 각색한 〈거미성의 집〉(1957), 사무라이 오락영화의 걸작인 〈요짐보〉(1961), 〈스바키 산주로〉(1962), 유괴 사건을 다룬 〈천국과 지옥〉(1963) 등이 있다. 이러한 경향을 두고 일본의 평 론가 사토 다다오는 구로사와가 〈7인의 사무라이〉 이후 초기의 도덕적 관 심을 버리고, 주로 슈퍼맨 사무라이에만 의존함으로써 뚜렷한 퇴보를 겪어 왔다고 평하기도 한다.

구로사와는 〈스가타 산시로〉로 데뷔한 이래 〈붉은 수염〉을 만들 때까지

23년간 총 23편을 만들어 매년 평균 1편씩 제작을 한 셈이다. 그러나 〈붉은 수염〉 이후부터 1980년대의 〈8월의 광시곡〉까지는 거의 5년마다 한 작품을 만들어 16년간 평균 6편의 작품밖에 내놓지 못하고 있다. 1960년대 중반 이후 이미 세계적인 거장으로 명성을 얻었던 그도 침체기를 겪고 있는 셈이다.

1970년 이래 그의 영화 미학에 중대한 전환을 이루게 한 요소가 있는데, 바로 〈도데스 카덴〉에서 처음으로 색채가 도입되었다는 점이다. 구로사와는 〈도데스 카덴〉〈데루스 우잘라〉를 통해 색채영화를 실험한 후 〈카게무샤〉〈난〉〈꿈〉을 통해 색채영화의 미학을 완성시켰다. 이제 그의 영화에서 색채는 없어선 안 될 중요한 요소로 자리하고 있다. 그는 색채를 도입한 이래로 또 변화를 시도하여 이제 더 이상 슈퍼맨 사무라이는 그리지 않는다. 그는 또 일본 내에서뿐만 아니라, 외국 제작자와도 손을 잡고 작품을 만들어나간다. 〈데루스 우잘라〉는 소련, 〈난〉은 프랑스, 〈꿈〉은 미국 제작자의 투자를 통해 이뤄진 작품들이다. 후기로 갈수록 그의 영화에는 형식적인 엄격함·단순성과 더불어, 일본 보수의 우익성·자만심 등이 노골화되어 드러나기 시작한다.

오즈 야스지로는 1923년 쇼치쿠 영화사에서 시나리오 작가 및 조감독으로 시작하여 거의 전 생애를 그 영화사에서 일하게 된다. 오즈의 영화는 거의 자신의 개인 체험과 밀접한 관련을 갖는 특색이 있으며, 동일한 주제와 스타일을 여러 다른 영화들에 반복하기도 한다. 〈동경 이야기〉(1953), 〈이른 봄〉(1956), 〈가을날 오후〉(1962) 등의 영화들은 모두 가정생활과 개인적인 관계를 이야기하고 있다.

그의 영화는 형식적으로 극단적인 일관성을 보이는데, 그 점이 다른 감독의 영화와 큰 구별점을 갖게 한다. 그의 영화가 일관적으로 갖고 있는 형식적 기법은 의도적인 형식미를 갖는 롱 테이크의 쇼트와 느린 템포, 프레임 내에서의 정적인 움직임 등이다. 그의 카메라 움직임은 상당히 정교해서 거의 패닝이 없고, 1930년 이래로 한 번도 디졸브를 사용해 장면전환을 한 적이 없으며, 스트레이트 컷만 사용하는 고집을 보인다. 그는 기술적으로 완벽주의자에 가까우며 새로운 기법을 쉽게 구사하지 않는다. 그가 유성영화를 만든 것은 1936년이었고, 색채영화를 만든 것은 1958년 이후였으며, 일생동안 와이드 스크린의 영화를 만든 적은 단 한 번도 없다.

혼히 오즈의 영화는 다른 어떤 감독보다도 가장 일본적인 것으로 평가받고 있다. 그런 이유 때문인지 그의 영화는 말년에 이르기까지 국제 영화제에서 선정된 적이 드물다. 그의 영화는 일본 외의 국민들이 받아들이기 어려운 점이 있으나, 그렇다고 그의 영화가 어려운 것은 아니다. 누구라도 그의 영화를 쉽게 이해할 수 있다. 그의 영화는 주로 평민의 일상생활을 묘사하는데, 미국 평론가 도널드 리치가 표현하듯 '쇼민게끼(서민극)'에 속하는 장르 유형이다. 그 장르는 일본의 전형적인 장르라고 간주할 수 있다.

미조구치 겐지의 초기 영화는 현대 사회를 다루는데, 비판적이지만 다소 동정적인 시선으로 특히 여성들의 고통에 대해 그린다. 그러한 대표작으로 〈기옹의 자매들〉(1936)을 들 수 있다. 민족주의의 증가 및 소재 선택의 통제로 인해 그는 다른 감독들처럼 '지다이게끼(시대극)'로 방향을 돌린다. 그리고 그러한 소재는 정치적으로 무관심하기 때문에 그의 주제를 펼치는 데 아무런 장애를 받지 않고 영화 제작에 임할 수 있게 된다. 약 80여 편에 가까운 그의 영화들은 형식적 미와 절도를 자랑한다. 특히 〈오하루의 인생〉(1952), 〈우게쯔 이야기〉(1953), 〈수령 산쇼〉(1955), 〈요끼히〉(1955) 등의 작품은 뛰어난 형식미와 주제의식을 갖고 있다. 이들 영화들은 대부분 롱 테이크, 정적인 카메라 움직임, 클로즈업의 절제, 느린 디졸브의 빈번한 사용 등으로 관조적인 시각적 특성을 갖는다. 또한 여성들에 대한 찬미의식은 그의 일관된 주제로서 여성의 사랑이 갖는 지고지순함과 희생적인 미덕을 강조하고 있다. 그의 유작인 〈오명의 거리〉(1956) 역시 처음의 주제로 되돌아가 현대사회에서의 여성의 매춘을 다루고 있다.

1960년대에서 1970년대까지 일본 영화는 6대 메이저의 산업적 환경에서 돌파구를 찾고자 하는 저예산의 독립영화가 활기를 띠기 시작한다. 일군의 작가적 개성을 중시하는 영화감독들이 독립영화 제작을 통해 관객들에게 새로운 영화를 선보이기 시작한 것이다. 소위 일본 '뉴 웨이브'가 태동하게 된 것이다.

일본 뉴 웨이브의 선두주자는 쇼치쿠에서 감독으로 데뷔한 오시마 나기사(大島渚)이다. 그는 인본주의 중심의 기성 영화나 단순한 오락물로서의 영화에서 벗어나 정치적 투쟁의 도구로서의 영화를 만들고자 했다. 고다르의 〈네 멋대로 해라〉와 동일선상에서 읽히는 〈청춘 잔혹 이야기〉를 필두로 하여, 오시마 감독은 일본의 좌익 논쟁을 그린 〈일본의 밤과 안개〉, 재일 조선인의 범죄를 소재로 하여 일본의 보수성을 비난한 〈교사형〉 〈백주의 살인마〉 〈의식〉 〈사육〉 〈신주쿠 도둑일기〉 〈동경전쟁전후비화〉 등의 사회비판적 작품을 연달아 발표했다. 그는 또한 메이저에서 탈피하여 저예산 독립 제작의 물꼬를 트는 역할을 함으로써 이후 일본 영화의 활성화에 기여했다. 중반기에 들어와서는 프랑스와 합작으로 〈감각의 제국〉 〈정열의 제국〉 〈전장의 크리스마스〉 등의 도발적이며 화제를 불러일으키는 영화를 통해 전세계적인 지명도 또한 굳건히 하게 된다.

오시마 감독과 더불어 사회파 감독으로 활약한 감독으로 이마무라 쇼헤이(今

〈감각의 제국〉, 오시마 나기사, 1976

〈간장선생〉, 이마무라 쇼헤이, 1998

村昌平)를 거론할 수 있다. 그는 〈돼지와 군함〉 〈일본 곤충기〉 등의 초기 작품을 통해 전후 일본 사회의 어두운 면을 크게 확대해 제시하였고, 〈나라야마 부시꼬〉 〈우나기〉 〈간장선생〉 등 인간의 원초적인 생명력과 도덕의식을 추구해 보이는 후기작들을 통해 세계적 거장의 지위에 오르게 되었다.

한편 1980년대에 들면서 저예산 독립영화의 약진 및 텔레비전의 보급으로 6대 메이저는 쇠퇴하고, 닛까츠 영화사의 저예산 로망 포르노와 도에이의 야쿠자 폭력물만이 성행하게 되면서 보다 주관적인 개인영화 시대로 넘어오게 된다. 당시 비디오의 대량 보급으로 소위 '핑크 무비'라고 알려진 로망 포르노 계열의 저급한 영화를 비디오 쪽으로 전환시키고, 대신 주관적인 개성이 돋보이는 영화감독들의 작품이 주류를 형성하게 된다.

그 대표적인 작품들로 모리타 요시미츠 감독의 〈가족 게임〉, 이따미 주조 감독의 〈담뽀뽀〉 〈장례식〉 〈세금 걷는 여인〉, 스즈키 세이준 감독의 〈지고 이네르바이센〉, 오구리 고헤이 감독의 〈진흙의 강〉〈가야고를 위하여〉〈죽음의 가시〉〈잠자는 남자〉 등을 거론할 수 있다. 한편 재패니메이션(Japanimation)의 성행을 가져온 장본인으로서 미야자키 하야오(宮崎駿) 감독의 〈이웃집 토토로〉〈바람계곡의 나우시카〉〈원령 공주〉 등도 빼놓을 수 없을 것이다.

〈러브레터〉, 이와이 순지, 1995

1990년대는 새로 등장한 신인들에 의해 전후 제2의 전성기를 구가하게 되며 그 바람은 2000년대까지 이어진다. 그들은 TV나 CF 등 다양한 영상매체를 통해 출중한 영상 감각을 익힌 신인들로 구성되어 있다. 나카하라 준 감독의 〈벚꽃 동산〉, 수오 마사유키 감독의 〈셸위 댄스〉, 이와이 순지 감독의 〈스왈로우 테일〉〈러브 레터〉〈4월 이야기〉, 츠카모또 신야 감독의 〈철남〉, 기타노 다케시 감독의 〈그 남자 흉폭하다〉〈소나티네〉〈하나비〉 등이 대표적이다. 한편, 1970년대부터 1990년대에 이르기까지 여전히 〈남자는 괴로워〉 연작을 만들어온 야마다 요지 감독은 특기할 만하다. 〈남자는 괴로워〉 연작은 과거 쇼치쿠 서민극(1950년대)의 계보를 잇는 작품으로 40여 편 이상을 기록함으로써 기네스북에도 올라 있을 정도로 화제가 되는 연작물이다.

1980년대 이후의 신중국영화: 제5세대(문화혁명 세대)

중국 영화는 마오쩌둥 이후 사회주의 리얼리즘에 입각한 선전영화와 멜

로드라마를 통해 인민을 교화한다는 정책적인 입장에서 만들어졌다. 1966
년부터 시작된 문화혁명은 영화계를 더욱 위축시켰으며, 인재를 양성해내는
전통적인 영화학교인 북경영화학교(北京電影學院)가 1976년에서 1978년까지
폐쇄되기까지 했다.

다시 문을 연 북경영화학교에 입학한 세대들을 선배 영화인들과 구별하
여 제5세대라는 이름으로 부른다. 첸카이거(秦凱歌)를 위시하여 장이모우(張
藝謀), 황지안신(黃建新), 티안주앙주앙(田壯壯), 황준자오(黃軍利), 우지니우
(吳子牛) 등 이들 제5세대들은 82년 졸업과 더불어 새로운 작품을 통해 세상
에 나서는데, 종래의 중국 영화 개념을 뛰어넘는 새로운 영화들을 통해 국제
적으로 알려지는 계기가 되었다. 이른바 신중국 영화의 시작인 셈이다. 먼저
두 편의 기념비적인 작품으로 그 시작을 기념하는데, 황준자오의 〈하나와
여덟一個與八個〉(1984)과 첸카이거의
〈황토지黃土地〉(1984)이다. 이 두 작품
은 지금까지도 역사적 위치를 점하고
있다.

〈황토지〉, 첸카이거, 1984

제5세대는 형식적인 실험과 변화의
경향을 갖고 있다. 그들은 지금까지
중국 영화 제작에서 전통적으로 내려
오던 영화 속의 문학성을 제거하고 영
상에 중요성을 부여하며, 주체의식 등
을 표현하기 위해 영상과 소리의 역동
적인 조화를 강조한다. 그들은 비록
문학적 유산을 이어받긴 했지만, 중
요한 구성 원리로서 멜로드라마 양식

을 더 이상 차용하지 않는다. 대
신 잠재적인 이야기로 출발하여
극의 결과보다는 전개하는 과정
을 중시하고 많은 작은 에피소
드로 채워나간다. 그러한 에피소
드식 구성은 완성된 생산체로서
의 영화의 성격을 과정으로서의
영화로 개념 전이시키며, 문화적
목소리를 더욱 제고시킨다. 그런
의미에서 그들의 영화는 중국의

〈하나와 여덟〉, 황준자오, 1984

문화 정치적 문맥의 보다 심층적인 면을 설명하기 위해 오히려 복잡한 서술
을 하지 않는다.

또한 이들 신중국 영화의 가장 큰 특징은 정치적인 발언이 강하다는 점이
다. 거의 대부분의 영화들이 제작의 목적을 관객으로 하여금 현실에 대해 새
로운 견해를 갖도록 한다는 데 두고 있다. 이러한 새로운 견해, 새로운 해
석은 1950년대 이후로 발달해온 장르에 대한 실험적이며 개혁적인 자세에
서 분명히 드러난다. 1950년대와 1960년대의 전쟁영화와는 달리〈하나와 여
덟〉은 1949년 중국 공산주의 성립 이후 중국 영화에는 보이지 않던 부정적
인 인물에 대해 집중적으로 묘사를 하고 있다.〈황토지〉역시 구사회 농민
들의 비참한 현실을 묘사하며, 특히 여성의 입장에서 겪는 봉건제의 억압적
이데올로기를 비판하고 있다. 이러한 역사의 재서술은 중국 문화에 대한 재
조명의 일부일 뿐이다. 더 나아가 그들은 전통적 문화 개념 및 현 정부에 대
해 강한 개혁 의지를 제기하고 있다.

제6세대(천안문사건 세대)는 북경영화학교를 졸업하고 천안문사태를 경험한 신세대 감독들을 말하며 언더그라운드 성향을 띤다. 장위엔, 왕샤오수와이, 우웬광 등이 대표적인 감독들이며, 1994년 정부의 블랙리스트 조치가 내려진 후, 장위엔 등 7명의 감독이 영화 제작을 금지당하기에 이르렀다.

인도 대안영화와 다큐멘터리 리얼리즘 미학의 발전

인도 영화가 국제적으로 알려진 것은 1950년대부터이고 사트야지트 레이 (Satyajit Ray) 감독의 〈아푸 3부작The Apu Trilogy〉이 국제영화제에 입상하게 된 것이 그 계기가 된다. 〈아푸 3부작〉은 기아와 문맹, 자연재해에 시달리는 인도의 빈민을 소재로 하여 근대화되지 못한 인도의 실상을 전과는 달리 비교적 사실적으로 묘사함으로써 인도가 직면한 문제를 정직하게 드러낸 세 편의 영화 〈파터 판찰리〉(1955), 〈아파라지토〉(1956), 〈아푸의 세계〉(1959)를 말한다. 그동안 무수히 만들어진 화려한 뮤지컬이나 사극·로맨스 등의 현실도피적인 영화계의 흐름을 따르지 않고, 레이 감독은 사실주의의 새로운 모습을 제시했던 것이다. 인도 영화는 레이에게 와서 비로소 예술이 된다. 인간을 현실의 표면에 머물게 하지 않고, 그 깊이에까지 성찰케 함으로써 영화가 인간의 삶 속으로 파고드는 성과를 보여준 것이다.

레이 감독의 그러한 경향은 형식적으로 볼 때 극영화 전통보다 영화사의 초창기에서부터 면면히 이어져 내려온 다큐멘터리 전통에 더 가까우며, 특히 다큐멘터리를 극영화에 대입시킨 제2차 세계대전 이후의 이탈리아 네오리얼리즘과 통한다고 볼 수 있다. 1950년대 중반 이후로 인도 영화 또는 아시아 영화가 중폭하기 시작하는데, 그건 그 시기에 제3세계라 불리는 국가들의 정치·사회·경제적 움직임이 미국이나 유럽과는 전혀 다른 방향으로 발전한 것과 맥락을 같이한다. 오랫동안의 영국의 식민지 경험을 갖고 있던

〈아푸의 세계〉, 사트야지트 레이, 1959

인도는 전근대적인 요소들과 저개발 상태를 청산해야 했다. 그런 상황에서 레이 감독은 인도인의 삶 속으로 직접 뛰어드는 영화를 제작함으로써 인도 영화의 한 방향을 제시했으며, 인도 영화 발전의 하나의 기폭제가 되었다. 그로 인해 그의 영화는 인도 상업영화에 대한 '대안 영화'로 불린다.

  사트야지트 레이 감독의 〈아푸 3부작〉은 1960년대 이후 인도 현대 영화의 두 흐름인 상업오락 영화와 예술영화의 경계선을 명확히 제시하는 분기점이 되었다. 레이 감독의 작품은 인도에서의 예술영화 탄생을 가져오게 된다. 벵갈 출신의 리트윅 가탁(Ritwik Ghatak)과 므리날 센(Mrinal Sen)이 그 대표적인 감독들이다. 급진적인 마르크시스트 지식인인 가탁은 생전에 여덟 작품만을 만들었을 뿐인데, 그중 〈감상적 오류Pathetic Fallacy〉이 가장 널리 알려졌다. 이 영화는 시골 택시운전기사의 인생역정을 우화식으로 그려내고 있다. 동파키스탄의 피난민들을 그린 자서전적인 3부작 〈구름 낀 별The

Cloud-Capped Star〉(1960),〈플랫E Flat E〉(1961),〈황금의 강River of Gold〉(1965)에서는, 풍부한 신화적 문맥 하에 거친 연출기법을 선보이고 있다. 또 하나의 대표작인〈이성, 토론과 이야기Reason, Debate and a Tale〉(1974)에서는 혁명적 이상주의의 종말을 맛보는 알코올중독자 지식인의 좌절을 역시 자전적으로 그리고 있다.

므리날 센 감독은 1950년대 이후로 꾸준히 영화를 만들어온 대표적인 감독이다. 그의 대표작은〈쇼메 씨Mr. Shome〉(1969)인데, 이 영화는 흔히 '새로운 인도 영화' 혹은 '평행 영화'의 시작이라고 일컬어진다. '평행영화(Parallel Cinema)'란 상업 오락영화에 평행하고 있다는 의미에서 붙여진 이름이다. 곧 대안적 예술영화를 지칭하는 것이다. 그는 특히 프랑스 누벨바그의 영향을 많이 받았다.

그중에서〈소메 씨〉는 프랑스와 트뤼포 감독의〈쥘 앤 짐〉의 영향을 받아, 가난하고 편협한 마음을 갖고 있는 한 역무원이 자유분방한 시골 처녀를 통해 현실에 눈을 뜨고 자유로워진다는 이야기를 그리고 있다. 또 그의 실험적인 작품인〈인터뷰Interview〉(1971),〈캘커타Calcutta〉(1972) 등은 고다르 감독의 영향을 받은 것이다. 이 영화들은 제3자적인 시점으로 관객에게 직접 다가가는 방식을 실험적으로 구사했다.

센 감독은〈게릴라 전사The Guerrilla Fighter〉(1973),〈왕실 사냥터The Royal Hunt〉(1976),〈읍 이야기/국외자들The Village Story/The Outsiders〉(1977),〈도끼를 쥔 사내Man with the Axe〉(1978), 그리고 가장 대표작으로 알려진〈대기근In Search of Famine〉(1980)을 차례로 만들었다.〈대기근〉은 영국의 귀족, 인도의 상인, 다국적 기업에 의해 착취되어가는 도시 및 시골의 빈민을 다루고 있다.

1980년대를 전후한 작품에서 센 감독은 중산층 계급의 허위의식에 대해 비판을 가한다. 〈조용한 여명Quiet Rolls the Dawn〉(1979), 〈만화경Kaleidoscope〉(1981), 〈궁지The Case is Closed〉(1982), 〈폐허The Ruins〉(1983), 〈그들의 얼굴Their Own Faces〉(1985) 등이 그것이다. 이밖에 인도-프랑스-벨기에-스위스 합작의 〈창세기Genesis〉는 인류의 탄생, 성장, 쇠퇴, 멸망의 순환을 아름다운 우화로 그려내 그에게 국제적인 명성을 가져다주었다.

〈환영의 거울〉, 쿠말 샤하니, 1972

가탁 밑에서 배운 두 명의 제자, 마니 콜(Mani Kaul)과 쿠말 샤하니(Kumar Shahani)는 스승 가탁이 가르쳐준 타협하지 않는 마르크시스트의 이론에 따라 작품을 만든다. 콜의 작품으로는 〈일용할 양식Daily Bread〉(1969), 〈두 마음In Two Minds〉(1973), 〈표면의 융기Rising from the Surface〉(1981), 〈드루패드Dhrupad〉(1982), 〈진흙의 심정Mind of Clay〉(1973) 등이 있다. 샤하니는 〈환영의 거울Mirror of Illusion〉(1972), 〈급료와 수익Wages and Profits〉(1984) 등의 작품을 만들었다.

대안영화 감독 가운데 가장 상업적으로 성공한 감독은 샤이암 베네갈(Shyam Benegal)이다. 그의 데뷔작 〈묘목The Seedling〉(1974)은 인도 뉴 시네마의 전형이 되었다. 이 영화는 소작인에 대한 지주의 착취 이야기를 사실적으로 다루면서도 극적으로 세련된 형태를 취하고 있다. 베네갈은 이어 〈밤의 끝Night's End〉(1975), 〈동요The Churning〉(1976), 〈은혜The Boon〉(1977) 등의 작품을 통해 보수적인 봉건 세력과 여성에 대한 성적인 착취를 또한 고발하고 있다. 〈강박증The Obsession〉을 통해선 1857년 세포이의 반란사건을 장대한 서사극으로 그려 대중의 호응을 받아냈다. 그는 뒤이어 〈기계시대The Machine Age〉(1981), 〈시장터The Market Place〉(1983), 〈과거, 현재, 미래Past, Present, and Future〉(1986) 등의 스펙터클 무비를 통해 더욱 대중에게 접근했다. 그의 현실참여적인 경향은 두 편의 다큐멘터리 〈판딧 네루Pandit Nehru〉와 〈사트야지트 레이Satyajit Ray〉(1985) 및 방직 산업의 부패를 고발한 극영화〈핵심The Essence〉에 잘 나타나 있다.

1980년대를 지나면서 젊은 마르크시스트 영화감독들의 활약이 더욱 분명해진다. 〈점거The Occupation〉(1982), 〈교차The Crossing〉(1984)를 만든 고탄 고쉬(Gautan Ghosh), 〈36 쵸린지 가 36 Chowringhee Lane〉(1982), 〈파로마Paroma〉를 만든 아파르나 센(Aparna Sen), 〈시민 전쟁Civil War〉(1982), 〈귀환The Return〉(1988)을 만든 붓다데브 다스 굽타(Buddhadev Das Gupta) 등을 들 수 있다. 그러나 많은 객관적인 평가에 의하면 현재 인도 영화는 1960~70년대의 평행적인 대안영화라기보다는 소위 '중간영화(Middle Cinema)'의 길을 가고 있다는 게 정평이다. 베네갈 감독이 그 대표적인 경우로서 정치적, 사회적인 주제의식이 대중의 감각 및 오락성과도 배치되지 않는 것이다. 이러한 경향을 추구하는 감독들로는 정치적 스릴러를 만드는 고빈드 니할라니, 라메쉬 샤르마, 쟈누 바루아, 빠른 템포의 희극을 만드는 쿤단 샤, 사이드 미르쟈 등을 들 수 있다.

미라 네어(Mira Nair) 감독의 〈살람 봄베이Salaam Bombay〉(1988)는 그해 칸느영화제에서 신인 감독에게 주는 '황금카메라상'을 받았다. 이 영화는 창녀들, 빈민가의 군상들, 길거리의 버려진 아이들을 통해 봄베이의 어두운 세계를 다루고 있다. 네오리얼리즘의 전통을 이어받아 기록영화의 사실적 표현이 엿보임과 동시에 인물들의 생동감이나 유머감각이 곳곳에 배어 있는 것이 이 영화의 특징이다. 이 영화는 직업 배우와 비직업 배우를 적절히 배합했고, 어린이 역은 전부 비직업 배우들이 감당했는데, 이것을 위해 감독은 길거리 어린이들로 구성된 연극 워크숍을 개설하기도 했다. 군중들이 많이 나오는 장면처리라든가 기타 로케이션 촬영을 성공적으로 마친 촬영 수준은 정상급으로 평가된다.

한국 영화사

서구 영화 상영의 역사로 시작한 조선 영화

영화라는 발명품은 서양에서 발명되었고 동양, 특히 우리나라에서는 도래설(渡來說)을 따르고 있다. 영화가 서양에서 발명되었다고는 하나 그것이 전세계에 유행한 시점은 불과 10년 안팎이다. 일본 같은 경우 프랑스에서 1895년에 처음 발명된 이듬해인 1896년에 도입되어 상영된 기록을 갖고 있다.

영화유물론자들은 영화가 자본주의와 제국주의의 극성기에 탄생되었다는 점을 중시하여 그 이데올로기를 그대로 반영한다는 측면을 영화 역사 이해의 관건으로 보고 있다. '영화 탄생=지연설'이 그것인데, 과학적 발명품으로서의 영화가 결국 시장성과 대중 수요를 확보함으로써 그 성격을 확고히 했다는 것이다. 물론 그 가설 하나만을 근거로 하지 않더라도 영화의 자본주의적 성격은 현대에 와서 더욱 더 실감할 수 있다.

따라서 우리나라에 영화가 처음 어떻게 도입되었는가를 이해하는 일은 곧 근대 자본주의의 유입을 이해하는 일이다. 문화상품으로서의 영화가 한국에 어떻게 처음 자리를 잡게 되었고, 이후 어떻게 대중화되었으며, 그 대중화로 인한 폐해와 극복의 문제를 어떻게 정리할 것인가를 성찰하는 것은 무엇보다 의미 있는 작업일 것이다.

우리나라 최초의 영화 상영에 대한 견해는 몇 가지 의견이 난무하는 가운데 아직 정리되지 못한 상태다. 그중 지배적인 가설을 중심으로 설명하자면, 일본의 학자 이찌가와(市川彩)가 『조선영화사업발달사』에서 주장하고 있는 1897년 설이다. 그는 1898년일지도 모른다면서 서대문의 중국인 창고에서 영국인 아스터 하우스에 의해 처음 영사되었으며, 유료로 상영되었고 담배 선전을 겸했다고 논지를 피력하고 있었다. 또 다른 설은 1899년 미국인 여행가 버튼 홈즈에 의해 고종황제의 궁실에서 처음 영사되었다는 것이다. 이 기록은 버튼 홈즈의 여행기를 통해 증명되고 있다. 이후, 1901년에는 영화를 본 소감이 『황성신문』에 게재되었다. 이 기사를 통해서는 영화가 상영되었다는 사실만을 확인할 수 있다. 1903년 『황성신문』에 또 다른 영사 기록이 나와 있는데, 동대문 전기회사 기계창고에서 영사했고 상업적 영리 목적이었다고 쓰고 있다.

이들 설을 종합하면, 정확히는 아직 규정할 수 없으나 1900년 전후로 한국에 영화가 처음 영사되었다고 보면 좋을 듯싶다. 1900년은 서구 열강의 물결이 아시아로 밀려들어오던 제국주의시대이며 서구식 근대주의의 표상인 서구근대문화, 합리화, 과학화가 전염병처럼 걷잡을 수 없이 전파되던 시기였다. 조선은 10년 후 일본 제국주의에 병탄(並呑)되어 식민지의 암울한 시대를 살게 되고, 동시에 이미 서구식으로 근대화된 일본의 지배하에 서구식 근대화를 강제 주입받게 된다. 영화의 도입은 바로 그러한 가혹한 시대의 요구였고, 운명과도 같은 거절할 수 없는 거래였다. 우리의 민족정신, 영혼, 문화를 파는 대신 합리화된 서구 물질문명을 수입하게 되었던 것이다. 영화가 들어오게 되면서 우리 고유의 판소리, 전통연희 등이 급격히 자리를 잃어가게 된 것은 그러한 현상을 대표적으로 반영한다.

영화는 도입되면서부터 즉각 자본 축적의 방향으로 자리를 잡아나간다. 영화유물론에 의한다면 영화의 존재는 곧 시장 형성, 수요 창출, 자본 축적

을 의미하는 것이다. 1903년 『황성신문』의 유료 상영 기사는 영화가 한국에
도입된 지 불과 몇 년 안 되는 사이에 대중을 확보하기 시작했다는 조짐을
확실히 증명한다. 버튼 홈즈의 1899년 영화 상영은 그런 점에서 별 의미를
갖지 못한다. 그것은 왕을 중심으로 하는 당시의 상류층 인사들에 대한 제
한 상영이지 대중적 수요에 기반을 둔 흥행적 대중 유료 상영이 아니기 때문
이다.

일제 강점기 조선 영화 제작의 어려움

'조선 영화'라 불렸던 초창기 한국 영화를 살펴보자. 1915년 일본에서 도
입된 새로운 공연 양식인 '연쇄극(連鎖劇: kino drama)'의 형태로, 최초의 한국
영화로 간주되는 1919년 10월 27일 김도산의 〈의리적 구토〉가 발표된다.
아직까지도 그 상영일을 '영화인의 날'로 기록할 정도로 역사적으로 각인된
이 영화는, 그러나 완전한 영화적 형태가 아니라는 일부 학자들의 주장에 의
해 한국 최초의 영화라는 자리가 흔들리고 있다.

그런 가운데 1923년 윤백남의 〈월하의 맹서〉가 그 대안적 작품으로 제시
되고 있긴 하나, 그 작품 역시 조선총독

부의 국책 선전용 영화라는 점에서 몇
몇 국내 학자들은 용인하길 꺼려하고,
순수한 조선인 제작자에 의한 〈국경〉
(1923)이란 영화를 최초의 영화라고 기
록하고 싶어한다.

하지만 〈국경〉의 감독 김도산은 영
화 개봉 직후 사망했으며, 『동아일보』
에 개봉했다는 기록은 있으나 실제 그

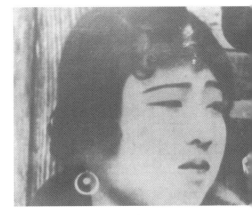

〈월하의 맹서〉, 윤백남, 1923

영화를 본 사람의 증언 혹은 어떠한 평론조차 존재하지 않아서 실제 상영되었는지는 오리무중에 있는 상태다. 따라서 우리는 잠정적으로 〈월하의 맹서〉를 최초의 조선 영화로 받아들일 수밖에 없는 가련한 처지에 놓여 있는데, 이러한 상황은 초창기 한국 영화의 모순된 현실을 극명히 드러내는 것이라 하겠다.

1926년 춘사 나운규의 〈아리랑〉 제작 이후 조선 영화의 활성화가 이루어졌다는 점에는 대부분의 학자들이 공감하는 바이다.

해방 이후 1960년대 한국 영화의 재건

4·19와 5·16을 전후로 한국 영화에 나타난 특이한 장르 형태는 가족 멜로드라마였다. 신상옥 감독의 〈로맨스 빠빠〉(1960), 이봉래 감독의 〈삼등과장〉(1961) 등의 영화가 있는데, 그 영화들은 가족 구성원의 에피소드를 중심으로 사회와 인간의 모습을 알레고리화하고 있다. 그 이야기들은 사회의 긍정적인 부분보다는 부정적인 부분을 더 많이 노출시킨다. 그건 당시의 시대 조류가 그러한 현실 비판을 다소 허용하는 분위기였기 때문이다.

이 시기에 또렷이 관객의 마음속에서 공감대를 형성했던 부분은 이데올로기적인 부분이 아니고, 현실의 모습 가운데 묘사된 하류층 서민들의 소박한 정서라고 봐야 한다. 단적으로 그런 경향을 엿볼 수 있는 작품이 강대진 감독의 〈마부〉(1961)와 〈박 서방〉(1962)이다. 유현목 감독의 〈오발탄〉(1961) 역시 그런 예인데, 이 작품은 한 가족을 중심으로 현실의 어두움을 비관적이고 사실적으로 드러내고 있다.

전쟁이 끝난 지 얼마 되지 않은 시점에서 한국 영화는 노골적인 냉전 반공 이데올로기를 영화 속에 주입시켜 국민들에게 남한 체제의 우월성을 설득시켰다. 무엇보다도 이 시기 전쟁영화들의 목표는 전우애와 군대에 대한 자긍

심 고취, 즉 정의와 애국심 고취였
다. 김기덕 감독의 영화 〈남과 북〉
에서 사랑 때문에 괴로워하는 북
한군 장교에게 국방군 장교는 "혁
명을 부르짖던 사회의 인간이 그
렇게 센티멘털할 수 있느냐"고 힐
난한다. 거기에 대해서 북한군 장
교는 "자유롭게 말하고 싶어서 전
쟁을 한다"고 말함으로써 남한 체
제의 우월성을 단적으로 대비시킨
다.

〈마부〉, 강대진, 1961

　이만희 감독의 〈돌아오지 않는 해병〉에서는 〈남과 북〉에서처럼 북한에
대한 직접적인 갈등관계 대신 중공군이 적으로 설정된 점이 어느 정도 이분
법적인 전제에서 벗어남을 보여준다. 여기서는 기존의 전쟁영화들이 보여주
는 충실한 국방의 소임보다도 해병대 내부의 전우애와 자긍심, 남자들의 우
정이 골자가 된다. 본격적인 전쟁영화는 아니지만 전쟁의 후유증과 전후의
한국 사회를 읽게 하는 영화도 만들어졌는

〈사격장의 아이들〉, 김수용, 1967

데, 김수용 감독의 〈사격장의 아이들〉이 대
표적이다. 이 영화는 경제적 악조건을 꿋꿋
하게 딛고 일어나 새로운 희망을 갖고 열심
히 살아가자는 재건의식을 담고 있다.
　4·19혁명 이후 보수와 진보의 명백한 이
분법 시대로 진입하면서, 진보 세력을 대변
하는 젊은 세대들은 사회 구조의 모순을 들

〈잃어버린 청춘〉, 유현목, 1957

추어내고 사회 문제에 반항적으로 도전하게 되었는데, 영화 속에서도 그러한 변화가 나타나기 시작했다. 유현목 감독의 〈잃어버린 청춘〉, 김기덕 감독의 〈맨발의 청춘〉, 정진우 감독의 〈초우〉 등의 청춘영화가 그 시대를 대표하는 작품들이다. 이들 영화들은 공통적으로 전통의 단절과 사회 계급 불평등에 대한 사회 구조의 모순을 다루고 있다.

1970년대(유신시대) 한국 영화의 문제점

1972년 10월 유신을 통해 박정희 정권이 장기 독재정권 체제로 나아가자, 새로운 세대의 청춘영화들이 나타나면서 사회성 짙은 영화 창작을 선도해 나가게 된다. 이 시대의 괄목할 만한 작품으로는 하길종의 〈바보들의 행진〉(1975), 김호선의 〈영자의 전성 시대〉(1975), 〈여자들만 사는 거리〉(1976), 임권택의 〈깃발 없는 기수〉(1979), 유현목의 〈장마〉(1979) 등을 꼽을 수 있다.

그러나 당시 '청바지와 통기타'세대는 감각적으로 발달되고 도시 주변부의 소외된 삶에 대해 애정은 깊었던 반면, 영화계의 고질적인 병폐인 산업적 기반에 대한 대안을 갖지 못했고, 무엇보다도 반독재 투쟁에 대한 관심이 분산되어 있거나 철저하지 못했기 때문에 그다지 큰 성과를 남기지는 못했다. 1970년대의 영화적 성격을 요약하면 다음과 같다.

—체제 내 순종하는 인간형의 창조. 정치적으로 도피적이고 패배적이며 감상적인 논리 전개.
—현실 반영으로서의 영화는 의미를 상실함. 다큐멘터리 정신의 결여. 문

<바보들의 행진>, 하길종, 1975

화의 다원성과 영화의 비판적 기능 상실.

—자본주의 상품 논리에 영합. 패턴화된 성적인 영화를 대량 생산함. 이성
적 판단에 각성을 주는 영화가 아닌 감성에 호소하는 탈정치적 영화를
통해 체제 유지에 일조한 결과를 가져옴.

—영화가 사회공동체의 건강성을 회복하기 위한 문화운동이 아직 되지
못함. 또한 영화계 내부의 모순을 해결하지 못하고 스스로의 권리를 찾
지 못한 채 정치의 시녀로 전락함.

1980년대 한국 영화의 각성

1980년 5월 광주항쟁을 시작으로 1989년 6 · 29선언으로 마감된 1980년대

는 군사독재를 청산하고 민정으로 이양하는 긴 민주화의 도정이었다.

이 시대의 영화는 사회 변혁기에서의 중요한 기능을 수행하며, 매체의 새로운 정의가 대두하게 된다. 특히 광주항쟁은 영화계에 비제도권 영화 활동의 물꼬를 튼 역사적 사건으로서, 한국 영화사상 처음으로 비제도권 독립영화의 활동이 시작된다. 종래 한국 영화가 제도권 안에서만 영화 활동이 전개되었던 것과는 달리, 제도권을 거부하고 제도권 밖에서 영화를 제작하며 상영하는 비제도권 독립영화의 활동이 가시화된 것이다. 이를 계기로 영화계는 제도권과 비제도권의 양분화로 나아가게 되었고, 1980년대의 마지막에 가서 다시 통합되는 현상을 보인다.

근래 한국사에 있어서 1980년 광주항쟁은 중요한 역사적 분수령으로서 기능한다. 70년대 전태일 분신이 사회 계급적 모순과 억압된 노동 현실을 폭발시킨 사건이라면, 광주항쟁은 외세와 주체 간의 갈등과 민족 내부의 분쟁을 노정시킨 사건이라고 볼 수 있다. 그러나 안타깝게도 한국의 제도권 영화는 그러한 열악한 현실을 개혁하고자 하는 열망을 한 번도 제대로 실천하지 못했다. 정권의 홍보와 안보 논리만을 강요받거나, 도피적 오락을 통하여 정치의 시녀로서만 기능했을 뿐이다. 이러한 부패하고 타락한 제도권 영화계에서 조금이라도 사회의식을 추구할라치면 엄한 검열의 철퇴로 만신창이가 되고 영화계에서 추방되기 일쑤였다.

그러한 현실적 조건 속에서 그야말로 자연발생적으로 터져 나온 외침이 바로 독립영화의 태동이었다. 누가 먼저랄 것도 없이, 현실의 모순을 직시한 젊은 영화인들에 의해 독립영화는 거의 동시다발적으로 탄생했다. 그런 맥락에서 한국의 독립영화는 대안영화로 출발했다고 볼 수 있다. 주류 상업영화가 포기한 바로 그 지점에서 독립영화는 시작했고, 그 정신은 지금까지도 변함없는 영화혼으로 계승되어 내려오고 있다.

〈낮은 목소리〉, 변영주, 1995

1990년대 이후 한국 영화의 도약

문민정부 이후 우리 영화는 변화를 겪게 된다. 과거에는 생각할 수 없었던 베트남전 비판 영화〈하얀 전쟁〉이 동경국제영화제에서 그랑프리를 수상했고, 판소리 영화인〈서편제〉가 국내 흥행시장을 석권했다.〈결혼이야기〉〈투캅스〉〈은행나무 침대〉등의 신세대 오락물이 서구 영화의 오락 성향을 반전시키려는 움직임도 보였다. 공룡 대기업이 충무로에 입성하여 기획력과 자본을 투자하기 시작했으며, 심지어 외국과의 합작을 통해 유리한 지분을 얻어내려는 국제적 도약의 움직임도 보인다. 특히 흥행성이 거의 희박한 다큐멘터리 영화가 최초로 상업용 극장에서 상영되기도 했다. 변영주 감독의 〈낮은 목소리〉(1995)다. 그리고 오랜 숙원이었던 영화의 사전 검열이 위헌 판정을 받아 폐지되었다. 이런 가운데 한국 영화는 다수의 국내 흥행 영화를 만드는 데 성공하고 국제영화제에서도 상을 거머쥐어 세계의 관심과 연구 대상으로 떠오르며, 높은 수준의 영화라는 찬사를 받았다.

한국 영화 속에서는 '탈식민주의' 개념이 자국의 내적인 문제에 대한 고민과 해결이라는 형태를 띠고 나타난다. 남북민족의 동질성 문제를 다룬 강제규 감독의 〈쉬리〉, 민중 정권 정신의 계승 문제를 다룬 박광수 감독의 〈이재수의 난〉, 외국인 노동자의 차별 문제를 다룬 윤인호 감독의 〈바리케이트〉, 파쇼 독재의 경계를 다룬 민병천 감독의 〈유령〉, 신구 세대의 갈등을 다룬 김상진 감독의 〈주유소 습격사건〉, 소외 계층의 계급 문제를 다룬 이창동 감독의 〈초록물고기〉, 실존적 정체성의 상실을 다

〈바리케이트〉, 윤인호, 1997

룬 홍상수 감독의 〈돼지가 우물에 빠진 날〉 등을 그 예로 들 수 있다. 이들은 하나같이 식민 상황에 처해 있으면서 겪게 되는, 결국에는 풀어나가야 할 남한의 정치사회적 문제들을 다루고 있다.

탈식민주의는 민주화와 근대화 문제와 직결되고, 그 과정에서 민족정체성을 찾는 문제가 개입하는 것은 자연스러운 일이라 하겠다. 탈식민주의의 내용 그 자체를 투쟁적으로 보여주는 식의 고전적이며 단순한 방식은 1990년대 이후 한국 영화에서 거의 나타나지 않는다. 그건 미국을 제외한 다른 모든 나라들의 영화에서도 마찬가지다. 미국의 지배에서 자유롭기 위해 미국 혹은 제국주의의 지배를 비판하는 영화를 만들지는 않는 것이다. 그보다 그

〈이재수의 난〉, 박광수, 1999

들 국가들은 모두 우리나라와 마찬가지로 자국의 문제에 천착하는 자세를 갖는다.

이렇듯 영화는 현실의 조건과 변화에 민감하게 움직이고 있다. 영화가 자본주의적 속성을 띠는 만큼 그건 어쩔 수 없이 따르는 문제다. 그런 한편 그동안 우리 영화는 서구의 자본, 서구의 문화 전략에 맞서 싸운 것이 오랜 토착적 정서의 바탕이 되었다. 그것은 앞으로도 마찬가지일 것이며, 현실의 물리적 사회적 조건에 맞서 싸우는 투쟁의식 없이 한국 영화의 발전은 없을 것이다.

2000년대 한국 영화의 명암

2000년대로 들어오면서 한국 영화는 지난 세기와는 비약적으로 다른 변화를 이루기 시작했다. 가장 큰 변화는 영화 정책 측면에서 스크린쿼터제가 축소된 것이다. 2006년 이후로 스크린쿼터는 143일에서 73일로 축소되었다. 이 현상은 무엇을 의미하는가. 종래 한국영화는 외화의 공격 속에서 자국 영화를 수호하는 싸움을 해왔고, 그것을 현실적으로 지탱해온 한국영화의 보루가 스크린쿼터제였다. 그것이 거의 폐지와 다름없이 축소된 것이다.

이제 2000년대 들어와 한국 영화의 싸움은 외국영화 직배와의 싸움이 아니라, 내부의 싸움으로 변모되었다. 그러한 싸움의 시작은 대기업의 등장으로 가시화되었다. CJ(제일제당), 롯데, 오리온(동양그룹)을 대표로 하는 대기업들은 투자사인 CJ E&M, 롯데 엔터테인먼트, 쇼박스 등의 자회사와 극장인 CGV, 롯데시네마, 메가박스 등의 멀티플렉스를 설립하여 한국영화계를 장악해나갔다.

스크린쿼터제가 축소된 2000년대 이후 한국 영화산업을 지배하는 두 축은 대기업의 수직계열화와 멀티플렉스 극장이다. 제작-배급-상영의 세 가지 가치사슬(value chain)을 대기업이 독점하는 운영 방식을 수직계열화라고 한다. 이런 방식을 통해 대기업은 영화산업의 이윤을 극단적으로 추구한다. 과거 스크린이 하나뿐이던 극장이 대기업에 의해 멀티플렉스로 전환되었다. 그중 CGV와 롯데, 메가박스 3사가 차지하는 비중이 전체의 반 이상이 되면서 멀티플렉스 전성시대가 되었다. 수직계열화와 멀티플렉스의 특정 영화 상영 편중은 법적으로 불공정하다는 논란을 불러일으키며 분쟁과 갈등의 원천이 되고 있다.

이런 상황에서 1000만 영화의 신화가 이뤄진 것은 우연이 아니다. 그것은 대형화된 영화산업의 저변과 영화산업을 지배하는 대기업의 막대한 영향력이 작용한 결과다. 〈괴물〉〈왕의 남자〉〈태극기 휘날리며〉〈해운대〉〈실미도〉〈7번방의 선물〉〈광해〉〈도둑들〉 등의 영화가 1000만 명을 돌파했고, 2012년에는 한국 영화 관객이 1억 명을 돌파했다. 스크린쿼터제가 사라지면 한국 영화가 사양길로 접어들 것이라는 세간의 우려와는 달리 한국 영화 및 전체 영화 관객수가 증가하면서 2000년대 후반 한국 영화계는 새로운 단계로 접어들었다. 즉, 영화산업을 지배하는 대기업과 그에 맞선 정부 및 시민단체, 중소영화기업 간의 사투가 벌어지게 된 것이다. 이제 한국 영화는 공정질서를 바로잡아 영화의 다양성 및 관객의 볼 권리를 충족시킬 것인가, 아니면 극단적인 상업성 추구가 목표인 미래 산업의 첨병이 될 것인가의 기로에 놓여 있다.

2000년대 들어와 또 다른 두드러진 현상은 영화가 문화산업의 거대한 영역 속에서 확장되었다는 것이다. 영화를 운반하는 사업이나 기술의 영역이 넓어졌다. 우선 방송, 통신, 모바일, 게임산업 등은 영화의 영역을 확장시킴으로써 영화산업의 부가가치 시장을 발전시켰다. 그에 따라 영화의 오락화는 더욱 가속화되었고, 산업은 훨씬 기업적 가치를 추구했다. 영화가 문화와 산업의 양면으로 발전해야 바람직하지만, 2000년대 이후 한국 영화는 문화 다양성 측면보다는 오락 일변도의 영화가 산업적 가치로만 발전하는 양상을 보인다.

일례로 2012년 상반기에 관객 100만 이상을 동원한 한국 영화가 무려 20여 편이나 됐다. 이런 흥행행진은 믿을 수 없을 정도다. 이제 한국 영화는 할리우드와 비교해 뒤지지 않는 수준이라 할 수 있다. 재미있는 이야기, 스펙터클 장면, 첨단특수효과를 다 구비함에 따라 할리우드 영화 수준의 서사적 기술적 완성도를 구사하게 되었다. 또한 전쟁영화, 스포츠영화, 다큐멘타리, 재난영화, 법정영화, 도둑영화 등 다양한 장르의 영화가 등장하고 있다. 〈공동경비구역 JSA〉〈국가대표〉〈워낭소리〉〈해운대〉〈부러진 화살〉〈도둑들〉의 흥행이 그걸 반영한다.

이러한 국내 영화의 신장은 국제적으로도 많은 주목을 받고 있다. 그 첫번째 신호탄은 리메이크 판권이 해외에 팔려나간 것이다. 안병기의 〈폰〉, 박찬욱의 〈올드 보이〉, 곽재용의 〈엽기적인 그녀〉, 김지운의 〈장화홍련〉 등의 판권이 해외에 팔려 리메이크되었다. 스타들의 해외진출 역시 눈에 띄게 늘었다. 장동건, 전지현, 이병헌, 송혜교 등의 배우들과 박찬욱, 김지운 감독도 할리우드에 진출했다.

하지만 그 이면에는 쓰라린 문제점이 도사리고 있다. 한국 영화산업은 사실 사상누각, 즉 모래위에 지은 집이어서 언제 어떻게 무너질지 모르는 아슬아슬한 상태다. 가장 큰 문제는 영화인들의 생계문제다. 대기업의 투자 이후 풍부한 자본 덕에 영화는 많이 생산되지만 그 몫이 영화인들에게 이전보다 더 많이 돌아가는 건 아니다. 산업을 유지하는 필수요소인 노동력에 대한 관리 소홀은 결국 전체 산업의 붕괴로 이어질지도 모른다.

한 영화의 상영관 독점이 심한 것도 우려할 문제다. 이것은 극장문화와 관객문화의 향상에 걸림돌이 된다. 김기덕 감독은 자신의 영화가 국내에서 푸대접받는 이유를 영화정책과 배급·상영제도의 불합리에 있다고 종종 푸념하곤 했다. 국제적 명성을 누리는 봉준호, 박찬욱, 김지운, 이창동의 경우는 상업성이 강해서 살아남지만, 명성이 그에 뒤처지지 않는 임권택, 김기덕, 홍상수는 철저히 외면당하는 현실이다. 이러한 현실을 바꿔야만 앞으로 한국 영화산업이 문화적 다양성을 회복할 수 있을 것이다.

| 더 읽어볼 만한 책 |

민병록·이승구·정용탁,『영화의 이해』, 집문당, 2000, p.13~116(1장 세계 영화사조사, 2
장 한국 영화략사).

데이비드 보드웰·크리스틴 톰슨, 이용관·주진숙 역,『필름 아트』, 이론과 실천, 1993,
p.539~583(11. 세계 영화사).

잭 엘리스 번재란 역,『세계영화사』, 이론과실천, 1988.

이경기,『세계영화계를 뒤흔든 100대 사건』, 우리 문학사, 1995.

제라르 베통, 유지나 역,『영화의 역사』, 한길사, 1999.

로버트 앨런·더글러스 고메리, 유지나·김혜련 역,『영화의 역사: 이론과 실제』, 까치,
1998.

뱅상 피넬 외, 김호영 역,『프랑스 영화』, 창해, 2000.

야마다 카즈오, 박태옥 역,『영화가 시대를 말한다』, 한울, 1998.

마크 칸즈 외, 손세호 외 역,『영화로 본 새로운 역사』, 소나무, 1998.

이스트만 코닥사, 김창유 역,『영화 100년 이야기』, 책과 길, 1995.

신채호,『영화로 읽는 세기말의 역사』, 바다출판사, 1998.

다니엘 로요, 유지나 역,『할리우드』, 한길사, 2000.

조재홍 외,『세계영화기행 I』, 거름, 1996.

조재홍 외,『세계영화기행 II』, 거름, 1997.

전운혁,『우리가 주목할 만한 일본영화 100』, 삼진기획, 2000.

슈테판 크라머, 황진자 역,『중국영화사』, 이산, 2000.

이영일,『한국 영화전사』, 일애사, 1969.

김화,『이야기 한국 영화사』, 하서, 2001.

김종원, 정중헌,『우리 영화 100년』, 현암사, 2001.

유현목,『한국 영화발달사』, 책누리 출판사, 1997.

이효인,『한국 영화역사강의 I』, 이론과 실천, 1992.

정종화,『자료로 본 한국 영화사 I, I』, 열화당, 1997.

| 용어 해설 |

고전적 이야기 서술법 classical narrative system
할리우드 영화에서 주로 차용하는 서사 방식. 인과적 이야기, 뚜렷한 결말, 한 사람의 주인공 등의 요소를 갖추고 있다.

까이에 뒤 시네마 Cahiers du Cinéma
영화를 예술 양식으로 진지하게 연구하는 잡지로 가장 영향력 있는 전문지. 프랑스 누벨바그는 이 잡지가 공표한 사상과 이론의 직접적인 발현체라고 할 수 있다. 작가주의(politique des auteurs)와 미장센 등의 비평 용어를 발전시켰다.

독일 표현주의 Expressionism
영화, 연극, 회화, 소설, 그리고 시에서 일어난 양식 운동으로, 내면적 경험을 비현실적이고 반자연주의적인 방법론을 통해 표출했다. 표현주의 영화와 연극에서 배우, 소품, 그리고 배경의 디자인은 단순한 지시적 의미를 가지는 것이 아니라 분위기와 정서, 심리적 상황을 전달하는 기능적 요소이다.

러시아 몽타주 Russian montage
1920년대 러시아 영화에서의 몽타주 경향을 일컫는 말. 갈등, 충돌의 몽타주 방식을 말한다.

민중영화 people's cinema
민중을 위한, 민중이 주체가 되는 영화. 볼리비아의 우카마우 집단에서 처음 정의하였다.

백색전화 영화 white telephone film
사치스러운 배경과 부유층의 인물이 주요 등장인물인 영화에 대한 통칭. 1930년대의 이탈리아에서 만연했던 전형적이고 상습적인 애정영화를 지칭하는 용어로서, 이들의 내용 중에 대개가 고급 호스티스의 침대 곁에 언제나 고객호출용 백색전화가 놓여 있던 데서 붙여진 명칭이다.

새로운 물결 → 누벨바그

새로운 사실주의 → 네오리얼리즘

시네마테크 cinémathèque
영화보관소를 뜻하는 프랑스어. 때로는 예술영화만을 상영하는 영화관이나 영화 동호인
회를 의미하기도 한다.

누보로망 Nouveau Roman
1950년대 프랑스에서 나타난 새로운 소설 양식. 나탈리 사로트, 미셸 로브그리에, 미셸 뷔
토르 등의 소설에 나타나는 심리주의, 즉물성, 우연성 등의 기법이 특이하다. 프랑스 누벨
바그와 병행하는 사조이다.

연속성 continuity
허구 영화에서 나타나는 사건의 자율적인 시간의 흐름. 할리우드 표준 편집 방식은 영화
의 장면이 원래는 시퀀스로 촬영된 쇼트들로 구성된다는 사실을 숨긴다.

영화의 눈 kino eye
소련의 기록영화 연출가인 지가 베르토프의 영화 이론. 카메라가 사람의 눈처럼 어떤 상
황에서든 의미 있는 요소들을 찾아 움직일 수 있다는 의미. 그는 카메라의 눈은 사람의
눈보다 더 신축성이 있어서 거리와 앵글을 바꾸고, 속도를 변화시키고, 동작을 반전시키
고, 영상을 정지시키고, 요소들로 분할하고, 관련된 영상들과 함께 배치하는 등의 방법으
로 사물의 진실을 더욱 분명히 드러내 보일 수 있다고 믿었다.

영화 진실 kino prauda
일간신문 〈프라우다〉의 영화판의 형태로 1922~25년 사이에 모두 23편이 발표된 소련의
보도영화 시리즈. 카메라맨들을 조직하여 소련 구석구석의 삶을 기록했는데, 혁명의 사회
적 성과에 대한 보고서 같은 형태로 대단한 인기를 누렸고, 실험적인 촬영기법과 몽타주
는 세계적으로 수많은 영화 예술가들에게 영향을 미쳤다.

제1영화 the first cinema
아르헨티나의 영화감독 솔라나스, 게티노가 규정한 말. 소비에 동원되는 영화. 할리우드
식 자본주의 영화를 말한다.

제2영화 the second cinema

자본주의적인 소비적 형태를 반성하고 인생을 성찰하는 지적인 영화. 유럽의 작가예술영화, 대표적으로 프랑스 누벨바그 및 베르히만, 펠리니, 안토니오니 등의 작품을 말한다.

제3영화 the third cinema

정치, 경제, 군사적으로 억압된 피식민지 민중들의 해방을 위해 기여하는 영화. 1960년대 당시 제3세계의 민중영화를 말한다.

제3의 의미 the third meaning

에이젠쉬타인의 몽타주 이론 가운데 한 개념. 컷1과 컷2이 충돌하면 그 안에서 제3의 의미가 발생한다는 것. 중국의 한자 원리인 문(門)+입(口)=듣는다(問)의 구성 원리에서 착안.

지적인 몽타주 intellectual montage

추상적이거나 지적인 개념을 전달하는, 편집을 통한 쇼트의 조합. 예를 들어, 기마경찰에 의해 위협받고 폭행당하는 사람들의 쇼트와 도살장에서 도살되는 소의 쇼트가 연결되면, 첫번째 쇼트의 사람들이 말 못하는 짐승처럼 압제자에 의해 희생당한다는 관념이 야기된다. 이런 관념은 영상으로 묘사된 것이 아니다. 그것은 두 쇼트의 관계에 의해 함축된 것이다.

필름 누아르 film noir

1940년대에 발전한 미국 영화의 한 유형으로 특이한 시각적 양식으로 인해 '필름 누아르', 혹은 글자 그대로 '검은 영화 black film'로 불리게 되었다. 이 이름은 매우 어두운 암조로 조명이 설계된 갱스터 영화와 심리물을 지칭하는 데 사용되어왔다.

찾아보기